Ullstein

ÜBER DAS BUCH:

Dieses Standardwerk über die Vorgeschichte, den Verlauf und die Folgen der Vertreibung der Deutschen aus den ehemaligen Ostgebieten hat bereits 1977, nach Erscheinen der englischen Originalfassung (Nemesis at Potsdam), Aufsehen erregt.
In der vorliegenden ergänzten und aktualisierten Fassung untersucht de Zayas vor allem die verhängnisvolle Rolle der Westalliierten. Dabei widerlegt er die sowjetisch-polnisch-tschechische These, wonach die Umsiedlung in Übereinstimmung mit Artikel XIII des Potsdamer Protokolls erfolgte, skizziert die anglo-amerikanischen Vorstellungen von einer »geregelten und humanen« Umsiedlung, kritisiert Churchills Leichtfertigkeit in Teheran und Moskau sowie den Dilettantismus Roosevelts, zeigt aber auch den Lernprozeß Churchills bis und nach Potsdam sowie die Anstrengungen der USA, die Vertreibung zu beschränken. Darüber hinaus behandelt de Zayas die Aufnahme und Integration der Vertriebenen in der Bundesrepublik sowie der Charta der Heimatvertriebenen und der völkerrechtlichen Normierung des Rechts auf die Heimat durch die Vereinten Nationen und Europarat. Schließlich zeigt der Autor in diesem grundlegenden Werk die Perspektiven auf, die sich aus der Situation der Wiedervereinigung Deutschlands für die Vertriebenenproblematik ergeben.
»Alfred de Zayas hat einen überzeugenden Kommentar über das Leiden geschrieben, das unausweichlich wird, wenn die Menschlichkeit dem Nationalismus untergeordnet wird.«

(American Journal of International Law)

DER AUTOR:

Alfred de Zayas, Juris Doctor (Harvard), Dr. phil. (Göttingen). Rechtsanwalt in New York und Florida. Gastprofessor für Völkerrecht an den Universitäten DePaul, Chicago, und Santa Clara, Kalifornien. Mitglied des Internationalen PEN-Clubs. Senior Fellow, International Human Rights Law Institute, Chicago. Mitglied des Kuratoriums der Internationalen Gesellschaft für Menschenrechte.

Alfred M. de Zayas

Die Anglo-Amerikaner und die Vertreibung der Deutschen

Ullstein

Ullstein Buchverlage GmbH & Co. KG, Berlin
Taschenbuchnummer: 33206
Titel der englischen Originalausgabe:
Nemesis at Potsdam. The AngloAmericans
and the Expulsion of the Germans.
Background, Execution, Consequences.
Übersetzung der ersten Fassung (1977) von Ulla Leipe

Vom Autor erweiterte und aktualisierte 10. Auflage
Mit 16 Seiten Abbildungen und 4 Karten

Umschlagentwurf: Hansbernd Lindemann
unter Verwendung eines Fotos aus dem Bundesarchiv, Berlin

Printed in Germany 1998
Gesamtherstellung: Clausen & Bosse, Leck
ISBN 3 548 33206 4

Januar 1998

Weitere Veröffentlichungen (u. a.):
Anmerkungen zur Vertreibung der Deutschen (1993);
Die Wehrmachts-Untersuchungsstelle (Neuaufl. 1995).

Die Deutsche Bibliothek – CIP-Einheitsaufnahme

DeZayas, Alfred M.:
Die Anglo-Amerikaner und die Vertreibung der Deutschen /
Alfred Maurice de Zayas. [Übers. d. 1. Fassung (1977) von Ulla Leipe]. –
Vom Autor erw. und aktualisierte 10. Aufl. –
Berlin: Ullstein, 1998
(Ullstein-Buch; Nr. 33206: Zeitgeschichte)
Einheitssacht.: Nemesis at Potsdam ⟨dt.⟩
ISBN 3-548-33206-4
NE: GT

Vor Jahren las ich ein kurzes aufrüttelndes Buch mit dem Titel *Our Threatened Values**. Der Verfasser, Victor Gollancz, war ein bekannter englischer Verleger und vor allem ein Menschenfreund. Er starb 1967 in London nach einem langen, erfüllten Leben.
Dem Andenken dieses mutigen Mannes und den Grundsätzen der menschlichen Würde, für die er eintrat, möchte ich dieses Buch widmen.

* Deutsch: »Unser bedrohtes Erbe«. Zürich: Atlantis-Verlag 1947.

Inhalt

Geleitwort

Wir haben Alfred de Zayas dafür zu danken, daß er es unternommen hat, in einer eindrucksvollen Studie die anglo-amerikanische Politik im Hinblick auf die Vertreibung der Deutschen darzustellen. Es wurde Zeit für einen solchen aufschlußreichen Bericht. Er schildert so genau wie eindringlich das tragische Schicksal von Millionen Deutschen, die in einer dramatischen Aussiedlung aus Osteuropa in den Westen vertrieben wurden. Vor allem stellt de Zayas das Schicksal der Millionen Frauen und Kinder dar, deren männliche Angehörige vom Strudel des Krieges verschlungen worden waren. In den westlichen Ländern ist die Tragödie der Massenvertreibung kaum beachtet worden; und doch handelte es sich hier um härteste Bestrafung in verschiedenen Formen, vor allem um den Verlust aller Habe und den Verlust der Heimat, aus der die Menschen vertrieben wurden.

Ich erinnere mich an die Diskussionen über das Problem während der Potsdamer Konferenz und an die Antworten Marschall Stalins, wenn der Exodus zur Sprache kam. Er blieb unerbittlich, was gewiß verständlich ist, wenn man an die schrecklichen Leiden des russischen Volkes unter den deutschen Eindringlingen im Zweiten Weltkrieg denkt. Doch darüber darf nicht die grausame Behandlung vergessen werden, die viele Millionen schuldloser Menschen erlitten, als sie von der Massenvertreibung hinweggefegt wurden.

Zweifellos standen viele von uns im Westen dem Geschehen teilnahmslos gegenüber, vielleicht weil sie schlecht informiert waren, vielleicht weil sie sich für die Flucht von Millionen Deutschen nicht interessierten.

Es war ausgemacht worden, daß die Umsiedlungen unter »humanen« Bedingungen durchgeführt werden sollten, aber es gab weder Kontrollen noch staatliche Aufsicht, so daß der einzelne Flüchtling keine Hilfe und keinen Schutz fand. Freilich hat sich das Außenministerium der Vereinigten Staaten für Menschlichkeit ausgesprochen, aber seine Stimme war zur Zeit der Vertreibungen nicht laut genug und wurde in

Osteuropa nicht einmal vernommen. Nur wenige Amerikaner stellten sich die brutale Vertreibung von vielleicht sechzehn Millionen Menschen vor!

New York, Februar 1976 *Robert Murphy †*

Vorwort zur 10. Auflage

Als die erste Auflage dieses Buches 1977 in englischer Sprache (*Nemesis at Potsdam*) erschien, sah die Welt ganz anders aus. Der Vietnam-Krieg war gerade zu Ende gegangen, Jimmy Carter war Präsident der Vereinigten Staaten, und trotz seiner Bemühungen um die Menschenrechte in der ganzen Welt herrschten viele militärische Diktaturen in Lateinamerika, Afrika, Asien... Der Totalitarismus in Osteuropa schien stabil. Warschau und Prag folgten getreu der Führung von Leonid Breschnew. Der Kalte Krieg war wirklich kalt.

Trotzdem denke ich gerne an diese Zeit, zumal ich noch unter Dreißig war. In der Tat gehöre ich der sogenannten '68er Generation an und teile viele ihrer pazifistischen und menschenrechtlichen Prämissen. Allerdings hatte ich immer eine eigene Meinung, was die praktische Durchführung der moralischen Gebote dieser Generation betrifft.

Für viele Angehörige dieser Generation bedeutete der Vietnam-Krieg und der Watergate-Skandal das absolute Übel in der Politik. In ihren Augen waren die Vereinigten Staaten unter Richard Nixon an einen moralischen Tiefpunkt gelangt. Die Schwarzweißmalerei wurde durch die vermeintlich aufgeklärte Jugend selten nuanciert, denn wir meinten, im Besitz des Monopols auf die Wahrheit zu sein. Daß dabei unsere moralische Empörung ziemlich selektiv war, ist nur einigen aufgegangen.

Viele meiner Kommilitonen sympathisierten mit den »progressiven« Kräften in Nord-Vietnam – mit dem kubanischen »Agrarreformer« Fidel Castro, mit dem »humanistischen« Experiment des Marxismus-Leninismus in Osteuropa. Es war »chic«, über die Errungenschaften des Sozialismus zu reden, und man verstand Jugoslawien als das beste Beispiel eines liberalen, glücklichen Landes, wo verschiedene ethnische und religiöse Gruppen in sozialistischer Eintracht lebten. Man spielte mit Idolen, die gewissermaßen als modern galten – wie Mao Tse-tung. Der Begriff »Political Correctness« war zwar noch nicht erfunden, aber die Spielregeln waren ähnlich.

Politisch inkorrekt war jedenfalls alles, was die Schuld der Faschisten verringern oder relativieren könnte. Dazu gehörten u. a. die Ansprüche der deutschen Vertriebenen. Am besten redete man nicht darüber. Die Thematik wurde in den Gymnasien und Universitäten Deutschlands gemieden – im Ausland war sie völlig unbekannt. In der Tat gab es praktisch nichts in englischer Sprache über die Vertreibung der Deutschen, und als ich anfing, darüber zu forschen, wurde mir klar, weshalb es nichts gab: Die Thematik wurde als unbequem, nicht salonfähig empfunden. Die Verleger, die in erster Linie Geld verdienen wollten, zeigten kein Interesse.

Zwanzig Jahre sind vergangen, seitdem »Nemesis at Potsdam« in London und Boston erschien. Man kann feststellen, daß die Thematik allmählich enttabuisiert worden ist. Wanderausstellungen sind in mehreren amerikanischen Universitäten erfolgreich gezeigt worden.[1] Bedeutende historische Vereine widmen Podiumsdiskussionen und *Panels* den Parallelen zwischen den ethnischen Säuberungen von heute und der Vertreibung der Deutschen.[2] »Nemesis at Potsdam« liegt inzwischen in seiner 4. Auflage vor, und es wird in mehreren Universitäten gern verwendet. In Deutschland erlebte die deutsche Fassung sechs Auflagen bei C.H. Beck, drei bei dtv und drei bei Ullstein, die es dem Verfasser ermöglichten, jedesmal neues Material und neue Erkenntnisse zu integrieren.

Es ist erstaunlich, wieviel sich in der Welt in diesen zwanzig Jahren verändert hat. Das Sowjetimperium ist zusammengebrochen, eine unerwartete und ungewollte Folge von Michail Gorbatschows *Glasnost* und *Perestroika*. Der Warschauer Pakt existiert nicht mehr. Demokratische Bestrebungen in Polen und in der Tschechoslowakei führten zu ihrer völligen Unabhängigkeit; die »sanfte Revolution« in Prag brachte den Schriftsteller und Denker Václav Havel auf den Hradschin Kaiser Karls IV. Jedoch trennte sich bald die Slowakei von Tschechien, während der Vielvölkerstaat Jugoslawien auseinandergerissen wurde. Somit fanden zwei von Clemenceaus künstlichen Gebilden von 1919 ein unrühmliches Ende. Die Versailles- und St.- Germain-Regelungen waren hinfällig.

Die Berliner Mauer, Symbol der Trennung Europas, bröckelte; ihre Steine wurden Souvenire. Das Brandenburger Tor öffnete sich, und die stalinistische Deutsche Demokratische Republik vereinigte sich mit der demokratischen Bundesrepublik. Fünfundvierzig Jahre erzwungener Trennung eines Volkes waren vorbei.

Als sich die ersehnte Möglichkeit der Wiedervereinigung abzeichnete, hatte Kanzler Helmut Kohl nur wenige Monate, die bis dahin als unlösbar geltende deutsche Frage zu lösen. Er mußte das deutsche Schäfchen ins Trockene bringen, ehe sich die politische Konstellation änderte. Der Augenblick war so günstig wie kurz. Zwar hatte die Welt applaudiert, als die Berliner Mauer und damit der Eiserne Vorhang in Europa auf einmal verschwanden. Aber nicht viele Politiker hatten über die konkreten Konsequenzen nachgedacht, über die Implikationen der Wiedervereinigung, oder mit ihrer raschen Umsetzung gerechnet.[3]
US-Präsident George Bush, ein alter Freund von Helmut Kohl, unterstützte die Wiedervereinigung.[4] Aber die britische Premierministerin Margaret Thatcher und der französische Präsident François Mitterrand waren über den Gedanken einer größeren und stärkeren Bundesrepublik Deutschland nicht unbedingt begeistert. Sie hatten zwar keine Strategie entwickelt, um die Wiedervereinigung zu vereiteln, aber sie hätten es getan, wenn Kohl die Sache etwas langsamer über die Bühne gezogen hätte. Entscheidend war vor allem das Wohlwollen von Michail Gorbatschow, wieder ein persönlicher Freund des Bundeskanzlers. Ob die Wiedervereinigung unter Boris Jelzin möglich gewesen wäre, sei dahingestellt. Kohl handelte schnell, und es glückte ihm. Der Preis war, die stalinistische Oder-Neiße-Linie als deutsch-polnische Grenze zu bestätigen. Merkwürdig, daß, während die stalinistische Welt total zusammengebrochen war, allein diese Linie, die »Uncle Joe« persönlich gezogen und den Westalliierten aufgezwungen hatte, Bestand zeigte. Kohl hat die Oder-Neiße-Grenze schließlich doch hinnehmen müssen – trotz 45 Jahren der Proteste gegen die gewaltsame Annexion der deutschen Ostprovinzen, trotz der Verurteilung der Völkerrechtswidrigkeit der Vertreibung, trotz des Bundes der Vertriebenen und der ostdeutschen Landsmannschaften, trotz Tausender wissenschaftlicher Abhandlungen und Gutachten, die bewiesen, daß diese »Stalin-Linie« keine Legitimation hatte, vor allem nicht durch Artikel IX des Potsdamer Protokolls. Es folgten der deutsch-polnische Grenzbestätigungsvertrag vom 14. November 1990, der Vertrag zwischen der Bundesrepublik Deutschland und der Republik Polen über gute Nachbarschaft und freundschaftliche Zusammenarbeit vom 17. Juni 1991, der Vertrag zwischen der Bundesrepublik Deutschland und der Tschechischen und Slowakischen Föderativen Republik über gute Nachbarschaft und freundschaftliche Zusammenarbeit vom 27. Februar 1992, und die deutsch-tschechische Erklärung vom 21. Januar 1997.

Seitdem hat sich die Welt daran gewöhnt, daß Deutschland wieder ein geeintes Land ist. Die Erinnerung an die Deutsche Demokratische Republik scheint surreal. War es Wirklichkeit oder nur ein Alptraum? Dennoch sind die 45 Jahre sowjetischer Besatzung bzw. kommunistischer Regierung nicht ohne Konsequenzen geblieben. Sowohl für die einheimische Bevölkerung als auch für die in die DDR verwiesenen Vertriebenen aus Ostpreußen, Pommern, Ostbrandenburg, Schlesien und dem Sudetenland. Letztere haben nicht nur die Vertreibung über sich ergehen lassen müssen, sondern auch vier Jahrzehnte sozialistischer Mißwirtschaft und systematischer Menschenrechtsverletzungen. Für sie ist der Zweite Weltkrieg erst 1990 zu Ende gegangen.

Soziologische Studien über die Vertriebenen gibt es, aber viel muß noch erforscht werden. Es fehlt z. B. eine Studie über die psychologischen Spätfolgen der Vertreibung. Nicht nur die Generation der Vertriebenen, die das Trauma in vollem Maße erlitten hat, sondern auch ihre Kinder und Enkel tragen seelische Narben, die von der Vertreibung herrühren.

Die Überlebenden dieser Tragödie konnten ihre Erinnerungen nicht einfach abstreifen. Tausende Frauen, die mehrfach vergewaltigt wurden, mußten ihr Leiden durch das weitere Leben tragen. Man hat dieses leidensvolle Kapitel kaum antasten wollen. Man muß sich in die Lage der Überlebenden versetzen und versuchen nachzuempfinden, was es bedeutet, nach der persönlichen Schändung und völliger Erniedrigung der gesamten Familie wieder ein »normales« Dasein zu führen. Solche Schicksale hat es gegeben, und es gibt sie immer noch.

Man sollte auch wissenschaftlich untersuchen, wie es eigentlich war, daß die deutschen Vertriebenen in der Deutschen Demokratischen Republik, in Österreich und in der Bundesrepublik keine Terroristen geworden sind. In der Tat stellt ihre friedliche Integration eine unglaubliche Leistung dar – und ein großes Glück für die Welt. Der Verzicht auf Rache und Vergeltung in der Charta der deutschen Heimatvertriebenen vom 5. August 1950 muß als eine außergewöhnliche menschliche und politische Tat gewürdigt werden.

In seiner Botschaft an die deutschen Vertriebenen sagte der UNO-Hochkommissar für Menschenrecht, José Ayala Lasso, am 28. Mai 1995 in der Frankfurter Paulskirche:

»Es ist gut, daß Menschen, die Unrecht erlitten haben, bereit sind, den Teufelskreis von Rache und Vergeltung zu brechen und auf friedlichen Wegen für die Anerkennung des Rechtes auf die Heimat sowie den

Wiederaufbau und die Integration Europas zu arbeiten. Eines Tages wird diese Leistung besser gewürdigt werden.
Es besteht kein Zweifel darüber, daß unter der nationalsozialistischen Besatzung den Völkern Ost- und Zentraleuropas unermeßliches und unvergeßliches Unrecht zugefügt worden ist. Sie hatten daher einen legitimen Anspruch auf Reparation bzw. Wiedergutmachung. Jedoch dürfen legitime Ansprüche nicht durch die Verhängung von Kollektivstrafen auf der Grundlage allgemeiner Diskriminierung und ohne die genaue Untersuchung persönlicher Schuld verwirklicht werden. In den Nürnberger und Tokioter Prozessen wurde das unerläßliche Prinzip persönlicher Haftung für Verbrechen wohlweislich angewandt.«
Man hatte gehofft, daß die Welt etwas aus der Tragödie der Vertreibung der Deutschen gelernt hätte. Dies scheint leider nicht der Fall zu sein, denn Vertreibungen ereignen sich immer noch in vielen Teilen der Welt. Überall gibt es Heimatlose.
Und dennoch kann keiner bestreiten: Alle Menschen haben eine Heimat. Dies mag banal klingen, aber es muß gesagt werden. Das Recht, in der eigenen Heimat zu wohnen und nicht vertrieben zu werden, muß als eines der wesentlichen Bedürfnisse des Menschen verteidigt werden.
Völkerrechtlich ist das Recht auf die angestammte Heimat zugleich im Selbstbestimmungsrecht der Völker und im Annexionsverbot verankert. Darüber hinaus stellt dieses Recht eine Voraussetzung für andere Menschenrechte dar, denn bürgerliche und politische Rechte, wirtschaftliche, soziale und kulturelle Rechte werden nicht im Leerraum ausgeübt, sondern ganz konkret auf dem Gebiet, wo der Mensch zu Hause ist. Deshalb bedeutet jede Vertreibung ein Verbrechen gegen die Menschlichkeit.[5]
Dennoch agieren manche Politiker, als gäbe es dieses Recht nicht. Noch in unseren Tagen werden ganze Gebiete »ethnisch gesäubert« – in Asien, in Afrika, in Lateinamerika und immer noch in Europa, wo Serben ihre kroatischen und moslemischen Nachbarn vertrieben haben, während ein Großteil der serbischen Bevölkerung Kroatiens ebenfalls geflüchtet ist. Die Zahl der Heimatlosen geht in die Millionen.
Und dies geschieht trotz der Nürnberger Rechtsprechung[6], UNO-Resolutionen und einschlägiger Menschenrechtskonventionen. Man hätte gedacht, daß im Hinblick auf die UNO-Konvention zur Verhütung des Völkermords von 1948, die UNO-Menschenrechtspakte von 1966, die Europäische Konvention zum Schutz der Menschenrechte

und Grundfreiheiten von 1950, insbesondere ihr viertes Zusatzprotokoll von 1963, sowie die UNO-Deklaration über die Rechte der Minderheiten[7] die Weltgemeinschaft keine Vertreibungen mehr dulden würde.

Aus dieser Perspektive erscheint die Politik der »ethnischen Säuberungen« im ehemaligen Jugoslawien wie ein Anachronismus – merkwürdig atavistisch, geradezu barbarisch. Sie ist eine Schande für die Menschheit.

Ethnische Säuberungen sind in vielen Resolutionen des UNO-Sicherheitsrates, der Generalversammlung, der Menschenrechtskommission, des Menschenrechtsausschusses und des Ausschusses gegen die Rassendiskriminierung als völkerrechtswidrig verurteilt worden.

Aber nicht nur Bosnier, Kroaten und Serben sind aus ihren Häusern im ehemaligen Jugoslawien gejagt worden: Bereits in den Jahren 1945–1956 wurden mehr als 250000 bodenständige Italiener aus ihren alten Siedlungen im Gebiet von Triest und der Adria durch die jugoslawische Regierung vertrieben, in den Jahren 1947–1968 verloren über eine Million Palästinenser ihre Heimat, über 140000 griechische Zyprioten seit der Besetzung des Nordens Zyperns durch die Türken 1974, über fünf Millionen Afrikaner aus Tschad, Äthiopien, Somalia und Sudan, etwa 100000 Asiaten aus ostafrikanischen Ländern (vor allem aus Uganda) seit 1972, etwa fünf Millionen Afghanen seit 1979, über 600000 Vietnamesen (*boat people*) seit 1975, Zehntausende Tamilen aus Sri Lanka, Zehntausende Kurden aus Iran, Irak und der Türkei, Zehntausende Amerindios aus Brasilien, etwa 35000 Misquitoindianer aus Nicaragua seit 1983, usw.[8] Das Problem besteht also weltweit.

Im Juli 1996 verkündete die UNO-Völkerrechtskommission den *Draft Code of Crimes against the Peace and Security of Mankind*. Im Artikel 18 wird die Vertreibung von Menschen aus ihrer angestammten Heimat als Verbrechen gegen die Menschlichkeit bzw. als internationales Verbrechen bezeichnet. Im Artikel 20 des Kodex werden Vertreibungen und Kollektivstrafen gegen die Zivilbevölkerung unter den besonders schweren Kriegsverbrechen genannt.

Wichtig auch ist die Resolution 1994/24 vom 26. August 1994 der UNO-Unterkommission für Diskriminierungsverhütung und Minderheitenschutz, welche die zwei wesentlichen Aspekte des Rechtes auf die Heimat bestätigt: das Recht, in der Heimat zu bleiben, und das Recht, in die Heimat zurückzukehren. Schließlich fordert die Unter-

kommission alle Regierungen und andere Beteiligte nachdrücklich auf, alles in ihrer Macht Stehende zu tun, um unverzüglich allen Praktiken der Vertreibung, des sogenannten Bevölkerungstransfers und der »ethnischen Säuberungen« ein Ende zu setzen. Diese Resolution wurde 1995 und 1996 durch die Resolutionen 1995/13 und 1996/9 bekräftigt, welche Vertreibungen als Verletzung des Artikels 12 des UNO-Paktes über bürgerliche und politische Rechte ausdrücklich verurteilen.[9]
Ferner hat diese UNO-Unterkommission durch ihre Resolution 1992/28 zwei Sonderberichterstatter ernannt, Awn Shawkat Al-Khasawneh (Jordanien) und Ribot Hatano (Japan), die z. Zt. die menschenrechtliche Dimension von Bevölkerungsumsiedlungen untersuchen. Der erste Bericht wurde 1993 vorgelegt.[10] Ein weiterer Bericht wurde von Botschafter Al-Khasawneh 1994 eingereicht, in dem die Völkerrechtswidrigkeit von Vertreibungen festgehalten wird.[11]
Als eine Warnung an Politiker, die Vertreibungen und ethnische Säuberungen betreiben, etablierte der UNO-Sicherheitsrat das Internationale Tribunal für das ehemalige Jugoslawien, das bereits Anklage gegen mehrere Führer der Bosnischen Serben erhoben hat, etwa gegen General Ratko Mladić und gegen Radovan Karadžić.
Auch der Deutsche Bundestag hat Stellung genommen, und zwar in seinem einstimmigen Beschluß vom 23. Juni 1994, in dem es heißt: »Die Staatengemeinschaft hat die Aufgabe, den Menschen zu helfen, deren ethnische, rassische, religiöse und kulturelle Zugehörigkeit mißbraucht wurde, um sie zu vertreiben. Vertreibung jeder Art ist international zu ächten und als Verbrechen gegen die Menschlichkeit zu ahnden. Wer vertrieben wurde, hat Anspruch auf die Anerkennung seiner Rechte... Der Deutsche Bundestag fordert die Bundesregierung auf... über die Durchsetzung des Rückkehrrechts in die Heimat hinaus Möglichkeiten zu prüfen, wie Wiedergutmachungs- und Entschädigungsverpflichtungen der Vertreiber geregelt werden können.« In seiner Entschließung vom 28. Februar 1997 heißt es, daß Vertreibungen »strafrechtlich geahndet werden« sollen (Punkt 7).
Was bedeuten diese völkerrechtlichen Entwicklungen für die vertriebenen Ostpreußen, Pommern, Ostbrandenburger, Schlesier, Sudetendeutschen, Deutschbalten, Danziger, Posener, Memelländer, Ungarndeutschen, Jugoslawiendeutschen, Rumäniendeutschen, Rußlanddeutschen? Sicherlich werden aus diesen Konventionen und Resolutionen früher oder später konkrete Konsequenzen gezogen werden.

Abgesehen vom Statement des UNO-Hochkommissars für Menschenrechte vom 28. Mai 1995 hat die UNO zur Vertreibung der Deutschen merkwürdigerweise geschwiegen. Die Weltgemeinschaft agiert, als ob die Deutschen keine Opfer wären, oder vielleicht gerade deshalb, weil die Opfer zu viele waren und weil die Schuld bei den Siegermächten lag, die diese Vertreibung geplant und durchgeführt hatten. Gerade hier offenbart sich das Dilemma. Denn die Rechtsprechung des Internationalen Militärtribunals in Nürnberg hatte die Vertreibungen, die von den Nationalsozialisten durchgeführt worden waren, als Kriegsverbrechen und Verbrechen gegen die Menschlichkeit verurteilt. Aber weil das Völkerrecht universale Geltung besitzt, stellten die Vertreibungsaktionen gegen die Deutschen, gemessen an denselben Prinzipien, ebenfalls Kriegsverbrechen und Verbrechen gegen die Menschlichkeit dar.

Ethnische Säuberungen und Vertreibungen sind menschenverachtende Aktionen. Beide bezwecken eine Endlösung: die Beseitigung einer anderen Gruppe von Menschen. Beide sind verbrecherisch. Es lohnt sich, darüber nachzudenken und die Konsequenzen zu ziehen.

In der Tat hat sich vieles seit der Veröffentlichung der ersten Auflage dieses Buches im Jahre 1977 verändert. Was sich nicht verändert hat, ist die menschenrechtliche Dimension. Denn es geht um Menschen, die Unglaubliches gelitten haben, und um einen aufrichtigen Versuch, zu verstehen, wie es dazu kommen konnte. Nach zwanzig Jahren fortdauernder Forschung und Diskussion ist es mir deutlicher als je zuvor, daß die Vertreibung der Deutschen ein ungeheuerliches Ereignis war, das zweifelsohne zu den schwersten Verbrechen dieses Jahrhunderts gehört. Eine gründliche Auseinandersetzung mit dem Geschehen ist unausweichlich, eine Aufarbeitung, die vor allem die moralische Dimension berücksichtigen sollte. Heute wissen wir, daß nicht nur die russischen, polnischen und tschechischen Täter Verantwortung tragen, sondern auch die Anglo-Amerikaner, ihre Komplizen.

Seit 1977 haben mir viele Opfer und Überlebende anschauliches Material zukommen lassen. Ich habe Gelegenheit gehabt, mit vielen von ihnen sowie auch mit Politikern, Diplomaten und Professoren über diese menschliche Tragödie zu sprechen. Ich habe Kritik von allen Seiten – vor allem von polnischer, tschechischer und russischer Seite – gehört, gelesen und darüber nachgedacht. Ferner habe ich bei wiederholten Forschungsaufenthalten im Public Record Office, London, in den National Archives, Washington, im deutschen Bundesarchiv

Koblenz und im Schweizerischen Bundesarchiv, Bern, eine Reihe wichtiger Dokumente und Bilder entdeckt, welche die Erkenntnisse der ersten Auflage bestätigen und untermauern.
Vielleicht werden künftig mehr Politiker und Journalisten die Vertreibung der Deutschen als verheerenden Präzedenzfall verstehen, vor allem in Hinblick auf das weitere Auftreten von Vertreibungen und ethnischen Säuberungen überall in der Welt. Nach dem Ende des Kalten Krieges ist zu hoffen, daß die neue Generation der Historiker aus Polen, der Tschechischen Republik und der Russischen Föderation die Vertreibung der Deutschen in ihrer geschichtlichen Tragweite – und Tragik – und damit den eigenen Teil an Verantwortung erkennt und anerkennt. Gute Nachbarschaft verlangt gegenseitige Offenheit und die Bereitschaft, die eigenen Fehler zuzugeben. Erfreulicherweise fangen schon viele osteuropäische Intellektuelle damit an, sich mit diesem Kapitel der europäischen Geschichte auseinanderzusetzen.
Der erste nach der Wende war bekanntlich der Dichter Václav Havel, der als Privatperson, noch vor seiner Wahl zum Präsidenten der damaligen Tschechoslowakischen Republik, die Vertreibung der Deutschen als eine »tief unmoralische Tat« bezeichnete, wofür die Tschechen »den Deutschen gegenüber verpflichtet sind, sich zu entschuldigen«[12]. Wenige Monate danach, anläßlich des Besuches des Bundespräsidenten Richard von Weizsäcker in Prag, wiederholte der inzwischen gewählte tschechoslowakische Präsident Havel die moralische Verurteilung der Vertreibung, weil sich die Tschechen »vom Bazillus des Bösen anstecken ließen… und das Prinzip der Kollektivschuld zu eigen machten. Anstatt ordentlich all die zu richten, die ihren Staat verraten haben, verjagten wir sie aus dem Land und belegten sie mit einer Strafe, die unsere Rechtsordnung nicht kannte. Das war keine Strafe, das war Rache. Darüber hinaus verjagten wir sie nicht auf der Grundlage erwiesener individueller Schuld, sondern einfach als Angehörige einer bestimmten Nation.«[13]
Von polnischer Seite hat man die Worte von Außenminister Wladyslaw Bartoszewski vernommen, der in der gemeinsamen Gedenkstunde von Bundestag und Bundesrat zum Ende des Zweiten Weltkrieges am 28. April 1995 sagte: »Wir beklagen das individuelle Schicksal und die Leiden von unschuldigen Deutschen, die von den Kriegsfolgen betroffen wurden und ihre Heimat verloren.«
Solche Worte der Vernunft stellen ein positives Fundament für die Versöhnung zwischen den Völkern dar, denn nur solche Aufrichtigkeit

und die Bewahrung von Wahrheit und Recht ermöglichen eine dauerhafte Freundschaft. Nur sie sichert in Zukunft die Würde und das Lebensrecht eines jeden Menschen. Hoffen wir, daß diese Worte auch von guten Taten gefolgt werden. Ein bedeutendes Beispiel setzte am 3. Oktober 1995 der Präsident Estlands, Lennart Meri, in einem Vortrag in Berlin, als er feststellte: »Zu den europäischen Grundsätzen gehört das Recht auf die Heimat... Als Präsident Estlands will ich... der deutschen Öffentlichkeit versichern, daß Estland ein weltoffenes Land ist, wo das Recht auf die angestammte Heimat ebenso bewahrt ist wie die sämtlichen Rechte, die eine conditio humana auch in der Tat menschenwürdig gestalten. Estland ist und bleibt offen allen Deutschen, die heute willig sind, von ihrem Recht auf ihre Heimat Gebrauch zu machen.« [14]

Ein Jahr danach sagte der ungarische Ministerpräsident Gyula Horn beim zentralen Festakt der Bundesrepublik Deutschland anläßlich des Tages der Deutschen Einheit: »Die ungarisch-deutschen und deutsch-ungarischen Beziehungen haben neben vielen anderen auch einen speziellen emotionalen Aspekt. Nach [osmanischer] ... Besatzungszeit und einem über das Land fegenden Krieg wurden in den verwüsteten, entvölkerten Gebieten des damaligen Ungarn Schwaben und Sachsen angesiedelt, damit sie das Land bevölkern und durch ihre Kultur bereichern. Nicht nur die Geschichte, auch die ungarische Literatur bezeugt, daß die Nachfahren der Ansiedler in Ungarn eine wahre Heimat gefunden haben... Eine verwerfliche Folge des für alle Völker verheerenden Zweiten Weltkrieges war die kollektive Brandmarkung und ungerechte Behandlung der in Ungarn lebenden deutschen Minderheit... Ungarn heißt die Ausgesiedelten und deren Nachfahren als Familienmitglieder willkommen. Kommen Sie und bringen Sie möglichst viele Freunde mit. Die Bürger Deutschlands können in Ungarn jederzeit mit Achtung und echter Gastfreundschaft rechnen.« [15]

Ähnlich äußerte sich der litauische Präsident Brazauskas bei einem Bonn-Besuch, als er die Deutsch-Balten zur Rückkehr nach Litauen einlud, wo sie die Staatsbürgerschaft erlangen und noch vorhandenes Eigentum zurückerhalten könnten.[16] Noch deutlicher sagte Rumäniens Präsident Emil Constantinescu: »Die Rückkehr der Rumäniendeutschen ist eines der wichtigsten Ziele unserer Politik.«[17]

Vielleicht werden bald andere europäische Politiker diese Haltung annehmen und in die Tat umsetzen.

Grand Saconnex, im November 1997

Einführung

> In schlimmster Weise vergeht man sich gegen das Recht des geschichtlich Gegebenen, und überhaupt gegen jedes menschliche Recht, wenn man Völkerschaften das Recht auf das Land, das sie bewohnen, in der Art nimmt, daß man sie zwingt, sich anderswo anzusiedeln. Daß sich die Siegermächte am Ende des Zweiten Weltkrieges dazu entschlossen, vielen hunderttausend Menschen dieses Schicksal, und dazu noch in der härtesten Weise, aufzuerlegen, läßt ermessen, wie wenig sie sich der ihnen gestellten Aufgabe einer gedeihlichen und einigermaßen gerechten Neuordnung der Dinge bewußt wurden.
>
> *Albert Schweitzer in seiner Rede zur Verleihung des Friedensnobelpreises in Oslo am 4. 11. 1954: »Das Problem des Friedens in der heutigen Welt«*

Es gibt Ereignisse in der Geschichte der Menschheit, die für jedermann zum Begriff geworden sind und die das Bewußtsein der Menschen mitgeformt haben. Die babylonische Gefangenschaft der Juden, der Untergang des Römischen Reiches, die großen Kreuzzüge des Mittelalters, die Entdeckung und Kolonisierung der Neuen Welt, die französische Revolution sind unverrückbare Meilensteine im Geschichtsbewußtsein des Abendlandes. Zu diesen prägenden Ereignissen gehört auch der Zweite Weltkrieg. Viele gute Arbeiten sind über die verschiedenen Aspekte des Krieges veröffentlicht worden, über den deutschen Angriff, die Ausrottung der Juden, die Nürnberger Prozesse, das Aufsteigen der Sowjetunion zur Weltmacht und so fort. Aber ein sehr wichtiges Ergebnis des Krieges hat, jedenfalls außerhalb Deutschlands, offensichtlich nicht die Aufmerksamkeit gefunden, die es verdient: Die Flucht und Vertreibung von fünfzehn Millionen Deutschen [1] aus ihrer Heimat in Mittel- und Osteuropa. Diese Bevölkerungsverschiebung änderte von Grund auf die wirtschaftliche, politische und demographische Karte Europas. Mehr als zwei Millionen Deutsche haben die erzwungene Auswanderung nicht überlebt; die übrigen wurden in das verstümmelte Reich mit einer Bevölkerungsdichte von rund 200 Menschen pro qkm gedrängt.[2] Das menschliche Elend, das diese Umsiedlung vor allem in den Jahren 1945–48 hervorrief, gehört zu den schlimmsten Kapiteln des zwanzigsten Jahrhunderts, und es ist eigentlich erstaunlich, daß über fünfzig Jahre nach dem Krieg außerhalb Deutschlands relativ wenig über dieses unglückselige Nachspiel bekannt ist. Kaum je hat man die Rolle erörtert, die Großbritannien und die Vereinigten Staaten übernahmen, als sie die Ausweisung der Deutschen guthießen. Wie kam es überhaupt zu diesen Maßnahmen? Waren sie für den Frieden in Europa notwendig? Wie groß ist hier die Verantwortung der westlichen Demokratien? War ihre Beteiligung überhaupt mit demokratischen und humanitären Grundsätzen vereinbar? Amerikanische und britische Historiker haben es weitgehend versäumt, sich mit diesen Fragen auseinanderzusetzen.

Ein kurzer Überblick über die Folge der Ereignisse: Im Oktober 1944 drangen Spitzen der Sowjetarmee in die östlichen Kreise Ostpreußens ein und lösten eine erste Flucht deutscher Zivilbevölkerung nach Westen aus. Im Januar 1945 setzte dann die Massenflucht von vier bis fünf Millionen Menschen ein in der Folge der großen sowjetischen Winteroffensive, die die Russen in wenigen Wochen bis an die Oder führte. Diese Massenflucht umfaßte nicht nur einheimische Menschen aus Ostpreußen, Pommern, Schlesien, Ostbrandenburg und dem sogenannten Warthegau, sondern auch Hunderttausende von »Bombenevakuierten«, die im Laufe des Krieges wegen der Luftgefährdung ihrer Heimatgebiete im Westen Deutschlands in die weniger gefährdeten Ostgebiete des Reiches gebracht worden waren. Jedoch blieben mehr als vier Millionen Deutsche zurück, die entweder nicht rechtzeitig fliehen konnten oder sich geweigert hatten, ihre Heimat zu verlassen.

Darüber hinaus lebten bei Kriegsende mehrere Millionen Deutsche im Sudetengebiet, das im Münchener Abkommen von 1938 von der Tschechoslowakei abgetrennt und dem Reich angegliedert worden war. Außerdem gab es große deutsch besiedelte Gebiete – teilweise bereits im Mittelalter entstandene Enklaven – im Vorkriegs-Polen, in Ungarn, Rumänien, Jugoslawien und in der Sowjetunion.

Alliierte Pläne, die sich mit diesen Deutschen befaßten, hatten schon in den beiden letzten Kriegsjahren greifbare Gestalt angenommen: Sie zielten auf eine spürbare territoriale Verstümmelung des Reichs und auf radikale Entfernung aller Deutschen aus Ost- und Mitteleuropa. Am Schluß der Potsdamer Konferenz 1945 wurde ein Protokoll[3] verfaßt, dessen Artikel XIII die Umsiedlung der Ostdeutschen in den Torso des einstigen Reiches vorsah.

Gab es eine historische Parallele, einen Präzedenzfall, für eine solche ungeheuerliche Vertreibung? Schon in der Antike kannte man Massenumsiedlungen besiegter Völkerschaften. Sie wurden zu einer Art Routine-Maßnahme des Neuassyrischen Reichs unter Assurnasirpal II. (883–859 v. Chr.) und Assurbanipal (669–627 v. Chr.)[4]; damals sind etwa viereinhalb Millionen Menschen mit Gewalt aus ihren Wohngebieten vertrieben worden. In christlicher Zeit verzichtete man auf diese Methode und teilte oder annektierte zwar eroberte Gebiete, aber die einheimische Bevölkerung konnte auf ihrem Grund und Boden bleiben, womit sie allerdings automatisch dem neuen Herrscher untertan wurde. Traurige Ausnahmen gab es 1685 in Frankreich infolge der Aufhebung des Edikts von Nantes, die die große Auswanderung der Hugenotten auslöste; dann in der Neuen Welt, als im Jahre 1755 die britische Kolonialregierung die französische Besatzung Neuschottlands, insgesamt 15 000 Bauern, die dort über hundert Jahre ansässig waren, in brutaler Weise umsiedelte bzw. auf Schiffe verlud und, Frauen von Männern getrennt, in die anderen Kolonien verstreute, um dadurch Neuschottland (Akadia) franzosenfrei zu machen.[5] Später wurde durch die amerikanische Politik des »manifest destiny« die ursprüngliche indianische Bevölkerung allmählich zurückgedrängt und schließlich im neunzehnten Jahrhundert der spärliche Rest in »Reservaten« angesiedelt.[6] Nach dem Ersten Weltkrieg setzte sich dann die gewaltsame Umsiedlung als politisches Prinzip wiederum allgemein durch. Der Vertrag über den Bevölkerungsaustausch zwischen Griechenland und der Türkei,[7] von dem etwa zwei Millionen Menschen betroffen waren, wurde zum historischen Markstein, weil ihm der Völkerbund zustimmte und seine Durchführung überwachte – ein unheilvolles Vorzeichen dessen, was später kam. Hitler verschärfte das »Umsiedlungs-System«, als er mit Stalins Einverständnis mehrere Hunderttausend Deutsche aus den baltischen Staaten und Bessarabien in das annektierte westliche Polen, den sogenannten Warthegau, verpflanzte[8] und die Polen, die hier heimisch waren, mit Gewalt im östlichen Polen ansiedelte. Der tiefe Haß, den dieses nazistische Verbrechen – neben den anderen – in den besetzten Gebieten Osteuropas weckte, bildete schließlich den Hintergrund für die folgenschweren

Beschlüsse von Jalta und Potsdam und ihre Auswirkungen auf die Deutschen in den ehemaligen Ostgebieten.
Doch denken wir an die Menschen selbst: Was hieß es denn, diese Millionen Deutschen bei Kriegsende umzusiedeln?[9] Es konnte sich bei ihnen ja nicht nur um »Parteibonzen« handeln! Betroffen wurden zum weitaus größten Teil einfache Leute, Bauern, Arbeiter, Männer und Frauen aller Berufe. Die pure Statistik, die einfach eine vielstellige Zahl entwurzelter Menschen irgendwo in der Welt nennt, hat kaum die Macht, den Leser wirklich betroffen zu machen: Wer verstehen will, was vor sich ging, muß hinter statistischen Berichten lebendige Menschen erkennen können. Sie erlitten ein höchst reales Unglück, sie mußten den heimischen Boden verlassen, auf dem ihre Vorfahren seit Generationen ihre Existenz gefunden hatten.
Es ist jedoch nicht möglich, »15000000 Vertriebene« ins Blickfeld zu bekommen. Man sehe sich das Bild der halbverhungerten Mutter mit ihrem Kind an, das des alten Mannes mit dem leeren Blick und dem Bündel seiner letzten Habe – und dann stelle man sich den endlosen Zug solcher Elendsgestalten vor Augen. Diese Summe der einzelnen Tragödien hätte abgewogen werden müssen gegen die möglichen Vorteile der politischen Entscheidung zu einer Vertreibung. Und wenn die Alliierten die Nationalsozialisten wegen ihrer unmenschlichen Methoden bekämpften – durften sie dann selbst deren Methoden als Vergeltung anwenden? Wer hat nun schließlich seine Methoden durchgesetzt? Wessen Einstellung zum Menschen hat am Ende gesiegt?
Doch selbst wenn man theoretisch zugibt, daß die gewaltsame Ausweisung eine berechtigte politische Maßnahme gewesen sei und durchaus den Maßstäben einer zivilisierten Welt entsprochen habe, hätte die Durchführung jedenfalls eine so sorgfältige Überwachung verlangt, daß Leiden und Tod möglichst hätten vermieden werden sollen. Der Text von Artikel XIII des Potsdamer Protokolls sah vor, daß die Signatarmächte die Beachtung der Ausführungsbestimmungen überwachten und für eine »geregelte und humane«, nach und nach vorgenommene Aussiedlung sorgten. Wenn sie also versäumten, die Ausartung der Umsiedlungen in wilde Vertreibung zu verhindern, wurden sie mitverantwortlich für die Mißstände, die sich ergeben haben.
Wir wurden die Aussiedlungen schließlich durchgeführt? Hat man die Deutschen einfach nach Westen gebracht, oder ist es unterwegs zu Massakern gekommen? Für einen Amerikaner, der nur von den scheußlichen Verbrechen der Nationalsozialisten gehört hat, ist es eine

quälende Erfahrung, wenn er die Ausschreitungen während der Vertreibung zur Kenntnis nehmen muß; die Berichte und eidlichen Erklärungen bilden keine angenehme Lektüre.[10] Gespräche mit nicht-deutschen Zeugen[11] und mit Hunderten von Deutschen, die Flucht und Vertreibung überlebt haben, bestätigen die erschreckende Chronik der Unmenschlichkeit.

Im Rahmen dieser Arbeit kann nicht untersucht werden, warum die Umstände der Vertreibung in der anglo-amerikanischen Welt so lange Zeit hindurch unbekannt geblieben sind. Offenbar haben sich die Sieger, nachdem der Krieg gewonnen war, nicht verpflichtet gefühlt, die Grundsätze zu überprüfen, für die sie den Krieg geführt hatten, oder dafür zu sorgen, daß diese Grundsätze nun im Frieden beachtet wurden. Nur wenige Persönlichkeiten des öffentlichen Lebens in den Vereinigten Staaten und in Großbritannien protestierten hörbar. Ihre Worte sind längst verhallt.

Die Deutschen wiederum sahen sich nach dem Alptraum von Krieg, bedingungsloser Kapitulation, Zerstückelung des Reichs und Vertreibung täglich mit ihrer Geschichte konfrontiert. Der totale Krieg war verloren, die Bitterkeit der Niederlage durchdrang das öffentliche und private Leben. Die Vertreibung hat sich nicht, wie Churchill und andere westliche Staatsmänner fürchteten, als Zeitbombe erwiesen, als Grund für einen Revanchekrieg.[12] Vielmehr haben sich die Vertriebenen sowohl in den westlichen als auch in den östlichen Teilen Nachkriegs-Deutschlands eingegliedert.

Die vorliegende Studie versucht nicht, Voraussagen und mögliche Lösungen zu liefern – sie möchte zur Überprüfung einer Politik beitragen, die Zwangsumsiedlungen von Millionen Menschen für eine vertretbare Lösung von internationalen Konflikten hält; die deutschen Erfahrungen sollen die Grundlage für diese Überprüfung bilden. Wenn sich auch so mancher gern auf den Einwand beschränken möchte, daß die Deutschen eben den Krieg verloren und die Folgen zu tragen haben, so erschöpft dieser wenig humane Grundsatz doch nicht das eigentliche Problem. Wer sich den Prinzipien der Humanität verpflichtet fühlt, muß sich allen Ungerechtigkeiten stellen. Diese Studie ist der Idee der *dignitas humana* gewidmet, der Grundlage unserer abendländischen Kultur. Hoffen wir, daß in den kommenden Jahrzehnten diese Idee der Würde des einzelnen Menschen und das Prinzip der Gerechtigkeit für alle, auch für den Feind von ehemals, nicht nur mit Worten, sondern mit Taten verteidigt werden.

Bevölkerungstabelle

Vor der Flucht und Vertreibung

Deutsche Bevölkerung im Jahre 1939			
Ostgebiete des Deutschen Reiches		9975000	
davon Ostpreußen	2473000		
Ost-Pommern	1884000		
Ost-Brandenburg	642000		
Schlesien	4577000		
Tschechoslowakei		3477000	
Baltische Staaten und Memelland		250000	
Danzig		380000	
Polen		1371000	
Ungarn		623000	
Jugoslawien		537000	
Rumänien		786000	
zusammen*		16999000	
Geburtenüberschuß 1939–1945		+ 659000	
			17658000
Kriegsverluste 1939–1945			–1100000
Deutsche Bevölkerung bei Kriegsende			16558000

* dazu in der Sowjetunion 1,5 bis 2 Mill.

Kriegsverluste	1100000
Verluste durch Flucht und Vertreibung	2111000
Gesamt-Verluste	3211000

Das heißt: von den 1939 in den Vertreibungsgebieten ansässigen Deutschen ist jeder fünfte gefallen oder umgekommen.

Flucht und Vertreibung (1945–1950)

Flüchtlinge und Vertriebene			
aus den Ostgebieten des Deutschen Reiches	6944000		
aus der Tschechoslowakei	2921000		
aus den übrigen Ländern	1865000		
		11730000	
In der Heimat Verbliebene			
in den Ostgebieten des Deutschen Reiches	1101000		
in der Tschechoslowakei	250000		
in den übrigen Ländern	1294000		
		2645000	
Vermutlich noch lebende Gefangene (1950)		72000	
			14447000
Tote und Vermißte während der Flucht und Vertreibung			
in den Ostgebieten des Deutschen Reiches	1225000		
in der Tschechoslowakai	267000		
in den übrigen Ländern (ohne UdSSR)	619000		
			2111000
			16558000

Gesamtzahl der deutschen Vertriebenen 1982 (geschätzt)

in der Bundesrepublik Deutschland	11000000
in der DDR und Ostberlin	4070000
in Österreich und anderen westlichen Ländern	500000

Quelle: Bundesministerium für Vertriebene

Von 1950 bis Ende 1995 nahm die Bundesrepublik Deutschland über 3500000 Spätaussiedler, darunter je 1,4 Millionen aus Polen bzw. Oder-Neiße-Gebiet und aus der UdSSR/GUS, aus den Vertreibungsgebieten auf.

Erstes Kapitel

Bevölkerungsumsiedlung als politisches Prinzip

> Die nach unserem Ermessen befriedigendste und dauerhafteste Methode ist die Vertreibung. Sie wird die Vermischung von Bevölkerungen abschaffen, die zu endlosen Schwierigkeiten führt... Man wird reinen Tisch machen. Mich beunruhigen diese großen Umsiedlungen nicht, die unter modernen Verhältnissen besser als je zuvor durchgeführt werden können.
>
> *Winston Churchill am 15. Dezember 1944 (Parlamentsdebatten des Unterhauses, Band 406, Spalte 1484; auch Churchill, Reden, Zürich 1949, Bd. 5, S. 468)*

Das zwanzigste Jahrhundert ist ein neues Zeitalter der Massenwanderungen geworden. Große Bevölkerungsgruppen sind ausgewiesen worden, Millionen von Flüchtlingen umgekommen.
Die folgenschwerste, zugleich am besten dokumentierte dieser unfreiwilligen Wanderungen war die Flucht und die Vertreibung der Deutschen aus Ost- und Mitteleuropa am Ende des Zweiten Weltkriegs. Ohne Krieg würden heute noch viele Millionen deutscher Männer und Frauen dort leben, wo ihre Vorfahren seit siebenhundert Jahren ansässig waren, in Ostpreußen, Pommern, der östlichen Mark Brandenburg und Schlesien, in den einstigen Deutschordensstädten Danzig und Memel, im Sudetenland und in Hunderten von geschlossenen Siedlungsgebieten in Osteuropa. Das körperliche und seelische Leiden der entwurzelten Millionen kann nicht ermessen werden, und bis heute sind die Wunden nicht vollständig geheilt.
Wie wurde die Aussiedlung durchgeführt – und warum überhaupt? Fünfzig Jahre nach den Ereignissen muß man sich noch einmal ins Gedächtnis rufen, daß die Vertreibung der Deutschen aus Mittel- und Osteuropa zum Teil im Namen des Friedens empfohlen und durchgeführt wurde, und zwar von Ländern, die sich öffentlich zu demokratischen und humanitären Werten bekannten. Zwar waren die Anglo-Amerikaner nicht die geistigen Urheber der Vertreibung, doch

vielleicht wäre es nie zu solchen Geschehnissen gekommen – oder sie hätten jedenfalls nicht diesen Umfang angenommen –, wenn die Westmächte nicht schon früher dem Prinzip der gewaltsamen Umsiedlung von Bevölkerungsgruppen zugestimmt hätten.
Was bewog die Westmächte, eine Politik zu billigen, die ihnen selbst keinen unmittelbaren Vorteil brachte? Tatsächlich waren die einzigen Nutznießer der Vertreibungspolitik die Staaten, die sie anwandten, die deutschen Besitz im Wert von Hunderten von Milliarden Dollar beschlagnahmten und ein Viertel des Deutschen Reichs annektierten. Doch die Westmächte versäumten nicht nur, materiellen Gewinn aus der Politik der Vertreibung zu ziehen; in ihrer Rolle als Besatzungsmächte übernahmen sie schließlich sogar beträchtliche finanzielle Lasten, weil sie allein und ohne Ostdeutschlands reiche Vorräte an Nahrungsmitteln und Heizmaterial der gigantischen Aufgabe gegenüberstanden, Millionen von Ausgewiesenen zu ernähren und unterzubringen, jene Millionen, die von der polnischen, der tschechoslowakischen, der ungarischen Regierung in die Besatzungszonen gedrängt wurden.
Was also hat die Führung der Vereinigten Staaten und Großbritanniens veranlaßt, der Aussiedlung der Deutschen zuzustimmen? Es gab viele miteinander verknüpfte Gründe, unter denen die wichtigsten waren:

1) Die Hoffnung, durch Ausschaltung der deutschen Präsenz in Mittel- und Osteuropa zu einem dauerhaften Frieden zu gelangen;
2) der Wunsch, Polen im Westen auf Kosten der Deutschen zu entschädigen, ohne dabei eine potentielle »Fünfte Kolonne« im neuen Polen zu belassen;
3) die Annahme, daß die Umsiedlung in humaner Weise durchgeführt werden könnte und
4) die Absicht, die besiegten Deutschen zu bestrafen.

Die beiden ersten Gründe wurden von den Initiatoren der Vertreibungspläne in den tschechischen und polnischen Exilregierungen angeführt, als sie ihre Wünsche den Alliierten vorlegten. Auf diese politische Argumentation geht die Idee der Vertreibung der Deutschen zurück. Die amerikanische und britische Regierung ließen sich davon überzeugen und stimmten den Absichten ihrer Verbündeten zu, was ihnen durch die beiden zuletzt genannten Überlegungen wesentlich erleichtert wurde.

Der historische Hintergrund

Bevor wir uns mit diesen Beweggründen im einzelnen befassen, soll die Geschichte der verschiedenen betroffenen Bevölkerungsgruppen noch kurz gestreift werden. Dabei geht es darum, die unterschiedliche Problematik der Volksdeutschen, deren Siedlungen zum Teil Jahrhunderte vor dem Kriege bestanden, und die der Neusiedler oder »Lebensraum«-Siedler zu erkennen; einen ganz anderen Fall stellt die größte Gruppe der Ausgewiesenen dar, die Reichsdeutschen in den Ostprovinzen des Reichs.

Die Volksdeutschen

Das Problem der »deutschen Minderheiten« in Europa geht zurück auf die Grenzen, die 1919 durch die Pariser Friedensverträge gezogen wurden.

Vor dem Ersten Weltkrieg hatte es keine Schwierigkeiten mit deutschen Minderheiten gegeben. Die meisten Deutschen lebten im Bismarckreich oder in Österreich-Ungarn. »Splittergruppen deutscher Volkszugehörigkeit« im zaristischen Rußland, in Rumänien und Serbien bestanden vor allem in der bäuerlichen Bevölkerung oder bildeten, wie in den baltischen Ländern, eine bürgerliche und teilweise adlige Oberschicht; man lebte im Frieden mit dem jeweiligen Landesherrn.[1]

Doch große und unzufriedende Minderheiten entstanden durch die Friedensverträge von Versailles, St. Germain und Trianon: Allzu oft wurde das Nationalitätenprinzip[2] nicht beachtet, als die Grenzen gezogen wurden. Alle slawischen Nachfolgestaaten der Donaumonarchie enthielten neben den Staatsvölkern beträchtliche nationale Minderheiten; so blieben fünf Millionen Deutsche außerhalb Österreichs und bildeten eine potentielle Irredenta in der Tschechoslowakei, in Polen, Italien, Jugoslawien und Ungarn.

Das Reich verlor 70579 qkm Territorium. Der Versailler Vertrag sprach es Frankreich, Belgien, Dänemark, Polen und der Tschechoslowakei zu. Die Provinz Posen und der größte Teil Westpreußens wurden ohne Volksabstimmung abgetrennt und Polen zugewiesen; Abstimmungen fanden in Marienwerder und in anderen Bezirken statt, die dann auch, bis auf wenige Dörfer, deutsch blieben. Nach der Ab-

stimmung in Oberschlesien 1921 beschloß der Völkerbund, Teile Oberschlesiens Polen zu überlassen, obwohl 59,6 % der Bevölkerung für Deutschland gestimmt hatten. Damit übergab man mehr als zwei Millionen deutsche Menschen dem neugegründeten Staat Polen.[3]
Da die Pariser Verträge so viele Menschen deutscher Volkszugehörigkeit außerhalb der Grenzen von Deutschland und Österreich beließen, wurde versucht, das Nationalitätenprinzip durch Minderheitenabkommen im Rahmen des Völkerbundes zu retten. Länder, die große deutsche Minderheiten übernahmen, wurden verpflichtet, ihnen eine gewisse kulturelle Autonomie und die rechtliche Gleichstellung mit der Mehrheit der Staatsbürger zu garantieren. Polen und die Tschechoslowakei fanden indessen die Minderheitenverträge lästig und erklärten immer wieder, das Minderheitensystem des Völkerbundes sei eine unerträgliche Beeinträchtigung ihrer nationalen Souveränität. So wurde es eher zur Regel als zur Ausnahme, die Verträge zu übergehen. Und gerade diese Nichtbeachtung der formellen Rechte der neuen Minderheiten machte die Eingliederung der an Fremdherrschaft nicht gewöhnten deutschen Minderheiten keineswegs leichter und führte zu einer fühlbaren Enttäuschung und zunehmender Verärgerung der Betroffenen. In den zwanziger Jahren erwiesen sie sich als neuralgischer Punkt für die internationale Gemeinschaft. Sie bedienten sich aber keiner gewaltsamen Mittel zur Veränderung des Status quo, sondern nur friedlicher Wege des Protests, vor allem durch Tausende von Petitionen an den Völkerbund, das einzige internationale Gremium, das – nach den Minderheitenschutzverträgen – dafür kompetent war.

Fünfte Kolonnen und illoyale Minderheiten

In der Literatur über die deutschen Minderheiten – vor allem nach dem Zweiten Weltkrieg – taucht der Gedanke an eine »Fünfte Kolonne« immer wieder auf.[4] Tatsächlich läßt sich die Teilnahme von Personen deutscher Volkszugehörigkeit an illoyalen Aktionen oder Verschwörungen vor dem Krieg in Polen und in der Tschechoslowakei und im Krieg in Jugoslawien und anderen Ländern dokumentarisch belegen. Deshalb war vorherzusehen, daß nach Hitlers Niederlage irgendeine Form der Vergeltung illoyale Elemente innerhalb der deutschen Minderheiten in Osteuropa treffen werde, denn sicherlich muß einem Staat

das Recht zugestanden werden, sich gegen illoyale Elemente zu sichern.[5]
Aber es ist wichtig, den Begriff »Fünfte Kolonne« genau festzulegen, um entscheiden zu können, wer als ihr Mitglied angesehen werden kann. Der Ausdruck selbst wurde im spanischen Bürgerkrieg von General Emilio Mola, zusammen mit Franco, Führer der »Nationalen«, geprägt. Er marschierte mit vier Kolonnen auf das von den Republikanern gehaltene Madrid und bezeichnete die in der Hauptstadt lebenden Sympathisanten der Nationalen als seine »fünfte Kolonne«. Doch dieser Ausdruck bedeutete nicht unbedingt »Spione« und »Saboteure«; er bezog sich einfach auf Zivilisten, die ohne Absicht und ohne ihr Einverständnis im gegnerischen Lager lebten. Doch wurde aus »Fünfte Kolonne« während und nach dem Zweiten Weltkrieg ein Synonym für »Verräter«, das entsprechend als Schimpfwort gegen alle Minderheiten angewandt wurde, obwohl viele von ihnen nicht für ihre wenig beneidenswerte Lage verantwortlich, sondern gegen ihren Willen und ohne Plebiszit oder ein Recht auf Option unter die Fremdherrschaft geraten waren.
Waren die deutschen Minderheiten in Europa tatsächlich »Fünfte Kolonnen«? Machten sie sich in Massen daran, ihre Gastländer zu verraten? Die Meinungen gehen hier weit auseinander.
Die Minderheiten, denen man vor allem Verrat vorwirft, sind diejenigen Polens und der Tschechoslowakei.[6] Wenn auch diese Vorwürfe vielleicht nicht immer unberechtigt sind, bleibt es doch Aufgabe der Forschung, sie zu prüfen und den vielschichtigen historischen Hintergrund zu erhellen, der ihre Beziehungen zu den Gastländern bestimmte; und dabei muß beachtet werden, daß eine ethnische Minderheit keinesfalls als illoyal zu betrachten ist, weil sie die Beachtung von Minderheitenverträgen verlangt oder weil sich ihre Angehörigen dagegen wehren, als Staatsbürger zweiten Ranges angesehen zu werden. Zwischen 1919 und 1934 sind zum Beispiel mehrere tausend Proteste an den Völkerbund gerichtet worden, die über Verletzung des Minderheitenabkommens vom 28. Juli 1919 klagten.[7] Die meisten Zusammenstöße zwischen Deutschen und den polnischen Behörden entstanden über die Frage der polnischen Staatsbürgerschaft und über die weitverbreitete Enteignung deutscher Bauernhöfe und Zwangsräumung von deutschen Besitzungen; schuld war die diskriminierende polnische Rechtsprechung. Ein typischer Fall von Zwangsräumung kam vor den Haager Gerichtshof, der am 10. September 1923 nach

dem vorliegenden Tatbestand sein Gutachten abgab.[8] Das Gericht befand,[9] »daß die angefochtenen Maßnahmen eine Aufhebung legaler Rechte sind, die den Bauern vertraglich zustehen. Da sie (die Maßnahmen) tatsächlich gegen eine Minderheit gerichtet sind, sie einer diskriminierenden und ungerechten Behandlung ausliefern, der andere Bürger mit Verträgen über Kauf und Pacht nicht unterworfen sind, stellen sie einen Bruch der von Polen eingegangenen Verpflichtungen innerhalb des Minderheitenabkommens dar.«
Solche Fälle tauchten oft vor dem Gericht[10] oder in Petitionen auf, die bis zum Jahre 1934 dem Völkerbund zugingen, als die polnische Regierung sich schließlich von dem Minderheitenabkommen lossagte. In der Vollversammlung des Völkerbundes am 13. September 1934 erklärte der polnische Außenminister Beck, seine Regierung sehe sich gezwungen, »von heute ab sich jede Zusammenarbeit mit den internationalen Organen zu versagen, soweit es sich um die Kontrolle der Anwendung des Systems des Minderheitenschutzes durch Polen handelt«.[11] Auch die Deutschen in der Tschechoslowakei waren tief enttäuscht über die Verletzungen des Minderheitenabkommens, obwohl diese nicht so zahlreich[12] waren. Das zweite Kapitel der vorliegenden Studie stellt gründlicher dar, wie die Verbitterung der Sudetendeutschen entstand und auf welche Weise sie ihren Kampf um Gleichberechtigung mit den Tschechoslowaken führten.
Die Benachteiligung der deutschen Minderheiten und die daraus resultierende Unmöglichkeit, sich mit dem jeweiligen Staat zu identifizieren, bildeten einen Teufelskreis: Während die deutschen Minderheiten vorbrachten, daß Treue zum Gastland nur als Reaktion auf gerechte Behandlung erwartet werden könne, behaupteten die Staaten, in denen sie lebten, daß der Genuß der Rechte von vorausgegangenen Beweisen der Loyalität abhänge. Dieser Teufelskreis vernichtete schließlich das ganze Minderheitenschutzsystem des Völkerbundes.
Um zu verstehen, warum der Völkerbund hier versagte, sollte man nicht nach Sündenböcken suchen, sondern die Hindernisse ins Auge fassen, die von vornherein jeden Erfolg auf diesem Gebiet unmöglich machten. Vielleicht lag die größte Schwierigkeit einfach in der Zahl: Zwei Millionen Deutsche konnten von Polen, dreieinhalb Millionen von der Tschechoslowakei nur sehr schwerlich eingegliedert werden; vielfache Bemühungen, sie – vor allem in Polen – zu »entdeutschen«, konnten wohl kaum ihre Loyalität steigern. Bewohner von Siedlungen, die zum Teil aus dem Mittelalter stammten, konnten es

nicht verwinden, als Eindringlinge, als unerwünschte Fremde in Polen und in der Tschechoslowakei behandelt zu werden. In den zwanziger Jahren immer aufs neue enttäuscht, sahen schließlich viele ihre einzige Hoffnung im Schutz, den ihnen der deutsche Nachbar jenseits der Grenze bot.[13] Die ganze Situation ähnelte stark der vieler Elsaß-Lothringer, die nach dem deutsch-französischen Krieg von 1870/71 Elsaß und Lothringen wieder mit Frankreich vereinigt sehen wollten und alles, was in ihrer Macht lag, unternahmen, um Berlins Bemühungen zu vereiteln, die französische Kultur zu beseitigen. Es klingt wie Ironie, daß dieselben Delegierten, die das elsässische Problem auf der Pariser Friedenskonferenz lösten, eine neue Quelle internationaler Spannung schufen, als sie Millionen volksbewußter Deutscher unter tschechische und polnische Herrschaft zwangen.

Später, während des Zweiten Weltkriegs, betrachtete die in der Emigration lebende Führung Polens und der Tschechoslowakei ihre deutschen Minderheiten schlechthin als kollektiv schuldig an der Hitlerschen Invasion und an der Unterdrückung, die ihr folgte. Die meisten Volksdeutschen haben tatsächlich die deutsche Besatzung begrüßt, aber in der Tat wenig getan, um die Invasion auszulösen, die vor allem zur Durchführung von Hitlers zielbewußter Politik, im Osten »Lebensraum« zu schaffen, gehörte. Jedoch hat die deutsche Besatzung und die rassische Überheblichkeit der neuen Herrscher Verbitterung und Haß gegen alle Deuschen – auch gegen die Volksdeutschen – verursacht.

Vertreibung um des Friedens willen: Allheilmittel und endgültige Lösung des Minderheitenproblems?

In den Jahren unmittelbar vor dem Krieg und in den Kriegsjahren gewann der Gedanke an gewaltsame Umsiedlung von Bevölkerungsgruppen rasch an Popularität, zunächst bei der Führung der »Gastländer«, dann auch bei den Architekten des Nachkriegs-Europa. Die verhältnismäßig neue Idee wurde von einem radikalisierten Europa als Mittel begrüßt, das verhaßte Minderheitenproblem aus der Welt zu schaffen.

Noch war die Erinnerung an das Versagen des Völkerbundes in der Minderheitenfrage frisch im Gedächtnis, und die Planer schlugen vor, das Problem jetzt nicht durch neue Grenzziehungen zu lösen oder durch den Versuch, andere Garantien für das Recht der Minderheiten zu schaffen, sondern durch Beseitigung der Minderheiten selbst. Natürlich mußte jedes Vorhaben in dieser Richtung neue menschliche Schwierigkeiten schaffen, doch man meinte, daß vorübergehende Unbequemlichkeiten und Umsiedlung kein zu hoher Preis für künftigen Frieden und für Stabilität seien.

Der erste ernstgemeinte Vorschlag, eine große Zahl von Deutschen Ende des Krieges aus ihren Wohnorten zu verpflanzen, stammte von Dr. Edvard Beneš, dem Präsidenten der tschechoslowakischen Exilregierung. Er enthüllte bereits im September 1941 seine Vorstellungen über seine künftige Bevölkerungspolitik mit den Worten: »Ich akzeptiere das Prinzip der Bevölkerungsumsiedlung... Wenn die Frage sorgfältig erwogen und rechtzeitig gründlich vorbereitet wird, kann die Übersiedlung schonend und unter angemessenen, humanen Bedingungen durchgeführt werden, und zwar unter internationaler Überwachung und mit internationaler Unterstützung.«[14] Er betonte ferner, er befürworte »keine Methode, die mit Brutalität oder Gewalt verbunden ist«.[15]

Von dieser ziemlich utopischen Vorstellung ausgehend, informierte der britische Außenminister Anthony Eden Beneš schon im Juli 1942, daß seine »Kollegen mit ihm im Prinzip der Umsiedlung übereinstimmen«.[16] Kurz darauf wurde Beneš der Beschluß des britischen Kabinetts übermittelt, keine Einwände gegen die Aussiedlung von Sudetendeutschen zu erheben[17]; die sowjetische[18] und die amerikanische[19] Zustimmung erfolgten im Juni 1943.

Wie ursprünglich vorgeschlagen, richtete sich der Plan zunächst nur gegen »illoyale« Volksdeutsche; soweit einzelne Personen deutscher Volkszugehörigkeit an Unternehmungen der »Fünften Kolonne« vor dem Krieg in Polen und in der Tschechoslowakei teilgenommen hatten, schien es nur gerecht, die Unruhestifter zu entfernen. Man war auch allgemein der Ansicht, daß die sogenannten »Lebensraum«-Siedler vertrieben werden sollten, also ungefähr eine Million Volks- und Reichsdeutsche, die Hitler in bestimmten Gebieten Polens und Jugoslawiens angesiedelt hatte, die vom Reich annektiert worden waren. Die meisten dieser Siedler wurden später von den zurückflutenden deutschen Armeen mitgenommen und befanden sich nicht mehr in Polen oder Jugoslawien, als die Vertreibungen begannen. Da sie im neuen »Lebensraum« noch keine Wurzeln geschlagen hatten, fiel den Aussiedlern der Abzug nicht so schwer, als sich die deutsche Niederlage abzuzeichnen begann.

Doch das Syndrom der Bevölkerungsumsiedlung blieb nicht auf illoyale Minderheiten und »Lebensraum«-Siedler begrenzt. Die deutschen Minderheiten in Siebenbürgen/Rumänien hatten loyal mit ihrem Land auf Seiten der Achsenmächte gekämpft, wurden aber ebenfalls zur Vertreibung vorgesehen. Nach abschließenden Gesprächen in Washington mit Präsident Roosevelt im Juli 1943 telegrafierte Beneš der tschechoslowakischen Exilregierung, daß Roosevelt »der Umsiedlung der Minderheitenbevölkerung aus Ostpreußen (sic!), Siebenbürgen und aus der Tschechoslowakei zustimmt«.[20]
Bereits das Kriterium der Illoyalität bot der Interpretation durch die Regierungen weiten Spielraum. Wenn man nun zusätzlich von vornherein jegliche Gefährdung eines Staates ausschalten wollte, lag es nahe, den Kreis der zu vertreibenden Menschen immer weiter zu ziehen. Demzufolge sollten immer mehr Deutsche in den Staaten Ostmitteleuropas aus ihrer Heimat ausgesiedelt werden. Im Endstadium dieser Entwicklung wollte man sich der gesamten Minderheit entschädigungslos entledigen, was mit der potentiellen Gefahr, die die Minderheit darstelle, begründet wurde.
Doch die unheilvolle Ausweitung des Umsiedlungs-Prinzips betraf noch größere Gruppen. Tatsächlich bestand später die überwiegende Mehrzahl der Vertriebenen aus Reichsdeutschen, das heißt, aus der einheimischen Bevölkerung rein deutscher Gebiete wie Ostpreußen, Pommern, Brandenburg und Schlesien.

Entschädigung für Polen auf Kosten Deutschlands

Sobald das Prinzip der Umsiedlung von den alliierten Mächten angenommen worden war – wie oben erwähnt –, stand die Tür weit offen für jede Ausweitung bei der Anwendung des Prinzips. So brachte jeder Vorschlag, die Grenzen auf Kosten Deutschlands zu verändern, sofort auch den Vorschlag auf, die einheimische Bevölkerung zu vertreiben.
Während die Vertreibung der Deutschen aus dem Sudetenland und der übrigen Tschechoslowakei von den Alliierten als eine Form kollektiver Bestrafung für die »Illoyalität« gegenüber dem »Gastland« gutgeheißen wurde, war die Vertreibung der Deutschen aus den deutschen Provinzen östlich der Oder-Neiße einfach ein Nebenergebnis bei der Festlegung der neuen polnischen Grenzen.

Die Grenzveränderungen, wie sie von der provisorischen polnischen Regierung vorgeschlagen wurden, führten unweigerlich dazu, daß sehr viele Deutsche vom Reich getrennt wurden, weil ausgedehnte, einheitlich von Deutschen bewohnte Gebiete unter polnische Herrschaft gerieten. Wer hier zu Hause war, mußte unweigerlich zum Angehörigen einer »Minderheit« werden, die, wie man fürchtete, »subversive« Tendenzen gegen Polen entwickeln könnte. Jedenfalls rechnete Polen von vornherein mit solchen Tendenzen und verlangte das Recht, seine neuen, künstlich geschaffenen Minderheiten zu vertreiben.
Diese Vorschläge verletzten die Grundsätze der Atlantik-Charta, an der sich die westlichen Alliierten orientieren wollten. Doch das Problem hing mit einem Kompensationsgeschäft für Polen zusammen, das als eines der ersten Kriegsopfer Gebiete im Osten verloren hatte. Schon bei der Konferenz von Teheran ließ Stalin keinen Zweifel darüber aufkommen, daß die Sowjetunion die Hälfte von Polen behalten werde, die sie nach dem Ribbentrop-Molotow-Pakt im September 1939 annektiert hatte. Zwar waren die westlichen Alliierten zunächst nicht mit dieser illegalen Annexion einverstanden, begriffen aber rasch, daß Stalin seine Absichten nicht aufgeben werde. Gleichzeitig fühlten sich die meisten führenden Politiker Amerikas und Großbritanniens moralisch verpflichtet, Polen eine Art gerechten Ausgleichs zu verschaffen, und boten ihm territoriale Erweiterungen im Norden (Ostpreußen und Danzig) und im Westen (Oberschlesien) auf Kosten Deutschlands an. Und um keine große Minderheit innerhalb der neu gezogenen Grenzen Polens zu belassen, waren die westlichen Alliierten grundsätzlich damit einverstanden, daß die dort wohnenden Deutschen ausgewiesen werden sollten.[21]
Bei einer Washingtoner Besprechung Präsident Roosevelts mit dem britischen Außenminister Eden im März 1943 waren sich die beiden einig, daß Polen Ostpreußen erhalten solle.[22] Was über die einheimische deutsche Bevölkerung beschlossen wurde, hielt Harry Hopkins in einem Memorandum fest: »Der Präsident sagte, er glaube, wir sollten Anordnungen treffen, um die Preußen aus Ostpreußen auf die gleiche Weise zu entfernen, wie die Griechen nach dem letzten Krieg aus der Türkei entfernt wurden; wenn es sich auch um eine harte Maßnahme handelt, ist es doch der einzige Weg, den Frieden zu bewahren, und den Preußen kann man auf keinen Fall trauen.«[23]
Ein Jahr später, am 17. November 1944, schrieb Präsident Roosevelt in einem Brief an Mikolajczyk, den Ministerpräsidenten der polnischen

Exilregierung: »Wenn Polens Regierung und Volk im Zusammenhang mit der neuen Grenzziehung des polnischen Staates wünschen, Umsiedlungen in das und aus dem polnischen Gebiet vorzunehmen, wird die Regierung der Vereinigten Staaten keine Einwände erheben und, soweit möglich, die Umsiedlung erleichtern.«[24]

Am 18. Dezember 1944 wurde diese Absicht durch Außenminister Stettinius in einer öffentlichen Erklärung bekräftigt: »Wenn Regierung und Volk von Polen beschließen, im Interesse des polnischen Staates nationale Gruppen umzusiedeln, wird die Regierung der Vereinigten Staaten in Zusammenarbeit mit anderen Regierungen Polen nach Möglichkeit dabei unterstützen.«[25]

Die britische Regierung machte sich die gleiche Einstellung zu eigen, Polen im Westen zu entschädigen und die Deutschen auszusiedeln. Doch man hatte damals eine weit geringere Entschädigung im Auge, als sie Polen dann tatsächlich erhielt.[26] Die westlichen Alliierten waren auf die Ausweisung von zwei bis vier Millionen Reichsdeutschen vorbereitet, niemals aber auf die Vertreibung von über neun Millionen aus Ostpreußen, Pommern, Ost-Brandenburg und ganz Schlesien. Das unmenschliche Prinzip der Bevölkerungsumsiedlung sollte nicht nur beschränkte, punktuelle Anwendung finden. Damit war nicht mehr die Rede von der notwendigen Umsiedlung deutscher Minderheiten dorthin, woher sie gekommen waren, wie es bei den Befürwortern der Umsiedlung oft hieß. Die Deutschen in Ostpreußen stellten in keiner Beziehung eine Minderheit dar, und ihre Vorfahren lebten schon Jahrhunderte in Ostpreußen, ehe die Engländer Nordamerika kolonisierten. Der Vorschlag, die Ostpreußen sollten an den Rhein zurückgeschickt werden, hätte eigentlich für Roosevelt und Eden so unsinnig klingen müssen wie der absurde Vorschlag, die Amerikaner wieder nach Großbritannien oder die Briten nach Dänemark und Niedersachsen zurückzuschicken. Dennoch kam der Gedanke den Führern des Westens keineswegs unsinnig vor, denn das Prinzip der Bevölkerungsumsiedlung »dem Frieden zuliebe« war inzwischen politisch vertretbar und zu einer logischen Folgerung aus territorialen Übereinkommen geworden.

Schon unter praktischen Gesichtspunkten hätte man bedenken sollen, daß die Übersiedlung von Volksdeutschen nach Deutschland ein sehr großes Problem darstellen würde, weil es sich in Osteuropa immerhin um mehrere Millionen handelte. Gewiß mochte ihre Überführung technisch zu bewerkstelligen sein, obwohl auch eine allmähliche und geregelte Übersiedlung zweifellos das Elend im Nachkriegseuropa

vergrößern mußte. Was aber kaum durchzuführen oder im Licht humanitärer Grundsätze zu rechtfertigen war, blieb die Aussiedlung der Gesamtheit der Bevölkerung, die erst durch eine willkürliche, ethnische Gegebenheiten mißachtende Grenzziehung zu einer »Minderheit« gemacht wurde. Doch mitten im großen Krieg hat der Gedanke, Reichsdeutsche zu vertreiben, die entscheidenden Politiker keineswegs alarmiert und nach anderen Lösungen suchen lassen.
Wie aber konnte ein solcher Plan überhaupt durchgeführt werden, ohne eine unendliche menschliche Katastrophe auszulösen? Selbst wenn der herbeigesehnte dauerhafte Friede dadurch zu erreichen gewesen wäre: Konnte man das Mittel dazu gutheißen? Eine wohlmeinende, aber dilettantische Antwort fand Viscount Cranborne im britischen Oberhaus: »Die Sache der Humanität muß gegen die Ursachen des Krieges abgewogen werden. Man kann, glaube ich, gerechterweise sagen, daß die Leiden, die durch eine Woche Krieg verursacht werden, schlimmer als die Leiden sind, die eine zweckmäßige Umsiedlung von Bevölkerungen verursacht, wenn deren gegenwärtige Lage vielleicht den Frieden gefährdet.«[27] Gar nicht erst diskutiert wurde die Frage, wie es gelingen sollte, in den von Deutschen »gesäuberten« riesigen Gebieten wieder stabile und prosperierende polnische und tschechische Gesellschaften neu zu schaffen.

»Geregelte und humane« Umsiedlung: Präzedenzfall Lausanner Vertrag

Daß die Führung der westlichen Demokratien sich so allgemein zum Grundsatz der Bevölkerungsaussiedlung bekannte, lag teilweise an der optimistischen Beurteilung des Lausanner Abkommens von 1923[28], das nach dem Ersten Weltkrieg einen Bevölkerungsaustausch zwischen Griechenland und der Türkei regelte. Während ein paar führende Politiker die Umsiedlungen bedauerten, entwickelte die Mehrheit wachsende Euphorie über die theoretische Einfachheit der Lösung. In seiner vielzitierten Rede vor dem Unterhaus am 15. Dezember 1944 sagte Premierminister Winston Churchill zur vorgeschlagenen Vertreibung der Deutschen: »Sie wird die Vermischung von Bevölkerungen abschaffen, die zu endlosen Schwierigkeiten führt... Man wird reinen Tisch machen. Mich beunruhigen diese großen Umsiedlungen nicht, die unter modernen Verhältnissen besser als je zuvor durchgeführt werden können.

Der Bevölkerungsaustausch, der nach dem letzten Krieg zwischen Griechenland und der Türkei stattfand, war in vieler Hinsicht erfolgreich und hat zu freundschaftlichen Beziehungen zwischen der Türkei und Griechenland geführt.«[29]

Churchills Begeisterung für das Lausanner Abkommen als Präzedenzfall steht in scharfem Gegensatz zu der Verurteilung gewaltsamer Bevölkerungsaussiedlungen durch Lord Curzon. Er war von 1919 bis 1924 britischer Außenminister, nahm an der Konferenz von Lausanne teil und warnte damals vor den schlimmen Folgen einer »durch und durch schlechten, verwerflichen Lösung, für welche die Welt in den nächsten hundert Jahren schwer büßen wird«.[30]

Auch der Bischof von Chichester kritisierte in einer Rede vor dem Oberhaus das Prinzip der Bevölkerungsumsiedlung; sein Urteil über das Abkommen von Lausanne unterschied sich grundsätzlich von dem Churchills: »Es gab nach dem Ersten Weltkrieg einen türkisch-griechischen Bevölkerungsaustausch, der vielleicht das Beste aus einer schlechten Sache machte; doch er war kein Modell für Menschlichkeit oder Weisheit, und an seinen bösen Folgen auf wirtschaftlichem und politischem Gebiet tragen wir immer noch. Nur etwas mehr als eine Million Griechen wurde von türkischem Gebiet vertrieben, doch damit war, wie der mit der Sache eng vertraute Sir John Hope-Simpson festgestellt hat, ein erschreckendes Ausmaß an Härte und Elend verbunden.«[31]

Natürlich spielte bei der Zustimmung der westlichen Alliierten der naive Glaube mit, daß die Umsiedlung geregelt und human durchgeführt und daß die ausweisenden Länder mit ihnen zusammenarbeiten und den vom Kontrollrat vorgeschriebenen Zeitplan und seine Methoden beachten würden, damit die ganze Aktion mit einem Mindestmaß an Schwierigkeiten durchgeführt werden könne.

Die westlichen Alliierten hatten sogar an eine Entschädigung für die Ausgewiesenen gedacht, ein Vorschlag, dem die tschechische Exilregierung[32] ausdrücklich zustimmte, die polnische aber nicht. Ein Memorandum des amerikanischen Außenministers vom 31. Mai 1944 empfahl, daß sich die amerikanische Regierung sofort bei Beendigung der Kriegshandlungen der Ausweisung von Deutschen widersetzen solle, damit man Anordnungen für die geregelte Durchführung treffen könne. Es hieß hier weiter, daß »ernstzunehmendes wirtschaftliches Unrecht geschähe, falls diese Leute unterschiedslos von ihrem Zuhause vertrieben und ohne Entschädigung für ihren Besitz und ohne

Vorsorge für ihren Lebensunterhalt nach Deutschland verfrachtet werden sollten«.[33]

Die Bestürzung der Alliierten über die Erkenntnis, daß sie nicht imstande waren, die Vertreibung zu kontrollieren, ist Thema des fünften und des sechsten Kapitels dieser Studie. Im Augenblick genügt die Feststellung, daß sie der Ausweisung der Deutschen gewiß nicht zugestimmt hätten, wenn sie das Chaos, das sich dann vor ihren Augen entfaltete, vorausgesehen hätten. Sie hatten sich selbst mit dem tröstlichen Gedanken an eine international überwachte Umsiedlung beruhigt, die glatt wie eine geschäftliche Transaktion vonstatten gehen werde. Es war leicht, geregelte Umsiedlungen auf dem Papier zu entwerfen, doch später, als sie in schreckliche Vertreibungen ausarteten, war es zu spät, sie noch aufzuhalten; die westlichen Alliierten erkannten, daß sie mitverantwortlich waren an einer Katastrophe, die nicht beabsichtigt gewesen war.[34]

Der Wunsch nach einer kollektiven Bestrafung der Deutschen

Wenn es auch zutrifft, daß die westlichen Alliierten an eine ganz andere, weniger brutale Art der Ausweisung gedacht hatten, so spielte doch der Wunsch eine Rolle, die Deutschen für das Elend, das sie mit dem Krieg über die Welt gebracht hatten, kollektiv zu bestrafen: Man war bereit, die Entfernung von Millionen Deutschen aus dem Osten zu gestatten und einen Teil des Landes den Polen und Tschechen als Entschädigung für ihre Leiden unter nationalsozialistischer Besatzung anzubieten.

Doch im September 1939 hätten nur wenige Menschen in Großbritannien oder den Vereinigten Staaten eine Kollektivbestrafung der Deutschen befürwortet, obwohl Hitler gerade in Polen eingefallen war. Kühle Köpfe machten immer noch einen Unterschied zwischen Hitler und den Deutschen, in der Erkenntnis, daß Hitler den Krieg begonnen hatte, ohne das Volk zu befragen und sogar gegen den vorsichtigen Rat vieler Militärs. Doch als sich der europäische Konflikt zum »totalen Krieg«[35] auswuchs, wurde der deutsche Feind immer mehr mit Hitler selbst identifiziert, die Rache über das ganze deutsche Volk heraufbeschworen. Rassistische Vorstellungen, etwa daß Militarismus und Nihilismus dem deutschen Wesen angeboren seien, tauchten auf und wurden von Persönlichkeiten der entscheidenden Gremien sogar übernommen. Eine solche an den Haaren herbeigezogene Argumentation war indessen doch nur die Reaktion auf die kalte Anmaßung der NS-Führung, besonders auf die zum Völkermord führende »Herrenvolk«-Ideologie. So entwickelte sich aus dem natürlichen Haß gegen den Feind eine intensive und alles beherrschende Germanophobie, die keinen Unterschied zwischen Nationalsozialisten und Nicht-Nationalsozialisten in Deutschland machte, keinen zwischen den Schuldigen und den Schuldlosen.

Die Umsiedlung von Millionen Deutschen als Form kollektiver Bestrafung schien in der Stimmung des totalen Krieges durchaus berechtigt. Hitler selbst hatte bereits mehrere Beispiele gegeben, wie z. B. die Deportierung von ca. 100000 Elsässern nach Vichy-Frankreich und von mehr als einer Million Polen [36] aus den annektierten Woiwodschaften Posen und Pommerellen in das sogenannte »Generalgouvernement Polen«. Nach diesen Präzedenzfällen kann es nicht überraschen, daß die *lex talionis* – das Recht der Vergeltung – nach der Niederlage des Reichs viele Befürworter unter den Polen fand. Sie schlugen jetzt nicht nur vor, Posen und Pommerellen von Deutschen zu räumen, sondern wollten darüber hinaus ganze Provinzen Vorkriegs-Deutschlands annektieren, um damit Platz für polnische Siedler aus dem Osten zu schaffen. Der deutsche »Drang nach Osten«, der jahrhundertelang von Deutschlands östlichen Nachbarn teils gefördert, teils bekämpft wurde, wich dem wiederauflebenden alten slawischen »Drang nach Westen«, der jetzt von der siegreichen Roten Armee unterstützt und manchmal von den westlichen Mächten gutgeheißen wurde.

Natürlich stand für die Vereinigten Staaten und Großbritannien kein historisches Interesse auf dem Spiel, als sie den Stoß der Slawen nach Westen förderten. Es war nur die unbeschreibliche Unmenschlichkeit von Hitlers Regime, die Roosevelt und Churchill moralisch stumpf machte gegen das, was Millionen Deutschen im Osten zustoßen sollte. Der Geruch von Bergen-Belsen und Buchenwald lag in der Luft, und viele westliche Politiker waren von dem Gefühl beherrscht, die Deutschen hätten bei weitem nicht genug gelitten, obwohl Deutschland in Trümmern lag und 4,3 Millionen deutscher Soldaten gefallen waren [37] (die USA hatten 229000 Mann Verluste): Die Deutschen konnten das unendliche Leiden, das durch eine unglückselige Politik verursacht wurde, nicht wiedergutmachen. [38]

Aus diesem Gefühl heraus schrieb Präsident Roosevelt an den Kriegsminister Stimson: »Dem gesamten deutschen Volk muß eingehäm-

mert werden, daß die ganze Nation an einer gesetzlosen Verschwörung gegen die Gesittung der modernen Welt beteiligt war.«[39] Die ganze deutsche Nation? In dieser Mitteilung vom 26. August 1944 übersah der Präsident vollständig, daß es in Deutschland Widerstandsbewegungen[40] gegeben hatte und gab, die während der zwölf kurzen, aber so schicksalhaften Jahre des Nationalsozialismus schwere Opfer erlitten hatten. Mutige Studenten wie die Geschwister Sophie und Hans Scholl wurden hingerichtet, weil sie an der Münchner Universität Flugblätter gegen die Nationalsozialisten verteilt hatten.[41] Den Münchner Bischof Johann Neuhäusler[42] hatte man in Dachau, den lutherischen Pastor Martin Niemöller[43] in Sachsenhausen eingesperrt, den Theologen Dietrich Bonhoeffer in Flossenbürg hingerichtet. Mehrere Attentate gegen Hitler schlugen fehl, am aufsehenerregendsten das des 20. Juli 1944, das dann schließlich Tausende prominenter Deutscher das Leben kostete. Darunter waren Leute wie Claus Graf Schenk von Stauffenberg, der Abwehrchef Canaris, Carl Goerdeler, Generaloberst Ludwig Beck und sogar der »Wüstenfuchs« Feldmarschall Erwin Rommel. Aber trotzdem sahen die meisten westlichen Politiker in Deutschland nur einen geschlossenen nazistischen Block vor sich und hielten alle Deutschen für gleich schuldig. Diese vorherrschende Stimmung fand ihren Ausdruck im Jahre 1943 bei der Jahresversammlung der britischen Labour-Partei, als sie eine Resolution annahm, in der das ganze deutsche Volk für Hitler verantwortlich gemacht wurde.[44]
Hatte man vergessen, daß bei der deutschen Reichstagswahl vom 20. Mai 1928 nur 2,6 Prozent der Deutschen für die Nationalsozialisten gestimmt hatten[45], daß die Partei erst während der großen Depression populär wurde, weil sie zu einer Zeit »Arbeit und Brot« versprach, als über sechseinhalb Millionen Menschen arbeitslos waren? Und selbst dann erhielt die Partei bei der Wahl im November 1932 nur 33 Prozent der Stimmen. Auch später, bei der ersten Wahl, *nachdem* Hitler im Januar 1933 Kanzler geworden war, nach dem Reichstagsbrand, SA-Terror und dem Verbot der großen deutschen kommunistischen Partei, gelang es den Nationalsozialisten noch nicht, die Wählermehrheit zu gewinnen, denn bei der Wahl vom 5. März 1933 erhielten sie 43,9 Prozent der Stimmen.[46] Doch Goebbels wußte, wie man die Massen packt und eine totalitäre Gesellschaft durch die sogenannte »Gleichschaltung« formt, die nach dem Grundsatz »Ob du nun willst oder nicht« durchgeführt wurde. Ferner und zunehmend wurde in Nazi-Deutschland der Grundsatz vertreten: »Wer nicht für uns ist, ist

gegen uns, und wer gegen uns ist, ist ein Volksfeind.« Dies hatte verheerende Konsequenzen.

Übertriebene Reaktion auf etwas Böses ist nichts Seltenes, schon gar nicht, wenn das Übel die wesentlichen Werte der Zivilisation oder Lebensweise bedroht. In diesem Sinne kann die heftige Reaktion auf die Bedrohung durch die Nazis, die extreme Germanophobie, nicht überraschen. Doch die historischen Dokumente beweisen auch, daß mitten im antideutschen Geschrei einzelne Stimmen in Großbritannien und Amerika hörbar wurden, die für Mäßigung eintraten, zu einer Zeit, in der man von Mäßigung sonst nichts hielt.[47]

Robert Hutchins, der Präsident der Universität Chicago, gehörte zu solchen Nonkonformisten, welche die beliebte These von der Kollektivschuld ablehnten und sich ernsthaft besorgt über die Gefühllosigkeit zeigten, die führende amerikanische und britische Persönlichkeiten im Hinblick auf die Zukunft Deutschlands und der Deutschen an den Tag legten. In einer Rede vor zweitausend seiner Studenten erklärte er, kurz nachdem die Deutschen die bedingungslose Kapitulation unterzeichnet hatten: »Der bedrückendste Aspekt der gegenwärtigen Diskussionen um die Zukunft Deutschlands ist die Freude, mit der die unmenschlichen Vorschläge vorgetragen, und das sichtbare Vergnügen, mit dem sie von unseren Mitbürgern angehört werden...«[48]

Gewiß war es ein unmenschlicher Vorschlag, Millionen Menschen zu entwurzeln. Doch da diese ungewöhnlich harte Maßnahme von angesehenen Persönlichkeiten des politischen Lebens vertreten wurde, war sie sozusagen gesellschaftsfähig geworden. Im britischen Oberhaus hatte der Earl of Mansfield schon am 8. März 1944 enthüllt, was hinter dieser neuen Doktrin von der Gleichgültigkeit gegen menschliches Leiden steckte: »Die Atlantik-Charta wird nicht auf Deutschland angewandt werden, und deshalb gibt es überhaupt keinen Grund, weshalb wir nicht – wenn schon nicht mit Gleichmut, so doch ohne unangebrachte Bestürzung – alle unvermeidlichen Leiden in Kauf nehmen sollten, denen die deutschen Minderheiten im Vollzug ihrer Umsiedlung ausgesetzt werden könnten.«[49]

Ein Jahr danach, kurz vor dem Ende der Feindseligkeiten, kam das Echo dieser populären Doktrin von der Kollektivschuld von Clement Attlee in einer Ansprache an das Unterhaus: »Sie haben die alten Schranken eingerissen, und deshalb sage ich, daß sie sich nicht auf das alte Europa berufen können. Falls sie sich fügen, falls sie wiedergutmachen müssen, haben sie kein Recht, die Grundlage der Moralgesetze zu beschwören, die sie selbst nicht beachtet haben, oder auf Mitleid und Gnade zu rechnen, die sie niemals anderen zuteil werden ließen.«[50] Doch wer waren denn »sie«? Die Vertreibung mußte Schuldige und Unschuldige mit gleicher Härte treffen. Nichts konnte die Sozialdemokraten vor ihr retten, nichts die Gemäßigten aus Brünings Zentrumspartei.[51] Mochte die Nemesis[52] sie alle zu Boden schmettern, die Ostpreußen, die Pommern, die Schlesier, die Sudetendeutschen, die Donauschwaben, die Siebenbürger Sachsen – »sie« hatten keine Rechte.

Zweites Kapitel

Die Deutschen in der Tschechoslowakei

> Wir müssen uns all der Deutschen entledigen, die 1938 dem tschechoslowakischen Staat den Dolch in den Rücken gestoßen haben.
>
> *Beneš im Rundfunk, London 1944 (zitiert bei Holborn, War and Peace Aims of the United Nations, Band 2, S. 1036)*

Der Vertrag von St.-Germain-en-Laye

Unter allen Vertreibungen, die auf den Zweiten Weltkrieg folgten, schien die der Sudetendeutschen am naheliegendsten; sie wurde auch von den westlichen Alliierten als erste gebilligt. Dr. Beneš, der Präsident der tschechoslowakischen Exilregierung, verstand es, die tschechischen Gründe für die Vertreibung überzeugend darzustellen. Jedermann schien ihm beizustimmen, daß die Sudetendeutschen die Tschechen verraten hätten und dafür bestraft werden müßten. Doch worin lag der Verrat der Sudetendeutschen?

Alle Diskussionen über die tschechisch-deutschen Gegensätze müssen irgendwo beginnen. In Amerika und Großbritannien dient das Münchener Abkommen als ein beliebter Ausgangspunkt, und schon die Erwähnung der Sudetenfrage weckt sofort die Erinnerung an die Münchener Konferenz und an Neville Chamberlains berühmten Regenschirm. Was sich auch an Tatsachen dahinter verbergen mag – »Appeasement« ist das erste Wort, das sich dabei einstellt, und »Ausverkauf« der tschechoslowakischen Sache das zweite. Doch wie im voraufgehenden Kapitel erwähnt, hatte München eine lange Vorgeschichte und kann nur in deren Zusammenhang verstanden werden. Denn die Geschichte macht einerseits die unleugbaren Zeiten slawisch-germanischer Zusammenarbeit deutlich, andererseits die unglückseligen Gegensätze, die im Verlauf einer siebenhundertjährigen Geschichte immer wieder aufflackerten. Besonders bedeutsam für das Verständnis von »München« sind das Auftauchen des Nationalismus im neunzehnten Jahrhundert, die Auflösung des Habsburger Reiches im Ersten Weltkrieg und die Ereignisse, die zum Vertrag von St.-Germain-en-Laye führten. Der Vertrag legte die ausgedehnten Grenzen des neuen Staates Tschechoslowakei fest. Die verhängnisvollen Irrtümer des Pariser Friedensvertrages haben nachweisbar Berichtigungen wie die der Münchner Konferenz unvermeidlich gemacht, die früher oder später erfolgen mußten. (Die neuerliche Auflösung der Tschechoslowakei am 1. 1. 1993 hat das nochmals bestätigt.) Jeder Beurteilung von München muß also eine Beurteilung der Pariser Verträge vorausgehen.

Im Mittelpunkt der deutsch-tschechischen Auseinandersetzungen stand der Wunsch beider Völker, Selbstbestimmung zu erreichen, und sei es auf Kosten des anderen. Als kraftvolles, schöpferisch begabtes Volk hatten sich die Tschechen niemals gern den Deutschen untergeordnet und im Verlauf ihrer Geschichte weitgehende Autonomie genossen, im Heiligen Römischen Reich Deutscher Nation ebenso wie später als Teil der österreichisch-ungarischen Monarchie. Beim Zusammenbruch der Donaumonarchie am Ende des Ersten Weltkriegs gelang es tschechischen und slowakischen Nationalisten, ihr Ziel, eine völlig unabhängige tschechoslowakische Republik, zu erreichen. Aus der Zerstückelung der Doppelmonarchie geboren und dennoch kein natürliches Produkt dieses Zerfalls, wurde der neue Staat von zwei tüchtigen Staatsmännern geformt, den diese gegen den Willen der beteiligten Völker zu einer einzigen Nation verschweißen wollten – nach dem Vorbild der Schweiz. Allerdings waren sie nicht bereit, die in der Schweiz praktizierte Gleichberechtigung der verschiedenen Volksgruppen zu garantieren oder auch nur die weitgehende Autonomie der einzelnen Kantone – in einer entsprechenden Form für die Verwaltungsbezirke mit verschiedenen ethnischen Minderheiten abgewandelt – zu gewährleisten.

Tomás Masaryk und Edvard Beneš, zweifellos Patrioten und fähige Staatsmänner im Sinne Cavours, waren keine universal denkenden Idealisten wie Präsident Woodrow Wilson, der mit Überzeugung das edle Ideal von der Selbstbestimmung aller Völker vortrug. Masaryk und Beneš waren in erster Linie Nationalisten, die sich die schwierige Aufgabe vorgenommen hatten, eine unabhängige Tschechoslowakei zu gründen, einen Staat, der sich im Meer der europäischen Nationalitäten kulturell und wirtschaftlich behaupten konnte. Als Staatsstifter suchten sie die günstigsten wirtschaftlichen Voraussetzungen für dieses neue Land zu schaffen und veranlaßten die Alliierten, ihrem Nationalitätenstaat zuzustimmen, der außer Tschechen und

Slowaken auch Polen, Madjaren, Ukrainer und dreieinhalb Millionen Österreicher – die »Sudetendeutschen« [1] – umfaßte.
Die Pariser Friedensverhandlungen setzten Masaryk und Beneš nicht der eindeutigen Probe einer nationalen Volksabstimmung aus. Doch wie die Geschichte dann bewies, gelang eine stabile Integration des neuen Staates nicht, und die Umstände ihres Zerfalls trugen zum Ausbruch eines neuen Krieges bei.
Der Welt wäre wohl viel Elend erspart worden, wenn die Politiker 1919 der Tatsache Rechnung getragen hätten, daß so wenig wie die Tschechen als Minderheit in einem von Deutschen beherrschten Vielvölkerstaat auch die Deutschen nicht als Minderheit in einem slawischen Staat leben wollten. Deshalb drängte sich förmlich am Ende des Weltkriegs die Lösung auf, die Grenzen nach klar definierbarer Volkszugehörigkeit zu ziehen, wie es Präsident Wilson auch mehrmals vorschlug.[2] Falls es notwendig gewesen wäre, hätte man dann immer noch Änderungen vornehmen können, um an bestimmten Abschnitten des Grenzverlaufs wirtschaftliche oder militärische Interessen zu berücksichtigen. Natürlich können Grenzen keinesfalls immer nach ethnischen Kriterien entworfen werden, denn oft lebt seit alters her eine Mischbevölkerung in dem umstrittenen Gebiet, und die Vermischung kann so weit fortgeschritten sein, daß die unterschiedlichen ethnischen Gruppen sich nicht mehr entwirren lassen. Das galt zum Beispiel für die Slowakei, wo hundertfünfzigtausend Deutsche mit Slowaken und Karpato-Ukrainern zusammenlebten. Eine ganz andere Situation boten Böhmen und Mähren, deren 3,3 Millionen Deutsche leichter von den Tschechen zu trennen gewesen wären, da sie als Grenznachbarn von Ober- und Niederösterreich, Bayern, Sachsen und dem preußischen Schlesien lebten. Als vernünftige und natürliche Lösung hätte man das Sudetengebiet in die angrenzenden Staaten eingliedern können, denen es ethnisch und sprachlich verbunden war. Aber statt dessen vereinigte die Friedenskonferenz in Paris die alten habsburgischen Provinzen Böhmen, Mähren und das österreichische Schlesien mit den Gebieten der Slowaken und Karpato-Ukrainern im ehemaligen Ungarn zu einem neuen tschechoslowakischen Staat.
Wilsons Bemühungen zum Trotz wurde diese Konferenz nicht vom Grundsatz der Gerechtigkeit und Selbstbestimmung regiert, sondern vom althergebrachten Spiel der Machtpolitik und natürlich von der Notwendigkeit, den Verbündeten der Kriegszeit politische Schulden zurückzuzahlen. So erhielt Italiens Premierminister Orlando zum Bei-

spiel das österreichische Südtirol, obwohl das Gebirgsland kaum von Italienern, sondern von zweihundertfünfzigtausend deutschen Österreichern bewohnt war, die sich heftig gegen die Fremdherrschaft auflehnten. Ihre Appelle blieben ungehört. Ebenso mußten Masaryk und Beneš, die auch auf seiten der Alliierten gekämpft hatten[3], eine Anerkennung ihrer guten Dienste erhalten, und offensichtlich war die einzig denkbare Belohnung die Zuweisung des habsburgischen Sudetenlandes an den neuen tschechoslowakischen Staat.

Obwohl die rauhe Wirklichkeit die Illusionen bald hinwegfegte, darf man nicht übersehen, daß durch die internationale Atmosphäre vor dem Waffenstillstand der Wind demokratischer Gesinnung wehte, der Gedanke, eine gerechte Welt zu bauen, in der die Idee der Selbstbestimmung und der Gleichberechtigung souveräner Nationen im Mittelpunkt stehen sollte. Punkt 10 von Wilsons Vierzehn Punkten, die am 8. Januar 1918 proklamiert wurden, sah für die österreichische Monarchie vor: »Den Völkern Österreich-Ungarns, deren Platz unter den Nationen wir gesichert und garantiert sehen möchten, sollte die freieste Möglichkeit zu autonomer Entwicklung gegeben werden.«[4]

Doch im Sommer 1918 überholten die Ereignisse das gemäßigte Programm der Selbstbestimmung. Nun war die bloße Autonomie für die slawischen Völker der österreichischen Monarchie kein Ziel mehr für die Alliierten, sondern die volle Eigenstaatlichkeit der slawischen und romanischen Völker der Donaumonarchie und damit die Zerschlagung Österreich-Ungarns wurde zur Bedingung für den Frieden. Als die Österreicher im Oktober 1918 die Alliierten um Waffenstillstand ersuchten, war es ihnen durchaus klar, daß er das Ende der Doppelmonarchie bringen werde, doch sie glaubten, das Prinzip der Selbstbestimmung werde gleicherweise *allen* verschiedenen Volksgruppen des Staates, einschließlich der Deutschen, zugestanden. Am 6. Oktober 1918 erklärten die deutschen Abgeordneten des österreichischen Parlaments: »Wir erkennen das Selbstbestimmungsrecht der slawischen und romanischen Nationen Österreichs an und nehmen das gleiche Recht für das deutsche Volk Österreichs in Anspruch… Wir erklären, daß sich das deutsche Volk Österreichs mit allen Mitteln dagegen wehren wird, daß seine staatsrechtliche Stellung oder diejenige eines seiner Teile über seinen Kopf hinweg durch die Staatsgewalt oder das Schwert eines fremden Eroberers bestimmt wird. Jedem solchen Versuch gegenüber wird das deutsche Volk in Österreich sein unbeschränktes Selbstbestimmungsrecht mit allen Mitteln verteidigen.«[5]

Am 21. Oktober 1918 nahm die Provisorische Nationalversammlung für Deutsch-Österreich eine Resolution an: »Das deutsche Volk in Österreich ist entschlossen, seine künftige staatliche Ordnung selbst zu bestimmen, einen selbständigen deutschösterreichischen Staat zu bilden und seine Beziehungen zu den anderen Nationen durch freie Vereinbarungen mit ihnen zu regeln.

Der deutsch-österreichische Staat beansprucht die Gebietsgewalt über das ganze deutsche Siedlungsgebiet, insbesondere aber auch in den Sudetenländern. Jeder Annektion von Gebieten, die von deutschen Bauern, Arbeitern oder Bürgern bewohnt werden, durch andere Nationen wird sich der deutsch-österreichische Staat widersetzen...«[6]

Trotz dieser klaren Willenserklärung beanspruchte die am 28. Oktober in Prag ausgerufene Tschechoslowakische Republik sofort die gesamten böhmischen Länder, also auch das deutschsprachige Drittel des Landes als ihr Staatsgebiet. Die sudetendeutschen Abgeordneten des österreichischen Reichstages reagierten am folgenden Tag mit Resolutionen in denen sie die deutschsprachigen Gebiete Böhmens und Mährens, die sie vertraten, zu Bestandteilen des deutsch-österreichischen Staates erklärten: »Wir, vom deutschen Volk Böhmens auf Grund des allgemeinen gleichen und unmittelbaren Wahlrechts erwählte Abgeordnete, haben uns zu dieser Vorläufigen Landesversammlung vereinigt, um auf Grund des allgemein anerkannten Selbstbestimmungsrechts der Völker und der Beschlüsse der deutsch-österreichischen Nationalversammlung in unserem Siedlungsgebiet eine geordnete Verwaltung aufzurichten und so unser Volk vor Fremdherrschaft und wirtschaftlichem Elend zu bewahren...

Im Namen des von ihr vertretenen Volkes und Gebietes erklärt die Landesversammlung Deutschböhmen als eigenberechtigte Provinz des Staates Deutschösterreich, erkennt bis zur endgültigen Ordnung der Verfassung die... deutsch-österreichische Nationalversammlung als ihre einzige und höchste gesetzgebende Körperschaft, die von ihr eingesetzten Behörden als ihre übergeordneten Behörden an und erklärt die Beschlüsse der deutsch-österreichischen Nationalversammlung und die Anordnungen der deutsch-österreichischen Behörden für sich selbst wie für das vom Landtag vertretene Volk und Gebiet ohne Vorbehalt für bindend. Die Provinz Deutschböhmen steht somit zu gleichen Rechten und Pflichten den übrigen Ländern Deutsch-Österreichs zur Seite und gelobt, deren Schicksal mit unverbrüchlicher Gemeinschaft und Treue zu teilen.«[7]

Doch die deutschen Österreicher hatten den Krieg verloren und waren den Alliierten auf Gnade und Ungnade ausgeliefert. In Verhandlungen mit den Vertretern des Národni Vybor wurde dem führenden sudetendeutschen Sozialdemokraten Josef Seliger Anfang November 1918 erklärt: »Das Selbstbestimmungsrecht ist zwar eine schöne Phrase – aber jetzt entscheidet, da die Entente gesiegt hat, die Gewalt.«[8] Ähnlich lauteten die tschechoslowakischen Konferenzthesen bei der Pariser Friedenskonferenz: »Die wahre Freiheit erwirbt man durch Blut.«[9]
Und so war es auch, denn noch vor der offiziellen Autorisierung durch die Entente begann tschechoslowakisches Militär, das Sudetenland militärisch zu besetzen.
Alarmiert durch das, was sie als Vertrauensbruch empfand, übersandte die deutsch-österreichische Regierung[10] am 12. Dezember 1918 Präsident Wilson durch Vermittlung des schwedischen Außenministeriums die folgende Note: »Aus einer Mitteilung der tschechoslowakischen Regierung ist zu ersehen, daß die alliierten Mächte angeblich die Absicht haben, die großen, zusammenhängenden Gebiete Böhmens und Mährens, die von mehr als drei Millionen Deutschen bewohnt werden, dem tschechoslowakischen Staat einzuverleiben.
Über den deutschen Charakter der in Rede stehenden Gegenden kann kein Zweifel obwalten. Ihre Bevölkerung hat bei verschiedenen Gelegenheiten ihren heißen Wunsch zu erkennen gegeben, ihre Freiheit aufrechtzuerhalten und vom tschechoslowakischen Staat unabhängig zu bleiben. Dieser Wunsch hat vor allem in einhelligen Erklärungen der auf Grund allgemeinen Wahlrechts erwählten Abgeordneten Ausdruck gefunden. Sollten die alliierten Mächte in dieser Hinsicht jedoch Zweifel hegen, so schlägt die deutsch-österreichische Regierung vor, die Lage unverzüglich durch eine unter neutraler Aufsicht stattfindende Volksabstimmung, die nicht nur unter Gewährleistung freier Stimmabgabe, sondern auch unter Inachtnahme anderer Garantien stattfinden müßte, zu klären. In jedem Fall ersucht die deutsch-österreichische Regierung die alliierten Mächte, über das Schicksal der fraglichen Bevölkerung nicht anders als auf Grund des Ergebnisses einer solchen Volksabstimmung entscheiden zu wollen...«[11]
Die französische Regierung wies den österreichischen Appell am 20. Dezember 1918 zurück; Großbritannien überdachte ihn und lehnte schließlich eine Volksabstimmung im Januar 1919 ab. Österreichs direkte Forderung an die neue tschechoslowakische Regierung in Prag,

die Frage der dreieinhalb Millionen Sudetendeutschen vor ein internationales Schiedsgericht zu bringen, wurde kurzerhand abgewiesen. Friedliche Demonstrationen der Sudetendeutschen für das Selbstbestimmungsrecht wurden blutig niedergeschlagen. So am 4. März 1919, als in Kaaden an der Eger und in anderen Städten vierundfünfzig unbewaffnete Demonstranten unter dem tschechischen Kugelhagel ihr Leben lassen mußten[12]; Hunderte wurden verletzt. Am 7. März 1919 berichtete der Korrespondent der *Neuen Zürcher Zeitung*: »Die Ereignisse in Deutschböhmen und die Akte tschechischer Brutalität gegen deutsch-böhmische Demonstranten erregen die größte Erbitterung. Es ist zweifellos, daß die tschechische Regierung beabsichtigt, die Bestätigung ihrer Gewalt- und Schreckensherrschaft auf das äußerste zu treiben, und vor der Anwendung schlimmster Gewaltmittel nicht zurückschreckt. Die Wirkung dieser unbeschreiblichen Gewalttaten kann selbstverständlich nur die sein, daß sich das Verhältnis zwischen Deutschböhmen und der tschechischen Regierung unversöhnlich gestaltet, und daß seit den Schießereien jede Möglichkeit einer Verständigung ausgeschlossen erscheint. Die Erbitterung in Deutschböhmen hat nicht nur die bürgerliche Bevölkerung, sondern auch alle sozialdemokratischen Arbeiterkreise ergriffen und wird nach diesem Blutvergießen niemals wieder schwinden. Es ist ausgeschlossen, daß sich nun Deutschböhmen unter das tschechische Joch fügen wird, und die tschechische Regierung irrt, wenn sie glaubt, den Widerstand der dreieinhalb Millionen Deutschböhmen mit terroristischen Mitteln unterdrücken zu können. Trotzdem scheint man in Prag dazu entschlossen, den Weg zur äußersten Gewalt zur Unterjochung der dreieinhalb Millionen Deutschböhmen weiter zu beschreiten.«
Diese Ereignisse beeindruckten weder die französische noch die britische Delegation in Paris. Es scheint, daß nur die US-Delegation eine Verpflichtung für das Selbstbestimmungsrecht empfand und deshalb eine fairere, vernünftigere Regelung der sudetendeutschen Frage favorisierte. Die amerikanische Expertenkommission in Paris unter Leitung von Harvard-University-Professor Archibald Cary Coolidge wies in einem Bericht vom 10. März 1919 an die amerikanische Delegation bei den Friedensverhandlungen darauf hin, daß sich die Deutschen als »unverdaulich« erweisen würden, und warnte davor, sie unter Fremdherrschaft zu stellen: »...Würde man den Tschechoslowaken das ganze Gebiet zuerkennen, das sie beanspruchen, so wäre das nicht nur eine Ungerechtigkeit gegenüber vielen Millionen Menschen, die nicht unter

tschechische Herrschaft gelangen wollen, sondern es wäre auch für die Zukunft des neuen Staates gefährlich und vielleicht verhängnisvoll... Das Blut, das am 4. März geflossen ist, als tschechische Soldaten in mehreren Städten auf die deutsche Menge feuerten, ist – obwohl es im Vergleich zu den Opfern, deren Zeugen wir geworden sind, nur ein Tropfen ist – auf eine Art und Weise vergossen worden, die nur schwer verziehen werden kann...«[13]

Diese Gefahren veranlaßten Coolidge zu dem Vorschlag, »daß die österreichische Grenze in Ober- und Niederösterreich sich der vorhandenen ethnischen Grenze so eng wie möglich annähern« sollte, während im Westen »der Distrikt Eger, der kein Teil des ursprünglichen Böhmens ist[14], zu Bayern kommen sollte, falls er es wünscht«. Den deutschen Industriegebieten in Nordböhmen sollte gestattet werden, sich Sachsen anzugliedern, wobei in strittigen Gebieten zugunsten der Tschechen zu entscheiden sei. Und falls das Gebiet nicht in Sachsen eingegliedert werden dürfe, dann sollten die Deutschen durch Erweiterung des Gebietes von Eger eine Entschädigung erhalten; das sogenannte Sudetenland (Coolidge bezieht sich hier nur auf das Sudetengebirge, nicht auf das ganze als »Sudetenland« bezeichnete Gebiet), »das leicht von Böhmen und Mähren zu trennen wäre«, sollte die Erlaubnis erhalten, »als kleiner Staat in der neuen deutschen Republik oder vereinigt mit dem preußischen Schlesien zu existieren«. Das österreichische Schlesien, Thema der interalliierten Teschen-Kommission, sollte je nachdem, was die Kommission beschließen werde, einem Land zugesprochen oder geteilt werden, wobei man bedenken müsse, daß »die Tschechen und die Polen hier nicht die einzigen sind, sondern daß auch die Deutschen einige Rechte haben und daß viel von diesem Gebiet einen natürlichen Teil des oben erwähnten Sudetenlandes bildet«.[15]

Dieser Vorschlag hätte immer noch ein paar hunderttausend Deutsche unter tschechischer Herrschaft gelassen, wäre aber als Lösung so gerecht gewesen, wie es überhaupt zu erwarten gewesen wäre. Doch die Empfehlungen der Coolidge-Mission und die wiederholten Proteste der österreichischen Regierung wurden in der endgültigen Grenzziehung völlig mißachtet, und alle umstrittenen Gebiete gingen ohne Volksabstimmung an die Tschechoslowakei.

Artikel XXVII des Vertrages von St.-Germain verlangte von Österreich die Anerkennung der neuen Grenzen der Tschechoslowakei, die auch die deutsch-österreichischen Siedlungsgebiete umfaßten. Im Artikel LIV begab sich Österreich aller Rechte über seine ehemaligen

Hoheitsgebiete, in Artikel XCI verpflichtete es sich, alle territorialen Abmachungen anzuerkennen, die von den Alliierten Hauptmächten und den Assoziierten Mächten festgelegt worden waren, »insbesondere, was die Nationalität der Einwohner betrifft«.[16] Ebenso mußte die Weimarer Regierung in Artikel LXXXI des Versailler Vertrags die Unabhängigkeit der Tschechoslowakei anerkennen, im Artikel LXXXII die Grenze zwischen der Tschechoslowakei und Deutschland, obwohl jenseits der gesamten Grenze, die nun beide Staaten trennte, nicht Tschechen, sondern Deutsche wohnten, die seit Jahrhunderten durch enge kulturelle und wirtschaftliche Beziehungen mit den Bayern, Sachsen und Schlesiern verbunden waren. Nur ein Zyniker würde heute bei einer solchen Entscheidung kein inneres Unbehagen spüren, nur ein Blinder nicht die unheilvollen Folgen voraussehen.
Am Abend vor der Unterzeichnung des Vertrags von St.-Germain gab die österreichische Nationalversammlung eine Erklärung ab, in der die Verletzung des Rechts der Sudetendeutschen auf Selbstbestimmung verurteilt wurde: »Die Nationalversammlung der Republik Deutschösterreich nimmt den Bericht des Staatskanzlers über den Verlauf und die Ereignisse der Verhandlungen von St.-Germain zur Kenntnis.
Die Nationalversammlung erhebt vor aller Welt feierlich ihren Protest dagegen, daß der Friedensvertrag von St.-Germain unter dem Vorwande, die Unabhängigkeit Deutschösterreichs zu schützen, dem deutschösterreichischen Volke sein Selbstbestimmungsrecht nimmt, ihm die Erfüllung seines Herzenswunsches, seine wirtschaftliche, kulturelle und politische Lebensnotwendigkeit, die Vereinigung Deutschösterreichs mit dem deutschen Mutterlande, verweigert. Die Nationalversammlung spricht die Hoffnung aus, daß, sobald der Friede den Geist nationaler Gehässigkeit und Feindseligkeit, den der Krieg hervorgerufen hat, überwunden haben wird, der Völkerbund auch dem deutschen Volke das Recht auf Einheit und Freiheit der Nation, das er allen anderen Völkern gewährt, nicht dauernd verweigern werde.
In schmerzlicher Enttäuschung legt sie Verwahrung ein gegen den leider unwiderruflichen Beschluß der alliierten und assoziierten Mächte, dreieinhalb Millionen Sudetendeutsche von den Alpendeutschen, mit denen sie seit Jahrhunderten eine politische und wirtschaftliche Gemeinschaft bilden, gewaltsam loszureißen, ihrer nationalen Freiheit zu berauben und unter die Fremdherrschaft eines Volkes zu stellen, das sich in demselben Friedensvertrag als ihr Feind bekennt.

Ohne alle Macht, dieses Unheil abzuwenden und Europa die unvermeidlichen Wirren zu ersparen, die aus dieser Versündigung an dem heiligen Rechte einer Nation erwachsen müssen, legt die deutschösterreichische Nationalversammlung die geschichtliche Verantwortung für diesen Ratschluß auf das Gewissen jener Mächte, die ihn trotz unserer ernstesten Warnungen vollziehen.«[17]

Noch kein Jahr war vergangen, als Professor Philip Marshall Brown von der Universität Princetown sich zu dieser Regelung der österreichischen Frage äußerte: »Im Fall Österreich-Ungarn liegt es nicht nur offen zutage, daß die Friedenskonferenz versäumte, das Recht auf Selbstbestimmung zu definieren oder Vorschriften für seine praktische Anwendung zu erlassen, sondern, was noch schwerer wiegt, es liegt klar zutage, daß keine einmütige Absicht vorlag, ›eine Gerechtigkeit, die keinen anderen Standard kennt als die gleichen Rechte der verschiedenen betroffenen Völker‹ auszuloten. Die vorherrschenden Motive der Friedenskonferenz waren anscheinend: erstens, die getreuen Verbündeten zu belohnen; zweitens, den besiegten Feind mit Strenge zu behandeln, und drittens, ein neues Gleichgewicht der Mächte zu schaffen.«[18]

So rief also der Vertrag von St.-Germain eine große, enttäuschte Minderheit ins Leben, und die Nichtbeachtung der in diesem Vertrag vorgesehenen Minderheitenschutzbestimmung führte dazu, daß das Experiment Tschechoslowakei sich nicht harmonisch entwickeln konnte. Diese deutsche »Minderheit« war außerdem keine Minderheit im üblichen Sinne, da sie die zweitgrößte ethnische Gruppe im Staat bildete und über eine Million Menschen mehr zählte als die drittgrößte Gruppe, die der Slowaken, die zwar eine slawische, mit dem Tschechischen verwandte Sprache hatten, aber eine andere kulturelle Vergangenheit (als ehemalige ungarische Staatsangehörige). Es ist interessant, festzustellen, daß den Slowaken ein angemessener Grad autonomer Entwicklung in dem neuen Staatsgebilde versprochen wurde, daß man aber den Sudetendeutschen, die ungefähr ein Viertel der Bevölkerung ausmachten, weder Autonomie noch ein ihrer Zahl entsprechendes Mitspracherecht in tschechoslowakischen Angelegenheiten einräumte. Selbst der Name des Staates bedeutete im Grunde eine Diskriminierung: Nach der zahlenmäßigen Verteilung hätte das Land eher Tschechogermania heißen können. Doch an einer solchen Bezeichnung des Staates waren die Deutschen nicht primär interessiert, da sie ebenso nach Selbstbestimmung strebten, wie es die Tschechen im habsburgischen Staat getan hatten. Die Delegierten der Friedenskonferenz hatten

eine großartige Gelegenheit versäumt, beiden Seiten Gerechtigkeit zu verschaffen und die universale Geltung des Prinzips der Selbstbestimmung zu verteidigen.[19]
Die ungünstige Regelung veranlaßte etwa dreihunderttausend Sudetendeutsche zur Auswanderung nach Österreich und Deutschland.[20] Doch über drei Millionen zogen es vor, im Lande zu bleiben, in dem ihre Vorfahren seit Jahrhunderten gelebt hatten. Sie waren tief empört, über Nacht zur »Minderheit« geworden zu sein, beharrten aber auf ihrem Entschluß, sich mindestens einen gewissen Grad an Autonomie von der neuen tschechoslowakischen Mehrheit zu erkämpfen.
Am 1. Juni 1920 trug der deutsche parlamentarische Verband bei der Eröffnung des tschechoslowakischen Parlaments in Prag eine scharfe Verurteilung des Vertrags von St.-Germain vor und wiederholte den festen Willen der Sudetendeutschen, ihre Angelegenheiten in eigene Hände zu nehmen. Sie fuhren fort: »Die Tschechoslowakische Republik ist daher das Ergebnis eines einseitigen tschechischen Willensaktes und hat diese Gebiete widerrechtlich und mit Waffengewalt besetzt. Die deutschen Sudetenländer sind in der Tat um ihren Willen niemals befragt worden, und das Ergebnis der Friedensverträge ist daher mit Beziehung auf sie die Sanktionierung eines Gewalt-, aber niemals eines Rechtszustandes. Wir verwerfen daher die Fabel vom rein tschechischen Staat und von der ›tschechoslowakischen Nation‹, sowie von der ›tschechoslowakischen Sprache‹ als mit den Tatsachen handgreiflich im Widerspruch stehend. Wir werden niemals die Tschechen als Herren anerkennen, niemals uns als Knechte in diesem Staat fügen. Unrecht kann auch durch tausendjährige Übung niemals Recht werden, solange es nicht von den Betreffenden selbst auf Grund freier Entschließung anerkannt wurde, und wir verkünden demnach feierlich, daß wir niemals aufhören werden, die Selbstbestimmung unseres Volkes zu fordern, daß wir dies als den obersten Grundsatz aller unserer Maßnahmen und unseres Verhältnisses zu diesem Staate, den gegenwärtigen Zustand als unser unwürdig und mit den Grundsätzen moderner Entwicklung unvereinbar betrachten...«[21]
Der Kampf um Selbstbestimmung dauerte noch achtzehn Jahre, bis die Forderungen der Sudetendeutschen endlich anerkannt wurden, und zwar sozusagen mit dem Schwert in der Hand: durch das Münchener Abkommen von 1938. Das Abkommen ist angreifbar, weil es unter Androhung von Gewalt erzwungen wurde; andererseits war die Unterwerfung der Sudetendeutschen durch die Tschechen in den Jahren

1918/19 ebenfalls mit Gewalt bis zum Blutvergießen durchgeführt worden. Allein bei Demonstrationen für die Selbstbestimmung am 3. und 4. März 1919 waren vierundfünfzig deutsche Zivilisten von tschechoslowakischem Militär getötet und viele schwer verletzt worden.[22] Darüber hinaus hatte es noch viele Opfer an Menschenleben gekostet, bis erkannt wurde, daß der Widerstand gegen das tschechische Regime keine Aussicht auf Erfolg hatte. Die einzige Hoffnung auf Selbstbestimmung war deshalb immer auf den großen Bruder jenseits der Grenze gerichtet gewesen.

Man hat später behauptet, der ganze schmerzhafte Prozeß hätte vielleicht vermieden werden können, wenn man gleich nach dem Ersten Weltkrieg die Deutschen aus dem Sudetenland ausgewiesen hätte. Doch Staatspräsident Masaryk selbst widersetzte sich dem Gedanken, weil er nicht seine neue Nation auf einer Politik der Massenvertreibung einheimischer Bevölkerung aufbauen wollte.[23] Ebensowenig wünschte er aber auch, sein Land um die deutschen Arbeitskräfte zu bringen.

Die »neue Schweiz«

Nachdem den Sudetendeutschen die Vereinigung mit den Tschechen aufgezwungen worden war – eine Einigung, die ihnen als lästige Fessel erschien –, hätte die Prager Regierung überflüssige Spannungen vermeiden können, wenn sie die Deutschen zu voller Partnerschaft im Staat herangezogen hätte, auf der Grundlage völliger praktischer wie theoretischer Gleichberechtigung. Die Prager Regierung hätte den Deutschen die Rechte und Möglichkeiten der Tschechen und der Slowaken ebenfalls einräumen sollen. Leider wurde das Modell einer neuen Schweiz, wie es Dr. Beneš bei den Pariser Friedensverhandlungen so feierlich verkündigt hatte[24], niemals verwirklicht. Während auf der einen Seite die Politik der tschechischen Regierung der sehr kleinen polnischen Minderheit gegenüber einigermaßen kooperativ bereit war[25], vermochte sie den vielfachen Klagen der deutschen Bevölkerung nicht zu begegnen.

Worauf bezogen sich die Beschwerden der Deutschen? Waren sie legitim? Die Deutschen beklagten sich z. B. darüber, daß ihr Anteil am Staatsdienst nicht repräsentativ sei. Es ist eine traurige Tatsache, daß die tschechische Regierung diese Beschwerden meistens überging, bis sich 1937 die Aufmerksamkeit der Welt auf das Land richtete und die

Regierung reichlich spät zugab, die deutsche Vertretung im Staatsdienst sei tatsächlich unangemessen gering.[26] Auch die Tatsache, daß die meisten öffentlichen Ämter in vorwiegend deutschen Gebieten mit Tschechen besetzt wurden, die sehr oft wenig oder gar nicht Deutsch sprachen, verbitterte die Deutschen genau wie die Gepflogenheit, Staatsaufträge in deutschen Gebieten mit tschechischen statt mit deutschen Unternehmern abzuschließen. Außerdem sah man in der offiziellen, ausschließlichen Verwendung des Tschechischen in den zentralen Ministerien eine Form der Diskriminierung, aus der hervorging, daß die Angehörigen der tschechischen Mehrheit Vorteile genossen, die im Mißverhältnis zu ihrer Zahl standen.[27]

Nach Rückkehr von einer kurzen Reise in die Tschechoslowakei schrieb Professor Arnold Toynbee 1937 in einem vieldiskutierten Artikel in *The Economist*: »Spricht man mit einem Tschechen über die Minderheitenfrage in der Tschechoslowakei, so fängt er gewöhnlich mit der allgemeinen Behauptung an, daß die Tschechoslowakei eine Demokratie sei. Und spricht man dann mit einem Angehörigen der deutschen Minderheit, so wird man gewahr, daß gerade diese Behauptung wie das rote Tuch auf einen Stier wirkt.

In Wahrheit ist selbst ein traditionsreiches und in sich völlig gefestigtes demokratisches Verfassungsleben nur sehr schwer auf eine Minderheit anzuwenden, die unter der gegebenen Herrschaft eben einfach nicht leben mag. Wir wissen selber am besten, daß wir nie fertig bekommen haben, unsere britische Spielart von Demokratie auf unsere Herrschaft über Irland anzuwenden. Und was die Methoden betrifft, mit denen die Tschechen heute ihre Vorherrschaft über die Sudetendeutschen ausüben, so sind sie einfach undemokratisch.

Auf Grund ihrer Nachkriegsbeziehungen zu den westlichen Nationen, die sie so rührend bewundern, haben sich die Tschechen von den Briten weniger die ›selbstverständliche Überlegenheit‹, sondern weit eher die ›britische Heuchelei‹ angeeignet – und das in sehr starkem Maß! Von allen Belastungen, mit denen die Tschechen heute zu kämpfen haben, ist jene Verständnislosigkeit vermutlich die schlimmste.«[28]

Doch gerade in der Zeit, als Toynbee die Tschechoslowakei besuchte, überstürzten sich die Ereignisse. Die Sudetendeutschen waren eine unübersehbare politische Macht geworden und drängten auf die Erfüllung ihrer Forderungen. Die Sozialdemokraten unter Wenzel Jaksch und Ernst Paul und die Nationalen unter Konrad Henlein (SdP, Sudetendeutsche Partei) waren entschlossen, politische und soziale

Gleichberechtigung mit den Tschechen und ein gewisses Ausmaß an Autonomie für die deutsch bevölkerten Gebiete zu erreichen. Die SdP bildete mittlerweile die stärkste Einzelpartei im tschechischen Parlament, und sie verfehlte nicht, ihre Stärke einzusetzen, um die Beschwerden der deutschen Minderheit vorzubringen.

Man hat Henlein oft als finsteren Intriganten hingestellt, seine SdP von vornherein als eine heimliche Nazi-Organisation, die auf die Vernichtung der tschechoslowakischen Unabhängigkeit hinarbeitete. Es ist leicht zu verstehen, wie es zu dieser Bewertung kam, doch weder Henlein zu Beginn seiner politischen Laufbahn noch die SdP über die Jahre ihrer Entwicklung hinweg hatten irgend etwas mit der nationalsozialistischen Bewegung im Reich zu tun. Beide waren ursprünglich auf eine demokratische Regelung der Sudetenfrage aus, die durch friedliche Verhandlungen im tschechischen Parlament erreicht werden sollte. Alle Versuche, zu einer annehmbaren Lösung zu finden, scheiterten aber. Die allmähliche Eskalation in der Auseinandersetzung zwischen Tschechen und Sudetendeutschen trieb dann schließlich Henlein in Adolf Hitlers Arme, der versprach, ein international vernehmliches Gremium für die Sache der Sudetendeutschen ins Leben zu rufen. Hätte ein sozialdemokratischer Kanzler angeboten, die Sudetenfrage so vor die Weltöffentlichkeit zu bringen, daß sie internationalen Druck auf die tschechoslowakische Regierung auslöste, dann hätte sich Henlein ebenso bereitwillig an ihn gewandt wie nun an den nationalsozialistischen; gewiß nicht aus politischer Überzeugung, sondern aus praktischer Notwendigkeit. Hitler war es natürlich nur zu willkommen, die Sudetensache zu seiner eigenen zu machen. Er zögerte nicht, das Prinzip der Selbstbestimmung als Waffe zu mißbrauchen, um seine eigene »Lebensraum«-Politik zu fördern.

Am 24. April 1938 verkündete Henlein sein sogenanntes »Karlsbader Programm« beim Jahreskongreß der SdP in Karlsbad. Es bestand aus acht Punkten, die als Grundlage für eine Regelung der sudetendeutschen Beschwerden innerhalb des tschechoslowakischen Staates dienen sollten: Volle Gleichberechtigung mit dem tschechischen Volk; Anerkennung der deutschen Volksgruppe als Rechtspersönlichkeit, die berechtigt war, diese Gleichberechtigung zu sichern; Festlegung des sudetendeutschen Siedlungsgebiets; deutsche Selbstverwaltung in deutschen Siedlungsgebieten; gesetzlicher Schutz für die Deutschen, die nicht in vorwiegend von Deutschen bewohnten

Gebieten lebten; Aufhebung ungerechter Maßnahmen, die den Deutschen seit 1918 zugefügt worden waren; Anerkennung des Grundsatzes »Im deutschen Gebiet deutsche öffentliche Angestellte« und vollständige Freiheit, sich zur »deutschen Weltanschauung« zu bekennen.[29]

Wie vorauszusehen, lehnte Präsident Beneš das Karlsbader Programm ab, weil er verschiedene Punkte für unannehmbar hielt. Erst in den letzten Wochen vor der Münchner Konferenz machte Benesch Zugeständnisse, die im April vielleicht angenommen worden wären, im August aber als »zu gering, zu spät« beurteilt wurden.

Am 3. August 1938 kam Viscount Walter Runciman in einer Friedensmission nach Prag.[30] Weder die Deutschen noch die Tschechen hatten Großbritannien gebeten, als Vermittler zu wirken, doch echte Sorge um den Frieden in Europa veranlaßte England, den Versuch zu wagen. Lord Runcimans Mission blieb sechs Wochen in der Tschechoslowakei, besprach sich mit Vertretern der tschechoslowakischen Regierung, der SdP und der deutschen sozialdemokratischen Partei – ohne den gewünschten Erfolg zu haben. Nach seiner Rückkehr nach Großbritannien schickte Runciman Beneš einen niedergeschlagenen Brief, in dem er zugab, daß die Verantwortung für den zu erwartenden Bruch bei Henlein liegen werde, dessen Verbindung mit der deutschen Reichsregierung inzwischen zum beherrschenden Faktor geworden war. Dann fuhr er aber fort: »Ich empfinde jedoch starkes Mitgefühl für die Sache der Sudetendeutschen. Es ist ein hartes Los, von einer fremden Rasse beherrscht zu werden, und ich bin den Eindruck nicht losgeworden, daß die tschechoslowakische Herrschaft im Sudetengebiet in den vergangenen zwanzig Jahren zwar nicht aktiv bedrückend und sicherlich nicht ›terroristisch‹ war, aber doch gekennzeichnet wurde von Taktlosigkeit, Mangel an Verständnis, kleinen Unduldsamkeiten und Diskriminierungen, und das alles in einem Maß, daß der Groll der deutschen Bevölkerung unvermeidlich zur Revolte drängte... Tschechische Beamte und tschechische Polizei, die wenig (oder kein) Deutsch sprechen, wurden in großer Anzahl in rein deutschen Bezirken eingesetzt; tschechische Landwirte wurden aufgefordert, sich auf Ländereien anzusiedeln, die durch die Landreform mitten im deutschen Siedlungsgebiet übereignet (beschlagnahmt) worden waren; für die Kinder dieser tschechischen Eindringlinge sollen in großem Maßstab Schulen gebaut worden sein (wurden gebaut); ganz allgemein herrscht die Ansicht, daß tschechischen Firmen vor den deutschen mit Staatsaufträgen bevorzugt wurden und daß der Staat Arbeit und Hilfe bereitwilliger für Tschechen als für Deutsche beschaffte. Ich halte diese Beschwerden im wesentlichen für berechtigt. Selbst jetzt noch, während meiner Mission, konnte ich bei der tschechoslowakischen Regierung keine Bereitwilligkeit entdecken, auch nur für annähernd ausreichende Abhilfe zu sorgen... Aus vielen Gründen, darunter den oben erwähnten, waren die Sudetendeutschen bis vor drei, vier Jahren ohne jede Hoffnung. Doch der Aufstieg von Nazi-Deutschland gab ihnen neue Hoffnung. Ich sehe in dem Versuch, sich an ihre Verwandten zu wenden, und in ihren Wunsch, sich an das Reich anzuschließen, eine unter diesen Umständen ganz natürliche Entwicklung.«[31] (Die Wörter in Klammern wurden in dem weniger diplomatischen Brief verwendet, den Lord Runciman an Chamberlain schickte.)

Das Münchener Abkommen

Nach Lord Runcimans Scheitern war es klar, daß das tschechoslowakische Pulverfaß in die Luft fliegen würde, wenn nicht die führenden europäischen Staatsmänner unverzüglich handelten. Hitler stand mit dem Streichholz bereit. Den europäischen Demokratien blieben nur zwei gleicherweise unangenehme Möglichkeiten – entweder Hitler mit dem Krieg zu bedrohen für den Fall, daß er die Tschechoslowakei angreifen werde, oder ihn zufriedenzustellen, indem man die Tschechen überredete, das Sudetenland zu räumen.
Obwohl der Zweite Weltkrieg ja dann zeigte, daß die westlichen Demokratien allenfalls nur Zeit gewannen, als sie Hitler 1938 nachgaben, urteilten die meisten europäischen Staatsmänner damals tatsächlich zwiespältig über die Alternative, nämlich in der Sudetenfrage den harten Kurs zu steuern. Für die meisten war sie einfach nicht wichtig genug, um einen Krieg zu rechtfertigen. So setzte im September 1938 eine fieberhafte diplomatische Tätigkeit ein, um die Katastrophe zu verhindern, die dann doch ein Jahr darauf über Europa hereinbrach.
In einem Bericht vom 14. September 1938 an den amerikanischen Außenminister Cordell Hull schrieb der amerikanische Botschafter in Paris, William Bullitt: »In den letzten Tagen haben die französischen Zeitungen viele Landkarten veröffentlicht, aus denen die volkszugehörige Aufteilung der Tschechoslowakei hervorgeht... die öffentliche

Meinung beginnt Stellung zu beziehen: Warum sollten wir Frankreichs ganze Jugend auslöschen und den Kontinent Europa zerstören lassen, nur um die Herrschaft von sieben Millionen Tschechen über drei Millionen zweihunderttausend Deutsche zu sichern?«[32] Bullitt schloß sarkastisch: »Bei der allgemeinen Ansicht von Franzosen und Briten, daß Beneš im innersten Herzen beschlossen habe, lieber einen allgemeinen europäischen Krieg zu provozieren als eine vollständige Autonomie der unterworfenen Nationalitäten in der Tschechoslowakei hinzunehmen, wird zweifellos starker Druck auf Prag angesetzt werden…«[33]

Einen ähnlichen Bericht schickte der amerikanische Botschafter in Großbritannien, Joseph Kennedy, an Minister Hull; Kennedy zitierte, was Premierminister Chamberlain gesagt hatte: »Ich finde keinen Sinn darin und sehe keinen Grund dafür, mich für eine Sache zu schlagen, die ich, falls ich ihretwegen Krieg führen müßte, nach dem Krieg doch genau so regeln würde, wie ich sie jetzt zu regeln vorschlage.«[34] Im selben Sinn sprach Arnold Toynbee von einem beherrschenden »Gefühl von ätzendem moralischem Unbehagen« bei der Aussicht, »für das Gleichgewicht der Kräfte zu kämpfen in Mißachtung des Nationalitätenprinzips«.[35] Für ihn und viele andere Briten steckte man in einer »moralischen Sackgasse«.[36] Selbst Lord Halifax bemerkte, daß 1918 das Selbstbestimmungsrecht der dreieinhalb Millionen Sudetendeutschen verhindert worden war und daß es deshalb Zeit sei, das Unrecht von Versailles wiedergutzumachen.

Nach einem Vermittlungsvorschlag von Benito Mussolini folgte am 29. September die Münchener Konferenz und am 30. September das Münchener Abkommen, wonach das Sudetenland an das Reich abgetreten wurde. Die Demarkation der neuen Grenze wurde einem Internationalen Ausschuß übertragen, der die Gebiete »vorwiegend deutschen Charakters« festzustellen hatte.

Das Münchener Abkommen von 1938 schien, wenn auch nicht die beste, so doch eine annehmbare Lösung zu bieten, die mit Erleichterung vom Großteil der Presse in Frankreich und Großbritannien begrüßt wurde. Das Abkommen gestattete den drei Millionen Deutschen, die in den umstrittenen Gebieten lebten, sich von der Tschechoslowakei zu trennen und sich mit Deutschland zu vereinen, während noch 400000 Deutsche im tschechoslowakischen Staatsgebiet verblieben.[37] Natürlich hatte sich die Tschechoslowakei mit einem beträchtlichen wirtschaftlichen Verlust abzufinden, doch die neue ethnische

Grenze machte den Staat geschlossener, weil sie ihn von einer großen und unzufriedenen Minderheit befreite. Es war eine ähnliche Teilung wie die 1919 von der Coolidge-Mission empfohlene. In diesem Sinne äußerte sich am 10. Oktober der frühere tschechoslowakische Gesandte in Rom und neue Außenminister, Dr. František Chvalkovský, gegenüber dem deutschen Gesandten Andor Hencke: »Was Deutschland in München gefordert und erhalten habe, sei gerecht. Tschechen hätten schon früher von selbst notwendige Folgerungen aus Gegebenheit ziehen müssen.«[38]

Unbehaglich am Münchener Abkommen wirkte nicht die Regelung selbst, sondern der Umstand, daß sie erpreßt worden war. Außerdem wurde jeder Erfolg Hitlers, selbst die Anwendung der Selbstbestimmung zu seinen Gunsten, von den europäischen Demokratien mit Besorgnis beobachtet.

Die tschechoslowakische Krise fand mit dem Münchener Abkommen aber nicht ihr Ende. Zunächst zogen etwa 260000 tschechoslowakische Militärs und Staatsbedienstete mit ihren Familienangehörigen ins Landesinnere. Die 280000 tschechoslowakischen »Altsiedler« sind hingegen fast ausnahmslos geblieben.[39]

Mittlerweile ging der fortschreitende Zerfall der Tschechoslowakei unaufhaltsam weiter, denn als künstliches Gebilde des Vertrages von St.-Germain hatte der Vielvölkerstaat keine historische Beständigkeit. Am 30. September 1938 überreichte die polnische Regierung in Prag ein Ultimatum und annektierte dann im Alleingang den reichen Industriebezirk Teschen (Olsa-Gebiet)[40], der allerdings eine solide polnische Mehrheit hatte. Polen ging soweit, etwa vierzigtausend Tschechen, die im Gebiet von Teschen lebten, kurzerhand in den Rumpfstaat Tschechoslowakei abzuschieben.[41] Als nächster Staat holte sich Ungarn mit Gewalt ein großes Stück, nämlich die überwiegend madjarische südliche Slowakei. Am 14. März 1939 erklärten sich die Slowaken für unabhängig von den Tschechen und schlossen aus Furcht, gänzlich von den Ungarn geschluckt zu werden, einen »Freundschafts«-Vertrag mit Deutschland. Der alte, verwirrte tschechoslowakische Präsident Emil Hácha wurde dann nach Berlin bestellt, mit der Bombardierung Prags bedroht und gezwungen, mit einem Federstrich die Freiheit seines Volkes aufzugeben. Hitlers Besetzung von Böhmen und Mähren am 15. März erwies sich später als eine seiner großen politischen Fehlrechnungen; um ein Wort Talleyrands abzuwandeln, beging er Schlimmeres als ein Verbrechen – einen tödlichen Fehler.[42] Denn hier ließ Hitler die Maske fallen, von »nationaler Selbstbestimmung« war nicht mehr die Rede, und zum erstenmal wandte er seine These vom »Lebensraum« gegen einen nichtdeutschen Staat an. Außerdem enthielt das Münchener Abkommen eine Grenzgarantie für die Tschechoslowakei, die mit der Unabhängigkeitserklärung der Slowakei am 14. 3. 1939 nicht einfach obsolet geworden war.

Diese Wendung der Dinge weckte natürlich in England und Frankreich berechtigte Entrüstung.[43] Schließlich hafteten beide Länder nach München mit ihrer Ehre für die Grenzen der Rest-Tschechoslowakei. Als der Staat dann ein paar Monate darauf völlig zerfiel, hatte Hitler den Löwenanteil erhalten. Doch in den wenigen Friedensmonaten, die Europa noch vergönnt waren, hielten es England und Frankreich für angebracht, die neue Ordnung hinzunehmen, und die Bank von England ging soweit, tschechische Goldbestände an das Protektorat zu transferieren.[44]

Sogar nachdem Hitler Polen angegriffen und die Westalliierten Deutschland den Krieg erklärt hatten, war die westliche Haltung gegenüber dem Sudetenland und gegenüber Dr. Beneš nicht viel anders. Bezeichnend ist der Brief, den US-Botschafter Bullitt am 16. September 1939 an Präsident Roosevelt richtete und in dem er beschrieb, wie Beneš eine Exilregierung in London zu etablieren und die Westalliierten für eine Nichtigkeitserklärung des Münchener Abkommens zu gewinnen suchte:

»Beneš kam in der Absicht nach Europa, um eine ›provisorische Regierung der Tschechoslowakei‹ zu errichten... sowohl Franzosen wie Briten vertraten den Standpunkt, daß sie sich geweigert hätten, zu akzeptieren, daß die Tschechoslowakei als unabhängiger Staat aufgehört habe zu existieren... sie sähen keine Grundlage für eine provisorische Regierung Beneš außer dessen Wunsch, sich wieder an die Spitze von irgend etwas zu setzen. Darüber hinaus hält fast jeder im politischen Leben Frankreichs und Englands Herrn Benesch für einen äußerst egozentrischen und kleingeistigen Menschen, der durch seine wohlfeile Klugheit in kleinen Dingen und völligen Mangel an Weisheit in wichtigen Dingen den Zerfall seines Landes zuließ.«[45]

Der Zweite Weltkrieg und die Vertreibung

Der Ausbruch des Zweiten Weltkriegs machte den Weg frei für die völlige Aufhebung aller Regelungen des Münchener Abkommens. Die außergewöhnliche Erbitterung des Krieges ließ sogar die ersten Äußerungen über die Vertreibung der Sudetendeutschen vernünftig klingen.

Im Dezember 1938, kaum zwei Monate nach dem Münchener Abkommen, hatte Benesch bereits begonnen, über eine Ausweisung als Lösung des deutschen »Minderheiten«-Problems in seinem Land nachzudenken.[46] Doch bevor die Vertreibung einsetzen konnte, mußte die »Demütigung« des Münchener Abkommens zurückgewiesen werden. Vom Augenblick des Kriegsausbruchs an widmete sich die tschechoslowakische Exilregierung diesem Ziel.

Im Rückblick läßt sich leicht erkennen, daß die Münchener Krise und das Münchener Abkommen aus echten Problemen entstanden, die der Friedensvertrag von St.-Germain geschaffen hatte; man kann sie also nicht im luftleeren Raum diskutieren als einen Akt nationaler Demütigung für die Tschechen oder als *das* klassische Beispiel ungerechter Befriedung auf Kosten der Tschechen. Doch gerade von dieser Auslegung des Münchener Abkommens war Beneš wie besessen. Als tschechischer Patriot, dessen Nation ihre Eigenstaatlichkeit Wilsons Gedanken von der Selbstbestimmung verdankte, war Beneš doch niemals imstande, die Anwendung desselben Rechts durch die Sudetendeutschen anzuerkennen. Er sah in den Deutschen, die unter tschechischer Herrschaft nicht glücklich waren, »Verräter« des tschechischen Staates – eines Staates, der zwanzig Jahre zuvor gegen deren Willen gegründet worden war. In einer Rundfunkrede aus London erklärte er: »Wir müssen uns all jener Deutschen entledigen, die 1938 dem tschechoslowakischen Staat den Dolch in den Rücken gestoßen haben.«[47] Für Minister Ripka belief sich die Zahl dieser Deutschen auf »etwa zwei Millionen«.[48] Mehr als drei Millionen sind dann später vertrieben worden.

Um zu verstehen, wie die britische Öffentlichkeit dazu kam, das Vertreibungsprogramm anzuerkennen, muß bedacht werden, daß der vorgeschlagene Plan eine Umsiedlung vorsah, die allmählich und unter internationaler Aufsicht durchgeführt werden sollte.

In einer Vorlesung an der Universität Manchester brachte Beneš 1942 vor: »Umsiedlungen sind eine schmerzhafte Operation. Sie füh-

ren zu vielen kleineren Ungerechtigkeiten. Die Verfasser der Friedensregelung können sich nur dann einverstanden erklären, wenn die Umsiedlungen human organisiert und international finanziert werden.«[49]
Zwei Jahre danach, als das Prinzip der Umsiedlung von den Großmächten anerkannt worden war, schrieb Beneš wieder: »Wenn eine Lösung des Minderheitenproblems auf irgendeine andere Weise nicht möglich ist, bin ich auf die harte Notwendigkeit der Bevölkerungsumsiedlung vorbereitet... Solche Umsiedlungen können viele Härten und sogar Ungerechtigkeiten mit sich bringen. Doch ich bin verpflichtet zu sagen, daß sie der Mühe wert sein können, wenn sie helfen, dauerhafteres Gleichgewicht und den Frieden zu schaffen.«[50]
Benešs Darstellung seiner Sache klingt überzeugend, bis man darüber nachdenkt und feststellt, daß die vorgeschlagenen Umsiedlungen völlig überflüssig wurden, wenn man sich an die nationalen Grenzen hielt, die bereits nach ethnischen Kriterien gezogen worden waren. Nur dann, wenn man die Ungerechtigkeit von St.-Germain wiederholte, würden wieder Deutsche in großer Zahl unter tschechische Herrschaft geraten. Man darf nicht vergessen, daß der britische Premierminister während der Münchener Krise Beneš eindeutig informierte, daß im Falle eines bewaffneten Konflikts die Tschechoslowakei »nicht in ihren Grenzen wiederhergestellt werden könnte, wie immer auch der Ausgang des Konflikts sein möge«.[51] Selbst nach Hitlers Verletzung des Münchener Abkommens durch die illegale Besetzung Böhmens und Mährens wiederholte Neville Chamberlain am 17. März 1939 in einer Rede zu Birmingham, daß die in den Pariser Verträgen festgelegten Grenzen ungerecht gewesen seien.[52] Von dieser Auffassung rückte dann der neue britische Außenminister Eden ab, als er am 5. August 1942 erklärte: »Bei der endgültigen Festlegung der tschechoslowakischen Grenzen, die bei Kriegsende vorgenommen werden muß, wird sie [die britische Regierung] sich nicht von irgendwelchen seit 1938 vorgenommenen Änderungen beeinflussen lassen.«[53]
Es war aber nicht genug, das Münchener Abkommen für null und nichtig zu erklären. Beneš ersuchte um die Zustimmung der Alliierten, der künftigen Besatzungsmächte, zu seinem Vertreibungsprogramm. Schon am 7. Juli 1942 informierte Eden Beneš, daß »seine Kollegen mit dem Prinzip der Umsiedlung einverstanden« seien.[54] Kurz darauf unterrichtete man Beneš von einem Beschluß des britischen Kabinetts, keine Einwände gegen die Umsiedlung der Sudetendeutschen zu erheben.[55] Dieser ersten offiziellen Zustimmung zu dem unmensch-

lichen Plan, ein Volk zu entwurzeln, folgten im Sommer 1943 die der Vereinigten Staaten und der Sowjetunion.[56]
In Moskau führte Beneš Gespräche mit dem Chef der tschechoslowakischen Kommunisten im Exil, Klement Gottwald[57]. Aus Gottwalds Gesprächsprotokoll vom 18. Dezember 1943 geht hervor:
»Anknüpfend an ein vorangegangenes Gespräch mit Genosse Stalin berührte Benesch im Gespräch zuerst die definitive Lösung der Frage der Deutschen in der künftigen Republik. Er sagte, die Niederlage Deutschlands werde solcherart sein, daß damit eine einmalige historische Gelegenheit für eine radikale Säuberung unseres Staatsgebiets von dem deutschen Element gegeben sein werde. Die künftige Republik wird ein Staat der Tschechen, Slowaken und der Karpato-Ukrainer sein. Es wird ein Nationalstaat, ein slawischer Staat sein. Raus aus der Tschechoslowakei müssen unbedingt alle deutschen Lehrer, Professoren, SS-Leute, Gestapo-Leute, die Hitler-Jugend, alle Aktivisten der Henleinbewegung, die deutsche Bourgeoisie insgesamt, alle reichen deutschen Menschen. Die deutsche Universität, die zwei deutschen technischen Hochschulen, die Mittelschulen usw. müssen verschwinden. Deutsches Eigentum, Bäder, Bergwerke, Fabriken, Großgrundbesitz, das alles wird unter staatliche Verwaltung gestellt. Es wird eine nationale Revolution sein, verbunden mit einer sozialen Revolution.«[58] Was war dies, wenn nicht reiner Rassismus?
Dem Präsidenten Beneš bleibt also die geschichtliche Verantwortung für die Entstehung eines Vertreibungs-Syndroms, das dann nicht nur die Sudetendeutschen, sondern alle Deutschen östlich von Oder und Neiße befiel. 1943 wurde angekündigt, daß die Bevölkerung Ostpreußens in den Westen »umgesiedelt« werden solle, und 1944 nannte man die übrigen Opfer der Epidemie: die Deutschen aus Pommern, dem östlichen Brandenburg und Schlesien. 1945 wurde daraus grausame Realität.
Es ist bedrückend, daß die Weltöffentlichkeit weitgehend die Vertreibung der Sudetendeutschen mit der leichtherzigen Erklärung entschuldigt hat, sie alle seien »Nazis« gewesen und hätten die Tschechen »verraten«. Während sich später viel Mitgefühl und Bedauern für die vertriebenen Deutschen aus Ostpreußen, Pommern und Schlesien äußerte, ist die Vertreibung der Sudetendeutschen als eine Art Vergeltung für das Verbrechen von Lidice[59] hingestellt worden: Nach der Ermordung des Stellvertretenden Reichsprotektors in Böhmen und Mähren, Reinhard Heydrich, durch tschechische Nationalisten wur-

den alle männlichen Einwohner von Lidice, einhundertsechsundachtzig Menschen, erschossen, ihre Frauen in Konzentrationslager gebracht und ihre Kinder über ganz Deutschland in Heime oder Internierungslager verstreut. Lidice war ein entsetzliches Verbrechen der Nationalsozialisten, doch die Sudetendeutschen hatten es nicht zu verantworten, weder einzeln noch kollektiv.
Die Nationalsozialisten begingen viele andere Verbrechen im Protektorat, und in den letzten Kriegsmonaten kam es zu fanatischen Gewalttaten von unglaublicher Grausamkeit.[60] Man hat die Verluste der Tschechoslowaken im Kriege auf zweihundertfünfzigtausend Menschen[61] geschätzt; andere tschechische Quellen sprechen von fünfundsiebzigtausend[62], einschließlich der Tschechen und Slowaken, die im Kampf gegen die Nationalsozialisten fielen, auch der hingerichteten Partisanen und anderer Opfer des nationalsozialistischen Terrors. Nichttschechische Historiker sprechen von 35000, ohne Berücksichtigung der ermordeten Juden. Diese Verbrechen und Unmenschlichkeiten, die am tschechischen Volk begangen wurden, sind aber meistens von Angehörigen der SS verübt worden, die zum weitaus größten Teil keine Sudetendeutschen waren. Der einfache deutsche Bauer im Sudetenland hatte kaum Kontakt zu Tschechen und kann nicht für Greuel der NSDAP im Protektorat zur Rechenschaft gezogen werden. Aber er hatte die Rechnung zu bezahlen.
Am 22. Oktober 1945 unterrichtete *Time* ihre Leser in einem etwas fragwürdigen Artikel über die Vertreibung der Sudetendeutschen: »Gegen diese illoyalen Minderheiten ist das einst duldsame tschechoslowakische Herz verhärtet. Dr. Beneš und seine Regierung sind eisern entschlossen, den Staat von fast allen seiner drei Millionen Deutschen zu befreien...«[63] Dann hieß es wieder am 5. November 1945 in einem Artikel, der offen für die Vertreibung der Sudetendeutschen als eine Bestrafung für die NS-Verbrechen eintrat: »Die drei Millionen Sudetendeutschen, die jetzt zu Europas Millionen elender Verschleppter hinzukommen, hatten sich in Massen erhoben, um die Tschechen zu verraten...«[64] Selbst der britische Außenminister Ernest Bevin, der die Vertreibung der Sudetendeutschen dem britischen Parlament vortrug, stellte fest, die Sudetendeutschen und die Tschechen hätten harmonisch zusammengelebt, bis Hitlers Helfershelfer »das großartige Unterfangen zerbrachen, einen demokratischen Staat ins Leben zu rufen und aufzubauen«.[65]
Erklärungen in diesem Tonfall waren 1945 an der Tagesordnung und

können der aufgeladenen Atmosphäre zugeschrieben werden, die bei Kriegsende herrschte. Doch trotz der Verzerrungen der Geschichte, wie sie die Kriegspropaganda und die moralische Diffamierung des Feindes sozusagen notwendig machen, gab es unabhängige Stimmen, die versuchten, die Öffentlichkeit von ihren Vorurteilen aus der Kriegszeit zu befreien. Am 30. Januar 1946 verdammte der Lordbischof von Chichester, Dr. George Bell, die Vertreibung der Sudetendeutschen und erinnerte das britische Oberhaus an die eigentlichen Hintergründe des tschechisch-deutschen Konfliktes: »...daß die Bedingungen, unter denen die Sudetendeutschen in den tschechischen Staat eingegliedert wurden, sich grundlegend von denen unterscheiden, die für die Einbeziehung der Slowakei galten... daß es viele Leute in hohen Ämtern gibt, die in der Zeit zwischen den Kriegen feststellten, daß die Sudetendeutschen ihre politischen und wirtschaftlichen Rechte nicht in demselben Maß erhielten wie die anderen Minderheiten in der Tschechoslowakei...«[66]

Tatsächlich trifft es zu, daß die Sudetendeutschen – im Gegensatz zu Bevins klassischer Vereinfachung der Tatsachen – seit dem Vertrag von St.-Germain-en-Laye nicht ihren gerechten Status in der Tschechoslowakei erhalten und deshalb auch keineswegs harmonisch mit den Tschechen zusammengelebt, sondern einen ständigen Kampf um ihre Gleichberechtigung geführt hatten. Ebenso war ihr Nationalgefühl keine Erfindung Hitlers oder der Nationalsozialisten. Hitler war nur der Opportunist, der ihnen die Mittel versprach, das ersehnte Ziel zu erreichen. Selbst Konrad Henlein, der Führer der SdP, fiel Hitler nur zu, weil alle Anstrengungen der Sudetendeutschen, von den Tschechen wenigstens ein gewisses Maß an Autonomie zu erhalten, in Prag wie im Völkerbund gescheitert waren. Die Ehe zwischen dem Sudetenland und Hitler war also ebensosehr eine »Vernunftehe« wie die später geschlossene Allianz zwischen Finnland und den Achsenmächten während des Zweiten Weltkriegs. Finnland war kein faschistisches Land, doch nur mit Hitlers militärischer Hilfe konnte es sich gegen die Aggression der Sowjetunion schützen, die schließlich über 45000 qkm annektierte und vierhundertfünfzigtausend Finnen zwang, sich anderswo in Finnland niederzulassen.[67] So bestand auch die Mehrheit der Sudetendeutschen nicht aus Nationalsozialisten, aber sie wußten, daß sie sich von der tschechischen Herrschaft nicht ohne deren Hilfe befreien konnten.

Fünfzig Jahre nach dem Ende des Zweiten Weltkriegs gibt es wohl kaum eine Rechtfertigung dafür, an der hartnäckigen Legende festzuhalten, daß die Deutschen den Tschechen den Dolch in den Rücken gestoßen hätten. Denn wenn sich die deutsche Minderheit »illoyal« zu den Tschechen verhalten hatte, dann im gleichen Sinn, in dem jedes Volk »illoyal« auf die Fremdherrschaft reagiert[68]; wenn sie ihr Recht auf Selbstbestimmung gefordert hatte, bedeutete das *an sich* noch nicht, daß sie sich »in Massen erhoben hatte, um die Tschechen zu verraten«. Sicherlich verhielt sich die deutsche Minderheit Prag gegenüber nicht illoyaler, als die tschechische sich gegen Wien vor dem Ersten Weltkrieg (und während des Krieges!) verhalten hatte. War ein Henlein ein Verräter an der Tschechoslowakei, dann waren Masaryk und Beneš nach denselben Kriterien Verräter an der Doppelmonarchie. Und doch suchte jeder nur die Verwirklichung des Selbstbestimmungsrechts für sein eigenes Volk. Der einzige Unterschied liegt darin, daß die Deutschen den Ersten und den Zweiten Weltkrieg verloren hatten und daß der Kampf der Sudetendeutschen um Selbstbestimmung sie erst nach München und später in die Katastrophe führte. So wurden mit Zustimmung des Westens sieben Jahrhunderte deutschen Wirkens in Böhmen, Mähren und im österreichischen Schlesien ausgelöscht. Damit endete eine Geschichtsperiode, während der die europäische Kultur durch unvergeßliche Werke von sudetendeutschen Dichtern, Denkern, Erfindern und Unternehmern bereichert wurde.[69]

Mehr als ein Viertel der Bevölkerung der Tschechoslowakei wurde vertrieben, ein wahrlich ungeheuerliches Ereignis. Für die Chauvinisten in der Tschechoslowakei war dies eine großartige Tat, die Erfüllung von alten, kleinkarierten Vorstellungen eines slawischen Nationalstaates ohne »fremde Elemente«. So freute sich Klement Gottwald in einer Rede in Brünn vom 23. Juni 1945: »Wir greifen noch viel tiefer in die Geschichte unseres Volkes und korrigieren... die Irrtümer unserer böhmischen Przemysliden-Könige, die uns die deutschen Kolonisten hergerufen haben, die wir diesmal ein für allemal hinausbekommen wollen.«[70]

Längerfristig gesehen, stellte die Vertreibung einen großen volkswirtschaftlichen Verlust dar. Sie war auch keine Sternstunde für Dr. Beneš, der dadurch in die Geschichte eben nicht als ein weiser Staatsmann wie Tomás Masaryk, sondern als ein menschenverachtender Gewaltpolitiker eingegangen ist. Seine eigenen Worte entlarven ihn. So hetzte er am 27. Oktober 1942 in einer Rundfunkrede an das tschechische Volk:

»In unserem Land wird das Ende des Krieges mit Blut geschrieben werden. Den Deutschen wird erbarmungslos und vielfach alles vergolten werden, was sie in unserem Land seit 1938 begangen haben.«[71]
Ähnlich äußerte er sich am 3. Februar 1944 vor dem Staatsrat: »Der Umsturz muß eine gewaltige Volksabrechnung mit den Deutschen... ein blutiger, unbarmherziger Kampf sein.«[72] Und in Kaschau im April 1944: »Wehe, wehe, dreimal Wehe den Deutschen, wir werden sie liquidieren.«
So entwarf er mit Stalin im Dezember 1943 seinen »slawischen Staat«, aus welchem »alle deutschen Lehrer, Professoren... die deutsche Bourgeosie insgesamt« vertrieben werden sollten. Das 1939 über ihn abgegebene Urteil von US-Botschafter William Bullitt scheint damit bestätigt zu sein.
Es ehrt den tschechischen Präsidenten Václav Havel, daß er diese unmoralische Haltung immer wieder verurteilt hat. So im März 1992, als er feststellte: »Die Abschiebung der Sudetendeutschen in der Nachkriegszeit verurteile ich als Ganzes... Die Potsdamer Konferenz nahm die laufende Abschiebung als eine Tatsache zur Kenntnis... Die Initiative jedoch ging nicht von ihr aus. Der einzige, der die Abschiebung wirklich aus Überzeugung unterstützte, war selbstverständlich Stalin.«[73]

Drittes Kapitel

Die Entstehung der Oder-Neiße-Linie: Die Konferenzen von Teheran und Jalta

> Eden meinte, was Polen im Osten verliere, könnte es im Westen gewinnen... Ich demonstrierte dann mit Hilfe dreier Streichhölzer meine Gedanken über eine Westverlagerung Polens. Das gefiel Stalin, und damit löste sich unsere Gruppe für den Moment auf.
>
> *Churchill (Der Zweite Weltkrieg, Bd. 5/2, S. 50)*

Die Atlantik-Charta

Territoriale Einbußen Deutschlands bildeten zunächst kein Kriegsziel für die westlichen Alliierten. Sie kämpften vor allem darum, Hitler und den Nationalsozialismus von der politischen Bühne Europas zu vertreiben; sie stellten keine Pläne auf, die auf eine Gebietsabtrennung Deutschlands hinausliefen, weil jede Reduzierung nur das chronische deutsche Syndrom »Volk ohne Raum« [1] und damit die Unsicherheit in Mitteleuropa verstärken mußte. Tatsächlich war Deutschland doppelt so dicht besiedelt wie seine Nachbarn Polen und Frankreich.
Am 9. Februar 1940 hatte Churchill festgestellt: »Wir lehnen jeden Versuch von außen ab, Deutschland zu zerstückeln. Wir sind nicht auf Demütigung oder Verstümmelung Ihres Landes aus. Wir wünschen aus ganzem Herzen, Sie ohne Verzögerung in die friedliche Zusammenarbeit zivilisierter Nationen einzubeziehen.« [2]
Das blieb auch während der ersten Kriegsmonate die vorherrschende Stimmung im Westen. Selbst ein Jahr später, nach der Schlacht um England, sprachen sich die Alliierten noch für ein gemäßigtes und humanes Friedensprogramm aus. Am 14. August 1941 verkündeten der britische Premierminister Churchill und Präsident Roosevelt die Atlantik-Charta [3], in der sie ausdrücklich auf »territoriale oder irgendwelche andere Gewinne« verzichteten und sich verpflichteten, »territoriale Veränderungen, die nicht mit dem frei geäußerten Willen der betroffenen Völker übereinstimmen, abzulehnen«. Die vielgepriesene

Charta, bezogen auf den Grundsatz gleichen Rechtes und die Selbstbestimmung der Völker, stellte den Versuch dar, die internationale Moral zu heben. Doch die Ausweitung des Krieges führte nach und nach dazu, daß die Ideale der Atlantik-Charta aufgegeben wurden. Die Brutalität der Achsenmächte veranlaßte die Alliierten, ihnen die Segnungen der Charta vorzuenthalten. Nach kurzer Zeit schon erklärte Churchill, die Charta habe keine »legale« Gültigkeit und werde auf keinen Fall auf feindliche Länder angewendet werden.[4] Denkt man jedoch an die historischen Bedingungen, unter denen die Charta proklamiert wurde, kann man sich schwerlich vorstellen, auf welche Länder, wenn nicht feindliche, sich der Verzicht auf territoriale Gewinne beziehen sollte[5] – die Charta wäre völlig überflüssig gewesen, wenn sie nur besagen sollte, daß die Alliierten Hitlers territoriale Gewinne in Europa nicht anerkennen wollten, denn die bloße Tatsache, daß sich die Alliierten im Krieg mit den Achsenmächten befanden, genügte als Beweis, daß sie nach dem Krieg die von letzteren besetzten Staaten in ihren bisherigen Grenzen wiederherstellen wollten.

Das vorliegende Kapitel zeichnet die Entwicklung der alliierten Kriegsziele und die Umrisse neuer sowjetisch-polnischer und polnisch-deutscher Grenzen nach, die umfangreiche territoriale Veränderungen gegen den Willen der betroffenen Einwohner herbeiführen mußten. Um diesen bemerkenswerten Verzicht auf die Grundsätze der Atlantik-Charta zu verstehen, muß man die Entwicklung einer neuen Machtkonstellation in Europa erkennen, den Aufstieg einer undemokratischen und rücksichtslosen Diktatur zu erdrückender Machtfülle. Die Vertreter dieser neuen totalitären Macht schlossen sich pro forma der Charta an bei der Versammlung der Verbündeten, die am 24. September 1941 im Londoner St. James's Palace stattfand, und sogar ein zweites Mal am 1. Januar 1942 in der Gemeinsamen Erklärung der Vereinten Nationen in Washington.[6] Doch Marschall Stalin hatte weder die Absicht, die aus der Charta entstehenden Verpflichtungen ernst zu nehmen, noch handelte er danach, womit er ihre Beachtung durch die anderen Länder natürlich durchkreuzte. Außerdem nahm der Krieg gegen die Achsenmächte, wie schon erwähnt, immer mehr den Charakter eines Kreuzzugs an, und unmißverständliche Hinweise auf Strafexpeditionen blieben nicht aus. Die führenden Männer der Anti-Hitler-Koalition wollten das Nachkriegs-Deutschland für den Krieg bezahlen lassen, selbst wenn die »Bezahlung« in territorialen »Veränderungen« bestehen sollte. So kam es dazu, daß die Absicht, den künftigen Frieden Europas zu sichern, schließlich den Verpflichtungen der Charta widersprach. Am 24. Mai 1944 faßte Churchill vor dem Parlament zusammen: »Es ist keine Rede davon, daß sich Deutschland auf irgendwelche Garantien gegen territoriale Veränderungen berufen könnte, falls es den Anschein hat, daß solche Veränderungen den Frieden in Europa sicherer und dauerhafter machen.«[7]

Strategische Amputationen: Ostpreußen

Die ersten Vorschläge, Deutschland Teile seines Vorkriegsgebiets zu entreißen, waren von strategischen Gesichtspunkten bestimmt. Man glaubte, daß Deutschland bei geschrumpften Grenzen weniger Möglichkeiten haben werde, in die Nachbarstaaten einzufallen. So sollte Ostpreußen von Deutschland abgetrennt werden, weil Polens Vorkriegsgrenzen nicht zu halten waren; der vernichtende Feldzug von 1939 hatte es deutlich bewiesen.

Nicht lange nach der Katastrophe vom September 1939 drang die polnische Exilregierung in London und Washington darauf, daß Ostpreußen in das Nachkriegs-Polen einbezogen werde.[8] Nach dem deutschen Angriff auf die Sowjetunion im Sommer 1941 unterstützte Marschall Stalin sehr bereitwillig den Gedanken, Deutschland Ostpreußen zu entreißen.[9] Indessen lehnte auch die westliche Führung keineswegs die polnische Forderung nach Ostpreußen ab. Bei einem Essen mit Präsident Roosevelt und Harry Hopkins am 15. März 1943 in Washington sprach der britische Außenminister Eden offen über die Probleme von Polens Nachkriegsgrenzen. Hopkins hielt in einem Memorandum fest: »Polen will Ostpreußen haben, und der Präsident und Eden sind beide der Meinung, Polen solle es erhalten. Eden sagte, die Russen seien insgeheim einverstanden, aber nicht bereit, ihre Zustimmung den Polen mitzuteilen, weil sie hier ein Handelsobjekt für die Friedenskonferenz sähen.«[10]

Am folgenden Tag sprach Hopkins bei dem russischen Botschafter Litwinow vor, um Edens Erklärungen zu bestätigen. Litwinow unterrichtete Hopkins, »Rußland sei einverstanden, daß Polen Ostpreußen bekomme, werde aber auf dem bestehen, was er als ›Rußlands territoriale Rechte‹ an der polnischen Grenze bezeichnete«.[11] Daraus ging klar hervor, daß die Sowjets die Teile Polens behalten wollten, die sie während des Ribbentrop-Molotow-Pakts von 1939[12] besetzt hatten, und zwar einzig mit der Begründung, daß die Mehrheit der Bevölkerung Ukrainer seien. Obwohl die Behauptung richtig war, konnte daraus nicht gefolgert werden, daß die religiösen Ukrainer eine Vereinigung mit den militant atheistischen Sowjets einer Verbindung mit ihren ebenfalls slawischen Brüdern, den Polen, vorgezogen hätten; immerhin waren Ukrainer und Polen lange geschichtlich und kulturell miteinander verbunden gewesen. Darüber hinaus lebten aber einige Millionen Menschen in dem Gebiet, die ethnisch zu den Polen gehörten; sie lebten zwischen den Ukrainern und widersetzten sich heftig der Annexion durch die Sowjetunion.

Territoriale Ausdehnung im Westen als Entschädigung

Als die Londoner Polen begriffen, daß die Sowjetunion plante, nach dem Krieg 180000 qkm von Vorkriegs-Polen zu annektieren, wandten sie sich um Hilfe an die westlichen Alliierten und erhoben verstärkte Forderungen auf deutsches Gebiet im Westen.[13] Die westlichen Alliierten gerieten in eine Sackgasse. Großbritannien hatte den Krieg begonnen, um seine Garantie für Polens Unversehrtheit gegen den deutschen Angriff einzulösen. Für die Briten war es mehr als unangenehm, später eine Friedensregelung zu befürworten, nach der die Polen Gebiete im Osten abtreten mußten – Gebiete, in denen ihre Nutzwälder, die galizischen Ölfelder, die alten Städte Wilna und Lemberg lagen. Im Hinblick auf die Grundsätze der Atlantik-Charta schien es geradezu grotesk, Ostpolen dem mächtigen russischen Nachbarn auszuliefern, dem Feind seit altersher, der sich bei den unrühmlichen Teilungen Polens im achtzehnten Jahrhundert ein Drittel polnischen Territoriums angeeignet und den Rest im neunzehnten Jahrhundert unterworfen hatte. Polen hatte erst am Ende des Ersten Weltkriegs seine Unabhängigkeit zurückgewonnen und erfolgreich seine Ostgrenze wieder der Grenze nach der Zweiten polnischen Teilung (1793) genähert; dabei hatte Rußland fast alle Gebietsgewinne von 1772 und 1793 behalten können. Nun verlangte Stalin mehr, als die Zaren bei der Dritten Teilung 1795 Polen entrissen hatten, denn damals waren weder Lemberg noch Galizien russisch geworden: Maria Theresia hatte sie schon bei der Ersten Teilung von 1772 in die Donaumonarchie eingegliedert. Wenn Rußland jetzt gestattet wurde, sich über die Dritte Teilung hinaus zu bereichern, hätte man auch Hitler erlauben können,

Warschau zu behalten, das ja einen Teil der preußischen Beute von 1795 gewesen war. Das allerdings wäre eine Kapitulation des Westens vor der Gewalt und der Verzicht auf demokratische Grundsätze gewesen.

Die Konferenz von Teheran

Die Teheraner Konferenz vom 28. November bis 1. Dezember 1943 galt vor allem der militärischen Zusammenarbeit, nahm sich aber auch das Problem der polnischen Nachkriegsgrenzen vor, obwohl weder Churchill vom Parlament noch Roosevelt vom Kongreß die Vollmacht erhalten hatten, Nachkriegsgrenzen festzulegen. Statt Stalin an seine aus der Atlantik-Charta erwachsenden Verpflichtungen zu erinnern, widersetzten sich Churchill und Roosevelt leider nicht energisch genug Stalins Anspruch auf Territorialgewinn. Churchill war ohnehin der Ansicht: »Polen könnte sich nach Westen verlagern, wie Soldaten, die seitlich wegtreten. Falls es dabei auf einige deutsche Zehen trete, könne man das nicht ändern, doch müsse Polen auf alle Fälle stark sein.«[14]
Ein Lippenbekenntnis für die Polen – aber sie waren nicht eingeladen worden, an den Diskussionen über ihre künftigen Landesgrenzen teilzunehmen. Die Großen Drei hatten vor, sich untereinander formlos zu einigen, bevor man sich den Polen stellte. Marschall Stalin brachte den großzügigen Gedanken vor, die Polen sollten im Westen bis an die Oder rücken; das klang, um es milde auszudrücken, 1943 ziemlich radikal. Tatsächlich hatten die Alliierten vor Teheran nur Ostpreußen, Danzig und Oberschlesien für Polen ins Gespräch gebracht; mehr war niemals ernsthaft erwogen worden. Nun aber bemerkte Eden mit deutlicher Erleichterung: »Was Polen im Osten verliert, könnte es im Westen gewinnen.«[15] Man hatte immerhin eine Lösung gefunden, um den Polen gegenüber das Gesicht wahren zu können. Kriegsmüde und nicht bereit, sich mit der Sowjetunion über das Schicksal von Ostpolen zu streiten, zogen es die westlichen Alliierten vor, Polen auf Kosten des gemeinsamen Feindes Deutschland zu entschädigen. Man opferte also das Prinzip dem politischen Ausweg aus der Sackgasse, und eine Regelung sozusagen à la Hitler – ohne jede Rücksicht auf die Rechte von Millionen betroffener Menschen – ging aus der Konferenz hervor. In bekannter Weise illustrierte Churchill dann die Verlagerung Polens

nach Westen durch drei Streichhölzer, die Rußland, Polen und Deutschland darstellten: Als das russische Streichholz nach Westen geschoben wurde, gerieten auch das polnische und das deutsche in Bewegung. »Das gefiel Stalin, und damit löste sich unsere Gruppe für den Moment auf.«[16] Die Großen Drei vermieden es sorgfältig, sich die theoretische Möglichkeit vorzustellen, daß auch Deutschland dem Atlantik entgegengedrängt werden könne, wie man Polen um rund 250 km in den dichter besiedelten Westen verlagern konnte...[17] Hier stand aber nur das praktische Problem auf der Tagesordnung, Stalin das zu geben, was er forderte, und die Polen anderswo angemessen zu entschädigen.

Würde aber Polen einverstanden sein, sich sozusagen auf Räder zu stellen und nach Lust und Laune der Großen Drei verschieben zu lassen? In Teheran hat offenbar niemand unter »Land« etwas anderes verstanden als eine Ware, die verkauft oder getauscht werden kann. Niemand dachte anscheinend darüber nach, daß untrennbar vom »Land« auch seine Geschichte und das Wesen seiner Bewohner sind, die tiefen, unauslöschlichen Gefühle, die ein Land erweckt.[18] Es gibt überhaupt keinen Zweifel daran, daß die Polen lieber ihre eigenen östlichen Provinzen behalten hätten, statt sie zwangsweise gegen deutsche Gebiete im Westen einzutauschen. Andererseits war natürlich bekannt, daß die deutschen Gebiete östlich der Oder, vor allem Oberschlesien, wertvoller waren als die ostpolnischen.[19] Wie Churchill wiederholt betonte: »Ich lenkte die Aufmerksamkeit darauf, daß die deutschen Gebiete viel wertvoller seien als die Pripetsümpfe. Sie seien industrialisiert und würden Polens Wohlstand heben. Ich wünsche, den Polen sagen zu können, daß die Russen im Recht seien und sie, die Polen, gerecht behandelt würden und annehmen müßten. Weigerten sie sich, auf meinen Vorschlag einzugehen, könnten wir's nicht ändern.«[20]

Der Geist Präsident Wilsons hatte sich verflüchtigt. Ein knappes Vierteljahrhundert war vergangen, seit Wilson seine sittlichen Grundsätze aufgestellt hatte, die den Friedensschluß leiten sollten. In seiner denkwürdigen Rede vom 11. Februar 1918 vor beiden Häusern des Kongresses hatte er betont, daß »Völker und Provinzen nicht von einer Landeshoheit zu einer anderen getauscht werden dürfen, als wenn sie ein Besitz oder Faustpfänder in einem Spiel wären, selbst nicht in dem großen, jetzt für alle Zeiten aufgegebenen Spiel um das Gleichgewicht der Mächte«.[21] Keiner dachte daran.

In einer Zusammenfassung der Ergebnisse von Teheran schlug Churchill eine vorläufige Formel für die Grenzen von Nachkriegs-Polen vor: »Man ist der Meinung, daß sich das Territorium des polnischen Staates und des polnischen Volks im Prinzip ungefähr zwischen der sogenannten Curzon-Linie und der Oder[22] erstrecken soll, und zwar unter Einschluß Ostpreußens und Oppelns; die eigentliche Grenzziehung erfordert jedoch weiteres eingehendes Studium und möglicherweise an einigen Punkten Bevölkerungsumsiedlungen.«[23]
Diese Formulierung ging allerdings über die von den Vereinigten Staaten befürwortete Entschädigung hinaus. Ein halbes Jahr nach der Konferenz von Teheran, im Mai 1944, bereitete ein mit Nachkriegs-Programmen beauftragter Ausschuß des Außenministeriums ein Memorandum vor, das politische Empfehlungen für die Behandlung Deutschlands im Hinblick auf die langfristigen amerikanischen Interessen enthielt. Zur Frage der deutsch-polnischen Grenze wurde empfohlen: »Diese Regierung sollte sich nicht widersetzen, wenn Polen die folgenden Gebiete annektiert: Ostpreußen, Danzig und in Deutsch-Oberschlesien den Industriebezirk mit einem ländlichen Hinterland, das in erster Linie von ethnischen Kriterien bestimmt werden soll. *Die Vereinigten Staaten wären dagegen nicht geneigt, zu befürworten, daß Polen weitere deutsch bewohnte Gebiete jenseits der Oder annektiert.«*[24] (Kursive vom Verfasser)
Doch unbeeindruckt vom Umfang der territorialen Entschädigung, wie sie die Alliierten in Teheran im Auge hatten, wandte sich die polnische Exilregierung heftig gegen alle Versuche, sie zu einer Abtretung irgendwelcher Gebiete in Ostpolen zu zwingen.
Für das Unterfangen, die Polen zu überreden, sicherten sich die Alliierten die guten Dienste von Dr. Beneš, dem Ministerpräsidenten der tschechoslowakischen Exilregierung. Er trat also als Vermittler auf, um die Polen zu überreden, »Vernunft anzunehmen«, das heißt, sie von der politischen Notwendigkeit zu überzeugen, daß sie die Hälfte ihres Landes der Sowjetunion überlassen müßten.[25]

Das Problem Katyn

Es ist möglich, wenn auch kaum wahrscheinlich, daß Benešs Bemühungen um Vermittlung einen gewissen Erfolg gehabt hätten, wenn wenigstens kein anderes Hindernis den Weg zu einer polnisch-sowjetischen Verständigung versperrt hätte. Das schlimmste Hindernis war natürlich der Fall Katyn.[26]

Im Sommer 1940, ein Jahr vor dem deutschen Angriff auf die Sowjetunion, hatten sowjetische Befehlsstellen rund 14500 polnische Offiziere ermordet, die im September 1939 beim Einmarsch der Roten Armee in Ostpolen in sowjetische Gefangenschaft geraten waren. Seit der Entdeckung der Massengräber mit ca. 4500 Opfern im Wald von Katyn bei Smolensk durch die Deutschen im April 1943 hatten sich die polnisch-sowjetischen Beziehungen rasch verschlechtert. General Sikorski, der Präsident der polnischen Exilregierung, verlangte sofort eine Untersuchung durch das Internationale Rote Kreuz – unter diesen Umständen wohl eine verständliche Forderung. Peinlich berührt von der Entdeckung und im Bewußtsein, daß für Katyn niemals eine überzeugende oder achtbare Erklärung gefunden werden konnte, heuchelte die Sowjetunion Entrüstung, beschuldigte Sikorski, Hitlers Propaganda in die Hände zu arbeiten, und brach die diplomatischen Beziehungen zur polnischen Exilregierung in London ab.[27] Unter dem Druck Churchills und Roosevelts ließ Sikorski tatsächlich die Forderung nach einem internationalen Untersuchungsausschuß des Roten Kreuzes fallen, doch der Bruch mit der sowjetischen Regierung war vollzogen. Mit einem einzigen Strich hatte Stalin die nicht-kommunistischen Polen beiseite geschoben und freie Hand gewonnen, um in Moskau eine rivalisierende polnische Regierung zu bilden.[28] Während weder Sikorski[29] noch später Mikolajczyk bereit waren, den sowjetischen Landraub in Ostpolen gutzuheißen, war das abhängige polnisch-kommunistische Komitee, dem Stalin gestattete, sich als »Komitee der Nationalen Befreiung« zu entfalten, gern dazu bereit.

Trotz der nun völlig veränderten Atmosphäre von 1943/44 ging Benesch seiner Mission nach und versuchte, die Londoner Polen zum Einverständnis mit dem russischen Plan zu bewegen. Falls seine Bemühungen Erfolg gehabt hätten, wäre das tschechische Prestige in den Augen von Moskau, London und Washington sicherlich bedeutend gestiegen, so daß Beneš den guten Willen dieser Mächte nach dem Krieg für die Tschechoslowakei hätte besser mobilisieren können. So erörterte er denn am 10. Januar 1944 mit Mikolajczyk die sowjetische Einstellung zu den Nachkriegsgrenzen Polens: »Moskau könne in der Frage der Curzon-Linie nicht nachgeben, sei aber bereit zu territorialen Entschädigungen Polens auf Kosten Deutschlands, bei voller Übereinstimmung mit Polen, Großbritannien und Amerika: Moskau werde

jede westliche Grenze anerkennen, auf die man sich einige, und sei es die Oder-Linie.«[30]
Doch leider wußte Mikolajczyk, daß er nicht nur wegen der Affäre von Katyn, sondern auch wegen des alten Grolls der Polen gegen den östlichen Nachbarn das polnische Volk nicht dazu überreden konnte, die vorgeschlagene polnisch-sowjetische Grenze hinzunehmen. Natürlich arbeitete die Zeit gegen Mikolajczyk und die Londoner Polen, denn im Sommer 1944 wurde Polen aus den Händen der Deutschen durch die Rote Armee befreit, in deren Kielwasser dann die kommunistischen Polen aus Moskau eintrafen und Posten mit echter – nicht nur auf dem Papier entworfener – Macht einnahmen. Die anerkannte polnische Exilregierung konnte in London alles nur aus der Ferne beobachten.

Moskau: Juli und Oktober 1944

Am 27. Juli 1944 reiste Mikolajczyk nach Moskau, um sich mit Stalin und Molotow zu besprechen. Am selben Tag meldeten die russischen Zeitungen den Abschluß eines Abkommens zwischen der sowjetischen Regierung und dem kommunistischen polnischen Komitee der Nationalen Befreiung. Es hieß darin, das Komitee sei berechtigt, »die volle Leitung aller Angelegenheiten der Zivilverwaltung« in den Gebieten Polens zu übernehmen, die ihnen die sowjetischen Militärdienststellen zuweisen würden. Die Londoner Polen waren verloren, wußten es aber noch nicht. Mikolajczyk hätte tatsächlich höchstens einen Posten in einer polnischen Regierung erwarten können, die sich zum großen Teil aus Mitgliedern des kommunistischen Komitees der Nationalen Befreiung und bestimmten sowjetfreundlichen Polen aus dem Ausland zusammensetzte.
Churchill, der die ungünstige Lage seiner Schützlinge, der Londoner Polen, klar erkannte, entschied, sie täten besser daran, Katyn zu vergessen und die Zusammenarbeit mit den Russen aufzunehmen, auch wenn sie nichts für sie übrig hätten. Im anderen Fall würden sie im Nachkriegs-Polen völlig ausgeschaltet sein.
Voraussetzung für die Zusammenarbeit mit den Russen war völliges Nachgeben in der Frage der polnischen Ostgrenze. So versuchte Churchill in einem Gespräch mit Mikolajczyk am 13. Oktober 1944, diesen zu überzeugen, die sogenannte Curzon-Linie als Ostgrenze zu akzeptieren. Die Curzon-Linie war bekanntlich die Demarkationslinie zwi-

schen Polen und der Sowjetunion, die nach dem Ersten Weltkrieg der britische Außenminister Lord George Curzon im Namen der Interalliierten Konferenz von Spa am 11. Juli 1920 vorgeschlagen hatte. Ihr Verlauf war für Polen besonders ungünstig, weil eine zahlreiche polnische Bevölkerung östlich der Linie verblieb. Aus diesem Grunde kämpften die Polen weiter gegen die Russen und erreichten infolge ihres Sieges im Frieden von Riga eine günstigere Grenzziehung, die bis zur sowjetischen Invasion am 17. September 1939 bestanden hatte. Nun war aber die sowjetische Übermacht in diesem Raum eindeutig, und Stalin, wie die Zaren vor ihm, wollte die russische Grenze nach Westen verschieben. Churchill argumentierte gegenüber Mikolajczyk folgendermaßen: »Ich muß im Namen der britischen Regierung erklären, daß die Opfer, die die Sowjetunion im Laufe des Krieges gegen Deutschland gebracht hat, und ihre Bemühungen um die Befreiung Polens ihr in unseren Augen Anspruch auf eine Grenze entlang der Curzon-Linie geben... Ich glaube auch, daß die Verbündeten den Kampf gegen Deutschland fortsetzen werden, um einen angemessenen Ausgleich für die polnischen Zugeständnisse im Osten zu erreichen...« (Churchill sagte zuerst »volle Kompensation«, korrigierte sich dann aber selbst) »... in der Form von Territorien im Norden und im Westen, in Ostpreußen und in Schlesien, einschließlich einer günstigen Küste, eines ausgezeichneten Hafens in Danzig und wertvoller Rohstoffe in Schlesien. Es wird ein großes Land sein, nicht ganz dasselbe, das in Versailles umrissen wurde, aber es wird eine echte und solide Struktur bilden, in der die polnische Nation leben und sich in Sicherheit, Wohlstand und Freiheit entwickeln kann.«[31]

Mikolajczyk äußerte sich aber scharf gegen die Curzon-Linie und sagte, er könnte nicht fünf Millionen Polen im Stich lassen. Außerdem könnte er die Frage nicht entscheiden. Die Entscheidung liege bei dem polnischen Volk.[32]

Bei der Besprechung am 14. Oktober 1944 in der Moskauer britischen Botschaft übten Churchill und Eden massiven Druck auf Mikolajczyk aus, damit er sich mit der Curzon-Linie einverstanden erkläre. Diese Begegnung ist so enthüllend für die Realitäten der Machtpolitik, daß man unwillkürlich an die schmähliche Berliner Unterredung vom März 1939 zwischen dem Präsidenten Hácha der Tschechoslowakei und dem deutschen Diktator denken muß: Nachdem Hácha mit allen einem Staatsoberhaupt zukommenden Ehren empfangen worden war, begann man ihn zu bearbeiten, damit er mit einem Federstrich die Unabhängigkeit seines Volkes vernichtete. Die Begegnung zwischen Churchill und Mikolajczyk in Moskau ist es wert, auszugsweise wiedergegeben zu werden, weil sie anschaulich und eindeutig die starken politischen Spannungen enthüllt, die nicht nur zur polnisch-sowjetischen Grenze, sondern auch zur Oder-Neiße-Linie führten:

Mikolajczyk: »Ich weiß, daß unser Schicksal in Teheran besiegelt wurde.«
Churchill: »In Teheran wurde es gerettet.«
M.: »Ich bin kein Mensch, dem jedes patriotische Gefühl abgeht und der halb Polen verschenken würde.«
Ch.: »Was meinen Sie mit, ›dem jedes patriotische Gefühl abgeht‹? Vor zwanzig Jahren haben wir Polen wiederhergestellt, obwohl im Krieg davor mehr Polen gegen als für uns gekämpft haben. Jetzt retten wir Sie wieder vor der Vernichtung, doch Sie wollen den Ball nicht annehmen. Sie sind absolut verrückt.«
M.: »Aber diese Lösung ändert doch gar nichts.«
Ch.: »Falls Sie die Grenze nicht akzeptieren, scheiden Sie für alle Zeiten aus dem Spiel aus. Die Russen werden durch Ihr Land stürmen, und Ihr Volk wird liquidiert werden. Sie stehen am Abgrund der völligen Vernichtung.«
Eden: »Falls wir zu einer Verständigung über die Curzon-Linie kommen, werden wir in allen anderen Fragen die Zustimmung der Russen erreichen. Sie werden eine Garantie von uns erhalten.«
Ch.: »Polen wird eine Garantie der drei Großmächte und natürlich durch uns erhalten. Die amerikanische Verfassung erschwert es dem Präsidenten, die Vereinigten Staaten eine solche Verpflichtung eingehen zu lassen. Jedenfalls geben Sie gar nichts auf, weil die Russen ohnehin schon dort stehen.«
M.: »Alles verlieren wir.«
Ch.: »Die Pripet-Sümpfe und fünf Millionen Einwohner. Die Ukrainer gehören nicht zu Ihrem Volk. Sie retten Ihr eigenes Volk und ermöglichen es uns, mit ungeteilter Kraft zu handeln.«
M.: »Müssen wir unterzeichnen, wenn wir im Begriff sind, damit unsere Unabhängigkeit zu verlieren?«
Ch.: »Ihnen bleibt nichts anderes übrig. Die Lage würde sich völlig ändern, wenn Sie zustimmten.«
M.: »Wäre es möglich, zu erklären, daß die drei Großmächte ohne unsere Anwesenheit über Polens Grenzen entschieden haben?«

Ch.: »Sie machen uns krank. Wir werden Ihrer überdrüssig werden, wenn Sie weiter streiten.«
Eden: »Sie sollten sagen, daß Sie angesichts der von der britischen und der sowjetischen Regierung abgegebenen Erklärung eine De-facto-Formel akzeptieren – wenn Sie wollen, auch unter Protest –, und sollten uns die Schuld zuschieben. Ich sehe durchaus die Schwierigkeiten, wenn Sie es als Ihren eigenen Entschluß ausgeben.«
[...]
M.: »Wir verlieren alle Autorität in Polen, wenn wir die Curzon-Linie anerkennen, und außerdem ist nichts darüber gesagt, was wir von den Deutschen bekommen könnten.«
Eden: »Ich glaube, das könnten wir tun, das Risiko können wir auf uns nehmen. Wir könnten sagen, was Sie bekommen sollen.«
An diesem Punkt kam Churchill mit dem Entwurf für eine Deklaration zurück. Er erklärte Mikolajczyk:
»Wenn wir in diesem Augenblick bekanntgeben, was wir den Deutschen im Osten nehmen wollen, würde die deutsche Wut entfesselt, und das würde viele Menschenleben kosten. Wenn andererseits die Übereinstimmung zwischen Polen und Rußland jetzt nicht zustande kommt, würde es ebenfalls Opfer an Menschenleben fordern.«
Dann las Churchill den Entwurf einer Deklaration vor, die eine polnische Zustimmung zur Curzon-Linie enthalten sollte. Mikolajczyk wiederholte seine Einwände, und die morgendliche Konferenz wurde beendet. Eine zweite fand am Nachmittag statt, Churchill war verärgert und ungeduldig. Mikolajczyk erklärte Churchill, nach erneuter Überlegung könne er der Curzon-Linie nicht zustimmen, und fuhr fort:
»Die polnische Regierung kann nicht über den Verlust fast der Hälfte polnischen Territoriums im Osten bestimmen, ohne die Meinung des polnischen Volkes einzuholen, die für die Regierung entscheidend ist.«[33]
Ch.: »Sie sind keine Regierung, wenn Sie nicht imstande sind, eine Entscheidung zu treffen. Sie sind abgebrühte Leute, die Europa zerstören möchten. Ich werde Sie Ihren Skrupeln überlassen. Sie haben kein Verantwortungsgefühl, wenn Sie Ihr Volk daheim im Stich lassen wollen, gegen dessen Leiden Sie gefühllos sind. Sie kümmern sich nicht um die Zukunft Europas, Sie haben nur Ihre eigenen kümmerlichen, selbstsüchtigen Interessen im Sinn. Ich werde mich an die anderen Polen wenden müssen, und diese Lubliner Regierung wird vielleicht sehr

gut arbeiten. Sie wird *die Regierung* sein. Sie machen den kriminellen Versuch, durch Ihr ›liberum veto‹ das Einverständnis unter den Verbündeten zu stören. Das ist Feigheit von Ihnen.«[34]
Das Duell der Worte wurde unterbrochen, weil Churchill noch am selben Nachmittag eine Verabredung mit Stalin wahrzunehmen hatte.
Am 15. Oktober besprach sich Mikolajczyk wieder mit Churchill und bot nun nach schmerzlichen Überlegungen an, die Curzon-Linie unter der Bedingung anzuerkennen, daß die günstigere Version gelten sollte, bei der wenigstens Lemberg und die galizischen Ölfelder für Polen gerettet worden wären. Das Angebot stellte tatsächlich ein großes Zugeständnis der polnischen Seite dar, aber in Wahrheit war Polen gar nicht in der Lage zu verhandeln, sondern konnte nur hinnehmen, was von den Großmächten bestimmt wurde. In einem Ausbruch von Ungeduld und schlechter Laune schrie Churchill Mikolajczyk an, daß »alles zwischen uns aus« sei, verließ den Raum und warf die Tür hinter sich zu. Die Großen hatten beschlossen, Polen müsse die Curzon-Linie annehmen und auf Lemberg und die galizischen Ölfelder verzichten. Die so landreiche Sowjetunion mit ihrer Bevölkerungsdichte von kaum mehr als zehn Menschen pro Quadratkilometer bestand darauf, halb Polen zu annektieren, und Stalin wollte seinen Willen ohne Zugeständnisse oder Kompromisse durchsetzen. Die westlichen Alliierten hatten die Möglichkeit, sich zu widersetzen und ihre Ablehnung durch die Drohung, die Militärhilfe einzustellen, wirksamer zu machen. Aber sie taten nichts. Churchill ging den Weg des geringsten Widerstandes, schüchterte Mikolajczyk ein und bot ihm dann an, Polen auf Kosten Deutschlands zu entschädigen. Ein tief verbitterter Mikolajczyk, der sich weigerte, Eden die Hand zu reichen, verließ den Konferenzraum.[35]
Nach dieser bedrückenden Begegnung setzte Mikolajczyk seine verbalen Angriffe gegen die Curzon-Linie fort, nicht nur weil er sie für einen schändlichen Bruch feierlich gegebener Versprechungen hielt, sondern auch weil er aufrichtig glaubte, eine standhafte Haltung könne immer noch etwas von Ostpolen retten. Unterdessen verstärkten die Briten ihren Druck, weil die Lubliner Polen, die bereits die Curzon-Linie anerkannt hatten, ihre Macht in Polen mit Unterstützung der Sowjetunion rasch festigten; es war aber mit den Interessen der westlichen Alliierten natürlich nicht vereinbar, Polen ganz der sowjetischen Einflußsphäre zu überlassen. Nur nach und nach, in den traurigen Mo-

naten, die auf das Scheitern der Moskauer Verhandlungen folgten, erkannte Mikolajczyk, daß nicht die geringste Hoffnung bestand, irgendeinen Teil des östlichen Polen zu retten. Es war also das beste, im Westen so viel Entschädigung wie nur möglich auf Kosten der Deutschen herauszuschlagen. In diesem Punkt zeigte sich Stalin großzügig; er bot Mikolajczyk tatsächlich nicht nur die Oder-Grenze, sondern darüber hinaus die Ausdehnung nach Westen bis an die Görlitzer Neiße.[36]

Am 18. Dezember 1944 veröffentlichte die *Prawda* einen langen Artikel von Dr. Stefan Jedrichowski, dem Propagandachef des Lubliner Komitees und einem sehr gewichtigen Vertreter dieses Komitees in Moskau. In diesem Artikel empfahl Jedrichowski, Polens Westgrenze von Stettin nach Süden an der Oder und der westlichen (der Görlitzer) Neiße entlang bis zur tschechoslowakischen Grenze zu ziehen. Niemand hatte bis dahin so viel Gebietserwerb beansprucht. Polens offizieller Vorschlag für seine Entschädigung umfaßte jetzt nicht nur ganz Deutschland östlich der Oder, sondern auch beachtliche deutsche Gebiete westlich der Oder, wodurch zusätzlich drei Millionen Deutsche betroffen wurden. Stettin, die Hauptstadt der Provinz Pommern, lag zwar auf dem westlichen Oderufer, sollte aber polnischer Hafen werden; ferner wurde ganz Niederschlesien westlich der Oder mit Breslau gefordert. Die westlichen Alliierten lehnten diesen Vorschlag unzweideutig ab, doch die Tatsache, daß Jedrichowskis Artikel in der *Prawda* erschien, wies deutlich darauf hin, daß die sowjetische Regierung die Forderung unterstützte – daß also der Artikel die neue sowjetische Vorstellung über den künftigen Grenzverlauf wiedergab.

Als George F. Kennan, der damals politischer Berater des amerikanischen Botschafters in Moskau war, diesen unheilverkündenden Artikel gelesen hatte, suchte er unverzüglich den amerikanischen Botschafter Averell Harriman auf, um mit ihm über die weitreichenden Folgerungen aus dieser neuen Konstellation zu sprechen. Vor allem wies er darauf hin, daß die Verwirklichung des Plans Polens Abhängigkeit von der Sowjetunion außerordentlich steigern würde. In einem Memorandum, das volle sechs Wochen vor der Konferenz von Jalta geschrieben wurde, sprach Kennan sein Mißtrauen gegen die geplante Grenzverschiebung aus: »Es macht jeden Glauben an ein freies und unabhängiges Polen unrealistisch. Es richtet in Mitteleuropa eine Grenze auf, die sich nur verteidigen läßt, wenn an ihrer ganzen Länge dauernd starke Truppenverbände unterhalten werden. Es macht die Lösung der

wirtschaftlichen und sozialen Probleme im restlichen Deutschland außerordentlich schwierig – trotz Churchills unüberzeugender Zuversicht, es werde nicht schwerfallen, in Deutschland für 6 Millionen Menschen eine neue Heimstatt zu finden (übrigens halte ich die Zahl für zu niedrig). Mit anderen Worten erschwert es eine Stabilisierung der Verhältnisse gerade in den Teilen Deutschlands, die für die atlantische Gemeinschaft besonders wichtig sind, und kann sich also nur zu unsren und der Briten Ungunsten auswirken.
Die Verwirklichung dieses Plans mag sich nicht verhindern lassen... aber ich glaube, daß es geboten wäre, ihn für das zu nehmen, was er ist, und unsere Überlegungen über die Zukunft Europas danach einzurichten. Vor allem aber sehe ich keinen Grund für uns, die Mitverantwortung für die Komplikationen zu übernehmen, die unausweichlich daraus entstehen müssen.«[37]

Die meisten amerikanischen und britischen Politiker sahen die Situation allerdings nicht so pessimistisch wie Kennan und machten noch einen Versuch, eine freundschaftliche Übereinkunft mit der Sowjetunion zu treffen. Marschall Stalin war der Waffenkamerad in dem titanischen Kampf gegen Hitler, und die gemeinsame Anstrengung verfehlte auch nicht, mehr als nur ein Körnchen Freundschaft und guten Willens zu erzeugen.

Heute weiß jeder politische Amateur, daß Stalin das Spiel der Machtpolitik viel besser beherrschte als die Leiter der westlichen Demokratien, die sich in den Jahren der Zusammenarbeit niemals vorstellten, in welchem Ausmaß viele ihrer Kriegsziele unerfüllt bleiben würden. Vor allem da, wo es um Polens Grenzen und seine Zukunft als freies Land ging, wurde reichlich viel Vertrauen an Stalin verschwendet. So war und blieb es Präsident Roosevelts ständige Taktik, z. B. klare Entscheidungen über Grenzziehungen auf die Zeit nach Beendigung der Feindseligkeiten hinauszuschieben.[38] Weil man versäumte, Stalins Ehrgeiz rechtzeitig Einhalt zu gebieten, kam es zur Versetzung der sowjetisch-polnischen Grenze nach Westen und schließlich zur Diskussion über die neue polnisch-deutsche Grenze. Da man von Stalin nie eine bindende Verpflichtung verlangte, blieb ihm natürlich freie Hand, der von den Sowjets beherrschten polnischen Regierung einen viel größeren Bissen Deutschlands zu überlassen, als die Amerikaner und die Briten je bewilligen wollten.

Die Konferenz von Malta

Am Vorabend der Konferenz von Jalta sollten nach Ansicht der westlichen Alliierten die Grenzziehungen, soweit sie Deutschland betrafen, Ostpreußen (bis auf Königsberg und seine Umgebung), Danzig, Deutsch-Oberschlesien und den östlichen Zipfel von Pommern den Polen zuschlagen; Polen hätte damit etwa 54500 Quadratkilometer erhalten – grob gerechnet die Hälfte dessen, was es schließlich nahm.[39]

Bei der Besprechung der Außenminister Eden und Stettinius in Malta am 1. Februar 1945 äußerten beide ihre Mißbilligung der territorialen Forderung, die von der provisorischen polnischen Regierung erhoben wurde und dem Vorschlag Jedrichowskis in der *Prawda* entsprach. Eden und Stettinius waren sich einig, die Grenze an der Görlitzer Neiße nicht anzuerkennen, doch »schon die Grenze am Oderverlauf würde Polens Aufnahmefähigkeit schwer belasten und die ungeheuren Schwierigkeiten vergrößern, die mit der Umsiedlung von Millionen Deutscher entstehen«.[40]

In einem Memorandum empfahl die Delegation der Vereinigten Staaten: »Wir sollten uns nachdrücklich den Bestrebungen widersetzen, die polnische Grenze bis an die Oder-Linie oder an die Oder-Neiße-Linie vorzuschieben.«[41] Doch wie Jalta und Potsdam zeigten, war der Protest längst nicht nachdrücklich genug.

Die Konferenz von Jalta

Wie Eden und Stettinius gefürchtet hatten, drängte Stalin in Jalta auf eine Grenze an der Oder und der Görlitzer Neiße.[42] Molotow erhellte die sowjetische Ansicht noch deutlicher, als er auch Stettin verlangte, obwohl diese Stadt auf dem westlichen Oder-Ufer lag.[43] Hier griff Churchill ein, weil »ein beachtlicher Teil der britischen öffentlichen Meinung... entsetzt wäre, wenn vorgeschlagen würde, Deutsche in großer Anzahl auszuweisen«.[44] Darauf meinte Marschall Stalin, die meisten Deutschen in dem fraglichen Gebiet, einschließlich der Deutschen, die zwischen den beiden Flüssen Neiße wohnten, wären bereits vor der Roten Armee geflüchtet. Diese Behauptung, die er während der vierten Vollversammlung am 7. Februar 1945 aufstellte, war ganz offensichtlich falsch. Mindestens fünf Millionen Deutsche lebten noch dort, wenn auch etwa vier Millionen schon vor der anrückenden Roten Armee geflohen waren. Obwohl die Sowjets versuchten, die Frage herunterzuspielen, bestand Churchill darauf, jede Umsiedlung von Einwohnern »müsse aber im Verhältnis zu dem bleiben, was Polen verdauen und was nach Deutschland überführt werden könne«.[45] Außerdem »wäre es höchst bedauerlich, wenn man die polnische Gans dermaßen mit deutschem Futter mäste, daß sie an Verdauungsbeschwerden eingehe«.[46] Durch Churchills Einwände in keiner Weise beeindruckt, drängte Molotow weiter auf die Görlitzer Neiße und fügte hinzu, daß auch die provisorische polnische Regierung (die Marionettenregierung, die von den Sowjets selbst eingesetzt worden war) die westliche Neiße verlange.

Der fünften Vollversammlung am 8. Februar legte Roosevelt einen neuen Vorschlag vor, der zwar keine bindende Verpflichtung der Regierung der Vereinigten Staaten enthielt, aber doch die Bereitwilligkeit zeigte, die amerikanische Einstellung zu Polens Westgrenze zu mildern und Polen vorläufig eine Ausdehnung bis an die Oder einzuräumen. Er bemerkte jedoch, »die Grenze bis zur westlichen Neiße vorzuschieben, dafür scheint geringe Rechtfertigung zu bestehen«.[47] Dieses beachtliche Zugeständnis an Stalin war Teil eines amerikanischen »Kopplungsgeschäfts«, mit dem man vor allem ein demokratisches Polen mit freien Wahlen zu sichern suchte: Die Vereinigten Staaten wollten also der Oder-Grenze unter der Bedingung zustimmen, daß die Sowjets entsprechende politische Zugeständnisse machten.

Ebenfalls am 8. Februar legte Churchill den Konferenzteilnehmern einen abgeänderten Entwurf vor, in dem er den Polen »die von Polen gewünschten Gebiete östlich der Oder-Linie« zusprach.[48] Polnische Wünsche sollten also in Betracht gezogen werden, doch von der Görlitzer Neiße, die von den Sowjets ins Gespräch gebracht wurde, war nicht die Rede. Als Churchill den Konferenzteilnehmern seinen Entwurf vorlegte, hatte er ein Telegramm des Londoner Kriegsministeriums erhalten, das jede Grenzziehung an der Görlitzer Neiße ablehnte. »Sie wissen, daß die Bevölkerungsfrage viel zu umfangreich ist, um bewältigt zu werden.«[49]

Wenn sich die westlichen Alliierten auch versuchsweise auf Zugeständnisse einließen, kam es doch nicht zu bindenden Verpflichtungen. Es ist bezeichnend, daß der Text, der am 10. Februar von der siebten Vollversammlung gebilligt wurde, in der Frage von Polens Westgrenze absichtlich ungenau formuliert worden war: »Es wird anerkannt, daß Polen beträchtlichen Landgewinn im Norden und Westen erhalten muß. Sie [die Konferenzteilnehmer] halten es für angebracht, zu gegebener Zeit die Meinung der neuen provisorischen polnischen Regierung über den Umfang des Landgewinns einzuholen, die endgültigen Westgrenzen Polens aber der Friedenskonferenz zu überlassen.«[50]

Die Weigerung, eine verbindliche Entscheidung über Polens Westgrenze zu treffen, war ein etwas kläglicher Versuch der westlichen Alliierten, ihre Verhandlungsposition gegenüber den Russen zu behaupten. Roosevelt und Churchill hatten nicht die Absicht, an eine von den Sowjets beherrschte polnische Regierung territoriale Zugeständnisse zu machen, und hofften, die Anerkennung von Polens Westgrenze als Gegenleistung für eine echte demokratische Repräsentativregierung in Polen einsetzen zu können. Das nämlich war ein wesentliches und nur gemeinsam zu erreichendes Ziel der britischen und der amerikanischen Regierung, während die Sowjetunion gar nicht daran dachte, etwas Derartiges zu verwirklichen.

Roosevelt, noch voller Optimismus über eine künftige Zusammenarbeit mit der Sowjetunion, berichtete dem amerikanischen Volk nach seiner Rückkehr aus Jalta: »Im Laufe der Geschichte bildete Polen den Korridor, durch den die Angriffe auf Rußland erfolgten. Zweimal in dieser Generation hat Deutschland durch diesen Korridor gegen Rußland losgeschlagen. Damit sich das nicht wiederholt und um die europäische Sicherheit und den Weltfrieden zu erhalten, ist ein starkes, unabhängiges Polen notwendig.

Die Entscheidungen im Hinblick auf Polen waren durchaus ein Kompromiß... der die Polen im Norden und Westen für das Land entschädigen soll, das sie im Osten durch die Curzon-Linie verlieren. Bei der endgültigen Friedenskonferenz soll der Grenzverlauf für die Dauer festgelegt werden. Im großen und ganzen wird das neue, starke Polen einen bedeutenden Anteil des jetzt als Deutschland bezeichneten Gebiets erhalten...

Ich bin überzeugt, daß diese Übereinkunft über Polen unter diesen Umständen die denkbar hoffnungsvollste Vereinbarung für einen freien, unabhängigen und blühenden polnischen Staat ist.«[51]

Churchill berichtete nach seiner Rückkehr dem Parlament in ähnlichem Ton; er stellte im Unterhaus den Antrag: »Dieses Haus möge der gemeinsamen Politik zustimmen, auf die sich die drei Großmächte bei der Krim-Konferenz geeinigt haben, und möge besonders deren

Entschlossenheit begrüßen, die Eintracht des Handelns nicht nur bei der endgültigen Niederwerfung des Feindes, sondern danach im Frieden wie im Krieg zu wahren.«[52]
Über Polens Grenzen sagt er: »Die drei Mächte haben sich jetzt geeinigt, daß Polen beträchtlichen Landzuwachs sowohl im Norden wie im Westen erhalten soll. Im Norden wird es sicherlich anstelle des gefährdeten Korridors die Großstadt Danzig, den größeren Teil Ostpreußens westlich und südlich Königsbergs erhalten, dazu einen langen, breiten Küstenstreifen an der Ostsee. Im Westen wird es die wichtige Industrieprovinz Oberschlesien bekommen, dazu die Gebiete östlich der Oder, die bei der Friedensregelung vielleicht von Deutschland abgetrennt werden, nachdem die Meinungen einer auf breiter Grundlage errichteten polnischen Regierung angehört worden sind.«[53]
Obwohl sich Churchill nicht näher über den »beträchtlichen Landzuwachs« ausließ, daß Polen nach britisch-amerikanischen Vorstellungen *kein* deutsches Gebiet westlich der Oder erhalten sollte (mit Ausnahme eines Zipfels von Oberschlesien östlich der Glatzer Neiße, aber westlich der Oder). Ebenso war es keineswegs sicher, daß die Anglo-Amerikaner sämtliche polnischen Forderungen auf deutsches Gebiet östlich der Oder billigen würden. Wie Churchill erklärte, »wäre es ein großer Fehler, Polen zu drängen, sich einen größeren Teil dieser Gebiete zu nehmen, als es nach eigener und seiner Freunde Meinung besetzen, entwickeln und mit Hilfe der Alliierten und der Weltorganisation behaupten kann.«[54]
Churchills Rede wurde von vielen Abgeordneten begeistert aufgenommen, doch an Kritik an der Rede des Premierministers fehlte es auch nicht. Am 1. März 1945 stellte Rhys-Davis die rhetorische Frage: »Wenn die Politik der alliierten Mächte Danzig und Ostpreußen und andere Teile von Deutschland Polen geben will, um einen neuen Staat zu schaffen, weil Teile Polens andererseits Rußland gegeben werden, stellen sie sich dann auch nur einen Augenblick lang vor, daß sie damit einen dauerhaften Frieden in Europa schaffen?«[55]
Am selben Tag bemerkte der Abgeordnete Strauss: »Wir erfahren durch den Premierminister, daß einige Teile Deutschlands, bestimmt aber Oberschlesien, an Polen übergehen. Ich hoffe, die Regierung wird sich Zeit lassen, bevor sie einem Vorschlag dieser Art zustimmt, der keinen Vorteil für irgend jemanden bringen kann, aber vielleicht außerordentlich gefährlich für die allgemeinen Aussichten auf einen dauerhaften europäischen Frieden ist. Mit welcher Begründung wird

ein solcher Vorschlag gemacht? Er soll Polen eine Entschädigung bieten. Doch die ganze Rechtfertigung der Curzon-Linie liegt darin, daß man sich 1919 in Versailles auf sie geeinigt hat. Aber nicht nur die Curzon-Linie, auch Polens Westgrenze wurde in Versailles gebilligt. War die eine gerecht, mußte es wohl auch die andere sein.«[56]
Doch bei dem ganzen Handel spielte »Vergangenheit« wie der Versailler Vertrag tatsächlich kaum eine Rolle. Vielleicht kam der aufschlußreichste und zugleich trübste Kommentar von Rhys-Davis, der schloß: »Wir haben diesen Krieg mit großen Motiven und hohen Idealen begonnen. Wir haben die Atlantik-Charta veröffentlicht, sie dann bespieen und auf ihr herumgetrampelt und sie schließlich auf dem Scheiterhaufen verbrannt, und nun ist nichts mehr von ihr übrig.«[57] Fünf Monate später bestätigte das Protokoll von Potsdam das Ende der Charta, auch sie wurde ein Opfer des Krieges. Die sowjetisch-polnische Grenze wurde an der Curzon-Linie festgelegt, und anderthalb Millionen Polen mußten ihr Zuhause verlassen und nach Westen ziehen.[58] Die polnisch-deutsche Grenze wurde an der Oder-Neiße-Linie entlang gezogen – und über neun Millionen Deutsche verloren ihre Heimat. Wie *Time* berichtete: »Europa ist aus dem schrecklichsten Krieg der Geschichte in den fürchterlichsten Frieden übergegangen.«[59]

Viertes Kapitel

Vorspiel zur Vertreibung: Die Flucht

> Die Katastrophe, die über dies Gebiet mit dem Einzug der sowjetischen Truppen hereinbrach, hat in der modernen europäischen Geschichte keine Parallele. Es gab weite Landstriche, in denen, wie aus den Unterlagen ersichtlich, nach dem ersten Durchzug der Sowjets von der einheimischen Bevölkerung kaum noch ein Mensch – Mann, Frau oder Kind – am Leben war, und es ist einfach nicht glaubhaft, daß sie allesamt in den Westen entkommen wären.
>
> *George F. Kennan (Memoiren eines Diplomaten, S. 269)*

Die Verdrängung der Deutschen nach Westen während des Zweiten Weltkrieges und danach ging in mehreren Phasen vor sich. Zunächst kamen die Deutschen aus den baltischen Staaten, aus Bessarabien, Bukowina, Dobrudscha und Wolhynien; sie hatten für die deutsche Staatsbürgerschaft optiert, wie es ihnen nach den Bevölkerungsaussiedlungs-Verträgen möglich war, die das Hitler-Reich zwischen 1939 und 1941 mit den baltischen Staaten, mit Rußland und mit Rumänien ausgehandelt hatte.[1] Diese Volksdeutschen wurden hauptsächlich in dem sogenannten Warthegau angesiedelt, der nach der Unterwerfung Polens von Polen geräumt und an das Reich angegliedert worden war. Beim Zusammenbruch der deutschen Militärmacht 1944/45 teilten sie das Schicksal aller Deutschen in Ost- und Mitteleuropa.

Die zweite Phase der Umsiedlung umfaßte die Evakuierungen, die von der deutschen Wehrmacht auf ihrem Rückzug organisiert wurden; oft wurden sie nur kurz vorher angekündigt, doch ein Mindestmaß an Organisation milderte wenigstens die Härte.

Unorganisierte Flucht von Hunderttausenden von Zivilisten kennzeichnet die dritte Phase; sie waren nicht mehr rechtzeitig evakuiert worden.

Viele, denen die Flucht nicht mehr gelang, nahmen sich das Leben, um den Ausschreitungen der Roten Armee zu entgehen.[2]

Die längste und wohl verlustreichste Phase war die der eigentlichen Vertreibungen, die im März und April 1945 begannen und sich bis 1948, ja bis in das Jahr 1949 fortsetzten.[3]
Das vorliegende Kapitel beschäftigt sich vor allem mit der Geschichte und dem Hintergrund der zweiten und dritten Phase dieser Verschiebung nach Westen, mit der militärischen Evakuierung und der panischen Flucht.

Das Auftauchen der Roten Armee in Ostpreußen: Nemmersdorf

Bis zum Sommer 1944 war Ostpreußen vom Krieg verschont geblieben. Die anglo-amerikanischen Bombenschwärme suchten ihre Ziele meistens in Mittel- und Westdeutschland. Die Ostfront schien weit entfernt zu sein.
Erst die gewaltige sowjetische Offensive vom Sommer 1944 nahm den Ostpreußen das Gefühl von Sicherheit, und wenn es auch »defaitistisch« war, nicht an den »Endsieg« zu glauben, machte die rasch heranrückende Front selbst manche Parteifunktionäre zu Defaitisten. Am 16. Oktober 1944 begann die Rote Armee auf einer Breite von rund 140 km eine Großoffensive gegen die Ostgrenze von Ostpreußen.[4] Am 19. Oktober brach sie ins Reich ein und eroberte die Kreise Goldap und Gumbinnen. Eine kräftige Gegenoffensive der Wehrmacht warf die Russen am 5. November wieder über die Grenze zurück, aber die kurze Zeit der Besatzung hatte das Land gekennzeichnet. Wehrmacht und Volkssturm, die Goldap und Gumbinnen zurückeroberten, fanden nur noch wenige Überlebende vor.
Besondere Aufmerksamkeit verdienen die Vorgänge im Dorf Nemmersdorf am 20./21. Oktober, weil »Nemmersdorf« für die Geschichte der deutschen Fluchtbewegung eine wichtige Rolle spielte und neben Katyn wohl auch eines der am besten belegten Beispiele russischer Greueltaten im Zweiten Weltkrieg ist. Den ostpreußischen Bauern jedenfalls wurde es zum Inbegriff unaussprechlicher Angst. Nemmersdorf war keineswegs der einzige Ort, in dem Angehörige der Roten Armee Gewalttaten begingen, aber was sich dort abspielte, hat die Flucht nicht nur der Ostpreußen, sondern auch die der Schlesier und der Pommern beschleunigt.
Warum mußte es überhaupt zu dem Massaker von Nemmersdorf kom-

men, warum waren die deutschen Zivilisten nicht rechtzeitig evakuiert worden? Erfahrene militärische Befehlshaber[5] hatten die zivilen Behörden in Ostpreußen mehrmals vor der Bedrohung durch die sich rasch nähernde Front gewarnt. Schon im August 1944 schlug der Oberbefehlshaber der 4. Armee, General Friedrich Hossbach, die vorbeugende Evakuierung der Zivilisten aus den östlichen Gebieten Ostpreußens vor, doch die politische Führung unter dem berüchtigten Gauleiter Erich Koch verurteilte solche Vorschläge als »Defaitismus« und verbot die Evakuierung, bis es zu spät war und die sowjetische Armee schon die östlichen Kreise überrannt hatte.[6] Nemmersdorf mußte als einer der ersten Orte im Reich die Härte der russischen Besetzung erfahren. Nach drei Jahren des Kampfes im eigenen Land waren die russischen Soldaten auf Rache eingestellt, als sie zum erstenmal deutschen Boden betraten.

Die qualvollen Geschehnisse sind sämtlich belegt: Am 5. Juli 1946 erklärte der ehemalige Stabschef der 4. Armee in Ostpreußen, Generalmajor Erich Dethleffsen: »Als im Oktober 1944 russische Verbände in der Gegend Gr. Waltersdorf (südostw. Gumbinnen) die deutsche Front durchbrachen und vorübergehend bis Nemmersdorf vorstießen, wurde in einer größeren Anzahl von Ortschaften südlich Gumbinnen die Zivilbevölkerung – z. T. unter Martern wie Annageln an Scheunentore – durch russische Soldaten erschossen. Eine große Anzahl von Frauen wurde vorher vergewaltigt. Dabei sind auch etwa 50 französische Kriegsgefangene durch russische Soldaten erschossen worden. Die betreffenden Ortschaften waren 48 Stunden später wieder in deutscher Hand. Die Vernehmungen lebengebliebener Augenzeugen, ärztliche Berichte über die Obduktion der Leichen und Photographien der Leichen haben mir wenige Tage später vorgelegen.«[7]

Ein anderer Augenzeuge, der Oberleutnant der Reserve Dr. Heinrich Amberger, Chef der 13. Fallschirmjäger- und Panzerkompanie im Zweiten Regiment »Hermann Göring«, das von der Memel-Front abgezogen und zur Gegenoffensive in den Raum Gumbinnen-Insterburg verlegt worden war, legte unter Eid die folgende Aussage ab, die später in Nürnberg von der Verteidigung als Beweismaterial vorgelegt wurde: »Am Straßenrand und in den Höfen der Häuser lagen massenhaft Leichen von Zivilisten, die augenscheinlich nicht im Lauf der Kampfhandlungen durch verirrte Geschosse getötet, sondern planmäßig ermordet worden waren. Unter anderem sah ich zahlreiche Frauen, die man, nach der Lage der verschobenen und zerrissenen Kleidungsstücke zu urtei-

len, vergewaltigt und danach durch Genickschuß getötet hatte; zum Teil lagen daneben auch die ebenfalls getöteten Kinder.«[8]
Karl Potrek, ein Zivilist aus Königsberg, der zum Volkssturm eingezogen und sofort zur Verstärkung in den Raum Gumbinnen-Nemmersdorf geschickt worden war, berichtete später: »Hinter diesem freien Platz steht wiederum ein großes Gasthaus ›Roter Krug‹. An diesem Gasthaus stand längs der Straße eine Scheune. An den beiden Scheunentüren waren je eine Frau, nackt in gekreuzigter Stellung, durch die Hände angenagelt. Weiter fanden wir dann in den Wohnungen insgesamt 72 Frauen einschließlich Kinder und einen alten Mann von 74 Jahren, die sämtlich tot waren, fast ausschließlich bestialisch ermordet bis auf nur wenige, die Genickschüsse aufwiesen.
Diese Leichen mußten wir auf den Dorffriedhof tragen, wo sie dann liegenblieben, weil eine ausländische Ärzte-Kommission sich zur Besichtigung der Leichen angemeldet hatte. So lagen diese Leichen dann 3 Tage, ohne daß diese Kommission erschien. Inzwischen kam eine Krankenschwester aus Insterburg, die in Nemmersdorf beheimatet war und hier ihre Eltern suchte. Unter den Ermordeten fand sie ihre Mutter von 72 Jahren und auch ihren alten schwachen Vater von 74 Jahren, der als einziger Mann zu diesen Toten gehörte. Diese Schwester stellte dann fest, daß alle Toten Nemmersdorfer waren.
Am 4. Tage wurden dann die Leichen in zwei Gräber beigesetzt. Erst am nächsten Tage erschien die Ärzte-Kommission, und die Gräber mußten noch einmal geöffnet werden. Es wurden Scheunentore und Böcke herbeigeschafft, um die Leichen aufzubahren, damit die Kommission sie untersuchen konnte. Einstimmig wurde dann festgestellt, daß sämtliche Frauen wie Mädchen von 8–12 Jahren vergewaltigt waren, auch die alte blinde Frau von 84 Jahren. Nach der Besichtigung durch die Kommission wurden die Leichen endgültig beigesetzt.«[9]
Und noch ein weiterer Zeuge des Nemmersdorfer Massakers, Hauptmann Emil Herminghaus: »Es war, trotz aller in den Jahren erlebten Kampfeindrücke, das Scheußlichste, was es überhaupt gab. Seitens der Armee wurde sofort um Entsendung der damals noch neutralen Presse gebeten. Es waren Reporter aus der Schweiz und Schweden, auch Spanier und Franzosen aus dem besetzten Frankreich dort hingebracht worden, die das schreckliche Geschehen in Augenschein nahmen. Selbstverständlich sind auch auf Photos die Eindrücke festgehalten.«[10]
Zu den ganz wenigen Überlebenden des Massakers von Nemmersdorf gehörte eine Frau, der es gelang, sich als polnische Landarbeiterin aus-

zugeben. Am Morgen des 20. Oktober 1944 brach Frau Margot Grimm auf mit Ehemann Johannes, Mutter, Schwiegermutter, Sohn Joachim[11], Tochter Sabine und sechs polnischen Frauen mit ihren Kindern. Nicht weit von Nemmersdorf wurden sie von russischen Soldaten überholt, die ihnen den Weg abschnitten. Der erste Wagen mit der Mutter, der Schwiegermutter und den Kindern konnte entkommen. Dem zweiten, von Johannes Grimm geführten Wagen, gelang es nicht mehr. Er wurde angehalten, Grimm heruntergerissen und sofort erschossen. Seine Mitfahrer, darunter seine Frau und die polnischen Arbeiterinnen, wurden vom Wagen geholt und ihrer Uhren und Ringe beraubt, aber nicht erschossen. Die polnischen Frauen, die bei Grimm gearbeitet hatten, fürchteten um ihr Leben, flehten die russischen Soldaten in polnischer Sprache an und machten ihnen klar, daß sie nicht »der Feind« seien. Aus Treue und Mitleid legten die polnischen Frauen Frau Grimm ihre Tücher um und knoteten ihr ein altes Taschentuch um den Kopf. Vierundzwanzig Stunden lang blieb Frau Grimm in dieser Verkleidung und sprach kein Wort; später konnte sie mit Hilfe der mitfühlenden polnischen Landarbeiterinnen ihren Mann begraben und die Flucht nach Westen fortsetzen.
Schweizer Korrespondenten haben damals über Nemmersdorf berichtet. Am 7. November 1944 veröffentlichte der Genfer *Courrier* einen Augenzeugenbericht seines Sonderkorrespondenten an der Ostfront. Es heißt dort: »Der Krieg in Ostpreußen, der sich im Dreieck Gumbinnen-Goldap-Ebenrode abspielt, steht im Augenblick im Vordergrund des Geschehens, seit Goldap von den Deutschen wieder eingenommen worden ist. Die Lage wird nicht nur durch die erbitterten Kämpfe der regulären Truppen, durch das Übermaß an eingesetztem Material auf beiden Seiten und dadurch gekennzeichnet, daß die neugeschaffene deutsche Miliz mit eingesetzt wird, sondern leider auch durch allzu bekannte Methoden der Kriegsführung: Verstümmelung und Hinrichtung von Gefangenen und die fast vollständige Ausrottung der deutschen bäuerlichen Bevölkerung, soweit sie in ihrem Gebiet geblieben war, am Spätnachmittag des 20. Oktober... Die Zivilbevölkerung ist sozusagen aus dem umkämpften Gebiet verschwunden, denn die meisten Landbewohner sind mit ihren Familien geflohen. Mit Ausnahme einer jungen deutschen Frau und eines polnischen Arbeiters ist alles von der Roten Armee vernichtet worden. Dreißig Männer, zwanzig Frauen, fünfzehn Kinder sind in Nemmersdorf den Russen in die Hände gefallen und umgebracht worden. In Brauersdorf habe ich

selbst zwei Landarbeiter französischer Herkunft gesehen, ehemalige Kriegsgefangene, die ebenfalls massakriert worden waren. Einer konnte identifiziert werden. Nicht weit davon dreißig deutsche Gefangene, die dasselbe Schicksal erlitten hatten. Ich verschone Sie mit der Schilderung der Verstümmelungen und dem entsetzlichen Anblick der Leichen auf offenem Feld. Es sind Eindrücke, die auch die lebhafteste Phantasie übersteigen.«

Nach der Befreiung Nemmersdorfs beauftragte das Oberkommando des Heeres, Abteilung Fremde Heere Ost, den Major Hans Hinrichs am 25. und 26. Oktober 1944 damit, Feststellungen über die gemeldeten Greueltaten der Sowjettruppen im Raum Gumbinnen zu treffen. In seinem Bericht vom 26. Oktober hat er nicht nur den Fall Nemmersdorf behandelt, sondern auch Feststellungen über weitere ermordete Zivilpersonen beim Gut Teichhof und in den Ortschaften Alt-Wusterwitz, Schweizertal und Peterstal gemacht. Zusammenfassend schrieb er: »Die hier eingedrungenen Feindverbände der 11. sowjetischen Garde-Armee sind mit Masse zentralrussischer Abstammung. Bei Gefechtsstand 5. Panzerdivision vernommene Kriegsgefangene gaben die Schuld an diesen Greueltaten den eingefleischten Bolschewisten unter ihnen, die der Forderung des Stalin-Befehls, ›das Tier in seiner Höhle zu vernichten‹, in bestialischer Weise nachkommen.« [12]

Nach Untersuchungen über die Verantwortung für diese Ausschreitungen hat der Vertreter des Auswärtigen Amtes bei der Heeresgruppe Mitte am 13. November 1944 jedoch gemeldet: »Aus Gefangenenaussagen konnte bisher kein einheitliches Bild darüber gewonnen werden, ob die Ausschreitungen der Roten Armee gegen die deutsche Bevölkerung Einzelfälle darstellen oder auf einheitlichen Befehl zurückzuführen sind. Jetzt liegen nunmehr zwei unabhängige Aussagen eines polnischen und eines russischen Gefangenen vor, die übereinstimmend bestätigen, daß den Truppen ein Befehl Stalins bekanntgegeben wurde, wonach sich die Russen bzw. die Polen für die auf russischem bzw. polnischem Boden begangenen Schandtaten an der deutschen Bevölkerung rächen sollten.« [13]

Monate später, nachdem ganz Ostdeutschland durch die russische Armee besetzt worden war, überreichte der Wehrmachtführungsstab eine gründliche Berichtzusammenstellung über das Verhalten der Sowjets in den besetzten deutschen Gebieten am 4. April 1945 dem Auswärtigen Amt. Sowjetische Kriegsgefangene hätten ausgesagt, »daß sie von ihren politischen Offizieren darüber unterrichtet worden sind, daß sie auf deutschem Gebiet tun und lassen könnten, was sie wollten. Dies gelte insbesondere für die Behandlung von Frauen und Mädchen, die ohne weiteres vergewaltigt werden könnten.« [14]

Jedoch wurden auch Beispiele von humanerer Behandlung der Zivilbevölkerung gemeldet.

Am 24. Oktober 1944 wurde die Zeugin Marianne Stumpenhorst aus Teichhof durch Kriegsgerichtsrat Groch vernommen. Sie gab auf Befragen an: »Am 21.10.1944 gegen 5.00 Uhr verließ ich mit meiner Mutter unseren Ort. Auf der Straße kurz vor Nemmersdorf wurden wir von der russischen Infanterie eingeholt. Wir wurden zurückgeschickt, gingen aber nicht nach Hause, sondern auf das Gehöft von Hofmanns in Tutteln. Dorthin kamen am Sonntag früh Sowjetsoldaten und durchsuchten alles. Sie suchten nach deutschen Soldaten, nach Waffen und Alkohol... Am Sonntag vormittag mußten wir zu einem russischen Kommandanten, der uns insbesondere fragte, weshalb uns die Deutschen nicht evakuiert hätten. Er versicherte uns, daß die Russen uns nichts tun würden. Am Sonntag nachmittag setzte von deutscher Seite aus ein starker Artilleriebeschuß ein. Die Russen nahmen uns in einen Unterstand mit, damit wir nicht zu Schaden kommen...« [15] Die Mutter der vorgenannten Zeugin, Frau Erna Herrmann, bestätigte die Angaben ihrer Tochter, gab jedoch weiter zu Protokoll: »Im Laufe der Ermittlungen wurde noch festgestellt, daß zwischen Nemmersdorf und Tutteln vor einem Panzergraben zu beiden Seiten der Straße ebenfalls die Leichen erschossener Zivilisten gefunden worden waren. Die Besichtigung mit Kriegsgerichtsrat Groch und Stabsarzt Dr. Rose ergab, daß auch diese Opfer durch Kopfschüsse getötet wurden.« [16]

Die deutsche Propaganda hat natürlich diese Meldungen damals ausgenutzt, um die Russen als Barbaren darzustellen. Im großen und ganzen stimmten ja die Meldungen über die Ausschreitungen in Ostpreußen, jedoch bezweifelte das britische Foreign Office ihre Glaubwürdigkeit.[17] In einer internen Auswertung der deutschen Propaganda für die Zeit vom 30. Oktober bis 5. November 1944 wurde auf den Fall Nemmersdorf Bezug genommen. Die Feststellungen des internationalen Komitees zur Untersuchung sowjetischer Kriegsverbrechen in Goldap wurden als reine Propaganda bezeichnet, die Meldung des Majors Hinrichs als unzureichend angesehen.

Doch für die betroffene Bevölkerung Ostpreußens war der Auftritt der Roten Armee ein Signal, das die Massenflucht in Bewegung setzte.

Auch im Ersten Weltkrieg waren ostpreußische Bauern vor der heranrückenden zaristischen Armee geflohen, doch nicht so überstürzt wie im Winter 1944/45. Die sowjetische Invasion des Zweiten Weltkriegs war von anderer Art.

Manche Ausschreitungen von Angehörigen der Roten Armee bei ihrer ersten Berührung mit Zivilisten im Reich waren zweifellos ein Ausbruch der Rache für die Greuel, die SS und Einsatzgruppen in der Sowjetunion begangen hatten. Andererseits kann man die russischen Exzesse in Ostpreußen nicht nur als spontanen Ausbruch von Haß und Rache interpretieren. Die Rote Armee war systematisch durch die Propaganda von Ilja Ehrenburg aufgehetzt worden, dem fanatischen Deutschenhasser; seine Artikel erschienen regelmäßig in der *Prawda*, in der *Iswestija*, in der Frontzeitung *Krasnaja Swesda* (Roter Stern).[18] Ehrenburg putschte alle Begierden der Soldaten mit seiner Haßpropaganda auf.[19]

In dem zweiten Band seines Buches *Der Krieg*, das 1943 erschien, schlug Ehrenburg vor, alle Deutschen als Untermenschen zu behandeln.[20] Teile dieses Buches erschienen als Artikel in *Krasnaja Swesda*. Teile wurden sogar als Flugblätter verteilt.

In einem berühmten Passus, der sowohl im Buch wie in der Zeitung und als Flugblatt verbreitet wurde, hetzte Ehrenburg: »Die Deutschen sind keine Menschen. Von jetzt ab ist das Wort ›Deutscher‹ für uns der allerschlimmste Fluch. Von jetzt ab bringt das Wort ›Deutscher‹ ein Gewehr zur Entladung. Wir werden nicht sprechen. Wir werden uns nicht aufregen. Wir werden töten. Wenn du nicht im Laufe eines Tages wenigstens einen Deutschen getötet hast, so ist es für dich ein verlorener Tag gewesen. Wenn du glaubst, daß statt deiner der Deutsche von deinem Nachbarn getötet wird, so hast du die Gefahr nicht erkannt. Wenn du den Deutschen nicht tötest, so tötet der Deutsche dich. Er wird die Deinigen festnehmen und sie in seinem verfluchten Deutschland foltern. Wenn du den Deutschen nicht mit einer Kugel töten kannst, so töte ihn mit dem Seitengewehr. Wenn in deinem Abschnitt Ruhe herrscht und kein Kampf stattfindet, so töte den Deutschen vor dem Kampf. Wenn du den Deutschen am Leben läßt, wird der Deutsche den russischen Mann aufhängen und die russische Frau schänden. Wenn du einen Deutschen getötet hast, so töte einen zweiten – für uns gibt es nichts Lustigeres als deutsche Leichen. Zähle nicht die Tage. Zähle nicht die Kilometer. Zähle nur eines: die von dir getöteten Deutschen! Töte den Deutschen! – dieses bittet dich deine greise Mutter. Töte den Deutschen! – dieses bitten dich deine Kinder. Töte den

Deutschen! – so ruft die Heimaterde. Versäume nichts! Versieh dich nicht! Töte!«

Der von der Politischen Hauptverwaltung der Roten Armee herausgegebene Notizblock des Propagandisten der Roten Armee, der zweimal im Monat erschien, brachte am 23. November 1943 mit dem Vermerk »Laut Vorlesen« folgenden Artikel von Ilja Ehrenburg: »Es genügt nicht, die Deutschen nach Westen zu treiben. Die Deutschen müssen ins Grab hineingejagt werden. Gewiß ist ein geschlagener Fritz besser als ein unverschämter. Von allen Fritzen aber sind die toten die besten.«[21]

Ein Jahr später, als die Rote Armee an der Schwelle des Reiches war, schrieb Ehrenburg in der Frontzeitung *Unitschtoshim Wraga* vom 17. September 1944: »Die Deutschen werden die Stunde verfluchen, da sie unseren Boden betraten. Die deutschen Frauen werden die Stunde verfluchen, in der sie ihre Söhne – Wüteriche – geboren haben. Wir werden nicht schänden. Wir werden nicht verfluchen. Wir werden nicht hören. Wir werden totschlagen.«[22]

Einige Wochen später war es soweit, und am 24. Oktober 1944 schrieb Ehrenburg in einem Artikel in *Krasnaja Swesda* unter dem Titel: »Der Große Tag«: »Jetzt ist die Gerechtigkeit in dieses Land eingezogen. Wir befinden uns in der Heimat Erich Kochs, des Statthalters der Ukraine – damit ist alles gesagt. Wir haben es oft genug wiederholt: das Gericht kommt! Jetzt ist es da.«[23]

In einem ähnlichen Artikel in *Krasnaja Swesda* vom 31. Januar 1945: »Wir vergessen nichts. Wir marschieren durch Pommern, vor unseren Augen aber liegt das zerstörte blutende Weißrußland. Den penetranten Brandgeruch, der in unsere Soldatenmäntel in Smolensk und in Orel drang, wollen wir jetzt nach Berlin tragen. Vor Königsberg, vor Breslau und vor Schneidemühl denken wir an die Ruinen von Woronesch und von Stalingrad. Rotarmisten, die z. Zt. deutsche Städte stürmen, vergessen nicht, wie in Leningrad Mütter ihre toten Kinder auf kleinen Handschlitten fortschafften. Für die Qualen Leningrads hat Berlin uns noch nichts bezahlt...«[24]

Aber Ehrenburg war keinesfalls der einzige Hetzer. Auch die Schriften Alexej Tolstojs, Simonows, Surkows und vieler anderer hatten bedeutsame Auswirkungen auf die Moral der Truppe.[25] Angesichts des brennenden Insterburg schrieb ein sowjetischer Berichterstatter in der Frontzeitung *Krassnoarmejskaja Prawda* am 25. Januar 1945: »Es gibt kaum ein erziehenderes Schauspiel als eine brennende feindliche

Stadt. Man sucht in seiner Seele nach einem Gefühl, das dem Mitleid ähnlich wäre, doch man findet es nicht... Brenne, Deutschland, du hast es nicht besser verdient. Ich will und werde dir nichts von dem verzeihen, was uns angetan wurde durch dich... Brenne, verfluchtes Deutschland.«[26]

Als deutlicher Gegensatz zu diesen Parolen für die Soldaten liest sich Stalins Tagesbefehl Nummer 55 vom 23. Februar 1942, mit dem er die Welt zu beruhigen suchte: »Manchmal wird darüber geschwätzt, daß die Rote Armee das Ziel habe, das deutsche Volk auszurotten und den deutschen Staat zu vernichten. Das ist natürlich eine dumme Lüge und eine törichte Verleumdung der Roten Armee... Es wäre lächerlich, die Hitler-Clique dem deutschen Volke, dem deutschen Staate gleichzusetzen. Die Erfahrungen der Geschichte besagen, daß die Hitler kommen und gehen, aber das deutsche Volk, der deutsche Staat bleibt.«[27]

Worte der Vernunft, wenn man hier Stalin ernst nehmen könnte, und doch wirken sie nur wie eine klägliche Arabeske am Rande der harten Realität des Krieges in Ostdeutschland. In den ersten Wochen der Invasion las man in Ostpreußen und Schlesien Plakate: »Rotarmist: Du stehst jetzt auf deutschem Boden – die Stunde der Rache hat geschlagen!«[28] Ohne jeden militärischen Nutzen wurden ganze Städte niedergebrannt, eben weil sie deutsche Städte waren. So ging es zum Beispiel Allenstein, das den Russen unversehrt in die Hände gefallen war. Als die Polen das Land übernommen hatten, sahen sie mit Ingrimm, was hier an Wiederherstellung und Aufbauarbeit zu leisten war.[29]

George F. Kennan charakterisiert in knappen Worten, was sich damals zutrug: »Die Russen... fegten die einheimische Bevölkerung vom Erdboden in einer Art, die seit den Tagen der asiatischen Horden kein Beispiel hat.«[30]

Zeugenaussagen französischer, belgischer und britischer Kriegsgefangener

Zu den verläßlichsten Zeugen für das Auftreten der Roten Armee gehören alliierte Kriegsgefangene, die nicht aus Ostpreußen, Pommern und Schlesien evakuiert worden waren, als die russische Offensive begann. Viele berichteten ihre Erlebnisse in den Zeitungen für ehemalige Kriegsteilnehmer und überlieferten an die tausend Geschichten von ihrer Flucht mit deutschen Zivilisten oder von ihrer Befreiung durch die Rote Armee. Diejenigen, die zurückgeblieben waren, berichten von den üblichen Vergewaltigungen und Plünderungen; das »Wegfegen« der Bevölkerung wurde so wahllos vorgenommen, daß die Kriegsgefangenen oft selbst zum Opfer wurden. Mehrere hundert französische und belgische Kriegsgefangene[31] kehrten niemals zurück; viele wurden durch Flieger- und Artillerieangriffe getötet, viele schlechthin liquidiert, weil sie »verdächtig« waren oder für die plündernden Soldaten weder Uhr noch Ring hatten. In manchen Fällen hielt man die Gefangenen angeblich für »Werwölfe«[32] und schoß sie nieder: Russische Soldaten nahmen sich nicht die Zeit, den Dingen auf den Grund zu gehen, für sie war alles, was sich im Reich noch auf zwei Beinen bewegte, »der Feind«, der vernichtet werden mußte. Belgische Kriegsgefangene fürchteten sich vor allem, ihre Nationalität zu verraten, weil man sie für Überlebende der SS-Division von Léon Degrelle halten konnte. Sie lernten es, sich als »Frankosen« oder einfach »de Gaulle« zu bezeichnen, was allerdings viele russische Soldaten nicht hinderte, den Kriegsgefangenen zu mißhandeln, der im besten Fall hoffen durfte, auf einen verantwortlichen russischen Offizier zu stoßen, um seinen geschützten Status zu erhalten.[33] Doch wenn sie endlich wieder als Kriegsgefangene anerkannt wurden, hatten sie meistens längst Stiefel, Uhren und Eheringe eingebüßt.

Ehemalige britische Kriegsgefangene wurden auf ähnliche Weise »befreit« – von ihren Wertsachen. Nach der Rückkehr in die englisch besetzte Zone berichteten sie über den erschreckenden Mangel an Disziplin in der Roten Armee: »Im Gebiet um unser Internierungslager, wo die Städte Schlawe, Lauenburg, Buckow und viele größere Dörfer lagen, vergewaltigten die Roten Soldaten in den ersten Wochen nach der Eroberung jede Frau und jedes Mädchen zwischen 12 und 60 Jahren. Das klingt übertrieben, ist aber die Wahrheit. Die einzigen Ausnahmen bildeten die Mädchen, denen es gelang, sich in den Wäldern zu verstekken, oder die genug Geistesgegenwart besaßen, eine Krankheit vorzutäuschen – Typhus, Diphterie oder eine andere ansteckende Sache. Im Siegestaumel – und oft voll des Weines, den sie in den Kellern reicher pommerscher Gutsbesitzer gefunden hatten – durchsuchten die Roten jedes Haus nach Frauen, schüchterten sie mit Pistolen und Maschinenpistolen ein und zerrten sie in ihre Panzer oder Wagen. Väter und Gatten, die versuchten, die Frauen zu schützen, wurden erschossen, und Mädchen, die zuviel Widerstand leisteten, wurden ebenfalls ermordet.«[34]

Es ist verständlich, daß die Kriegserinnerungen russischer Autoren kaum Hinweise auf die Fehler ihrer oft heldenhaften – und ohnehin siegreichen – Soldaten enthalten. Doch es gibt einige Ausnahmen.
Alexander Solschenizyn, damals ein junger Hauptmann der Roten Armee, schildert den Einmarsch seines Regiments in Ostpreußen im Januar 1945 mit den Worten: »Ja! Nach drei Wochen Krieg in Deutschland wußten wir Bescheid: Wären die Mädchen Deutsche gewesen – jeder hätte sie vergewaltigt, danach erschießen dürfen, und es hätte fast als kriegerische Tat gegolten...«[35]
Noch eindrucksvoller beschrieb Solschenizyn eine Szene in Neidenburg in seiner Dichtung »Ostpreußische Nächte«:

Zweiundzwanzig, Höringstraße.
Noch kein Brand, doch wüst, geplündert.
Durch die Wand gedämpft – ein Stöhnen:
Lebend finde ich noch die Mutter.
Waren's viel auf der Matratze?
Kompanie? Ein Zug? Was macht es!
Tochter – Kind noch, gleich getötet.
Alles schlicht nach der Parole:

NICHTS VERGESSEN! NICHTS VERZEIH'N!
BLUT FÜR BLUT! – Und Zahn für Zahn.

Wer noch Jungfrau, wird zum Weibe,
und die Weiber – Leichen bald.
Schon vernebelt, Augen blutig,
bittet: *»Töte mich, Soldat!«*
Sieht nicht der getrübte Blick?
Ich gehör doch auch zu jenen![36]

Wegen seiner scharfen Kritik an diesen Ausschreitungen wurde Solschenizyn verhaftet und für acht Jahre in den Archipel Gulag verbannt.
Lew Kopelew[37], Parteimitglied und Nachrichtenoffizier in der Roten Armee, war so entsetzt über die Mißhandlungen der deutschen Bevölkerung, daß er eingreifen mußte. In seinen Kriegserinnerungen schildert er seine oft vergeblichen Interventionen. Bald nach der Eroberung von Neidenburg in Ostpreußen versuchte er, eine alte Dame zu schüt-

zen, die halb im Wahn durch die Straßen irrte und irgend etwas von ihrer Tochter und ihren Lebensmittelkarten stammelte. Er tat sein Bestes, um sie zu beruhigen und nach Hause zu bringen. Unterwegs griff sich ein Offizier namens Beljajew die Tasche der alten Dame, um ihre Papiere zu prüfen, erklärte, sie sei eine Spionin, und erschoß sie, bevor Kopelew ihn aufhalten konnte.[38] In Allenstein, das fast ohne Kampf eingenommen wurde, dauerten Plünderung und Vergewaltigungen wochenlang. Für das Plündern gab es viele praktische Motive. Tatsächlich hatte man den sowjetischen Soldaten vor Beginn der Winteroffensive offiziell erlaubt, zweimal im Monat Pakete heimzuschicken, jedes Paket bis zu 8 kg schwer, Offiziere doppelt soviel.[39] Doch was sollte man heimschicken? Die Verpflegungsrationen? Beute aller Art, vom Silberzeug bis zur Großvateruhr. Doch viel schlimmer waren die Vergewaltigungen. Kopelew erinnert sich an eine Frau, die zu ihm kam, um ihn anzuflehen: Die Soldaten sollten sie und ihre dreizehnjährige Tochter nicht mehr vergewaltigen, die Soldaten sollten ihren elfjährigen Sohn nicht mehr schlagen. Die Tochter sagte zu Kopelew, er brauche sich keine Mühe zu machen – ihr Bruder war schon tot.[40] Sogar polnische und ukrainische Arbeiter bzw. Arbeiterinnen, die in Allenstein die Ankunft der Roten Armee abgewartet hatten, wurden nicht immer verschont. Betrunkene Soldaten hielten sie für Deutsche und vergewaltigten oder erschossen sie.[41]

Von ähnlichen Ausschreitungen berichtet auch der in Rußland geborene Journalist Alexander Werth, der den größten Teil der Kriegsjahre an der russischen Front als Berichterstatter für die britische *Sunday Times* verbracht hatte. Er erinnert sich an die Unterhaltung mit einem russischen Major, der ihm ohne Scham erklärte: »Unsere Soldaten brauchten nur zu sagen: ›Frau komm‹, und sie wußte, was er von ihr erwartete... Wir wollen uns nichts vormachen. Nach nahezu vier Jahren waren die Soldaten der Roten Armee in dieser Beziehung völlig ausgehungert. Für die Offiziere, besonders für die Stabsoffiziere, war das kein solches Problem, da viele von ihnen eine ›Kriegsfrau‹ hatten – eine Sekretärin, eine Stenotypistin, eine Krankenschwester oder Kellnerin. Der gewöhnliche Wanka hatte es in dieser Beziehung längst nicht so gut. In den befreiten russischen Städten hatten zwar ein paar Burschen Glück, aber eben die meisten doch nicht. Die Frage, ob man eine russische Frau mehr oder weniger vergewaltigen dürfe, stellte sich praktisch nie. In Polen ereigneten sich eine Reihe bedauerlicher Dinge, aber, was die Frauen anging, so wurde doch streng auf Disziplin geachtet. Es wurde schrecklich viel gestohlen und geraubt. Unsere Burschen waren geradezu verrückt nach Armbanduhren, das läßt sich nicht bestreiten. Aber Plünderung und Vergewaltigungen in großem Maßstab begannen erst, als unsere Soldaten nach Deutschland kamen. Sie waren sexuell so ausgehungert, daß sie oft alte Frauen von 60, 70 oder gar 80 überfielen – für viele dieser Großmütter eine nicht unangenehme Überraschung. Aber ich gebe zu, es war eine häßliche Angelegenheit, und der Ruf der Kosaken und der übrigen asiatischen Truppen war besonders schlecht.«[42]

Der amerikanische General Frank A. Keating, der in Deutschland zusammen mit sowjetischen Soldaten Dienst tat, schrieb später, er habe in ihnen einen tief eingewurzelten Haß auf die Deutschen beobachtet, der aus den Greueln der Nazis in ihrer Heimat und aus der Vorstellung stammte, daß Rache ein Recht sei: »Als die ersten russischen Truppen in Berlin einmarschierten, behandelten sie die Zivilbevölkerung mit tiefer Verachtung und setzten ihren Willen durch, um ihren Stolz und ihre Begierden mit rücksichtsloser Unbeherrschtheit zu befriedigen. In vielen Fällen war ihr hemmungsloses Treiben dem der barbarischen Horden von Dschingis-Khan zu vergleichen.«[43]

Die Angst vor Deportation und Zwangsarbeit in der Sowjetunion

Wenn die Gefahren, die sie im Kampfgebiet bedrohten, die deutschen Zivilisten nicht von der Notwendigkeit der Flucht überzeugten, wurde schließlich doch mancher deutsche Bauer veranlaßt, alles aufzugeben und sich auf den Treck nach Westen zu machen: Die Angst, zur Zwangsarbeit nach Sibirien verschleppt zu werden, trieb ihn fort. Tatsächlich sind nicht viele Deutsche bis Sibirien geschickt worden, doch mehr als zweihunderttausend[44] arbeitsfähige Männer und Frauen aus Ostpreußen, Pommern und Schlesien wurden in entlegene Gebiete der Sowjetunion deportiert und zu Zwangsarbeit von unbestimmter Dauer und unter Bedingungen[45] verurteilt, die barbarischer waren als die Bedingungen, unter denen Hitler-Deutschland während des Krieges Zwangsarbeiter aus den eroberten Gebieten eingesetzt hatte – ein Verbrechen, für das Fritz Sauckel, der »Reichsgeneralbevollmächtigte für den Arbeitseinsatz«, in Nürnberg verurteilt und gehängt wurde.[46]

Da es die westlichen Alliierten bei der Konferenz von Jalta versäumt hatten, sich wirksam gegen die sowjetische Forderung nach »Reparationen in Sachleistungen«[47], nämlich u.a. in der Form deutscher Arbeitsleistungen, zu wehren, stellte die sowjetische Armee die Zahlen für benötigte Arbeitskräfte zusammen und begann gleich nach ihrem Einmarsch in Deutschland, die Leute entsprechend zu deportieren. Nur als es um die großangelegte Deportation von Volksdeutschen aus Rumänien ging, erhoben die westlichen Alliierten heftige Proteste.[48]
Nach dem Krieg vorgenommene Untersuchungen über die Sterblichkeit in den Deportationslagern, während der Transporte und bis zur Heimkehr der Überlebenden führte zu einer vorsichtigen Schätzung von 100000 bis 125000 Toten allein unter den reichsdeutschen Verschleppten.[49]

Unnötige Flucht?

Diese Frage dürfte eigentlich schon beantwortet sein. Doch trotz der unbestreitbaren Beweise für schwere Ausschreitungen der Roten Armee haben einige Autoren die Theorie aufgestellt, die Flucht der Deutschen vor der Roten Armee sei unnötig gewesen, da die Soldaten der sowjetischen sozialistischen Republiken nicht als Eroberer, sondern als Befreier gekommen seien. Entsprechend wird behauptet, es habe kein Grund zur Panik vorgelegen, die Deutschen seien lediglich aus »psychotischer Angst vor der sowjetischen Armee«[50], in die sie durch Goebbels' verlogene Propaganda geraten seien, geflohen. In diesem Sinne schrieb z.B. Professor Boris Telpuchowski, stellvertretender Leiter der Abteilung »Geschichte des Großen Vaterländischen Krieges« am Institut für Marxismus-Leninismus beim Zentralkomitee der KPdSU in Moskau: »Zugleich war das Benehmen der Sowjetsoldaten, der Zöglinge der KP, zur deutschen Bevölkerung menschlich.«[51]
Alle Theorien dieser Art fallen in sich zusammen, weil Tausende von Deutschen nach der ersten Welle der Roten Armee flohen: Sie wußten aus Erfahrung – nicht durch die Propaganda –, was sie erwartete, wenn die zweite Welle sie überrannte. Viele, die nicht entkommen konnten, vor allem Frauen, haben dann ja den Selbstmord körperlicher Mißhandlung und Entehrung vorgezogen. Man hat die vielen Selbstmorde unter der deutschen Zivilbevölkerung auf den Schock der Niederlage zurückführen wollen.[52] Nun war das Heranrücken der Roten Armee

für fanatische Deutsche, die mit geradezu religiöser Inbrunst an den Endsieg durch den Einsatz einer Wunderwaffe glaubten, sicherlich ein schwerer Schock. Enttäuschung und Verzweiflung haben manche dieser Menschen in den Tod getrieben, doch die meisten Selbstmorde geschahen aus Angst vor Vergewaltigung oder Angst vor dem Abtransport in die Sowjetunion.

Flucht aus »schlechtem Gewissen«?

Oft heißt es, die Deutschen seien aus Schuldbewußtsein geflohen, weil sie die Rache der Roten Armee für die von den Nazis in der Sowjetunion begangenen Verbrechen fürchteten.[53] Natürlich wußten viele NS-Funktionäre von den Verbrechen der politischen SS und der Einsatzgruppen in Rußland und hielten es für klüger, vor Eintreffen der Roten Armee zu verschwinden. Doch die Zahl dieser Leute war begrenzt, und ihre Lage zu verallgemeinern und die Schuld auf Millionen deutscher Zivilisten zu häufen, die tatsächlich aus ganz anderen Gründen flohen, wäre Geschichtsklitterei. Wie die amerikanische und britische Besatzungsbehörde später mit Erstaunen feststellten, fehlte ein Schuldbewußtsein im deutschen Volk. Byron Price bedauerte in einem Bericht vom 9. November 1945 für Präsident Truman: »Trotz der Strafe, unter der die Deutschen jetzt leiden und andere schon vor ihnen gelitten haben, findet sich offenbar bei ihnen kein Bewußtsein kollektiver Schuld für die unaussprechlichen Verbrechen der deutschen Nation... Berichte der Nachrichtendienste zeigen eindeutig, daß unser ganzes Propagandabemühen, ein Gefühl kollektiver Schuld zu erwekken, zwecklos war.«[54]

Man kann also das treibende Motiv für die große Flucht der Deutschen nicht in schlechtem Gewissen und unbegründeter und »psychotischer« Angst vor der Roten Armee suchen. Andere Beweggründe haben die Flucht ausgelöst.

Feldmarschall Montgomery, der vieles tat, um den deutschen Flüchtlingen zu helfen, und der ihnen im Gegensatz zu General Eisenhower gestattete, sich in das von ihm kontrollierte Gebiet vor der Roten Armee zu retten[55], stellt in seinen *Erinnerungen* fest: »Aus ihrem Verhalten merkte man sehr bald, daß die Russen, obschon gute Kämpfer, tatsächlich unzivilisierte Asiaten waren und noch nie eine Kultur gekannt hatten, die der des übrigen Europa vergleichbar war. Ihre Einstellung war in jeder Hinsicht völlig verschieden von unserer und ihr Benehmen, besonders gegenüber Frauen, widerte uns an. In einigen Gegenden der russischen Zone gab es praktisch überhaupt keine Deutschen mehr. Sie waren vor dem Ansturm der Barbaren geflohen, und die Folge war, daß das Ernährungs- und Unterbringungsproblem der in die Westzonen eingeströmten Flüchtlingsmengen fast unlösbar war.«[56]

Die Trecks

Trotz schlechter Straßen und ungünstigen Wetters begaben sich die deutschen Zivilisten im Herbst 1944 auf die Flucht nach Westen, als die Ereignisse während der Besetzung durch die Rote Armee und vor allem die Geschehnisse von Nemmersdorf bekannt geworden waren. Man verließ die Heimat in Gruppen von Wagen, die meistens von Pferden gezogen und mit dem Burenwort »Treck« bezeichnet wurden. Will man sie mit den »wagon trains« im legendären Wilden Westen vergleichen, ist zu bedenken, daß die endlosen Reihen von Planwagen 1944–45 nicht Pioniere in neues Land brachten, sondern Flüchtlingen helfen sollten, ihr Leben vor einem rasch heranrückenden Feind zu retten.
Zunächst waren die Straßen noch nicht völlig verstopft, doch im Laufe der Wochen entschlossen sich mehr und mehr Zivilisten, zusammenzupacken und auf und davon zu gehen, auch gegen den ausgesprochenen Befehl von Gauleiter Koch, zu bleiben und die Heimat bis zum letzten Mann zu verteidigen. Späterer Aufbruch wurde oft in Eile angeordnet und mangelhaft organisiert, obwohl meistens irgendwelche Beauftragte die Kolonnen begleiteten, um Zusammenstöße und andere Zwischenfälle zu verhindern. Nicht selten waren übrigens Kriegsgefangene die Anführer der Flüchtlingskolonnen, denn viele nahmen lieber an der Evakuierung teil, als auf die Ankunft der Roten Armee zu waren.[57]
Der Weg über vereiste Straßen und durch sichtbehindernde Schneestürme war nicht leicht. Die Pferde glitten immer wieder aus, Wagen brachen zusammen. Es fehlte an Nahrungsmitteln, vor allem an Milch für die Kleinkinder. Während die Flüchtlinge der frühzeitigen Evakuierung noch nachts in den Dörfern an den Straßen übernachten konnten, nahmen die späteren Züge immer mehr vom »Rette sich, wer kann!« an.

Angriffe von Tieffliegern auf die Flüchtlingskolonnen waren eine nie aussetzende Gefahr, obwohl sich meistens keine militärischen Ziele in der Nähe der Flüchtlinge befanden und jeder Flieger die nach Westen fliegenden Zivilisten von feindlichen militärischen Marschsäulen unterscheiden konnte.

Das Frische Haff

Da der Weg über Land so beschwerlich war und die Rote Armee schon zahlreiche Fluchtwege angeschnitten hatte, treckten viele Flüchtlinge zur Ostsee, in der Hoffnung, über See evakuiert zu werden.
Zu den schlimmsten Kapiteln gehört die gefährliche Überquerung des eisbedeckten Frischen Haffs.[58] Mehr und mehr Flüchtlinge sammelten sich an der Küste, die meisten kamen aus Königsberg und Gumbinnen, aus Heiligenbeil und Alleinstein. Die ganze Strecke bis zur Küste war es bitterkalt gewesen, doch jetzt hätten sich die Flüchtlinge noch härtere Kälte gewünscht, denn das Eis war zwar dick, aber nicht stark genug, um die schweren Wagen zu tragen, die jetzt darüberfuhren. Etwa 24 km mußten bis Pillau oder zur Nehrung zurückgelegt werden; da das Haff gefroren war, konnten keine Schiffe eindringen und die Flüchtenden an der Binnenküste abholen. Es blieb also nichts anderes übrig, als den Treck fortzusetzen, jetzt aber über das Eis oder durch vereisendes Wasser, bis man die Halbinsel Pillau und die Ostsee erreicht hatte.
Manchmal ließ sich die Strecke in sechs bis acht Stunden bewältigen, manchmal dauerte es länger.[59] Erschöpfung und Erfrieren forderten viele Opfer, vor allem unter den kleinen Kindern und den sehr alten Leuten.[60] Säuglinge erfroren und wurden von ihren Müttern auf dem Eis zurückgelassen, alte Frauen fielen tot vom Wagen. Was die Szene aber völlig gespenstisch machte, waren die russischen Tiefflieger, die gnadenlos die Flüchtlinge mit Maschinengewehren niedermähten oder das Eis bombardierten, so daß mancher Wagen in den Wassern des Haffs versank.[61] Es war ein unvorstellbarer Kampf gegen die Verzweiflung. Später, im Februar, stieg die Wassertemperatur, das Eis wurde dünner, die von Luftangriffen herrührenden Brüche und Löcher froren nicht wieder so fest zu, daß sie dem Gewicht der Wagen und Menschen standhielten. Es war also noch gefährlicher geworden, das Haff zu überqueren, doch die Einkesselung im Rücken der Flüchtlinge schloß

sich, die Rote Armee konnte jederzeit auftauchen. Deshalb setzten Tausende von Flüchtlingen trotz steigender Schwierigkeiten und Gefahren die Fahrt über das Haff fort. Man schätzt die Zahl der Ostpreußen, die über das Haff Pillau erreichten oder Häfen auf der Nehrung, von wo sie zu Schiff evakuiert werden konnten, auf eine halbe Million Menschen.

Doch die Ankunft auf der Nehrung bedeutete noch keine Sicherheit, denn die Luftüberfälle forderten immer mehr Menschenleben.[62] Natürlich gab es in Pillau militärische Ziele – wie schließlich in jedem Hafen. Andererseits läßt sich nicht erkennen, daß es militärisch notwendig war, einen Hafen ständig unter Beschuß zu nehmen, in dem Zehntausende auf ihre Evakuierung warteten. Geht man von dem Grundsatz aus, daß die Mittel dem Zweck angemessen sein sollten, dann muß man wohl sagen, daß der Verlust an Menschenleben im Vergleich zu dem militärischen Nutzen zu hoch war. Zwar stellten die Luftangriffe auf Pillau im engeren Sinne kein Kriegsverbrechen dar, doch hier wurden vermeidbare Unmenschlichkeiten begangen, die den Kriegsausgang nicht mehr beeinflussen konnten.

Rettung über See

Mit den Rettungsunternehmen über See war Admiral Konrad Engelhardt betraut, der auf Anordnung von Großadmiral Dönitz jedes verfügbare Schiff für die Evakuierung in der östlichen Ostsee einsetzte. Insgesamt 790 Fahrzeuge, Marine- und Handelsschiffe und sogar kleine private Schiffe waren an dem gewaltigen Unternehmen beteiligt, bei dem manche Schiffe bis zu zwölf Reisen machten und jedesmal deutsche Zivilisten, Verwundete und Soldaten beförderten.[63]

Die Ostsee-Operation stellt die denkwürdige Evakuierung Dünkirchens durch die britische Marine im Mai 1940 in den Schatten. Sie erwies sich als die sicherste Möglichkeit, viele Flüchtlinge in den Westen zu bringen. Doch die wenigen Katastrophen auf See waren so aufsehenerregend, daß man sie vielleicht überbewertet und damit den irrtümlichen Eindruck erweckt, Hunderttausende seien umgekommen.

Obwohl es unmöglich ist, die Zahl der Evakuierten genau zu bestimmen, ist die Zahl der verlorenen Schiffe bekannt und damit auch eine ziemlich genau geschätzte Zahl von Opfern. Zwischen zwei und drei Millionen Zivilisten und Soldaten, vor allem die verwundeten unter

ihnen, wurden bis Mai 1945 evakuiert. Zwischen zwanzig- und fünfundzwanzigtausend Menschen, etwa ein Prozent der Evakuierten, sind umgekommen, als ihre Schiffe durch sowjetische Unterseeboote oder Luftangriffe versenkt wurden.
Die am besten dokumentierte Tragödie ist der Untergang der *Wilhelm Gustloff*[64] am 30. Januar 1945, die von dem sowjetischen U-Boot S 13 unter dem Kapitän A. I. Marinesko versenkt wurde. Als erstes und größtes Schiff in einem Geleitzug fuhr die *Wilhelm Gustloff* mit ca. 6000 Flüchtlingen von Pillau an der pommerschen Küste entlang nach Mecklenburg. Nach mehrstündiger Fahrt wurde sie von drei aufeinanderfolgenden Explosionen erschüttert und zeigte bald darauf Schlagseite nach Backbord. Sie schoß Notsignale ab. Die Ostsee war unruhig, das Deck mit Eis überzogen, die Rettungsboote festgefroren, die Wassertemperatur betrug 2 Grad. Nur die Anwesenheit anderer Schiffe im Geleitzug und das langsame Sinken der *Wilhelm Gustloff* verhinderten eine noch schlimmere Katastrophe. Nach deutschen Quellen wurden nur 838 Menschen gerettet.
Kapitän Marinesko gelang auch der drittgrößte Schlag, als er die *Steuben* versenkte, einen großen Transporter mit verwundeten Soldaten.[65] Bei diesem Untergang am 10. Februar 1945 ertranken dreitausendfünfhundert Evakuierte, und wie beim Untergang der *Gustloff* machten die Russen keinen Versuch, die Schiffbrüchigen zu retten.[66] Anders als die *Wilhelm Gustloff* war die *Steuben* ein »Verwundetentransporter«, also bestimmt, verwundete Soldaten in den Westen zu bringen. Die Transporter waren ähnlich wie Lazarettschiffe ausgerüstet, genossen aber nicht den besonderen Schutz, der den Lazarettschiffen durch die Haager und die Genfer Konvention gewährt wurde, weil die Deutschen sie nicht offiziell registrieren ließen; dazu hätte eine Meldung an die Schutzmächte[67] gehört, die wiederum Deutschlands Gegnern Namen und Einzelheiten über die geschützten Schiffe hätten mitteilen müssen. Es blieb auch keine Zeit, die Schiffe entsprechend den Vorschriften der Konventionen zu bemalen, da alle Schiffe unverzüglich für die Rettungsarbeiten auf der Ostsee eingesetzt wurden. Aber ohnehin war es gleich, ob ein Verwundetentransporter als Lazarettschiff eingetragen worden war oder nicht, denn die Regierung der Sowjetunion hatte sich ausdrücklich geweigert, deutsche Lazarettschiffe überhaupt anzuerkennen[68]; sie sind während des ganzen Krieges von den Russen wie legitime militärische Objekte behandelt und angegriffen worden.[69] Während der Rettungsfahrten über die Ostsee

wurden 13 Lazarettschiffe und 21 Verwundetentransporter für wiederholte Reisen eingesetzt; 4 Lazarettschiffe und 8 Transporter gingen verloren.[70]

Die wohl verheerendste Schiffskatastrophe der Geschichte wurde durch die Versenkung der *Goya* durch das russische U-Boot L-3 unter Kapitän V.K. Konowalow ausgelöst.[71] Man hat später berechnet, daß zwischen sechs- und siebentausend Flüchtlingen mit dem Frachter befördert wurden – nur 183 Menschen überlebten den Untergang am 16. April 1945.

Trotz dieser aufsehenerregenden Versenkungen setzten die deutsche Marine und die Handelsflotte ihr Rettungsunternehmen bis in die letzten Tage des Krieges fort. Die Halbinsel Hela an der Putziger Nehrung war noch überfüllt mit Flüchtlingen, die über See gerettet zu werden hofften. So konnten zum Beispiel am 6. Mai 1945 noch dreiundvierzigtausend Menschen von Hela geholt werden.[72] Am 8. Mai, dem letzten Tag, bevor die bedingungslose Kapitulation in Kraft trat, kamen noch fünfundzwanzigtausend Soldaten von Hela in Schleswig-Holstein an. Viele andere Schiffe waren noch unterwegs, als um Mitternacht des 8. Mai die Feindseligkeiten offiziell beendet waren, und obwohl alle Schiffe nach den Bedingungen der Kapitulationsvereinbarungen sofort den nächsten Hafen anzulaufen hatten, weigerten sich die Flüchtlinge, die Hunderte von Kilometern hinter sich gebracht hatten, um den Russen zu entkommen, sich der Vereinbarung zu fügen, wenn sie dadurch in einen von Sowjets besetzten Hafen gerieten.

Die *Julius Rütgers*, ein Tanker mit rund dreihundert Menschen an Bord, lief mit voller Fahrt, um noch vor der entscheidenden Minute einen Hafen im Westen zu erreichen, doch in der Dämmerung des 9. Mai hatte der alte Tanker seinen Bestimmungshafen noch nicht erreicht. Plötzlich tauchten sowjetische Torpedoflugzeuge auf, warfen ihre Torpedos ab und übersäten das Schiff mit einem Kugelhagel. Nur eine Person wurde verwundet, die Torpedos verfehlten ihr Ziel. Ein anderer mit Flüchtlingen überladener Tanker hatte weniger Glück: Am 9. Mai wurde die *Liselotte Friedrich* von einem Torpedo getroffen und sank in der Nähe von Bornholm. Sogar noch zwei Wochen nach der Kapitulation langten Schiffe mit Flüchtlingen in Schleswig-Holstein an. Das letzte Schiff, das den Hafen erreichte, beendete seine Reise mit einem zerbrochenen Kompaß.

Auf Hela blieben Tausende von Zivilisten und Soldaten zurück, die nicht mehr evakuiert werden konnten. Sämtliche Soldaten und viele

Zivilisten wurden zur Zwangsarbeit in die Sowjetunion geschickt, von der viele nicht zurückkehrten.[73]
Gleichzeitig mit Trecks und Schiffen beförderte auch die Eisenbahn eine allerdings geringere Zahl von Ostdeutschen. Die Wagen waren zwar ungeheizt und überfüllt, aber die Bahnfahrt führte doch am schnellsten nach Westen. Natürlich wäre Fliegen der schnellste Weg gewesen, doch nur eine unbedeutende Zahl von Priviligierten konnte eine solche Fluchtmöglichkeit nutzen, während einige besonders glückliche Familien noch über Auto und Benzin verfügten und die traurige Reise im Wagen zurücklegten.
Solange der Krieg noch anhielt, endete die Geschichte der Flüchtlinge nicht mit ihrer Ankunft in Sachsen oder in Mecklenburg, wo sie das bittere Schicksal der Städter zu teilen hatten. Viele, die alle Anstrengungen der Flucht überstanden hatten, starben unter dem Bombenteppich der anglo-amerikanischen Bomberverbände. Das bei weitem größte Massensterben in diesem Krieg, das mehr Opfer als Hiroshima und Nagasaki zusammen forderte, verursachten die Bomben auf Dresden in der Nacht vom 13. zum 14. Februar 1945. Die schöne Barockstadt war mit etwa sechshunderttausend schlesischen Flüchtlingen vollgestopft; viele waren in Eisenbahnzügen, andere mit Trecks gekommen, sie hatten kampiert, wo immer es möglich war, und hofften, in Dresden zu bleiben, bis sie zurückkehren konnten. In den mehr als fünf Kriegsjahren war Dresden von Luftangriffen verschont geblieben, gewiß nicht aus humanitären Erwägungen, sondern weil hier keine wichtigen militärischen Objekte einen Angriff rechtfertigten. Natürlich hatte Dresden einen Bahnhof, von dem sich die Bahnlinien in viele Richtungen verzweigten. Die Zerstörung des Bahnhofs hätte einen strategischen Angriff rechtfertigen können, aber keine Bombenteppiche in einer Zeit, in der Dresden – wie man wußte – von Flüchtlingen überquoll. Drei aufeinanderfolgende Angriffe mit insgesamt über 1500 Flugzeugen verwandelten das deutsche Florenz in eine Hölle, die neun Zehntel der Altstadt verschlang und über hunderttausend Menschen umbrachte, unter ihnen viele Flüchtlinge aus Schlesien.[74]

Die meisten der deutschen Flüchtlinge von 1944 und 1945 verließen Haus und Hof mit der festen Absicht, zurückzukehren. Sie ahnten nichts von dem Plan der Alliierten, ihre Provinzen abzutrennen, mit Gewalt alle noch dort verbliebenen Deutschen auszuweisen und sie im verstümmelten Reich anzusiedeln. Da sie von diesen radikalen Plänen nichts wußten, begannen Flüchtlinge, denen das Entkommen durch die Rote Armee abgeschnitten worden war, in einzelnen Wellen wieder in ihre Dörfer zurückzukehren. Nach der bedingungslosen Kapitulation entschlossen sich andere zu dem Versuch, sich der Härte der Besatzung in ihren eigenen Dörfern im Osten auszusetzen. Hungrig und müde kehrten sie um und treckten heimwärts. Bei vielen Gelegenheiten wurde ihre Absicht durch sowjetische oder polnische Behörden vereitelt, die entweder die Leute sofort in Lagern internierten, die Männer zur Zwangsarbeit in den Osten schickten[75] oder einfach die Straßen blockierten, vor allem die Übergänge über Oder und Neiße.[76] Unterdessen fanden die Flüchtlinge, die tatsächlich nach Hause gelangt waren, ihre Wohnungen oft verwüstet oder schon von Polen oder Russen besetzt vor. Manche hatten das Glück, ein paar friedliche Monate in ihren Dörfern zu verbringen, bis sie im Jahre 1946 sich wieder auf den Weg in den Westen machen mußten.

Fünftes Kapitel

Die anglo-amerikanische Vorstellung: Begrenzte Umsiedlungen

> Wir sahen ein, daß gewisse Aussiedlungen unvermeidlich waren, aber wir beabsichtigten in Potsdam nicht, zu Aussiedlungen anzuregen oder in Fällen, wo andere Regelungen praktikabel waren, Verpflichtungen einzugehen.
>
> *Außenminister James F. Byrnes am 19. Oktober 1945 (Foreign Relations of the United States, 1945, Band 2, S. 1294)*

In den ersten Monaten des Jahres 1945, als der Krieg zu Ende ging, füllten Millionen deutscher Zivilisten die Straßen aus Pommern, Schlesien und Ostpreußen, die nach Westen führten; sie waren auf verzweifelter Flucht vor der siegreichen sowjetischen Armee. Millionen waren allerdings noch zurückgeblieben, und in diesem Augenblick begann schon die eigentliche Vertreibung, die bald einsetzte, als polnische Behörden in die besetzten deutschen Provinzen einzogen. Wer befahl die Vertreibungen? Boten die Beschlüsse der Alliierten von Jalta eine legale Rechtfertigung für die Vertreibung der Deutschen aus Gebieten noch unter militärischer Besetzung *(occupatio bellica)*?[1] Tatsache ist, daß diese ersten Vertreibungen von der sowjetischen Regierung gefördert wurden, aber ohne Wissen oder Genehmigung der westlichen Alliierten geschahen. Allerdings hatten – wie schon in den vorausgehenden Kapiteln geschildert – die Führung von Großbritannien und die der Vereinigten Staaten dem Prinzip der Bevölkerungsumsiedlung zugestimmt, wenn es auf Deutsche angewandt wurde, und in dieser Hinsicht können sie ihren Teil an der Verantwortung für die Exzesse, von denen die Anwendung des Prinzips begleitet wurde, nicht ableugnen. Doch ihre Zustimmung war begrenzt gewesen, obwohl die Regierung von Polen und später die der Tschechoslowakei es vorzogen, sie als grünes Licht für wahllose Vertreibungen auszulegen.

Um das Maß der westlichen Verantwortung abzuschätzen, ist es notwendig, die Art von Umsiedlung zu untersuchen, die der Westen im Auge gehabt hatte. Dachten die westlichen Alliierten an Vertreibung von fünfzehn Millionen Menschen? Genehmigten sie Übersiedlungen in ihre Besatzungszonen sofort nach Ende der Feindseligkeiten? Aus britischen und amerikanischen Dokumenten geht hervor, daß die westlichen Alliierten die Umsiedlungen auf ein Mindestmaß begrenzten und mit allmählichen, geregelten Wiederansiedlungen erst mehrere Monate nach Beendigung des Krieges beginnen wollten. Die Schriftstücke enthüllen außerdem, daß der Westen erfolglos bemüht war, die vertreibenden Länder zu bewegen, von weiteren Vertreibungen im Jahre 1945 abzusehen und für Zeitplan und Zahl der aufeinanderfolgenden einzelnen Aktionen die Anweisungen des alliierten Kontrollrats abzuwarten.

Die Zahl der Umzusiedelnden

a) Anglo-amerikanische Planungen während des Krieges

Wichtigster Punkt in dem Beschluß zur Vertreibung war wohl die Zahl der Menschen, die man – ursprünglich – mit dieser Maßnahme erfassen wollte. Schon der gewaltsame Abtransport von Zehntausenden konnte nur unter großen technischen Schwierigkeiten und menschlichen Belastungen durchgeführt werden – Entwurzelung von Millionen aber bedeutete Chaos, Elend und Tod. In den ersten Kriegsjahren stellten die Alliierten keine Pläne für irgendwelche Umsiedlungen von Deutschen auf. Das Problem stellte sich 1941–42 noch nicht, als die Deutschen Siege errangen. Selbst 1943–44 gab es noch keine konkreten Pläne in dieser Hinsicht, doch Churchill und Roosevelt begannen schon mit dem Gedanken einer Bevölkerungsumsiedlung als einer möglichen Lösung des Minderheitenproblems in Mittel- und Osteuropa zu spielen, wobei sich ihre Vorstellungen vor allem auf eine reichlich optimistische Beurteilung des griechisch-türkischen Experiments von 1923–26 bezogen. Erst gegen Ende des Krieges befaßten sich Churchill und Roosevelt konkreter mit Zahlen, da die britische und die amerikanische Besatzungszone viele der umgesiedelten Deutschen aufnehmen mußten – die auch »ihre Mägen mitbringen werden«[2], wie Churchill treffend sagte.

Im Mai 1944 legte dann der Ausschuß für Nachkriegsprogramme des US State Department ein Memorandum vor, das politische Empfehlungen für die Behandlung Deutschlands im Hinblick auf die langfristigen amerikanischen Interessen enthielt. In der Frage der Nachkriegs-Um-

siedlungen hatte das Komitee zweifellos nur die Umsiedlung bestimmter deutscher Gruppen im Auge, und vor allem keine sofort nach Einstellung der Feindseligkeiten einsetzende Ausweisung. Es wurde empfohlen: »Diese Regierung sollte es ablehnen, daß gleich nach Beendigung der Feindseligkeiten Massenumsiedlungen deutscher Bewohner aus den Nachbarländern in das Reich vorgenommen werden, sollte aber dem Abtransport einzelner oder von Gruppen zustimmen, die ein besonders schwieriges Problem bilden; die Umsiedlung sollte, soweit es möglich ist, unter humanen Bedingungen und ohne Überbeanspruchung der Aufnahmefähigkeit Deutschlands durchgeführt werden. (Versuchsweise wäre zu empfehlen: Ein übergreifender Ausschuß für Deutschland, der die folgenden Themen untersucht: a) Kriterien für die Selektion der auszusiedelnden Bevölkerung; b) eine inter-alliierte Besetzung Ostpreußens und c) die Gründung einer inter-alliierten Kommission zur Überwachung der Bevölkerungs-Umsiedlungen).«[3]
Ebenso empfahl der Ausschuß im November 1944: »Die Regierung der Vereinigten Staaten sollte keine allgemeine Umsiedlung von Bevölkerungen begünstigen... Die Einwände gegen eine allgemeine Umsiedlung von Minderheiten sind nicht unbedingt auf die Umsiedlung von besonders selektierten Gruppen anzuwenden. Immerhin sollte die Regierung der Vereinigten Staaten solche Umsiedlungen nur dann zulassen, wenn sie überzeugt ist, daß dadurch die Beziehungen zwischen den betreffenden Ländern verbessert und die Stabilität in Europa erhöht wird. Um diese Zwecke zu erreichen, sollten die Umsiedlungen in geregelter Weise erfolgen und sich über eine gewisse Zeit hinziehen; Maßnahmen zu neuer Ansiedlung sollten getroffen werden; alles müßte international überwacht werden.«[4]
Diese allgemeine Politik tauchte wieder in den vom State Department verfaßten »Instruktionsunterlagen« vom 12. Januar 1945 auf. Das Dokument bekräftigte, die Vereinigten Staaten »sollten, wo immer es möglich ist, eine selektive Umsiedlung begünstigen«[5], und schloß, »das Ministerium zieht eine Politik vor, bei der diese Umsiedlungen auf ein Mindestmaß beschränkt bleiben«.[6]
In England beschäftigten sich auch mehrere amtliche Stellen – vornehmlich das Waffenstillstands- und Nachkriegskomitee (Armistice and Post War Committee, A. P. W.) – mit der Frage der geplanten Umsiedlung der Deutschen. Nach der Sitzung des A. P. W. am 20. Juli 1944 wurde dem Foreign Office ein Bericht vorgelegt, in welchem auf die bekannten Probleme hingewiesen wurde. Man dachte aber damals,

daß es noch zu früh wäre, zu entscheiden, wie viele Personen umgesiedelt und nach welchen Grundsätzen Personen für die Umsiedlung bestimmt werden sollten. Man sollte vorläufig keine Initiative ergreifen, da die Aufgabe der Umsiedlungen als Sache der Russen betrachtet wurde.[7]

Am 23. November 1944 reichte der tschechoslowakische Minister Dr. Ripka der britischen Regierung ein Memorandum ein zum Problem der Ausweisung der Deutschen aus der Tschechoslowakei und aus dem Sudetenland.[8] Um sich nicht frühzeitig festzulegen, äußerte sich das Foreign Office lediglich dahin, es würde das Memorandum prüfen. Nach Ansicht der britischen Regierung sollten alle Umsiedlungsfragen erst Gegenstand künftiger Besprechungen in der European Advisory Commission sein.

Es ist nichts Neues, daß sich Premierminister Churchill nicht immer so zurückhaltend verhielt. In einer leidenschaftlichen Rede vor dem Unterhaus erklärte er am 15. Dezember 1944 bezüglich Polens: »Die Übersiedlung von mehreren Millionen Menschen müßte vom Osten nach Westen oder Norden gerichtet sein, ebenso wie die Vertreibung der Deutschen – denn das eben wird vorgeschlagen: die totale Vertreibung der Deutschen – aus dem Gebiet, das jetzt Polen im Westen und im Norden haben soll.«[9] Doch diese harte politische Erklärung muß im richtigen Zusammenhang gesehen und als das verstanden werden, was sie war: ein rhetorischer Ausbruch im Verlauf einer mitreißenden Rede im Kriege. Churchill saß nicht vor Landkarten am Konferenztisch und traf keine Beschlüsse, sondern sprach in einem Augenblick der Krise zum Parlament. Britische Anstrengungen, Arnheim zu erobern, waren kläglich gescheitert; die Deutschen hielten stand; der Winter hatte sich eingestellt, die Stimmung war düster, weil die Briten nicht erreichten, was sie sich vorgenommen hatten.

Es war keineswegs erstaunlich, daß sich Churchill unter solchen Umständen vor dem Parlament zu einer Brandrede hinreißen ließ. Doch solche Rhetorik wandte er nicht bei seinen Verhandlungen mit Stalin in Jalta an – so wenig wie später in Potsdam. Während sich Churchill im Unterhaus zu einer Beredsamkeit aufschwang, die nicht nur die Abgeordneten, sondern auch das Volk und die Streitkräfte entflammte, war er am Konferenztisch ein kühler Staatsmann, der nur wohlüberlegte, in allen Folgen bedachte Entscheidungen zu treffen beabsichtigte. Churchills Erklärung vom 15. Dezember 1944 ist aber von vielen Autoren der Ostblockstaaten zitiert worden, um die These von der »totalen Vertreibung« zu stützen und die Verantwortung den westlichen Alliierten in die Schuhe zu schieben.[10] Sie interpretieren Churchills Worte als uneingeschränkte Zustimmung, die umfassend genug sei, alles zu decken, was dann geschah. Doch bedenkt man Churchills Haltung in Jalta und Potsdam, ist eine solche Auslegung seiner Rede vom 15. Dezember unhaltbar. Man braucht nur daran zu denken, daß Churchill einerseits der Vertreibung der Deutschen »aus dem Gebiet, das die Polen erhalten sollen«, zustimmte, andererseits aber vorhatte, Polens Landgewinn auf etwa die Hälfte dessen zu beschränken, was sich Polen schließlich mit Hilfe der Sowjetunion und gegen heftige Proteste der Vereinigten Staaten wie Englands nahm.

Entscheidend bleibt, daß auch nach Churchills Parlamentsrede vom 15. Dezember 1944 die britische Regierung nüchtern handelte und sich für die Konferenz auf der Krim entsprechend vorbereitete. Aus dem Entwurf eines Memorandums an das Armistice and Post War Committee geht hervor: »Die Regierung Seiner Majestät bleibt im Bezug auf die Gebiete, aus welchen Umsiedlungen durchzuführen sind, ungebunden; ebenfalls im Bezug auf die Zahl der Personen, die umzusiedeln sind, und auf solche wichtige Angelegenheiten wie den Zeitplan für die Durchführung der Aussiedlung ...«[11]

b) Malta

Am 1. Februar 1945, drei Tage vor Beginn der Konferenz von Jalta, besprachen sich die Außenminister der Vereinigten Staaten und Großbritanniens an Bord von HMS *Sirius* in Grand Harbour auf Malta. Dabei äußerte der britische Außenminister Eden seine Besorgnisse über die neuesten Forderungen der Lubliner Regierung nach deutschem Territorium, die, wenn man sie erfüllte, zur Umsiedlung von viel mehr Deutschen führen mußte, als die Briten und die Amerikaner in ihren Besatzungszonen aufnehmen wollten. Der Amerikaner teilte seine Besorgnis und unterstrich, daß, wie groß auch immer die Zahl der betroffenen Deutschen sein möge, »die Umsiedlung der Leute nach und nach und nicht überstürzt vor sich gehen müsse«.[12]

Am selben Tag berichtete Eden seinem Premierminister Churchill über die Besprechungen mit Außenminister Stettinius. Er faßte zusammen, daß »die Abtretungen, auf die wir uns mit den Amerikanern geeinigt haben, die Umsiedlung von zweieinhalb Millionen Deutschen bedeuten würde«.[13] Ferner meinte er, daß die Ausdehnung Polens an die Oder ohne Breslau und Stettin weitere zweieinhalb Millionen, eine

Grenze an der westlichen Neiße mit Breslau und Stettin dazu noch dreieinviertel Millionen Menschen betreffen werde. Angesichts solcher Zahlen kamen die amerikanischen und britischen Delegierten überein, daß »selbst die Grenze an der Oder die polnische Möglichkeit zur Absorbierung sehr beanspruchen und die ungeheuren Schwierigkeiten, die mit der Aussiedlung von Millionen Deutscher verbunden sind, noch steigern würde«.[14] Als Churchill und Roosevelt nach Jalta fuhren, waren sie also durchaus vor dem Umfang der Bevölkerungsumsiedlungen, die sich aus der territorialen Verstümmelung Deutschlands ergeben mußte, gewarnt.

c) Von Jalta bis zur Berliner Deklaration

Um eine wohlüberlegte Entscheidung über die Aussiedlung der Deutschen aus den Provinzen östlich der Oder-Neiße-Linie zu erreichen, wollten die westlichen Alliierten wissen, wie groß die Zahl deutscher Zivilisten sei, die von der Wehrmacht bei ihrem Rückzug evakuiert worden oder beim Herannahen der Roten Armee geflüchtet waren. Wie viele Deutsche waren noch östlich der von den westlichen Verbündeten vorgeschlagenen Demarkationslinie, die durch Pommern und Oberschlesien lief? Und wie viele jenseits der Oder-Neiße-Linie?
Technische und menschliche Bedenken veranlaßten die westlichen Alliierten, die Aussiedlung von nur so vielen Deutschen zu befürworten, daß ihre Umsiedlung nach Westen einen angemessenen Landstrich für die bisher östlich der Curzon-Linie ansässigen Polen freimachen würde. Die Umsiedlung von mehr Deutschen, als dazu unbedingt nötig waren, war nach westlicher Ansicht viel zu schwierig.
Doch die Russen und die von ihnen abhängige provisorische polnische Regierung strebten ein völlig anderes Ziel an: Sie beabsichtigten, möglichst viele Deutsche aus dem Osten zu vertreiben, um ein größeres Gebiet von Deutschland zu besetzen und zu annektieren, als ihre westlichen Verbündeten ihnen jemals gewähren wollten. Zu den Methoden, mit denen die Sowjets die westlichen Alliierten zur Einwilligung in die Oder-Neiße-Linie überreden wollten, gehörte die absichtliche Fehlinformation über die Zahl von Deutschen, die noch in den Gebieten östlich von Oder und Görlitzer Neiße lebten; man hoffte, den Eindruck zu erwecken, daß alle Deutschen bereits freiwillig ihr Land verlassen hätten und nach Westen geflohen seien, so daß für die westlichen Alliierten kein Grund bestand, sich dem Zugriff der polnischen Regierung zu widersetzen: Es gebe keinerlei Probleme für Umsiedlun-

gen von Osten nach Westen. Im Gegenteil: Wenn man den bereits geflohenen Deutschen nach dem Krieg die Rückkehr gestatten wolle, würden Schwierigkeiten des Transports von Westen nach Osten zu bewältigen sein – und das wäre doch wirklich sinnlos!

Während der vierten Vollversammlung in Jalta am 7. Februar 1945 drängte Marschall Stalin unumwunden darauf, Oder und Görlitzer Neiße als künftige Grenzen Polens anzuerkennen. Premierminister Churchill widersprach sofort, weil ein großer Teil der britischen Öffentlichkeit entsetzt wäre, wenn vorgeschlagen würde, so viele Millionen Deutsche auszusiedeln.[15] Stalin antwortete kühl, die meisten Deutschen in diesen Gebieten – einschließlich der zwischen der Görlitzer und der Glatzer Neiße Ansässigen – seien bereits vor der Roten Armee davongelaufen. Es gebe hier keine Deutschen mehr, behauptete er, während in der Tat noch mindestens fünf Millionen Deutsche im Februar 1945 östlich der Oder-Neiße-Linie lebten; auch die Großstädte Königsberg, Breslau, Danzig und Stettin waren noch in deutscher Hand.

Churchill erwiderte, er scheue nicht die Aussiedlung, solange sie die Möglichkeiten, die Ausgesiedelten in Deutschland aufzunehmen, nicht überschreite. Nach seiner Meinung konnte die Anzahl der Ostpreußen und Oberschlesier noch bewältigt werden.[16] Schließlich waren ja sechs bis sieben Millionen Deutsche im Krieg gefallen und hatten damit Platz für ebenso viele Deportierte gemacht.[17] Churchill bemerkte allerdings, das Problem der Umsiedlung von Deutschen sei eine höchst verwikkelte Angelegenheit, die nicht nur in der Theorie bedacht, sondern auch unter praktischen Gesichtspunkten studiert werden müsse. Unter gar keinen Umständen würde er aber zustimmen, daß die Görlitzer Neiße zur Grenze werde, »weil das Bevölkerungsproblem sehr schwer zu bewältigen ist«.[18]

Die Jalta-Konferenz schloß ohne Übereinkunft über Polens Westgrenze; hinsichtlich der Anzahl von auszusiedelnden Deutschen wurden keine Entscheidungen getroffen, ebensowenig über den Zeitpunkt, zu dem die Aussiedlungen beginnen sollten.

In den fünf Monaten zwischen den Konferenzen von Jalta und Potsdam überwogen die militärischen Entscheidungen. Der Krieg war in der Endphase. Dennoch beschäftigten sich weiter die Experten im Foreign Office und State Department mit Fragen über die Umsiedlung der Deutschen. Leider konnten sie ihre Vorstellungen nicht durchsetzen, weil die Ereignisse im Osten sie überholten. Im März und April 1945 diskutierten die Experten im britischen Foreign Office den Entwurf eines Memorandums an die European Advisory Commission, der vorsah: »Die Delegation des Vereinigten Königreichs macht keinen Vorschlag für eine Erörterung bestimmter Aspekte des umfassenden Themas in diesem Augenblick, in dem der ganze Komplex noch nicht überblickt werden kann. Es handelt sich um (I) die Gebiete, aus denen die Bevölkerung ausgewiesen werden soll... (II) um die Anzahl der auszuweisenden Menschen; (III) um die Grundsätze, nach denen die Personen für die Ausweisung bestimmt werden; (IV) um die Bedingungen für den Transfer von Besitz und die Regelung finanzieller Ansprüche; (V) um den Zeitplan für die Durchführung der Aussiedlung und (VI) um einen besonderen Mechanismus, der zur Regelung und Kontrolle der Aussiedlungen nötig werden könnte.«[19]

Vorläufig sollte die European Advisory Commission die Regierungen jener Länder, aus denen wahrscheinlich deutsche Bevölkerungen ausgewiesen werden sollten, informieren, »daß vor einer Vereinbarung über die einzuschlagende Politik der Zuzug solcher Personen nach Deutschland oder Österreich von dem jeweiligen Kontrollrat genehmigt werden sollte, dem wiederum bindend vorgeschrieben werden muß, daß er alle Umsiedlermaßnahmen den vorrangigen Aufgaben der Besatzung unterordnet«.[20] Nach der Ansicht der britischen Delegation sollte darüber hinaus eine internationale »Population Transfer Commission« ins Leben gerufen werden, um den militärischen Besatzungsregierungen bei der Durchführung der Umsiedlungen zu helfen.

Nach der bedingungslosen Kapitulation der deutschen Wehrmacht am 7. Mai in Reims und am 8. Mai in Berlin[21] konnten die siegreichen Alliierten ganz Deutschland besetzen und gemäß dem Londoner Protokoll vom 12. September 1944 in vier Besatzungszonen teilen. In der Berliner Deklaration vom 5. Juni 1945 übernahmen die Alliierten feierlich die oberste Regierungsgewalt hinsichtlich Deutschlands »innerhalb seiner Grenzen, wie sie am 31. Dezember 1937 bestanden«.[22]

Da die meisten Vertriebenen aus der Tschechoslowakei und alle aus Polen zunächst in die sowjetische Besatzungszone gelangten, wurden die westlichen Alliierten mit dem Ausmaß dieser Vertreibungen zunächst noch nicht konfrontiert.

d) Potsdam

Als Churchill und Truman zur Eröffnung der Potsdamer Konferenz am 17. Juli 1945 nach Deutschland kamen, hatten sie keine richtige Vorstellung davon, wie viele Deutsche noch östlich der Oder-Neiße-Linie lebten, wie viele geflohen waren, wie viele noch flohen.

Bei der fünften Sitzung am 21. Juli 1945 wies Präsident Truman auf den deutschen Charakter der Gebiete an Oder und Neiße hin und auf die neun Millionen Deutschen, die dort ansässig waren. Stalin antwortete, viele von ihnen seien im Krieg getötet worden, die übrigen geflohen. Er betonte, nicht ein einziger Deutscher lebe in dem Territorium, das Polen übergeben worden sei. Darauf flüsterte Admiral Leahy dem Präsidenten zu: »Natürlich nicht, die ›Bolschies‹ haben sie alle umgebracht.«[23]

Die polnische Regierung, eingeladen, um ihre Ansichten zur Oder-Neiße-Grenze vorzutragen, sprach von nur anderthalb Millionen Deutschen in den umstrittenen Gebieten, und diese würden »freiwillig ziehen, sobald die Ernte vorbei ist«.[24]

Doch im Gegensatz zu diesen Schätzungen lebten hier noch mindestens vier Millionen[25] Deutsche zur Zeit der Potsdamer Konferenz, während eine weitere Million zurückzukehren versuchte.[26] Die Russen wie die Polen wußten es, doch weder Churchill noch nach ihm Attlee und Truman waren von dieser Tatsache unterrichtet, die sie unbedingt wissen mußten, um eine bindende Entscheidung über das Schicksal von Millionen Menschen zu treffen. Ein eiserner Vorhang verbarg ihnen die genauen Informationen.[27] Da aber die Sowjetunion und Polen allein die wirklichen Verhältnisse kannten, waren sie rechtlich verpflichtet, ihre westlichen Verbündeten in Potsdam davon zu unterrichten. Statt dessen haben sie Churchill und Truman in diesem Punkt absichtlich getäuscht.

So bleibt es bei der theoretischen Frage, ob Truman oder Churchill beziehungsweise Attlee, wenn sie korrekt informiert worden wären, die Ausweisung weiterer fünf Millionen Menschen aus Polen und den polnisch verwalteten Gebieten zu einem Zeitpunkt zugestimmt hätten, als die britische und die amerikanische Besatzungszone keine Unterkunft und Ernährung bieten konnten. Man kann diese Frage nur verneinend beantworten. Soweit also die westliche Genehmigung für die Aussiedlung der Deutschen durch täuschende, hinterhältige Manöver der sowjetischen und der polnischen Delegationen erreicht wurde, war sie rechtlich ungültig[28], und die Vertreibung, die sich auf diese fragwürdige Genehmigung berief, ebenso illegal, denn kein Land hat das Recht, Menschen in ein anderes Land (oder eine Besatzungszone) auszuweisen, das nicht willig oder darauf vorbereitet ist, Neuankömmlinge aufzunehmen.

Die westliche Auffassung über die Aussiedlung von Deutschen rechnete ganz eindeutig nur mit einer begrenzten Zahl, gewiß nicht aus Mitleid mit den Deutschen, sondern aus praktischen Erwägungen im Hinblick auf sehr konkrete Probleme des Nachkriegs-Aufbaus. Als die Alliierten die Gewalt über Deutschland und die Deutschen übernahmen, wurden sie damit auch für Ernährung und Unterbringung der deutschen Bevölkerung verantwortlich. Die westlichen Alliierten hatten also nicht nur das Recht, sondern auch die Pflicht, die Einwanderung in ihre Zone zu regeln und Chaos und Hunger zu verhindern.

Auf der fünften Sitzung der Potsdamer Konferenz legte Churchill seine eindeutige Ablehnung des sowjetisch-polnischen Plans dar und verlangte, daß jede Umsiedlung von Menschen begrenzt bleibe. Darüber hinaus schlug er vor, daß einige der deutschen Flüchtlinge, die schon in den Westen geflohen waren, die Erlaubnis zur Rückkehr in ihre Wohnorte östlich von Oder und Neiße erhalten sollten: »Sollte es östlich der Curzon-Linie drei oder vier Millionen Polen geben, dann müßte ihnen im Westen Platz geschaffen werden. Eine so umfassende Bevölkerungsbewegung hätte die Menschen in Großbritannien erschüttert, doch ein Umschichten von achteinviertel Millionen [Deutschen] war mehr, als ich vertreten konnte. Die Entschädigung sollte in gewissem Verhältnis zum Verlust stehen. Es konnte Polen nicht guttun, so viel zusätzliches Territorium zu gewinnen. *Wenn die Deutschen es schon verlassen hatten, sollten sie zurückkehren dürfen.* Wir wünschten keine breite deutsche Bevölkerung, die von ihren Nahrungsquellen abgeschnitten war. Die Ruhr lag in unserer Zone, und falls sich nicht genügend Nahrung für die Einwohner finden ließ, mußte es zu Zuständen wie in deutschen Konzentrationslagern kommen.«[29] (Kursive vom Verfasser)

In der sechsten Sitzung am 22. Juli unterstrich Churchill noch einmal die Gründe, aus denen die Regierung Seiner Majestät die polnischen Forderungen nicht anerkennen konnte: »Die Briten hatten schwere moralische Bedenken gegen umfangreiche Bevölkerungsumsiedlungen. Wir konnten eine Ausweisung von ebenso vielen Deutschen akzeptieren, wie Polen aus Ostpolen östlich der Curzon-Linie übersiedelten, sagen wir, zwei bis drei Millionen; doch eine Ausweisung von acht

oder neun Millionen Deutschen, wie sie die polnischen Forderungen mit sich brachten, war zu viel und völlig falsch.«[30]
Doch trotz dieser wichtigen Einwände stimmten die westlichen Verbündeten schließlich der Aussiedlung der Deutschen zu. In Artikel XIII des Potsdamer Protokolls heißt es im ersten Absatz: »Die drei Regierungen haben die Frage unter allen Gesichtspunkten beraten und erkennen an, daß die Überführung der deutschen Bevölkerung oder Bestandteile derselben, die in Polen, der Tschechoslowakei und Ungarn zurückgeblieben sind, nach Deutschland durchgeführt werden muß. Sie stimmen darin überein, daß jede derartige Überführung, die stattfinden wird, in ordnungsgemäßer und humaner Weise erfolgen soll.«[31]
Die Zustimmung, zu der sich die westlichen Verbündeten hiermit bekannten, ist allerdings nur denkbar dank den absichtlich falschen Angaben, die Stalin und Bierut über die Zahl der Deutschen im Osten gemacht hatten; eine ebenso große Rolle spielte aber auch die Tatsache, daß die westlichen Alliierten den Artikel XIII vor allem deshalb annahmen, weil es dringend notwendig wurde, Ordnung in eine Völkerverschiebung zu bringen, die sie nur durch eine militärische Aktion gegen die Sowjetunion und Polen hätten aufhalten können; und dazu konnten sie sich natürlich nach den Jahren gemeinsamen Kampfes gegen den gemeinsamen Feind im totalen Krieg nicht entschließen.[32] Außerdem bezog sich die Genehmigung, die Artikel XIII enthielt, auf die Zukunft und behielt den Alliierten das Recht vor, den Zeitplan und die Zahl der Transporte zu regeln, die in das besetzte Reich geschickt werden sollten. Artikel XIII zielte keineswegs darauf, die Ausweisung aller Deutschen anzuregen, sondern besagte nur, daß alle Aussiedlungen, die unternommen wurden, in geregelter und humaner Weise stattfinden sollten.
Beim Thema Tschechoslowakei wurde das Spiel mit den Zahlen wesentlich geschickter gehandhabt. Zunächst brachte man das überzeugende Argument vor, daß die Nazis und gewisse »illoyale Elemente« ausgewiesen werden müßten, also jedenfalls eine kleine und leicht umzusiedelnde Gruppe. Doch als sich der Krieg ausweitete, neigte die tschechoslowakische Exilregierung mehr und mehr zu einer »Endlösung« der Sudetenfrage. Am Vorabend der Konferenz von Jalta schätzte das Außenministerium der Vereinigten Staaten die Zahl der auszuweisenden Sudetendeutschen bereits auf anderthalb Millionen[33], und bis zur Potsdamer Konferenz hatte sie sich auf zwei bis zweieinhalb Millionen erhöht.[34] Deutsche Nazigegner, mindestens

achthunderttausend Menschen[35], sollten von der Vertreibung ausgenommen werden. Doch schließlich vertrieb man auch sie aus der Tschechoslowakei – weil sie eben Deutsche waren.[36]

Kann man den Artikel XIII des Potsdamer Abkommens für den Beweis heranziehen, daß der Westen der Vertreibung aller drei Millionen dreihunderttausend Sudetendeutschen zustimmte? Die wahrscheinlich zutreffendste Auslegung des Artikels stammt von dem amerikanischen Außenminister Byrnes, der zwei Monate nach der Konferenz in einem Telegramm an den amerikanischen Botschafter in der Tschechoslowakei, Lawrence A. Steinhardt, erklärte: »Wir sollten auch auf folgendes hinweisen: Die Potsdamer Übereinkunft anerkennt nur, daß die Aussiedlung von größeren oder kleineren Teilen der deutschen Bevölkerung unternommen werden sollte. Soweit es uns angeht, wollten wir unterschiedslose und ungeregelte Vertreibungen umgehen und unnötige Härte für die Betroffenen und unnötige Belastungen der Zonen, die sie aufnehmen müssen, vermeiden. Wir sahen ein, daß gewisse Aussiedlungen unvermeidlich waren, aber wir beabsichtigten in Potsdam nicht, zu Aussiedlungen anzuregen oder in Fällen, wo andere Regelungen praktikabel waren, Verpflichtungen einzugehen.«[37]

Stellte nun diese Erklärung von Byrnes etwa eine nachträgliche Umkehrung der anglo-amerikanischen Politik dar, oder entsprach sie den Tatsachen? Es war auf der achten Sitzung der Außenminister in Potsdam am 25. Juli 1945, daß Byrnes auf eine Klärung der Frage der Umsiedlung drängte. Es wurde entschieden, einen Unterausschuß zu bilden, der den Text eines Umsiedlungsartikels verfassen sollte.[38] Die Mitglieder des Unterausschusses waren Geoffrey Harrison für die britische Delegation, Cavendish Cannon für die amerikanische Delegation und Arkadij Aleksandrowitsch Sobolew für die sowjetische Delegation.[39] Der Unterausschuß hat daraufhin einen Entwurf vorbereitet, der bei der elften Plenarsitzung am 31. Juli 1945 angenommen wurde.[40] Wie dieser Entwurf entstanden ist, ließ sich aus den bisher veröffentlichten Dokumenten nicht verfolgen. In den Akten des britischen Foreign Office befindet sich aber ein ausführlicher Brief von Geoffrey Harrison an Herrn John Troutbeck, den Leiter der Deutschland-Abteilung, datiert vom 1. August 1945. In diesem Brief berichtete Harrison aus Berlin: »Der Unterausschuß ist dreimal zusammengetreten und hat einen von mir vorgelegten Entwurf beraten… Die Verhandlungen waren nicht einfach – Verhandlungen mit den Russen sind nie einfach… Wir gerieten in eine große Auseinandersetzung, die in der Plenarsitzung behandelt werden mußte, über die Aufnahme der letzten dreieinhalb Zeilen.[41] Sobolew vertrat die Ansicht, daß der polnische und der tschechoslowakische Wunsch, ihre deutschen Bevölkerungen auszuweisen, einer historischen Mission entspreche, welche die sowjetische Regierung keineswegs zu verhindern suche. Die sowjetische Regierung halte es für die Aufgabe des Alliierten Kontrollrats in Deutschland, die Aufnahme der ausgesiedelten Bevölkerung möglichst rasch zu erleichtern. Cannon und ich wandten uns nachdrücklich gegen diesen Standpunkt. Wir erklärten, daß wir für den Gedanken an Massenausweisungen ohnehin nichts übrig hätten. Da wir sie aber nicht verhindern könnten, wollten wir dafür sorgen, daß sie in einer möglichst geordneten und humanen Weise durchgeführt würden, aber auch auf eine Art, die den Besatzungsmächten in Deutschland keine untragbare Belastung auferlegt.«[42]

Wie sich dann herausstellte, wurde die Hoffnung der westlichen Alliierten, die Übersiedlungen lenken und die Zahl der Betroffenen verringern zu können, weitgehend enttäuscht. Britisches und amerikanisches Unbehagen über den Mißbrauch, den die vertreibenden Staaten mit dem Prinzip der Bevölkerungsumsiedlung trieben, kam später bei manchen prominenten Politikern zum Ausdruck. Winston Churchill, der sich so frühzeitig für das Prinzip ausgesprochen hatte, bedauerte in einer weithin bekannt gewordenen Ansprache im Westminster College von Fulton/Missouri am 5. März 1946: »Die von den Russen gegängelte polnische Regierung ist ermutigt worden, sehr umfassende und widerrechtliche Übergriffe gegen Deutschland zu unternehmen, und jetzt finden Massenvertreibungen von Deutschen *in einem bedrückenden und ungeahnten Ausmaß* statt.«[43] (Kursiv vom Verfasser) Tatsächlich überstiegen die Vertreibungen bei weitem alles, was Churchill oder Truman zu genehmigen bereit waren: Die vorausgesehene Umsiedlung von drei bis sechs Millionen Deutschen schwoll zu einer Massenvertreibung von fünfzehn Millionen an.

Unter diesen Verhältnissen ist es schwierig, jemandem noch guten Glauben zuzugestehen, der ausgeklügelte Behauptungen über die amerikanische und britische Zustimmung zur Vertreibung von zehn Millionen Menschen aus Polen und den von Polen verwalteten Gebieten und von dreieinhalb Millionen aus der Tschechoslowakei aufstellt.[44] Zweifellos tragen die westlichen Mächte ihr Maß an Verantwortung für die massenweise Entwurzelung der Deutschen, aber größer ist das sowjetischer, polnischer und tschechischer Politiker. Es war aber das

Einverständnis der Westmächte, das unbeabsichtigt der Vertreibung ein Mäntelchen von Legalität und Berechtigung umhängte – einen Mantel, der allerdings bald von vielen britischen und amerikanischen Publizisten zerfetzt wurde: Sie entsetzten sich über »den unmenschlichsten Beschluß, der jemals von zur Verteidigung der Menschenrechte berufenen Regierungen gefaßt wurde«.[45]

Zeitplan für die Umsiedlungen

a) Warnung vor einseitigen Umsiedlungsaktionen

Wenn es darum geht, den Verlust an Menschenleben, der unweigerlich mit einer gewaltsamen Vertreibung verbunden ist, möglichst einzuschränken, ist eine genaue zeitliche Abstimmung für die Umsiedlungen sicherlich ebenso wichtig wie die Methode.

Den ersten Befürwortern des Gedankens, die Deutschen auszusiedeln, war es klar, daß bei Einstellung der Feindseligkeiten keine ausreichenden Transportmöglichkeiten zur Verfügung stehen würden. In der langen Oberhausdebatte vom 8. März 1944 sprach der Earl of Mansfield die vorherrschende Ansicht aus, daß die Massendeportationen nicht übereilt werden dürften. Er meinte: »Wenn die Umsiedlung von Griechen und Türken ungefähr sechs Jahre dauerte, kann es durchaus sein, daß die anderen Umsiedlungen [der Deutschen] zwanzig Jahre oder noch länger in Anspruch nehmen werden. Es ist jedenfalls eine Angelegenheit, die nicht übereilt werden darf.« Ein Jahr danach schraken viele Politiker im Westen bei der Vorstellung zurück, die Umsiedlung der Deutschen zu einem Zeitpunkt zu beginnen, als das Reich völlig verwüstet war und Hunger und Krankheit herrschten, also die Umsiedlung eine Katastrophe auf die andere häufen mußte. Doch in den apokalyptischen Tagen am Ende des Zweiten Weltkriegs waren die meisten der siegreichen Führer Osteuropas entschlossen, große Teile des alten Reiches zu annektieren und sie so gründlich wie möglich von Deutschen zu räumen. Sie wollten bei der Durchführung ihres Programms keine Zeit verlieren.

Die große Vertreibung der Deutschen begann, sobald die sowjetische Armee Gebiete eroberte, in denen Deutsche lebten. Millionen Menschen flüchteten auf eigene Faust oder wurden von der deutschen Wehrmacht auf ihrem Rückzug evakuiert. Millionen aber blieben zurück, und ihre Vertreibung setzte schon im Frühjahr 1945 ein.

Zur Zeit der Potsdamer Konferenz waren die Vertreibungen in vollem Gang, und nur sowjetische, polnische und tschechoslowakische Instanzen hätten ihnen Einhalt gebieten können. Statt dessen beschleunigten sie die Vertreibungen und brachten damit die westlichen Verbündeten in eine Zwangslage, in der sie nur hoffen konnten, das Unvermeidliche hinauszuzögern oder vielleicht eine geordnete Umsiedlung durch Verhandlungen mit den vertreibenden Ländern zu erreichen. Hätten die Sowjetunion und die provisorischen Regierungen von Polen und der Tschechoslowakei nicht darauf bestanden, dann hätten die westlichen Alliierten keine Umsiedlungen deutscher Bevölkerung vor dem Frühjahr 1946 zugelassen.[47] Bis dahin, so hoffte man, sei das Chaos des deutschen Zusammenbruchs wenigstens teilweise überwunden und die Wirtschaft soweit instandgesetzt worden, daß die Aufnahme der Vertriebenen verkraftet werden konnte.
Lange vor Kriegsende übermittelten die westlichen Alliierten ihre Ansichten über Methoden und Zeitplan der Umsiedlungen den provisorischen Regierungen von Polen und der Tschechoslowakei, die ihrerseits die Sprachregelung von der geregelten und humanen Übersiedlung übernahmen und einverstanden waren, den von den Alliierten aufgestellten Zeitplan einzuhalten.[48]
Wie oben erwähnt, legte der tschechoslowakische Außenminister Dr. Ripka im November 1944 den alliierten Regierungen ein Memorandum vor[49], das den Wunsch seiner Regierung aussprach, die Deutschen so bald wie möglich aus der Tschechoslowakei zu entfernen, einschließlich der Deutschen aus dem Sudetengebiet, das die Tschechoslowakei nach Kriegsende wieder in Besitz nehmen wollte.
Der amerikanische Außenminister Stettinius antwortete in einer Note vom 16. Januar 1945: »Die amerikanische Regierung vertritt deshalb die Meinung, daß Aussiedlungen der Art, wie sie in der Note Eurer Exzellenz angesprochen werden, nur im Einklang mit den geeigneten internationalen Absprachen durchgeführt werden sollten, wie sie in der Denkschrift Eurer Exzellenz vom 8. Oktober 1944 vorgeschlagen werden, und unter internationaler Aufsicht... *Solange solche internationalen Absprachen fehlen, hält es die amerikanische Regierung für richtig, daß keine unilateralen Aktionen zur Aussiedlung großer Gruppen unternommen werden,* und sie entnimmt den oben erwähnten Erklärungen, daß die tschechoslowakische Regierung solche unilaterale Aktion auch nicht beabsichtigt.«[50] (Kursive vom Verfasser)
Die britische Regierung vermied ebenfalls eine bindende Erklärung

über den Zeitpunkt, zu dem die Umsiedlungen einsetzen sollten.[51] Nach britischer Ansicht sollte die endgültige Entscheidung über das Schicksal der deutschen Minderheiten in Osteuropa aufgeschoben werden, bis sich die großen Alliierten über die gesamte deutsche Frage geeinigt hätten.[52]

Über die Volksdeutschen in Polen und die Reichsdeutschen in den Gebieten, mit denen Polen entschädigt werden sollte, wurden viel weniger diplomatische Noten ausgetauscht, da weder die polnische Exilregierung in London noch die kommunistische in Polen selbst ihre Pläne für die Aussiedlung der Deutschen den westlichen Alliierten vorlegte. Immerhin war die Haltung der Anglo-Amerikaner unzweideutig, und bei der Konferenz von Jalta hatte man sich darauf geeinigt, daß die Umsiedlungen nur nach den alliierten Vereinbarungen am Ende des Krieges einsetzen sollten.

Die Sowjetunion hatte dagegen ein politisches Interesse daran, die Aussiedlungen zu fördern. So begannen die Vertreibungen aus Ostpreußen, Pommern und Schlesien ohne Zustimmung, ja ohne Wissen der westlichen Verbündeten lange vor dem Ende der Feindseligkeiten. In der Tschechoslowakei und im Sudetenland dagegen fanden – sieht man von lokalen Zwischenfällen ab – keine Vertreibungen vor der Kapitulation Deutschlands statt, weil die Armee von Feldmarschall Schörner noch den größten Teil der von Deutschen bewohnten Gebiete hielt. Unmittelbar nach der Entwaffnung der Wehrmacht begannen dann aber die »wilden Vertreibungen«.

Am 18. Juni 1945 legte der Director of the Office of Strategic Services im State Department, William Donovan, Präsident Truman ein Memorandum über die Rückkehr des Sudetenlandes in die Tschechoslowakei vor. Zu den erörterten Problemen gehörte der Übergang der Souveränität an die Tschechoslowakei und die vorgeschlagene Entfernung der Sudetendeutschen. Völlig ahnungslos darüber, daß die Vertreibungen bereits eingesetzt hatten (unter anderem die Vertreibung von dreißigtausend Deutschen aus Brünn nach Österreich am 30. Mai 1945, siehe auch Kapitel 6), entwarf Donovan eine Übersicht über die Nachkriegssituation im Licht der amerikanischen Interessen: »Eines der schwierigsten Probleme wird aus der bereits ausgesprochenen Absicht der tschechischen Regierung entstehen, Deutsche in großer Anzahl zu vertreiben. In diesem Punkt könnten die Interessen der Tschechoslowakei und die der Besatzungsmächte aufeinanderstoßen. Die Tschechen sind daran interessiert, die Vertreibung möglichst zu beschleunigen; das entspräche dem Volksempfinden den Deutschen gegenüber und würde die Besatzungsmächte vor vollendete Tatsachen stellen. Andererseits könnte es das Interesse der Besatzungsmächte fordern, solche Umsiedlungen in großem Maßstab zu vermeiden oder hinauszuschieben, um nicht mit dieser zusätzlichen Verantwortung belastet zu werden.«[53]

Nach Donovans Ansicht war also die Aussiedlung der Deutschen aus der Tschechoslowakei eine noch weitgehend offene Frage, was Zeitpunkt und Umfang der Aktionen betraf. Die westlichen Alliierten beabsichtigten, jede Bevölkerungsbewegung in ihre Zonen hinein zu regeln und zu beaufsichtigen, weil eine zeitlich nicht abgestufte Ankunft von Deportierten das bereits in ihren Zonen herrschende Chaos vergrößern mußte.

Ein Telegramm der britischen Botschaft vom 22. Juni 1945 an das State Department illustriert die gemeinsame Politik der westlichen Alliierten: »Wenn erst die Hauptfragen im Prinzip entschieden worden sind, wird es Aufgabe des Alliierten Kontrollrats für Deutschland sein, zu beschließen, wann und in welcher Größenordnung deutsche Minderheiten von jenseits der deutschen Grenzen in Deutschland aufgenommen werden können.«[54]

Das State Department antwortete mit einem Memorandum vom 11. Juli 1945, die Bestimmung von Methoden und Zeitplan der Umsiedlungen werde dem Alliierten Kontrollrat in Deutschland überlassen.[55]

Unterdessen waren schon die tschechische Miliz und die Svoboda-Armee dabei, die Sudetendeutschen über die Grenze zur sowjetisch besetzten Zone zu treiben.[56] Gleichzeitig verstärkte die tschechoslowakische Regierung ihre Bemühungen, möglichst rasch eine Legalisierung der Umsiedlung durch die westlichen Verbündeten zu erreichen.

Ohne zu erwähnen, daß die Vertreibungen schon begonnen hatten, übergab der tschechoslowakische Unterstaatssekretär im Außenministerium, Wladislaw Clementis, am 3. Juli 1945 dem amerikanischen Geschäftsträger in der Tschechoslowakei, Klieforth, eine lange schriftliche Erklärung, die das Recht der Alliierten betonte, Umfang und Zeitplan der Umsiedlungen zu bestimmen, die aber auch die Hoffnung aussprach, daß die Regelung nicht verzögert werde, weil sonst »die ganze tschechische und slowakische Bevölkerung ernstlich beunruhigt« sei.[57]

Klieforth übermittelte die Erklärung telegraphisch nach Washington und erhielt am 13. Juli eine Antwort, in der die Ansicht der Vereinigten Staaten bestätigt wurde, daß »Umsiedlungen, wie in den tschechischen Noten vom 23. November 1944 und vom 3. Juli 1945 vorgeschlagen, nur in geregelter Weise und im Einklang mit der internationalen Absprache vorgenommen werden sollten«.[58]

b) Potsdam: Umsiedlungsmoratorium

Ebendiese internationale Übereinkunft wurde bei der Potsdamer Konferenz getroffen[59], doch entgegen den Wünschen der Tschechoslowakei und Polens beschlossen die Alliierten, zunächst ein Moratorium aller Vertreibungen zu erlassen. Während der erste Absatz von Artikel XIII des Potsdamer Protokolls der Umsiedlung von Deutschen aus Polen, der Tschechoslowakei und Ungarn endgültig zustimmte, sprach der zweite Absatz die Bedenken der Alliierten über die zerrüttende Wirkung fortgesetzter Vertreibungen nach Deutschland aus. Der dritte Absatz verlangte ausdrücklich, daß erst dann weitere Vertreibungen stattfinden sollten, wenn eine gründliche Prüfung des gesamten Problems durch die Besatzungsmächte vorliege. Der offizielle Text der Absätze zwei und drei lautet:

»Da der Zustrom einer großen Zahl Deutscher nach Deutschland die Lasten vergrößern würde, die bereits auf den Besatzungsbehörden ruhen, halten sie es für wünschenswert, daß der alliierte Kontrollrat in Deutschland zunächst das Problem unter besonderer Berücksichtigung der Frage einer gerechten Verteilung dieser Deutschen auf die einzelnen Besatzungszonen prüfen soll. Sie beauftragen demgemäß ihre jeweiligen Vertreter beim Kontrollrat, ihren Regierungen so bald wie möglich über den Umfang zu berichten, in dem derartige Personen schon aus Polen, der Tschechoslowakei und Ungarn nach Deutschland gekommen sind, und eine Schätzung über Zeitpunkt und Ausmaß vorzulegen, zu dem die weiteren Überführungen durchgeführt werden könnten, wobei die gegenwärtige Lage in Deutschland zu berücksichtigen ist.

Die tschechoslowakische Regierung, die Polnische Provisorische Regierung und der Alliierte Kontrollrat in Ungarn werden gleichzeitig von Obigem in Kenntnis gesetzt und ersucht werden, inzwischen weitere Ausweisungen der deutschen Bevölkerung einzustellen, bis die betroffenen Regierungen die Berichte ihrer Vertreter an den Kontrollausschuß geprüft haben.«[60]

Die Vorbehalte waren natürlich auf Verlangen der Briten und Amerikaner aufgenommen worden, die sich auch ohne Ankunft immer neuer verelendeter Vertriebener mit genügend Problemen herumzuschlagen hatten. Stalins völlige Gleichgültigkeit gegen das Schicksal der Vertriebenen erregte seine westlichen Verbündeten mehr als nur oberflächlich. Er wäre einverstanden gewesen, alle Deutschen über Nacht zu vertreiben, wie er 1941 die Wolgadeutschen (nach Kasachstan) deportiert hatte, die Krim-Tataren 1944[61], die Leningrader Bauern 1929/30[62]. Als Churchill in Potsdam meinte, man müsse darüber nachdenken, wohin sich die Deutschen wenden sollten, antwortete Stalin, daß die Tschechen bereits alle Deutschen aus dem Sudetenland in die russisch besetzte Zone vertrieben hätten, und zwar zwei Stunden nach Ankündigung der Ausweisung.[63] Stalins Behauptung stimmte nicht, da immer noch mindestens zwei Millionen Sudetendeutsche und einige hunderttausend reichsdeutsche Flüchtlinge in der Tschechoslowakei waren, doch immerhin lag nun das Eingeständnis auf dem Tisch, daß schon eine sehr große Zahl Deutscher von den Tschechen in die sowjetisch besetzte Zone vertrieben worden war und daß Stalin diesen Präzedenzfall ungerührt hinnahm und jede Verzögerung weiterer Vertreibungen für überflüssig hielt. Er gab dem Protest seiner westlichen Verbündeten nur insoweit nach, als er die humanitäre Ausdrucksweise des Artikels XIII übernahm und der westlichen Forderung zustimmte, daß die drei Außenminister sich zusammensetzen und ein Programm entwickeln sollten, das den Zustrom von Deutschen in die verschiedenen Besatzungszonen regelte. So berichtete das britische Mitglied des Unterausschusses, der den Artikel XIII verfaßt hatte: »Uncle Joe war schließlich ebenfalls bereit, die polnische und die tschechische Regierung und den Kontrollrat für Ungarn aufzufordern, die Vertreibungen hinauszuschieben, bis der Bericht des Alliierten Kontrollrats für Deutschland vorliege. Das kann vielleicht für den Augenblick Massenvertreibungen verhindern, doch ich zweifle nicht daran, daß sich auch weiterhin täglich Hunderte von Deutschen nach Westen absetzen werden... Wir haben unser Bestes getan, um einen gewissen Überblick über die Aufnahmefähigkeit Deutschlands zu erhalten, doch hier stellten sich die Russen quer, weil sie überhaupt nicht daran zweifeln, daß Deutschland Millionen Ausgewiesener aufnehmen kann. Bis zu einem gewissen Grad wird die Sache durch die Wendung im Absatz 2 abgesichert: ›wobei die gegenwärtige Lage in Deutschland zu berücksichtigen ist‹.«[64]

c) Nach Potsdam: Mißachtung des Moratoriums

Doch für Stalin war seine durch Artikel XIII entstandene Verpflichtung höchstens ein Lippenbekenntnis zu der Notwendigkeit, vorübergehend die Vertreibungen einzustellen, denn sowjetische Instanzen in der Tschechoslowakei und in Polen unternahmen keine Schritte, um die fortgesetzte Vertreibung von Deutschen in die sowjetische Besatzungszone zu verhindern. Die Folge: Das im Artikel XIII vorgesehene Moratorium wurde weder von der Tschechoslowakei noch von Polen beachtet. Nur der Kontrollrat in Ungarn erreichte nach unmittelbarer Anweisung des Alliierten Kontrollrats in Berlin, daß alle Maßnahmen zur Vertreibung bis zum Januar 1946 ausgesetzt wurden.

Die Sowjetunion aber versäumte nicht nur, die Regierungen der Tschechoslowakei und Polens von der dringenden Notwendigkeit eines Aufschubs zu überzeugen; in grober Verletzung des Artikels XIII agitierte die sowjetische Propaganda in beiden Ländern wirksam gegen die Westmächte, die pro-deutsch und pro-faschistisch seien, weil sie wünschten, die Vertreibungen zu verzögern oder ganz einzustellen, und weil sie damit die tiefsten Wünsche und Hoffnungen des tschechischen und des polnischen Volkes durchkreuzten.[65] So wurden die Westmächte und einheimische demokratische Politiker, die entweder mit dem Westen sympathisierten oder sich offensichtlich um das Schicksal der Deutschen sorgten, öffentlich angeprangert und ausgeschaltet. Diese geschickte politische Erpressung machte es gemäßigten Politikern in beiden Ländern fast unmöglich, sich offen den Vertreibungen zu widersetzen, und führte sogar so weit, daß die westlichen Alliierten im Kontrollrat ihre Zustimmung viel früher gaben, als sie ursprünglich beabsichtigt hatten.

Doch unmittelbar nach der Konferenz von Potsdam glaubten die westlichen Verbündeten tatsächlich, eine Atempause gewonnen zu haben, in der sie versuchen konnten, das dringende Problem der Unterbringung und Ernährung vor dem Wintereinbruch 1945/46 zu lösen, weil Hungersnot und Massensterben drohten.[66] Die Überzeugung, eine Frist gewonnen zu haben, wurde durch eine Pro-forma-Erklärung der polnischen[67] und der tschechoslowakischen[68] Regierung gestützt, man wolle die Vertreibungen zunächst einstellen. Doch die polnische Zustimmung erhielt eine zusätzliche Erklärung, es sei notwendig, Stettin und Schlesien von Deutschen zu räumen, da die polnische Regierung wünsche, die Gebiete wiederaufzubauen.[69]

So berichtete z.B. William Strang, politischer Berater bei der briti-

schen Militärregierung in Berlin, in einem Telegramm vom 2. September 1945 an das Foreign Office: »Am 22. August 1945 erklärte der polnische Gouverneur einer Anzahl prominenter deutscher Bürger, die kamen, um bessere Behandlung zu erbitten: Stettin und das Gebiet 30–40 Meilen westlich der Stadt würden in Kürze von allen Deutschen (ungefähr 250000) geräumt werden. Um Greuel zu vermeiden, wie sie die Deutschen in Polen verübt hätten, werde empfohlen, daß sofort mit der freiwilligen Evakuierung von Waisen, Kranken und kinderreichen Familien begonnen werde.
Als die Deutschen einwandten, daß die Bevölkerung bereits zu sehr vom Hunger geschwächt sei, um eine beschleunigte Räumung zu überstehen, antwortete er, er sei nicht in der Lage, für die Ernährung der Deutschen in diesem Gebiet zu sorgen.«[70]
Während also die Westalliierten unzweideutig erklärt hatten, daß sie im Augenblick keine weiteren Vertreibungen wünschten, sagten die Polen: »Gewiß, aber…«, und fuhren mit ihren Maßnahmen fort, Deutsche in die Sowjetzone zu schicken. Natürlich blieben die Deportierten nicht immer in der überfüllten Zone, sondern setzten ihren Weg in die britische oder amerikanische fort. Die Lage veranlaßte die britische Regierung, der russischen und der amerikanischen dringend vorzuschlagen, gemeinsam die provisorische polnische Regierung zu ersuchen, sofort die Vertreibungen einzustellen. Am 9. September 1945 übermittelte die britische Botschaft dem amerikanischen Außenminister diesen Vorschlag und stellte fest, daß »trotz des Ersuchens, das die drei Regierungen gemäß der Vereinbarung der Potsdamer Konferenz an sie gestellt haben, die polnischen Behörden fortfahren, jedenfalls auf indirekte Weise, die noch verbliebenen deutschen Einwohner aus den der polnischen Verwaltung unterstellten deutschen Gebieten zu vertreiben. Die Schwierigkeiten für die Kontrollkommission, die bereits durch die vorausgegangenen Vertreibungen unabsehbar sind, werden von Tag zu Tag schlimmer.«[71]
Der amerikanische General Eric Wood, stellvertretender Direktor der Abteilung für Kriegsgefangene und Verschleppte in der Kontrollkommission für Deutschland, berichtete nach einer Reise nach Polen, daß die Polen bereit seien, die Vertreibungen auszusetzen, »ausgenommen aus Oppeln und Stettin«.[72] Daraufhin telegrafierte der amerikanische politische Berater für Deutschland, Robert Murphy, nach Warschau, um die Notwendigkeit klarzumachen, sämtliche Vertreibungen während der Herbst- und Winterzeit einzustellen. Am 12. September 1945

bat Murphy telegrafisch Außenminister Byrnes um entsprechende Instruktionen, um im Direktorat vorschlagen zu können, daß Polen, die Tschechoslowakei und der Alliierte Kontrollrat für Ungarn formell ersucht werden sollten, weitere Vertreibungen bis zum Frühjahr 1946 aufzuschieben.[73]
Ähnlich wie die Polen umging auch die tschechoslowakische Regierung den britischen und amerikanischen Widerstand, indem sie die Ausgewiesenen in größerer Zahl in die sowjetische Besatzungszone schickte. Bei einer Besprechung des Koordinierungs-Ausschusses im Alliierten Kontrollrat teilte am 3. Oktober 1945 General Wassilij Danilowitsch Sokolowskij mit, daß die meisten Ausgewiesenen, die jetzt in die russische Besatzungszone strömten, aus der Tschechoslowakei kamen.[74] Einige Monate danach behaupteten die Vertreter der tschechoslowakischen Regierung in Verhandlungen mit der Militärregierung der Vereinigten Staaten über die Organisierung von Umsiedlungen in die US-Zone, daß seit der Potsdamer Vereinbarung – und im Widerspruch zu ihr – siebzig- bis fünfundsiebzigtausend Deutsche in »organisierten Transporten« in die Sowjetzone gebracht worden seien.[75]
Über die Ausgewiesenen, die nicht in »organisierten Transporten« verschickt oder einfach über die Grenze abgeschoben worden waren, gab es keine Zahlen. Das aber war das Schicksal vieler Sudetendeutscher, die damals in die amerikanische Besatzungszone kamen. Robert Murphy berichtete über den Zustrom von Flüchtlingen in einem Telegramm vom 25. September 1945 an Außenminister Byrnes und fügte hinzu: »Angeblich sind diese Zugänge Ergebnis der Behandlung deutscher Elemente in der Tschechoslowakei; diese Behandlung verhinderte eine geregelte und humane Umsiedlung. Der kommandierende General ist angewiesen, einen Tatsachenbericht zur Übermittlung an das Außenministerium vorzulegen, aus dem die Behandlung Deutscher durch die Tschechen und die vermutliche Wirkung auf die Auswanderung der Deutschen in die amerikanische und die übrigen Zonen Deutschlands hervorgeht.«[76]
Anschließende Berichte amerikanischer Beauftragter in der Tschechoslowakei sprachen von Übergriffen gegen deutsche Zivilisten; dadurch sei eine unorganisierte Absetzbewegung der Deutschen über die Grenzen in die amerikanische Besatzungszone ausgelöst worden. Tatsächlich hatten sich in verschiedenen sudetendeutschen Städten schwere Ausschreitungen gegen deutsche Zivilisten ereignet, am schlimmsten wohl bei dem Massaker von Aussig am 31. Juli 1945: Die tschechische

Miliz wurde zu Berserkern, als sich im nahe gelegenen Schönpriesen eine Explosion in einem Munitionslager ereignete. Die genaue Zahl der Opfer wird man niemals erfahren, man rechnet mit tausend bis zweitausendsiebenhundert Menschen.[77] Geradezu makaber klingt es, daß dieser Pogrom gegen die deutsche Bevölkerung von der tschechoslowakischen Regierung als Argument angeführt wurde, um die westlichen Alliierten zu einem beschleunigten Tempo der »Umsiedlungen« zu veranlassen. Wenn auch kein Beweis irgendwelcher Art vorgebracht wurde, schürte doch eine Propagandakampagne die Angst vor angeblichen »Werwolf«-Unternehmungen in der Tschechoslowakei. So erklärte Minister Ripka in Prag in einer Rundfunkrede vom 20. August 1945: »Unser Volk ist beunruhigt... über die Verzögerung der Umsiedlung. Wir sind uns der technischen und der Ernährungsprobleme durchaus bewußt, welche die Alliierten im Zusammenhang mit der Deportation der Deutschen aus der Tschechoslowakei und aus Polen nach Deutschland zu überwinden haben, doch man sollte Verständnis dafür aufbringen, daß die Gefühle unserer Bevölkerung ständig durch Werwolf-Organisationen aufgewühlt werden und daß ihr Eigentum immer noch zerstört wird. Wir erleben großangelegte Sabotageakte wie kürzlich in Usti nad Labem (Aussig an der Elbe). Viele Angehörige unseres Volkes fühlen sich nicht sicher, bis sie wissen, daß die Deutschen fortziehen.«[78]

Die Angst kann man sich allerdings schwer vorstellen, denn die Sudetendeutschen waren entwaffnet und warteten zu Hunderttausenden in Lagern auf ihren Abtransport. Die noch in den Dörfern Verbliebenen konnten kaum eine Gefahr für die tschechoslowakische Bevölkerung darstellen.

Das erkennbare Motiv für die beschleunigte Vertreibung war nicht die Sicherheit der Tschechen, sondern die beherrschende Idee, das Sudetenland, das immerhin 700 Jahre lang von Deutschen bewohnt gewesen war[79], vollständig zu entdeutschen und auf diese Weise einen reinen, nur aus Tschechen und Slowaken bestehenden Nationalstaat zu schaffen. Dieser Drang war stärker als der Wille der Alliierten, so daß die britische und amerikanische Weigerung, diese Umsiedlungen sofort zu genehmigen, die Flüchtlingssituation in der britischen wie der amerikanischen Zone nicht vor ständiger Verschlimmerung schützte. Obwohl nur wenige Sudetendeutsche unmittelbar aus der Tschechoslowakei in die westlichen Besatzungszonen kamen, wanderten ständig Sudetendeutsche und natürlich auch Deutsche aus den Gebieten

jenseits von Oder und Neiße weiter, wenn sie in der völlig überfüllten russischen Zone keinen Platz gefunden hatten.
Die Vertreibungen aus dem Sudetenland gingen aber nicht nur nach Norden und Westen, sondern auch nach Süden in das ebenfalls verarmte und überfüllte Österreich.
Am 23. August 1945 berichtete die *Neue Zürcher Zeitung*: »Britische Beobachter in Wien teilen mit, daß auch nach der Erklärung von Potsdam, die einen geregelten Transfer vorschrieb, Hunderttausende von Vertriebenen die österreichische Grenze überschritten haben. Es wird ausdrücklich festgestellt, daß die Vertreibungen nicht, wie Churchill annahm, auf russischen Befehl, sondern auf Veranlassung der örtlichen tschechischen Behörden erfolgen, welche Prag nicht wirksam zu kontrollieren vermöge. Im Bericht eines Holländers, der aus der Tschechoslowakei eintraf, heißt es, daß die tschechische Miliz ihre Opfer häufig in die nächstliegenden Häuser und Höfe treibt, wenn russisches Militär sich nähert, und ihnen verbietet, sich bemerkbar zu machen. In Berlin und vom Mecklenburgischen bis nach Sachsen treffen Kolonnen halbverhungerter Menschen ein, die von Stadt zu Stadt, von Dorf zu Dorf weitergeschickt werden. Tausende erreichen überhaupt kein Ziel mehr und leben in Straßengräben und Wäldern.«
Am 15. September 1945 schrieb der Londoner *Economist*: »Obwohl die Potsdamer Erklärungen das Einstellen von ungeordneten und unmenschlichen Massenvertreibungen der Deutschen verlangen, geht die gewaltsame Abschiebung aus den Provinzen Ostpreußen, Pommern, Schlesien und Teilen von Brandenburg – die 1939 eine Bevölkerung von gut neun Millionen hatten – weiter. Auch die Vertreibung der dreieinhalb Millionen Sudetendeutschen aus der Tschechoslowakei wird fortgesetzt...
Der Rat der Außenminister muß dieser erschütternden Tragödie ein Ende machen. Die in diesen Landstrichen umherziehenden Millionen sind praktisch ohne Unterkunft und Nahrung. Die bewohnbaren Teile der städtischen Zentren waren schon vor ihrer Ankunft überfüllt, und das flache Land kann sie nur begrenzt aufnehmen. Unweigerlich werden deshalb Millionen an Hunger und Erschöpfung sterben.
Selbstverständlich haben die Deutschen Strafe verdient, aber keine Folterung dieser Art. Wenn die Polen und Tschechen für zivilisierter als die Nazis gelten möchten, werden sie die Vertreibung sofort unterlassen.«[80]
Im Sitzungssaal des Unterhauses fragte am 10. Oktober 1945 der Ab-

geordnete Bower Außenminister Bevin, ob die Regierung Seiner Majestät bereits bei der Regierung von Polen protestiert habe »gegen die Grausamkeiten, die deutschen Frauen und Kindern im Zusammenhang mit ihrer Vertreibung zugefügt werden«. Bevin antwortete bejahend: »Ich habe die polnische Regierung ersucht, alle weiteren Vertreibungen von Deutschen in diesem Augenblick zu unterlassen, wozu sie nach der Konferenz von Potsdam ebenfalls aufgefordert wurde durch die Regierung Seiner Majestät, die Regierung der Vereinigten Staaten und die sowjetische Regierung. Der polnische Botschafter in London hat vor kurzem dem Foreign Office versichert, es seien strenge Befehle ausgegeben worden, alle Vertreibungen von Deutschen aus den von Polen besetzten Gebieten künftig zu unterlassen.«[81]

Trotz dieser Versicherung Bevins informierte Captain Marples das Unterhaus am 22. Oktober 1945, daß »nach einem Bericht des Internationalen Roten Kreuzes Proteste gegen unorganisierte Deportationen von Deutschen durch Polen und Tschechen ohne Wirkung geblieben sind, daß immer noch Flüchtlinge nach Berlin strömen und zu Tausenden auf den Straßen sterben.«[82]

Am 25. Oktober 1945 empfing Premierminister Attlee eine Deputation, die von Sir William Beveridge angeführt wurde und sich aus sieben Parlamentsabgeordneten, vier Bischöfen, dem berühmten Verleger Victor Gollancz und mehreren anderen prominenten Engländern zusammensetzte. Sie drängten darauf, daß angesicht der unmittelbar drohenden Hungersnot und des Elends von Millionen Menschen die Regierung Seiner Majestät »mit der russischen, der polnischen und der tschechoslowakischen Regierung verhandeln solle, um zu erreichen, daß sofort und den ganzen Winter hindurch keine Deutschen aus ihrer Heimat in Osteuropa vertrieben werden und daß eine gemeinsame interalliierte Politik in dieser Frage noch vor dem Frühjahr entwickelt wird«.[83]

Das Parlament verwandte den Tag danach auf die Debatte über europäische Verhältnisse. Der erste Redner im Unterhaus war Sir Arthur Salter von der Universität Oxford. Er legte einen Antrag vor, die Regierung Seiner Majestät aufzufordern, daß sie alle nur denkbaren Schritte unternehmen solle, um eine Katastrophe in Deutschland zu verhindern, besonders »indem sie allen Einfluß bei jenen Regierungen aufbietet, die Deutsche in großer Zahl aus ihrer Heimat in Osteuropa vertrieben haben, damit gesichert wird, daß diese Vertreibung mindestens bis Ende des Winters unterbrochen wird. Falls sie dann wieder aufge-

nommen wird, dann auf geregelte Weise, wie es die Potsdamer Erklärung voraussetzt, und mit Zustimmung aller vier Regierungen, die Deutschland kontrollieren ...«[84]
Im Verlauf der Debatte, die sich nun entspann, verdammte der Abgeordnete Michael Foot die unverhüllte, eindeutige Mißachtung der Potsdamer Vereinbarung und drängte auf äußerste Anstrengungen, die Vertreibungen während des Winters zu verhindern, weil es sonst völlig unmöglich sei, sie den Vorschriften des Protokolls entsprechend durchzuführen.[85]
Am 27. Oktober berichtete aber die Londoner *Times*: »Die polnischen Behörden in Breslau zerstörten heute eines der wenigen deutschen Denkmäler in der Stadt, das Standbild Kaiser Wilhelms I., und gaben bekannt, daß die noch in Breslau anwesenden 200000 Deutschen gezwungen werden sollten, in eine der besetzten Zonen Deutschlands umzusiedeln. Der Bürgermeister, Mr. Stanislaw Gosniej, erklärte in einer Rede vor dem Denkmal, daß ›jede Woche 4000 Deutsche die Stadt verlassen, und binnen sechs Monaten wird Wroclaw (Breslau) die zweite Stadt ganz Polens sein‹.«[86]
Durch diese Nachricht besorgt, telegrafierte das Foreign Office dem britischen Botschafter in Warschau am 3. November: »Können Sie bestätigen? Wie läßt sich dieses Verhalten mit der polnischen Zusicherung vereinbaren, daß die Vertreibungen eingestellt worden sind?«[87]
Am 16. November telegrafierte das Foreign Office erneut dem britischen Botschafter in Warschau: »Unter Bezug auf Ihr Telegramm Nr. 862 vom 5. November über die fortgesetzte Vertreibung von Deutschen aus Breslau durch polnische Behörden habe ich Euer Exzellenz mitzuteilen, daß Sir Orme Sargent in einer Besprechung mit dem polnischen Botschafter am 12. November Monsieur Strassburger auf den Bericht der *Times* vom 27. Oktober aufmerksam machte.
Monsieur Strassburger gab sofort zu, daß diese Äußerungen von Monsieur Gosniej, falls er sie gemacht habe, im Gegensatz ständen zur Politik der polnischen Regierung und zu den Zusicherungen, die sie der Regierung Seiner Majestät gemacht hat. Er versprach, den Bericht dem polnischen Außenminister vorzulegen, der sich noch in London aufhielt, weil schlechtes Wetter seine Abreise verzögerte.
Sir Orme Sargent nahm die Gelegenheit wahr, Monsieur S. klarzumachen, daß der Bericht, auf den er ihn aufmerksam gemacht hatte, nur einen Fall der unbefriedigenden Art erwähne, in der die polnische Regierung ihre Zusicherungen einhalte. Er sprach davon, daß selbst

dann, wenn die polnische Regierung und ihre Vertreter ihre Verpflichtungen strikt erfüllten, das Leben für die Deutschen in dem deutschen, unter polnischer Verwaltung stehenden Gebiet unerträglich werde, so daß sie gezwungen seien, das Land zu verlassen, nur um zu überleben.

Während Monsieur Strassburger einräumte, daß die polnischen Einwohner zweifellos in vielen Fällen das Gesetz in eigene Hände genommen hätten, wies er doch auf das Durcheinander in diesen Gebieten hin, das es schwierig, wenn nicht gar unmöglich mache, genau festzustellen, was wirklich vor sich geht. Monsieur Strassburger erwähnte Berichte, die ihn erreicht haben, wonach manche Deutsche das Territorium verlassen, andere aber, die vorher nach Deutschland geflohen seien, zurückzukehren versuchten.«[88]

Schließlich änderte sich aber nichts. In diesem Sinn kommentierte der *Economist* am 10. November 1945. »Es ist eine unangenehme, aber feststehende Tatsache, daß die Proteste der Westmächte gegen die sofort vorgenommenen Vertreibungen von Deutschen aus den Gebieten an Oder und Neiße und aus dem Sudetenland unwirksam waren. Die Vertreibungen gehen weiter...«[89]

Der in Artikel XIII verlangte Aufschub war also völlig unbeachtet geblieben.[90] Die Regierungen Polens und der Tschechoslowakei weigerten sich, obwohl sie das Gegenteil beteuerten, den Westmächten eine Atempause einzuräumen. Der Zustrom verelendeter Vertriebener in die zerstörten britischen und amerikanischen Zonen ging weiter. Appelle, die Vertreibung bis Winterende einzustellen, waren erfolglos geblieben.

Unter diesen Umständen war die beste Möglichkeit, eine weitere Verschlechterung der Verhältnisse in der amerikanischen und der britischen Besatzungszone zu verhindern, ein Plan für die geregelte Umsiedlung. Ein solcher Plan hatte den Vorteil, die Zahl der Menschen und ihre Ankunftszeit im voraus zu bestimmen, und schon das hätte mindestens die Möglichkeit zugelassen, einige wenige, aber unumgänglich notwendige Vorbereitungen zu treffen.

Der Alliierte Kontrollrat legte einen solchen Plan am 20. November 1945 auf den Tisch. Danach sollten von den dreieinhalb Millionen Deutschen, die man noch in Polen und den von Polen verwalteten Gebieten vermutete[91], zwei Millionen in die sowjetische und die übrigen in die britische Besatzungszone geschickt werden; von den zweieinhalb Millionen Deutschen, die sich vermutlich noch in der Tschechoslowakei und im Sudetenland befanden, sollte die amerikanische Zone eine Million siebenhundertfünfzigtausend Menschen aufnehmen, die sowjetische siebenhundertfünfzigtausend; eine halbe Million Deutsche aus Ungarn wurden für die amerikanische Zone bestimmt, und 150000 Deutsche aus Österreich wollte man in die französische schikken. Alle Übersiedlungen sollten bis zum 1. August 1946 abgewickelt werden.[92]

Man hielt es für möglich, die Ausgewiesenen nach dem folgenden Zeitplan zu deportieren: Im Dezember 1945 zehn Prozent der Gesamtzahl, im Januar und Februar 1946 je fünf Prozent, im März und April je fünfzehn Prozent, im Mai und im Juni je zwanzig Prozent, im Juli wiederum zehn Prozent.[93]

Doch dieser Zeitplan war nur ein Vorschlag, und wie sich dann herausstellte, begannen »organisierte Übersiedlungen« erst Mitte Januar 1946. Der Plan des Alliierten Kontrollrats sah außerdem vor, daß die Transporte bei rauhem Wetter und zu anderen Zeitpunkten eingestellt werden sollten, falls die Besatzungsmächte keine Neuankömmlinge mehr unterbringen konnten.

Die Vorausberechnung der Übersiedlungen bis zum August 1946 konnte aber nicht erfüllt werden, weil sich ungeheure Schwierigkeiten einstellten. Es war sehr schwer für die Besatzungsbehörden, für die Millionen elender Menschen zu sorgen: Sie kamen in ein Land, in dem die täglichen Rationen auf 1000 Kalorien gesunken waren[94], ein Land, wo in manchen Städten nur noch zehn bis zwanzig Prozent der Vorkriegswohnungen zur Verfügung standen[95], wo der Mangel an Heizmaterial zu zahlreichen Fällen von erfrorenen Familien führte[96].

In Österreich war die Flüchtlingslage ebenfalls kritisch, so daß der Alliierte Kontrollrat in Wien versuchte, Ausweisungen aus der Tschechoslowakei und vor allem aus Jugoslawien einzudämmen. Von der etwa halben Million Volksdeutscher in Jugoslawien wurden Tausende zur Zwangsarbeit verschleppt[97], Tausende wurden in Lagern interniert[98], während andere, die näher an der österreichischen Grenze wohnten, entweder über die Grenze flüchteten oder von jugoslawischen Behörden ausgewiesen wurden[99], obwohl in der Potsdamer Konferenz keine Genehmigung zur Ausweisung der Volksdeutschen aus Jugoslawien erteilt wurde und jeder Hinweis darauf im Artikel XIII des Protokolls fehlt.

Am 15. Oktober 1945 berichtete der *News Chronicle* aus Wien: »Drei- oder viertausend Deutsche aus allen Balkanstaaten hat man an der österreichisch-ungarischen Grenze zusammengeholt, um sie in Österreich abzuladen...« Daraufhin telegrafierte das Foreign Office dem britischen Botschafter in Belgrad und bat um eine Erklärung. Der Botschafter telegrafierte am 6. Dezember zurück, die jugoslawische Regierung habe ihn informiert, daß keine Volksdeutschen ausgewiesen worden seien.[100]

Am 18. Dezember telegrafierte der britische Gesandte in Wien, Mack, an das Foreign Office und an die Botschaft in Belgrad: »Die jugoslawische Behauptung ist unwahr«[101], und wies auf mehrere Ausweisungen hin.

Am 29. Dezember bestätigte der britische Botschafter aus Belgrad: »Gegen alle Menschen von deutscher Abkunft wird in Slowenien eine Kampagne durchgeführt. Leute mit deutschen Namen sind verhaftet (darunter britische und französische Staatsangehörige) und andere nach Österreich deportiert worden, nachdem man ihnen Papiere als österreichische ›Displaced Persons‹ gegeben hatte.«[102]

Dazu das Foreign Office in einem Telegramm vom 4. Januar 1946: »...Wenn aus Jugoslawien nach Österreich vertriebene Personen Deutsche aus Österreich sind, handelt die jugoslawische Regierung gegen das ausdrückliche Ersuchen des Alliierten Rats in Österreich, dem sie beizustimmen schien, als sie die in Ihrem Telegramm 2286 erwähnten Zusicherungen abgab. Wenn diese Vertriebenen nicht Deutsche, sondern Jugoslawen sind, gibt es noch weniger Grund dafür, sie nach Österreich zu vertreiben. Falls Sie keine Einwände haben, machen Sie der jugoslawischen Regierung bitte geeignete Vorhaltungen über die Vorfälle, die in dem betreffenden Telegramm aus Wien berichtet werden. Falls die jugoslawische Regierung mit diesen Vertreibungen fortfährt, werden die britischen Behörden keine andere Wahl haben, als sie mit Gewalt zu verhindern.«[103]

Im Hinblick auf die britische Verstimmung wegen der fortlaufenden Vertreibungen wandte sich die jugoslawische Regierung an die amerikanische Botschaft in Belgrad und versuchte, in einem Aide-mémoire vom 19. Januar 1946 über den »Transfer der restlichen deutschen Minderheit aus Jugoslawien nach Deutschland«, das am 16. Mai 1946 erneut eingereicht wurde, unter fälschlicher Berufung auf die Potsdamer Vereinbarungen die Amerikaner dazu zu bewegen, ihre »guten Dienste« zur Verfügung zu stellen, damit »eine Entscheidung« bezüglich der Volksdeutschen in Jugoslawien durch den Allierten Kontrollrat in Berlin beschleunigt herbeigeführt werden könne.[104]

Inzwischen war aber die Lage der Flüchtlinge in Deutschland so katastrophal geworden, daß die amerikanischen Behörden den jugoslawischen Wünschen keine Folge leisteten.[105] Doch liefen die Vertreibungen aus Jugoslawien, Polen und der Tschechoslowakei weiter und führten zum totalen Chaos in Österreich und Deutschland. So stellte das Internationale Komitee vom Roten Kreuz 1947 fest: »Hätte man daran gedacht, daß die Repatriierung von rund anderthalb Millionen Griechen aus Kleinasien nach dem Ersten Weltkrieg mehrere Jahre dauerte und Hilfspläne in großem Maßstab erforderte, dann wäre die Vorhersage nicht schwer gewesen, daß die übereilte Verpflanzung von vierzehn Millionen Menschen eine Menge Probleme humanitärer Art aufwerfen werde, vor allem in einem mit Ruinen übersäten Europa, in dem der Hunger regierte.«[106]
Aber die Welt hatte zu viel Leiden und Tod gesehen. Das Elend der deutschen Vertriebenen stieß auf taube Ohren und blinde Augen.[107]

Sechstes Kapitel

»Geregelte und humane« Umsiedlungen

> Sofern das Gewissen der Menschheit jemals wieder empfindlich werden sollte, werden diese Vertreibungen als die unsterbliche Schande aller derer im Gedächtnis bleiben, die sie veranlaßt oder sich damit abgefunden haben... Die Deutschen wurden vertrieben, aber nicht einfach mit einem Mangel an übertriebener Rücksichtnahme, sondern mit dem denkbar höchsten Maß von Brutalität.
>
> *Victor Gollancz (Unser bedrohtes Erbe, Zürich 1947, S. 156f.)*

Jede ausgedehnte Umsiedlung von Menschen ist notwendigerweise mit Härte und Leiden verbunden. Sie ist und bleibt eine außergewöhnliche Maßnahme, denkbar nur in außergewöhnlichen Zeiten.

Rückblickend läßt sich feststellen, daß die westlichen Alliierten die Schwierigkeiten unterschätzten, die mit der Überführung der Deutschen auf sie zukamen, doch wenn man diese historischen Ereignisse im richtigen Zusammenhang sieht, erkennt man, daß die Vertreibung der Deutschen im Sommer 1945 von den meisten Politikern als eine Art Abebben des Krieges empfunden wurde. Parlamentsdebatten, offizielle Memoranda, Instruktionshefte und andere Dokumente zeugen davon und enthüllen außerdem den optimistischen Glauben, den die meisten Staatsmänner im Westen teilten, daß die Wiederansiedlung der Deutschen in »geregelter und humaner« Weise erfolgen werde. Im Licht der späteren Wirklichkeit erscheinen manche Einzelheiten des westlichen Plans schlichtweg utopisch. So sollte zum Beispiel den Umsiedelnden eine angemessene Entschädigung für ihre bewegliche und unbewegliche Habe, die sie zurücklassen mußten, zuteil werden.[1] Die Aussiedlungen sollten nach und nach und unter internationaler Aufsicht erfolgen.[2] Transporte sollten im Winter und wenn es die Besatzungsbehörden wünschten, abgesagt werden...

Schon in voraufgehenden Kapiteln dieser Studie ist darauf hingewiesen worden, daß mehr als zwei Millionen Deutsche ihre Ausweisung nicht überlebt haben. Wahrscheinlich kam eine Million im Verlauf der Evakuierungen durch die Wehrmacht und während der Flucht in den letzten Kriegsmonaten um. Die übrigen, meistens Frauen, Kinder und alte Leute, fielen den schonungslosen Methoden der Vertreibung zum Opfer. Natürlich sind nicht sämtliche Umsiedlungen so brutal durchgeführt worden; in den Sommermonaten von 1946 und 1947 waren die Transporte verhältnismäßig gut organisiert und forderten viel weniger Menschenleben. Doch die Vertreibungen von 1945, vor allem die des Winters und diejenigen, die in die sowjetische Besatzungszone Deutschlands führten, waren nach Methoden und Folgen wahre Katastrophen.

Drei Perioden oder Phasen sollten unterschieden werden: die erste, die Zeit vor Potsdam, wurde durch die »wilden« Vertreibungen gekennzeichnet, wie sie die polnische und die tschechoslowakische Regierung ohne westliche Zustimmung, aber mit Ermunterung durch die Sowjetunion, vornahmen. In dieser Phase beschleunigten beide Staaten die Vertreibungen, um die Konferenz in Potsdam möglichst vor vollendete Tatsachen zu stellen; doch die Aufgabe, so viele Menschen in Bewegung zu setzen, ließ sich so schnell nicht durchführen, so daß das Problem der Umsiedlung von Millionen Gegenstand der Verhandlungen in Potsdam werden mußte. Die zweite und die dritte Phase umfassen also die Vertreibung nach Potsdam; es sollten, wie es Artikel XIII ausdrücklich verlangte, »geregelte und humane« Umsiedlungen sein. (Natürlich läßt es sich schlecht vorstellen, wie die gewaltsame Entwurzelung von Millionen Menschen überhaupt »human« sein kann; doch kann man nicht daran zweifeln, daß viel Leiden und Sterben vermieden worden wäre, wenn die Umsiedlungen wenigstens »geregelt« vor sich gegangen wären.)

Die unmittelbar nach der Konferenz und bis Ende 1945 vorgenommenen Ausweisungen zeigen dieselbe Schonungslosigkeit, die bereits die Phase vor Potsdam charakterisiert hatte. Organisierte Transporte konnten schon deshalb nicht auf den Weg gebracht werden, weil die Alliierten einen Aufschub der Umsiedlungen verlangt hatten, um die Aufnahme der Ausgewiesenen vorbereiten zu können. Und sogar nachdem der Kontrollrat in Berlin am 20. November 1945 offizielle Richtlinien für die Umsiedlungen herausgebracht hatte, wurden seine Zeitpläne zunächst gar nicht beachtet; trotz aller Proteste der Westmächte wurden die ungeregelten Vertreibungen fortgesetzt.[3] Nur nach und nach faßte man 1946 und 1947 größere Gruppen in organisierten

Transporten zusammen, die sicherlich ebenso schwer auf den Ausgewiesenen lasteten wie die ersten Vertreibungen, aber längst nicht so viele Todesopfer forderten.

Die Zeit vor Potsdam: Wilde Vertreibungen

Lange vor Kriegsende erhielten polnische Behörden von der sowjetischen Besatzungsmacht die Genehmigung, in die deutschen Provinzen Ostpreußen, Pommern und Schlesien einzuziehen.[4] Einheimische Deutsche mußten ihre Wohnungen räumen, andere, die ihr Zuhause behalten hatten, wurden durch Ausschreitungen von Angehörigen der polnischen und sowjetischen Streitkräfte veranlaßt, alles aufzugeben und nach Westen zu fliehen. Sie brauchten also später nicht mehr ausgewiesen zu werden.[5]

In der Tschechoslowakei setzten die Vertreibungen erst nach der deutschen Kapitulation ein. Während der folgenden Wochen wurden Zehntausende von Sudetendeutschen gezwungen, zur österreichischen oder zur deutschen Grenze zu trecken.

Die verhältnismäßig seltenen Berichte, die in zeitgenössischen amerikanischen und britischen Zeitungen erschienen, zeichnen ein eintöniges Bild von Elend und Tod unter den Vertriebenen. So brachte die Londoner *Daily Mail* einen Artikel von Rhona Churchill über die Verhältnisse in der neu erstandenen Tschechoslowakei und besonders über die Vertreibung der Deutschen aus der mährischen Hauptstadt Brünn am 30. Mai 1945:

»Hier, zum Beispiel, die Ereignisse vom vergangenen Monat in Brno, als junge Revolutionäre der tschechischen Nationalgarde beschlossen, die Stadt zu ›reinigen‹.

Kurz vor neun Uhr abends marschierten sie durch die Straßen und riefen alle deutschen Bürger auf, um neun Uhr vor ihren Häusern zu stehen, ein Gepäckstück in jeder Hand, bereit, die Stadt auf immer zu verlassen. Den Frauen blieben zehn Minuten, die Kinder zu wecken, sie anzuziehen, ein paar Habseligkeiten zusammenzupacken und sich auf die Straße zu stellen.

Hier mußten sie alle Schmuck, Uhren, Pelze und Geld den Nationalgardisten ausliefern, bis auf den Ehering; dann wurden sie mit vorgehaltenen Gewehren in Marsch gesetzt, der österreichischen Grenze entgegen.

Es war stockfinster, als sie die Grenze erreichten, die Kinder weinten, die Frauen stolperten vorwärts. Die tschechischen Grenzwachen drängten sie über die Grenze den österreichischen Grenzwachen entgegen. Da kam es zu neuer Verwirrung. Die Österreicher weigerten sich, die Leute aufzunehmen, die Tschechen, sie wieder ins Land zu lassen. Sie wurden für die Nacht auf ein offenes Feld getrieben. Am nächsten Morgen erschienen ein paar Rumänen als Wache.
Sie sind immer noch auf diesem Feld, das zum Konzentrationslager geworden ist. Sie haben nur zu essen, was ihnen die Wachen gelegentlich bringen. Rationen erhalten sie nicht... Jetzt wütet eine Typhusepidemie unter ihnen, und es heißt, daß täglich hundert sterben.
Fünfundzwanzigtausend Männer, Frauen und Kinder haben diesen Gewaltmarsch aus Brünn mitgemacht, darunter eine Engländerin, die mit einem Nazi verheiratet ist, eine Österreicherin von siebzig Jahren, eine sechsundachtzigjährige Italienerin.
Überall im Lande werden jetzt Konzentrationslager für Deutsche eingerichtet. Man schickt die Leute unterschiedslos hinein, während sie auf ihr Visum für Deutschland warten. Sogar deutsche Juden und Nazigegner, die erst kürzlich aus den Konzentrationslagern der SS befreit wurden, sind nicht sicher...«[6]
F. A. Voigt, jahrelang Berlin-Korrespondent des *Manchester Guardian* und 1945 Herausgeber der Monatsschrift *The Nineteenth Century and After*, gab seinem Artikel die Überschrift »Orderly and Humane«:
»Zu den Hochburgen der sudetendeutschen Arbeiterbewegung gehörte Bodenbach. Als es von den Russen besetzt wurde, entwickelte sich ein Terrorregime mit Plündern und Schänden von Frauen. Die Tschechen litten ebenso darunter wie die Deutschen. Gegen die Deutschen wurden besondere Maßnahmen ergriffen, doch viele von ihnen erhielten einen Ausweis als »Antifaschisten« und blieben verschont. Als die neuen tschechischen Behörden die Macht übernahmen, wurden diese Ausweise eingezogen, die Deutschen vertrieben oder in Konzentrationslager gebracht, ohne Rücksicht auf ihre mutmaßliche Vergangenheit...[7]
Am 31. Juli kam es zu einer Explosion im Kabelwerk von Usti (Aussig an der Elbe). Die ›Werwölfe‹ sollten sie verursacht haben, wofür es allerdings keinerlei Hinweise gab. Ein Blutbad folgte. Frauen und Kinder wurden von der Brücke in den Fluß gestürzt, Deutsche auf der Straße erschossen. Man schätzt, daß zweitausend bis dreitausend Menschen umgebracht wurden.«[8]

Über das Massaker an den Deutschen in Aussig hat der tschechische Historiker Jan Havel in den jüngst geöffneten Archiven der tschechoslowakischen Armee geforscht und festgestellt, daß das Massaker zwei Kompanien des 28. Regiments unter dem Kommando von Oberst Voves zu verantworten haben. Dieses Regiment hatte schon seit Mai 1945 in der Gegend von Böhmisch Leipa, Tetschen und Rumburg die ersten Pogrome und wilden Vertreibungen veranstaltet. In den frühen Morgenstunden des 31. Juli 1945 wurden zwei Kompanien dieses Regiments nach Aussig verlegt und in der deutschen Volksschule in der unmittelbaren Nähe der Benesch-Brücke untergebracht. Für Jan Havel war es kein Zufall: »Zur gleichen Zeit, fast Punkt 16 Uhr, als auf der Benesch-Brücke die ersten Deutschen – Frauen, Kinder und alte Männer – erschlagen und in die Elbe geworfen wurden, ging das ohne Zweifel organisierte Morden auch in der Gerbergasse und auf dem Marktplatz, also an drei Stellen, los.«[9]

Der britische Botschafter in Prag, Nichols, der über diese Ausschreitungen in Aussig mit Entsetzen erfuhr, telegrafiere dem Foreign Office:

»Ich habe mehrere Berichte aus verschiedenen Quellen erhalten, aus denen hervorgeht, daß die tschechische Bevölkerung von Usti nad Labem (Aussig) kürzlich Ausschreitungen gegen die einheimischen Deutschen begangen hat, und zwar nach Explosionen und Bränden in der Stadt.

2. Zwei Frauen englischer Herkunft, die dabei in Usti anwesend waren, bestätigen die Aussagen und fügen hinzu, daß die fraglichen Taten wahrscheinlich als spontane Ausschreitungen tschechischer Schlägertypen erfolgten. Sie meinen, die Masse der tschechoslowakischen Bevölkerung sei am nächsten Tag über die Ausschreitungen tief beschämt gewesen.

3. Dieses Verhalten steigert die Entschlossenheit der amerikanischen Truppen in Böhmen, auf ›Gerechtigkeit auch für Deutsche‹ zu bestehen; doch ihre Einstellung verursacht wiederum Spannungen mit den Tschechoslowaken, die den Amerikanern Sympathie mit den Deutschen vorwerfen. Es heißt, daß die Amerikaner ein Dossier mit Fotografien über die tschechoslowakischen Ausschreitungen anlegen.

4. Ich habe in halboffiziellen Briefen über das berichtet, was ich selbst unternommen habe, um der tschechoslowakischen Regierung klarzumachen, welch schlechten Dienst sie ihrer eigenen Sache mit solchem Verhalten zufügt und wie wichtig es ist, sich streng an Gesetz und

Ordnung und allgemeinen Anstand zu halten. Obwohl die leitenden Leute es einsehen, zeigt der neueste Vorfall, daß die Zentralregierung noch nicht das ganze Land unter Kontrolle hat.«[10]

Doch ein Leitartikel auf der ersten Seite der Prager Tageszeitung *Svobodny Smer* beschwerte sich am 18. Juli darüber, daß die Anglo-Amerikaner zu mild zu den Deutschen seien: »Es ist unmöglich zu begreifen, wie es noch Leute gibt, welche die Deutschen in Schutz nehmen wollen... Was hilft es uns, wenn die Öffentlichkeit in Amerika unsere Meinung teilt, daß die Deutschen keine menschlichen Wesen sind, sondern nur Halb-Menschen, oder wenn sie der These zustimmt, daß die Deutschen so behandelt werden müssen, wie sie es verdienen, wenn zur selben Zeit junge Leute aus Oklahoma oder Michigan über die Straßen zwischen Mariánské Lázně [Marienbad], Cheb [Eger] und Aš [Asch] in ihren Sechszylindern reisen und kein Interesse zeigen...«[11]

Nach den vielen Jahren der deutschen Besetzung in der Tschechoslowakei ist es vielleicht verständlich, daß viele Tschechen auf allgemeine Vergeltung eingestellt waren. In den östlichen Gebieten des Sudetenlandes, die durch die sowjetische Armee besetzt waren, konnten Mitglieder der tschechischen Miliz ihre Rache gegen schuldige und unschuldige Deutsche ungehindert ausüben. Im westlichen Sudetenland sorgte aber die amerikanische Dritte Armee unter General Patton für Ordnung und Disziplin. Nicht selten mußten amerikanische Soldaten und Offiziere eingreifen, wenn Mitglieder der tschechischen Miliz versuchten, sudetendeutsche Zivilpersonen zu verhaften oder auszuplündern.[12] Vertreibungen aus diesem Gebiet wurden auch im Jahre 1945 nicht gestattet. Aber der Schutz der Amerikaner galt nur in einem beschränkten Gebiet über eine kurze Zeit. Schließlich wurden die Sudetendeutschen aus Eger und Marienbad genauso entwurzelt wie die Sudetendeutschen aus den russisch besetzten Städten Karlsbad, Aussig und Reichenberg.

Die gemischte Hilfskommission des Internationalen Roten Kreuzes, die auch den nach Berlin und in die westlichen Besatzungszonen gelangten Vertriebenen zu helfen suchte, berichtete ebenfalls über die Sinnlosigkeit und Unmenschlichkeit der Vertreibung.

»Diese entwurzelten Massen wanderten über die Hauptstraßen, hungernd, krank und müde, oft voller Ungeziefer. Wo immer sie auftauchten, wurden sie weitergeschickt, bald in diese, bald in eine andere Richtung. Nehmen Sie als Beispiel den Fall eines Schlesiers und seiner Frau. Sie kamen bis Mecklenburg, wo sie die offizielle Anweisung erhielten, nach Schlesien zurückzukehren. Der Mann ging zu seinem Karren zurück, setzte seine Frau darauf, die nicht mehr gehen konnte, und kehrte nach Schlesien zurück. Kaum waren sie angekommen, wurden sie sofort wieder ausgewiesen... Oder denken Sie an die Kinder. Am 27. Juli 1945 kam im Westhafen von Berlin ein Schiff mit der traurigen Fracht von rund dreihundert fast zu Tode verhungerten Kindern an, die aus einem Heim im pommerschen Finkenwalde stammten. Kinder von zwei bis vierzehn Jahren lagen bewegungslos auf dem Schiffsboden, die Gesichter von Hunger gezeichnet, an Krätze leidend, von Ungeziefer zerfressen. Leib, Knie und Füße waren geschwollen – bekanntes Symptom des Hungers.«[13]

Nach Potsdam: August bis Dezember 1945

Artikel XIII des Potsdamer Protokolls enthielt die erste offizielle Genehmigung für die Umsiedlung von Deutschen, doch keineswegs eine Art Blankoscheck für Vertreibung. Wie bereits im fünften Kapitel dieser Studie erörtert, verlangte der Artikel ausdrücklich einen Aufschub, weil das vom Krieg zerrüttete Deutschland keine weiteren Vertriebenen aufnehmen konnte; außerdem wurde die Zustimmung der Alliierten davon abhängig gemacht, daß die Regierungen Polens, Ungarns und der Tschechoslowakei ihre Verpflichtungen erfüllten, für eine »geregelte und humane« Durchführung zu sorgen.
Winston Churchill, einer der wichtigsten Urheber der Vertreibungspolitik, gehörte auch zu den ersten, die ihre Besorgnis über die Art und Weise der Durchführung ausdrückten. In seiner oft zitierten Rede vom 16. August 1945 vor dem Unterhaus sagte er: »Besonders beschäftigen mich in diesem Augenblick die Berichte, die uns über die Bedingungen zukommen, unter denen die Vertreibung und der Auszug der Deutschen aus dem neuen Polen durchgeführt werden. Vor dem Krieg lebten acht bis neun Millionen Menschen in diesen Gebieten. Die polnische Regierung sagt, von diesen befänden sich noch 1 500 000, die bisher nicht vertrieben wurden, innerhalb der neuen Grenzen. Andere Millionen müssen hinter den britischen und amerikanischen Linien Zuflucht genommen haben, wodurch sie die Lebensmittelknappheit in unserer Zone erhöhten. Über eine riesige Anzahl fehlt jede Nachricht. Wohin haben sie sich gewandt, was war ihr Schicksal? Die gleichen Zustände können sich in veränderter Form bei der Ausweisung einer

großen Anzahl Sudetendeutscher und anderer Deutscher aus der Tschechoslowakei wiederholen. Spärliche und vorsichtige Berichte über die Dinge, die vor sich gingen und gehen, sind durchgesickert; es ist aber nicht ausgeschlossen, daß eine Tragödie ungeheuren Ausmaßes sich hinter dem Eisernen Vorhang, der Europa gegenwärtig entzweischneidet, abspielt.« [14]

Entsprechend berichtete der Politische Berater bei der britischen Militärregierung in Berlin, Sir William Strang, in einem Telegramm vom 1. September 1945 an das Foreign Office: »Die Vertreibungen werden kaum vorher angekündigt, die Flüchtlinge gehen mit dem, was sie tragen können. Viele streben nach Berlin, weil Eisenbahnlinien dorthin führen und sie auf eine zentrale Organisation hoffen, die ihnen hilft. Auf dem Weg zu den Bahnstationen leben sie von dem, was sie auf dem Feld und in Häusern stehlen können, und Kranke und Alte bleiben unterwegs liegen. Die meisten Flüchtlinge haben bei der Ankunft in Berlin keinerlei persönlichen Besitz, weil sie ihn gegen Nahrungsmittel eingetauscht haben oder unterwegs von Soldaten beraubt worden sind.« [15]

Aber nicht alle Flüchtlinge, die nach Berlin strömten, wurden von den polnischen Behörden offiziell ausgewiesen. Wie Sir William Strang am 1. September telegrafisch berichtete: »Räumung veranlaßt durch Vorenthaltung von Lebensmittelkarten, ›Finden‹ von Waffen in deutschen Häusern, Rauben und Plündern und die Drohung mit dem, was allen Deutschen zustoßen wird, die in dem Gebiet leben, wenn es endgültig polnisch wird. Flüchtlinge werden auf Straßen und in Zügen ausgeraubt. Nach einem Gewährsmann bieten Kohlenzüge das sicherste Transportmittel, doch nach Aussage von jemandem, der mit einem Kohlenzug reiste, wurde er zwischen Breslau und Berlin viermal geplündert. Bestimmte Waren, z. B. Medikamente, können nur in Zloty bezahlt werden, die Deutsche nicht erhalten, und die Preise steigen teilweise um 1000 %. Viele Deutsche weigern sich noch, das Land zu räumen, weil sie hoffen, daß die Grenze weiter östlich festgelegt wird, als die Polen hoffen, doch die Rationen sind so gering (von 500 bis 700 g Brot in der Woche, kein Fleisch oder Fett), daß die Sterblichkeit bereits alarmierend ist.« [16]

Einige Berichte über das Geschehen in Ostdeutschland wurden in der westlichen Presse veröffentlicht. Daraufhin erhoben sich mehrere Proteststimmen. Am 19. Oktober 1945 schrieb Bertrand Russell, aufgerüttelt durch die Berichte über die Massenvertreibung, an die *Times*:

»In Osteuropa werden jetzt von unseren Verbündeten Massendeportationen in einem unerhörten Ausmaß durchgeführt, und man hat ganz offensichtlich die Absicht, viele Millionen Deutsche auszulöschen, nicht durch Gas, sondern dadurch, daß man ihnen ihr Zuhause und ihre Nahrung nimmt und sie einem langen schmerzhaften Hungertod ausliefert. Das gilt nicht als Kriegsakt, sondern als Teil einer bewußten ›Friedens‹politik... Im Potsdamer Protokoll wird vorgeschrieben, daß die Ausweisungen von Deutschen in ›geregelter und humaner‹ Weise durchgeführt werden sollten. Und es ist wohl bekannt – durch öffentliche Berichte wie durch Briefe, die zahlreiche britische Familien von Verwandten und Freunden in den Besatzungsarmeen erhielten –, daß diese Bedingung von unseren russischen und polnischen Verbündeten nicht beachtet worden ist. Es ist richtig, wenn man der ungeheuren öffentlichen Entrüstung, die dadurch ausgelöst wurde, auch Ausdruck gibt, damit unsere Verbündeten erfahren, daß die britische Freundschaft durch die Fortsetzung einer solchen Politik vollständig verlorengehen könnte.«[17]

Doch die rücksichtslosen Vertreibungen setzten sich trotz der offensichtlichen Konsequenzen fort. Am 8. Dezember 1945 schrieb Bertrand Russell wieder, diesmal im *New Leader*:

»Jederzeit werden Frauen und Kinder in Eisenbahnzügen zusammengetrieben, jeder nur mit einem Koffer, dessen Inhalt unterwegs meistens geraubt wird. Die Reise nach Berlin dauert viele Tage, in denen keine Nahrungsmittel verteilt werden. Viele erreichen Berlin als Tote; Kinder, die unterwegs sterben, werden aus dem Fenster geworfen... Viele von denen, die man aus ihrem Haus treibt, werden nicht mit der Eisenbahn befördert, sondern müssen zu Fuß nach Westen wandern. Genaue Statistiken über die Zahl der auf diese Weise Vertriebenen sind nicht zu erhalten, denn nur die Russen könnten sie vorlegen.[18] Ernest Bevin schätzt sie auf neun Millionen. Nach der Aussage eines britischen Offiziers, der sich jetzt in Berlin aufhält, sterben ganze Bevölkerungen, und die Berliner Krankenhäuser ›lassen den Anblick von Konzentrationslagern ganz normal erscheinen‹.«[19]

Typisch für Presseberichte, wie sie Bertrand Russell zu seinen Briefen veranlaßten, sind die folgenden:

»Unter dem zerbombten Dach des Stettiner Bahnhofs... blickte ich heute nachmittag in einen Viehwagen, der an den Puffern neben Bahnsteig 2 abgestellt worden war. Auf einer Seite lagen vier Gestalten tot unter Decken, auf Tragen aus Bambus und Raphiabast, in einer anderen Ecke vier weitere, alles Frauen, im Sterben.

Eine rief kaum hörbar nach Wasser... Zwei Sanitätshelferinnen taten, was sie konnten, um die kleinen Wünsche der Sterbenden zu erfüllen.
Der Zug kam aus Danzig. Er war sieben Tage unterwegs gewesen. Manchmal dauert es länger.
Diese Leute im Viehwagen und Hunderte, die auf den Bündeln mit ihrer Habe auf dem Bahnsteig und in der Bahnhofshalle lagen, waren das tote oder sterbende oder verhungernde Strandgut, das die Flut menschlichen Elends, die täglich Berlin erreicht, zurückgelassen hatte. Am nächsten Tag wird es in einen anderen Zug gepackt, der eine andere Stadt ansteuert, immer in hoffnungsloser Suche nach Nahrung und Hilfe.
Tausende – bis zu fünfundzwanzigtausend am Tag – kommen zu Fuß in die Außenbezirke gewandert, wo man sie anhält und ihnen den Zugang zu der bereits überfüllten Stadt verwehrt.
Jeden Tag werden zwischen fünfzig und hundert Kindern – bisher in kurzer Zeit schon ingesamt fünftausend –, die beide Eltern verloren haben oder verlassen worden sind, auf den Berliner Bahnhöfen aufgesammelt und in Waisenhäuser oder zu Pflegemüttern in Berlin gebracht.
Ohne eine zentrale Kontrolle versuchen die Wohlfahrtsausschüsse, mit Schwierigkeiten fertigzuwerden, die über ihre Kräfte gehen. (Die Organisation erhielt weder Telefon noch Auto und ist bei der Koordinierung irgendwelcher Pläne, falls es überhaupt Pläne gibt, auf einen Kurier mit Fahrrad angewiesen, der wiederum von der Gnade mitfühlender Angehöriger militärischer Straßenkontrollen abhängt).
Hier in Berlin leben wir im Schatten von Hunger und Mangel, im Schatten des Todes und der Epidemien, wie sie die Welt in der uns überlieferten Geschichte nicht erlebt hat...
Das ist eine grobe Mißachtung der Potsdamer Vereinbarung, in der gefordert wird, daß die Umsiedlungen von Menschen in ›geregelter und humaner Weise‹ vor sich gehen sollen...« (Norman Clark, Bericht aus Berlin, *News Chronicle*, 24. August.)
»Es gibt keine zuverlässigen Angaben über die Zahl ausgewiesener Deutscher, die von der Ostgrenze und durch die russische Zone kommen, aber wahrscheinlich sind es Millionen. Mit ihrem Wunsch, den Westen zu erreichen, stehen sie schließlich vor den gesperrten Grenzen der britischen und der amerikanischen Zone, die schon selbst genügend Schwierigkeiten haben.

Die Potsdamer Erklärung verlangte, wie man sich erinnern wird, menschliche Behandlung der ausgewiesenen deutschen Staatsangehörigen, und angesichts solcher entsetzlicher Berichte, wie sie der Konferenz aus Städten wie Breslau und Stettin vorgelegt wurden, hat man die betreffenden Länder aufgefordert, weitere Ausweisungen zunächst aufzuschieben.
Es gibt aber keinen Hinweis darauf, daß diese Anordnung befolgt worden ist. Hier im Robert-Koch-Krankenhaus, das ich heute morgen besuchte, sind mehr als sechzig deutsche Frauen und Kinder, die allesamt vor einem Monat aus einem Danziger Kranken- und einem Waisenhaus geholt und in Viehwagen ohne Stroh, ohne jede Nahrung oder Wasser, nach Deutschland transportiert wurden. Als der Zug Berlin erreichte, hieß es, daß von dreiundachtzig Personen, die in zwei Waggons zusammengepfercht gewesen, zwanzig gestorben waren...
Man darf sich sicherlich nicht damit beruhigen, daß die Deutschen sich dieses Elend selbst zuzuschreiben haben; Brutalität und Zynismus, gegen die der Krieg geführt wurde, sind in Europa immer noch am Werke, und wir werden Zeugen von menschlichem Leiden, das schon fast an das von den Nazis verursachte heranreicht. Vollständige Informationen über diese Massenvertreibungen sind dringend notwendig; alles, was der Kontrollrat heute tun könnte, wäre, sich an seinen Koordinationsausschuß zu wenden, damit die Tatsachen vollständig erfaßt werden.«
(Berlin-Korrespondent der *Times*, Bericht vom 10. September.)[20]
Im November 1945 berichtete F. A. Voigt in *The Nineteenth Century and After*:
»Ein Zug, der am 31. 8. Berlin erreichte, war am 24. in Danzig abgefahren mit dreihundertfünfundzwanzig Patienten und Waisen aus dem Marienkrankenhaus und dem Waisenhaus in der Weidlergasse. Sie waren in fünf Viehwagen zusammengepfercht, auf dem nackten Boden, ohne Stroh. Es gab weder Ärzte noch Schwestern oder Medikamente. Die einzige Nahrung erhielten die Waisen zu Beginn der Fahrt: 20 Kartoffeln und 2 Stück Brot. Die Patienten hatten nichts, doch von Zeit zu Zeit hielt der Zug, und die Mitfahrenden, die dazu noch imstande waren, versuchten, Nahrungsmittel aufzutreiben...
Zwischen sechs und zehn Patienten in jedem Wagen starben unterwegs. Die Leichen wurden einfach aus dem Zug geworfen. Als der Zug in Berlin ankam, wurden fünfundsechzig Patienten und Waisen in das Robert-Koch-Krankenhaus gebracht, wo neun von ihnen starben. Was aus den übrigen geworden ist, wissen wir nicht...

Ungefähr um die gleiche Zeit kam ein Transport mit sudetendeutschen Männern, Frauen und Kindern aus Troppau. Sie waren achtzehn Tage lang in offenen Viehwagen unterwegs gewesen. Zweitausendvierhundert Menschen hatten die Fahrt angetreten, eintausenddreihundertfünfzig erreichten Berlin. Es sind also mehr als tausend unterwegs gestorben.«[21]

Donald Mackenzie, Berlin-Korrespondent der New Yorker *Daily News*, berichtete am 7. Oktober 1945:

»Eine andere Frau mit Narben von Peitschenhieben quer über dem Gesicht sagte, als die Gruppe, mit der sie in Oberschlesien zur Eisenbahn marschierte, durch Sagan kam, standen polnische Zivilisten links und rechts der Straße, und die Flüchtlinge wurden systematisch beraubt und geschlagen, als sie vorübergingen... Sie schloß ihre Aussage mit der Vermutung, sie sei schwanger. Auf der Reise nach Berlin war sie dreißigmal vergewaltigt worden.«[22]

Außenminister Ernest Bevin, der sich selbst einen Eindruck vom Elend der Vertriebenen in Berlin verschaffte, berichtete vor dem Unterhaus:

»Es war ein jämmerlicher Anblick – dieser lange Zug von Kinderwagen und kleinen Fahrzeugen aller Art, und die Leute fast alles Frauen und Kinder und ganz wenige Männer. Man konnte nur noch sagen: ›Mein Gott, das ist der Preis für Dummheit und Krieg.‹ Es war der schlimmste Anblick, den man sich denken kann.«[23]

Amerikanische Behörden in Berlin waren ebenso über die Katastrophe alarmiert, die vor ihren Augen abrollte.

Vor diesem Hintergrund des vollständigen Chaos und des tiefen menschlichen Leidens schrieb Robert Murphy, der politische Berater der amerikanischen Militärregierung in Berlin, am 12. Oktober 1945 ein dringendes Memorandum an das State Department. Darin hieß es:

»Allein auf dem Lehrter Bahnhof in Berlin haben unsere Sanitätsdienststellen täglich im Durchschnitt zehn Menschen gezählt, die an Erschöpfung, Unterernährung und Krankheit gestorben sind. Sieht man das Elend und die Verzweiflung dieser Unglücklichen, spürt man den Gestank des Schmutzes, der sie umgibt, stellt sich sofort die Erinnerung an Dachau und Buchenwald ein. Hier ist Strafe im Übermaß – aber nicht für die *Parteibonzen*, sondern für Frauen und Kinder, die Armen, die Kranken...

Daß im Sudetenland die Deportationen nicht fortgesetzt werden, liegt zum Teil an der Anwesenheit unserer Truppen, deren Kommandeure in freundlicher, aber fester Haltung den ansässigen Tschechen erklärt haben, daß gewisse Vorgänge im Namen der Menschlichkeit nicht geduldet werden können; dennoch haben sich rücksichtslose Räumungen ereignet, und zwar so häufig, daß unsere Soldaten oft Haß auf das befreite tschechische Volk empfinden.«[24]

In diesem Sinne telegrafierte auch General Eisenhower am 18. Oktober 1945 nach Washington:

»In Schlesien verursachen die polnische Verwaltung und ihre Methoden eine große Flucht der deutschen Bevölkerung nach dem Westen... Viele, die nicht weg können, werden in Lager interniert, wo unzureichende Rationen und schlechte Hygiene herrschen. Tod und Krankheit in diesen Lagern sind extrem hoch... Die von den Polen angewandten Methoden entsprechen ganz gewiß nicht der Potsdamer Vereinbarung... Die Todesrate in Breslau hat sich verzehnfacht, und es wird von einer Säuglingssterblichkeit von 75 Prozent berichtet. Typhus, Fleckfieber, Ruhr und Diphtherie verbreiten sich.«[25]

Daraufhin schickte am 26. Oktober Außenminister Byrnes ein Telegramm an Murphy, in dem er die Absicht der Vereinigten Staaten noch einmal bestätigte, daß »alle Umsiedlungen, die vorgenommen werden, in geregelter und humaner Weise« durchgeführt werden sollten; er drückte seine Besorgnis über Berichte aus, die das Gegenteil bezeugten und ihn aus verschiedenen Quellen erreicht hätten.[26]

Da die Situation in Berlin immer unerträglicher wurde und der Winter heranrückte, schickte Murphy am 23. Oktober 1945 ein zweites Telegramm an Byrnes, in dem er die furchtbare Lage der deutschen Vertriebenen bedauerte:

»Mitarbeiter, die Flüchtlingszüge aus dem Osten ankommen sahen, stellen fest, daß sich die Leute meistens in bedauernswertem Zustand befinden. Einzelne, die aufs Geratewohl befragt wurden, erzählten, sie seien nach kurzer Benachrichtigung aus ihren Häusern vertrieben und in vielen Fällen von dem Augenblick an, wo sie ihre Wohnung verließen, bis zur Ankunft in Berlin beraubt worden. Sie berichten, daß sie ausgeplündert und um die wenigen Habseligkeiten gebracht wurden, die sie überhaupt mitnehmen durften. Die meisten Menschen, die in Berlin ankamen, hatten nur wenig Handgepäck. Wenn sich auch aus so begrenzten Beobachtungen kein endgültiges Urteil bilden läßt, hat die Mission andererseits Beweise von unterschiedlichster Herkunft, aus denen hervorgeht, daß schlechte Behandlung und Beraubung weit verbreitet sind.«[27]

Die niederdrückenden Berichte veranlaßten Außenminister Byrnes zu einem Telegramm, in dem er am 30. November 1945 den amerikanischen Botschafter in Polen, Arthur Lane, anwies, der provisorischen Regierung die amerikanische Mißbilligung auszudrücken:

»Die US-Regierung ist ernstlich bestürzt über Berichte von fortgesetzten Massentransporten mit deutschen Flüchtlingen, die offenbar aus den Gebieten östlich der Oder-Neiße-Linie nach Deutschland gekommen sind. Diese Leute sind vermutlich in Eile aus ihren Wohnungen vertrieben und um all ihren Besitz gebracht worden, bis auf das, was sie tragen konnten. Berichte zeigen, daß diese Flüchtlinge, meistens Frauen, Kinder und alte Leute, in einem erschreckenden Zustand der Erschöpfung angekommen sind, daß manche an ansteckenden Krankheiten leiden, daß vielen ihre letzte persönliche Habe genommen worden ist. Solches Massenelend und die schlechte Behandlung Schwacher und Hilfloser lassen sich mit dem Potsdamer Protokoll nicht vereinbaren... ebensowenig mit internationalen Regeln für die Behandlung von Flüchtlingen.«[28]

Statt diese Anweisungen sofort auszuführen, telegrafierte Lane zurück. Er meinte, daß die Deutschen wahrscheinlich die schlechte Behandlung übertrieben darstellten, »wie es ihrer Art entspricht, nach einem verlorenen Krieg zu jammern«.[29] Er warnte vor den unerwünschten politischen Folgen, die eine solche Erklärung in diesem Augenblick haben könne, wo die mächtige kommunistische Partei in Polen großen Zulauf erhielt, während sie ihre Feinde – vor allem Mikolajczyk – anprangerte und die westlichen Alliierten als pro-deutsch und pro-faschistisch hinstellte. In einem zweiten Telegramm wies Lane darauf hin, daß der britische Botschafter in Warschau seine Meinung vollständig teile, es sei unklug, der polnischen Regierung Vorstellungen über die Behandlung von Deutschen zu machen, weil solche Proteste die Polen nur ärgern und kaum die Dinge ändern würden.[30]

Byrnes ließ sich von ihm überzeugen und gestattete Lane deshalb, seine Vorstellungen mündlich vorzutragen, statt sie als schriftliche Note zu überreichen. Er erlaubte ihm ferner, die polnische Regierung zu beruhigen: der Schritt der Vereinigten Staaten sei in keiner Weise durch mangelnde Würdigung der durch die Deutschen verursachten Leiden bedingt, sondern beruhe auf dem Interesse der US-Regierung, den Artikel XIII des Potsdamer Protokolls beachtet zu wissen, ferner auf dem Wunsch, daß die Umsiedlung von Deutschen in humaner

Weise erfolge, also in Übereinstimmung mit den Leitgedanken, die zu dem Artikel XIII geführt hatten.[31]
Trotz dieser neuen und versöhnlicheren Instruktion zögerte Lane immer noch, die Polen auf die Sache der Deutschen hin anzusprechen. Ebenso zögerte der britische Botschafter in Warschau, der vorschlug, »wie Nelson bei der Beschießung von Kopenhagen das Fernrohr vor das blinde Auge zu halten«.[32] Doch am 22. Dezember 1945 telegrafierte das Foreign Office seinem Botschafter in Warschau:
»Radio Warschau meldete am 18. Dezember, daß ein Erlaß des Regierungsbevollmächtigten für Westpommern veröffentlicht worden ist, wonach Beschäftigung jeder Art für Deutsche in Stettin verboten ist.
Das klingt kaum vereinbar mit ›geregelten und humanen‹ Maßnahmen für Umsiedlung. Deutsche in Stettin werden vermutlich entweder gezwungen werden zu verhungern, wo sie sind, oder sich eilig auf den Weg zu machen, bevor geeignete Anordnungen für ihre Umsiedlung oder ihre Aufnahme getroffen werden können.
Falls Sie keine Einwände haben, erwähnen Sie bitte diesen Bericht den polnischen Behörden gegenüber und kommentieren Sie ihn im oben umrissenen Sinn.«[33]
Angesichts der starken antideutschen Stimmung in Polen und vor allem im Hinblick auf die geschickte kommunistische Propaganda versprach dieser diplomatische Schritt keine positiven Ergebnisse. Bereits im Sommer hatte der britische Bevollmächtigte Robin Hankey mit dem polnischen Außenminister Wincenty Rzymowski gesprochen, der versichert hatte, die polnische Regierung habe nicht vor, das Durcheinander in Deutschland durch Ausweisung von vielen Deutschen zu verschlimmern, aber Polen plane, so rasch wie möglich alle Deutschen aus Stettin und Schlesien zu entfernen, um diese Gebiete wiederaufzubauen. Als Lane später mit Rzymowski sprach, erhielt er praktisch die gleiche Antwort[34], und die Vertreibungen wurden auf die gleiche überstürzte und ungeregelte Weise fortgesetzt. Tadeusz Zebrowski, Leiter der anglo-amerikanischen Abteilung im Außenministerium der provisorischen polnischen Regierung, der bei der Besprechung Lanes mit Rzymowski anwesend war, behauptete, die Deutschen würden nicht schlechter behandelt als die Polen, die von der Sowjetunion aus Ostpolen vertrieben wurden.[35] In einem Telegramm an Minister Byrnes erwähnte Lane, er habe viele Klagen von Polen gehört; so würden Ostpolen in offenen Güterwagen nach

Westen verfrachtet, trotz der herrschenden Kälte, was »in der vergangenen Woche zum Tod von sechs Kindern in einem Eisenbahnzug geführt hat«.[36]
Der amerikanische Botschafter in der Tschechoslowakei, Lawrence Steinhardt, wurde ebenfalls angewiesen, auf die tschechische Regierung einzuwirken und ihr die Notwendigkeit klarzumachen, daß die Umsiedlungen von Deutschen unterbrochen und daß die denkbar humansten Methoden bei künftigen Ausweisungen angewandt werden müßten. Obwohl die tschechische Regierung mehrmals versicherte, daß die Vertreibungen eingestellt worden seien[37], traf dies nicht zu; ebensowenig sind während des Jahres 1945 die Methoden spürbar gemildert worden.
Im September 1945 unterrichtete das Hauptquartier der US-Streitkräfte für den europäischen Kriegsschauplatz den Kommandierenden General für den östlichen Militärdistrikt, General Patton, nach Berichten seien Deutsche in die amerikanische Besatzungszone eingedrungen, und zwar entgegen den in Potsdam getroffenen Vereinbarungen. Man nehme an, hieß es, daß die Behandlung der Deutschen in der Tschechoslowakei der Grund sei, weshalb viele Menschen Sicherheit und Zuflucht im amerikanisch besetzten Gebiet suchten.[38]
Zahlreiche Aussagen, die sich in den Ostdokumenten des Bundesarchivs Koblenz befinden, bezeugen die Flucht mehrerer sudetendeutscher Familien, die sich damals zu den Amerikanern retteten, weil sie entweder von den Tschechen körperlich mißhandelt worden waren oder sich vor unmittelbarer Bedrohung fürchteten.[39]
Angesichts solcher Unterlagen ist es interessant, daß Botschafter Steinhardt nicht der Ansicht war, die Behandlung der Deutschen sei unangemessen grob. In einer Note an Außenminister Byrnes meinte er: »Es ist erstaunlich, wie selten es zu schlechter Behandlung der Deutschen, zu willkürlichen Vertreibungen oder freiwilligem Abzug kommt.«[40]
Schlechte Behandlung ist natürlich ein relativer Begriff. Doch der Kommentar von Botschafter Steinhardt erhält seine besondere Note durch die Tatsache, daß die amerikanischen Truppen in der Tschechoslowakei Augenzeugen vieler Vorfälle geworden waren, bei denen die Deutschen mit Gewalt aus ihrem Haus getrieben und »oft gleich oder unterwegs um die paar persönlichen Dinge gebracht wurden, die sie tragen konnten. Wer sich weigerte, wurde geprügelt«.[41] Wie Robert Murphy zweimal Außenminister Byrnes mitteilte, waren die ameri-

kanischen Militärdienststellen zunehmend besorgt wegen der antitschechischen Einstellung, die sich unter den amerikanischen Soldaten verbreitete, weil sie häufig Zeugen der Übergriffe gegen hilflose Zivilisten geworden waren.[42] Viele Male mußten amerikanische Soldaten eingreifen, um deutsche Frauen und Kinder vor den Ausschreitungen der tschechischen Miliz zu schützen.[43]

So heißt es z. B. in einem Bericht vom 30. September 1945 von General E. N. Harmon an General Patton: »Die Deutschen in der Tschechoslowakei werden wie ein unterjochtes Volk behandelt... Als das XXII. Corps in die Tschechoslowakei kam, stellten wir fest, daß gemäß Regierungserlaß die Deutschen solche Rationen bekommen sollten, wie diese den Juden gegeben hatten. Diese Rationen betrugen etwa 850 Kalorien und wurden von unserem Hauptquartier als Hungerrationen abgelehnt... Im allgemeinen sind die amerikanischen Offiziere und Soldaten unglücklich über die Behandlung der Deutschen, und es geschehen laufend kleine Zwischenfälle, wo die amerikanischen Soldaten auf der Seite der Deutschen sind... Man beläßt ihnen nichts außer dem Allernotwendigsten, wobei sich in manchen Fällen diese Beraubung in außerordentlich harter Form abspielt.«[44] Ähnlich heißt es in einem Bericht der U.S. Army vom 27. Oktober 1945: »Frau Anna Hruschka, eine Sudetendeutsche aus Kottiken, 7 km nördlich von Pilsen, sagte aus, daß ein tschechischer Soldat und mehrere tschechische Polizisten in ihr Haus eindrangen, Geschirr, Kristall und Kleidung beschlagnahmten, nachdem sie ihre Schwester und ihren Schwager zusammengeschlagen hatten. Frau Hruschka ging am gleichen Tag nach Pilsen, um den Überfall dem tschechischen Armeehauptquartier auf der Klattauer Straße zu melden. Nachdem sie in ihr Haus zurückgekehrt war, kamen zwei Polizeibeamte und brachten sie zum Polizeirevier in Kottiken. Dort wurde sie über ihre Reise nach Pilsen befragt und mit einer Geldbuße in Höhe von 1000 Kronen belegt, weil sie ohne Genehmigung nach Pilsen gefahren war und weil sie die gelbe Armbinde nicht getragen hatte. Dann wurde sie so schwer mißhandelt, daß sie ohnmächtig wurde. Ein Auge ist heute noch verbunden, das andere Auge ist schwarzumrändert.«[45]

Die Vertreibungen aus Jugoslawien, die nach Österreich führten, ließen sich überhaupt nicht kontrollieren. Sie waren nicht einmal im Artikel XIII des Potsdamer Protokolls vorgesehen. So berichtete der *News Chronicle* am 15. Oktober 1945 aus Wien: »Ein Zug, der nun auf einem Nebengleis in Wilfernsdorf bei Bruck steht, fuhr vor 16 Tagen aus Jugoslawien ab mit 650 deutschen Frauen und Kindern und einigen wenigen Männern aus Südwest-Ungarn. Sie haben nur das zu essen, was sie bei sich hatten. Niemand kümmert sich um sie. Der Zug wurde nach Wien und wieder zurück gefahren, da die Leute nirgends hingehen konnten. Das Österreichische Rote Kreuz erhält keine Erlaubnis, die Flüchtlingslager zu betreten oder den Insassen zu helfen.«[46]

Die Jahre 1946–47: »Organisierte« Umsiedlungen

Nachdem der Alliierte Kontrollrat Richtlinien für die Umsiedlung von Deutschen aus der Tschechoslowakei, Polen und Ungarn erlassen hatte, verbesserten sich seine Kontrollmöglichkeiten.
Doch viele Probleme, mit denen sich die westlichen Alliierten 1946 und 1947 herumzuschlagen hatten, waren aus dem Versagen in Potsdam entstanden, wo sie keinen wirksamen Mechanismus für eine geregelte und humane Übersiedlung durchgesetzt hatten. Am 30. Januar 1946 erklärte der Lordkanzler des britischen Oberhauses, Lord Jowitt, auf eine Anfrage des Lordbischofs von Chichester: »Es gibt keinen internationalen Mechanismus für die Umsiedlung und die Kontrolle ihrer Durchführung. Die Maßnahmen sollen unmittelbar zwischen der Regierung der ausweisenden Staaten und den Behörden der jeweiligen Zone in Deutschland abgesprochen werden, in die man die Einwanderer schickt.«[47]
Der Lordkanzler sprach dann die Hoffnung aus, es werde der britischen Regierung gestattet sein, das Verfahren der Umsiedlung aus der Tschechoslowakei zu beobachten. Andererseits stellte er fest, daß es bisher der britischen Regierung nicht gestattet sei, in Polen das Verfahren der Umsiedlung an Ort und Stelle zu beobachten, und er halte es auch, wie er sagte, für nicht wahrscheinlich, daß künftig Gelegenheit dazu geboten werde.[48]
Unterdessen hatte das Internationale Komitee vom Roten Kreuz (IKRK) erfolglos versucht, seinen Delegierten in der Tschechoslowakei[49] und in Polen die Möglichkeit zu verschaffen, die Umsiedlungen zu überwachen und die Leiden der Vertriebenen zu mildern.
Ein unzutreffender Bericht des offiziellen Prager Rundfunks, wonach die Vertreibung der Deutschen aus dem Gebiet Karlsbad vom IKRK überwacht werde, mußte vom IKRK in Genf dementiert werden: »Le Comité international de la Croix-Rouge, pour sa part, tient à préciser

qu'il ne'exerce aucun contrôle sur les transferts de populations d'origine allemande hors de Tchécoslovaquie et qu'il n'a d'ailleurs pas été appelé à le faire. En effet, les decisions relatives à des transferts de populations et à leurs modalités sont du ressort exclusif des gouvernements intéressés.«[50]

Da es dem Internationalen Roten Kreuz nicht möglich war, die Ausweisungen an Ort und Stelle zu überwachen, mußte es sich damit begnügen, Hilfe für die Vertriebenen zu beschaffen, wenn sie ihren Bestimmungsort erreicht hatten.

General Lucius D. Clay, 1945/46 stellvertretender Militärgouverneur der amerikanischen Besatzungszone, 1947–49 Militärgouverneur, schilderte die ersten Vertreibungen des Jahres 1946, wie sie sich bei der Ankunft in der Zone darstellten:

»Die Transporte begannen im Januar 1946. Der Anblick, den die erste Zugladung aus Ungarn bot, war erschütternd. Die Ausgewiesenen waren ohne genügenden Proviant und nur mit notdürftigstem Reisegepäck zusammengeholt worden; hungrig und armselig kamen sie an. Nach mehrfach wiederholten Vorstellungen wurde vereinbart, daß jeder Ausgewiesene etwas Gepäck und 500 RM mitnehmen durfte. Besondere Schwierigkeiten gab es mit den Tschechen; nicht nur der persönliche Besitz der Sudetendeutschen, auch junge kräftige Arbeiter wurden zurückbehalten, während man uns die Alten, die Frauen und die kleinen Kinder schickte. Erst als wir aus diesem Grunde die Transporte zeitweilig einstellten, erreichten wir auf dem Verhandlungsweg, daß diese Zustände behoben wurden.«[51]

Die Vertreibungen aus den von Polen beherrschten Gebieten in die britische Besatzungszone machten den gleichen trostlosen Eindruck, wenn sich auch die Verhältnisse seit dem Katastrophenjahr 1945 gebessert hatten. Der Lübecker Korrespondent des *Manchester Guardian* berichtete am 10. März 1946:

»Trotz der Potsdamer Vereinbarung, wonach die Umsiedlung der deutschen Bevölkerung aus dem Osten geregelt und human vor sich gehen sollte, vertreiben die polnischen Behörden Deutsche aus den neuerdings polnischen Gebieten. Sie kündigen die Ausweisung zehn Minuten vorher an und schicken die Menschen ohne Nahrungsmittel in überfüllten Zügen in die britische Besatzungszone.

Ein dreiundsiebzigjähriger Mann und ein Kind von achtzehn Monaten wurden tot im ersten Transport aufgefunden, der in Lübeck unter der Bezeichnung ›Operation Swallow‹ am 3. März ankam. Im zweiten

Transport lagen drei Tote. Im allgemeinen packt man eintausendfünfhundert Menschen in einen Zug mit 26 Waggons, die ungeheizt und zum größten Teil beschädigt sind. Der vierte Transport brachte aber zweitausendsiebzig Menschen, so daß die Leute kaum stehen, geschweige denn sitzen konnten.

Die britischen und polnischen Behörden waren übereingekommen, daß die Polen den Ausgewiesenen Rationen für eine Reise von ein bis zwei Tagen mitgeben sollten, aber es wird kaum jemals etwas verteilt. Im ersten Transport erhielt jede Person ein halbes Brot, im zweiten wurde ein Dreipfundsbrot unter acht Leute verteilt, dazu ein Pfund Zucker unter sechzig. Im dritten Zug gab es keine Nahrungsmittel, nur heißes Wasser und Tee. Die Rationen sollen nur für die Reise von Stettin nach Lübeck reichen, die 22 Stunden dauert, doch bis zum Sammelpunkt in Stettin sind die Flüchtlinge oft sieben Tage unterwegs, so daß sie schließlich zehn Tage lang keine ordentliche Mahlzeit erhalten. Sie kommen erschöpft oder krank in den Durchgangslagern an. Im ersten Transport waren dreihundertfünfzig Menschen krank, von denen zweihundertfünfzig in ein Lübecker Krankenhaus geschafft werden mußten. In den späteren Transporten war die Zahl der Kranken noch größer. Die meisten leiden an Krätze, Typhus ist noch nicht aufgetreten.

Im allgemeinen ist ihre körperliche Verfassung schlechter als die der früheren Flüchtlinge aus der russischen Zone, und manche tragen noch die Spuren von Mißhandlung. Die britischen Sanitätsoffiziere haben festgestellt, daß die meisten Frauen vergewaltigt worden sind, darunter ein Kind von zehn Jahren, eines von sechzehn Jahren. Die meisten Leute sind über fünfzig Jahre alt, manche in den achtzigern. Es sind Kranke und Krüppel darunter, obwohl Briten und Polen verabredet hatten, daß keine Kranken geschickt werden sollten. Es kommen auffallend wenige junge Leute, die offenbar in Polen zur Zwangsarbeit zurückgehalten werden...

Die Verhältnisse haben sich leicht gebessert, seit eine britische Sanitätsmannschaft in Stettin die Zusammenstellung der Züge überwacht. Wahrscheinlich gibt es jetzt etwas bessere Nahrung; mit DDT-Puder, der aus der britischen Zone kommt, verringert man die Seuchengefahr; und wahrscheinlich wird man die Verschickung der Kranken und der Kinder ohne Begleitung einstellen. Doch bisher ist noch nichts geschehen, um die Behandlung der Flüchtlinge auf der ersten Etappe ihrer Reise, von ihrem Zuhause bis Stettin, zu überwachen.

Man rechnet damit, daß insgesamt im Laufe der nächsten Monate an-

derhalb Millionen Flüchtlinge ankommen werden, täglich fünfzehnhundert mit der Bahn, tausend mit Schiffen. Die Zahl aber liegt vermutlich näher an der Zweimillionengrenze...«[52]
Über den Fortgang der »Operation Swallow« telegrafierte Sir William Strang am 28. März 1946 dem Foreign Office: »Berichte, die wir von den Kommandanten der Durchgangslager in Lubbecke und Grasleben erhalten haben, zeigen, daß die mit den Vertretern der polnischen Regierung für die humane Umsiedlung der deutschen Minderheit vereinbarten Bedingungen z. T. nicht respektiert werden. Besichtigungen dieser Lager ergeben die folgenden Feststellungen:

(A) Die Deportierten kommen ohne die Tagesration an und beschweren sich darüber, daß die Rationen während des Transports unzureichend gewesen seien.
(B) Unverhältnismäßig viele alte und kranke Leute werden hierhergeschickt. Es kommen sehr wenige arbeitsfähige Männer.
(C) Schwangere Frauen werden deportiert. Kinder sind in den Zügen geboren worden, und mehrere haben die Reise nicht überlebt.«

Aufgrund dieses Telegramms und anderer Berichte wies das Foreign Office am 10. April 1946 seinen Botschafter in Warschau an:
»Der Zustand der Flüchtlinge bei ihrer Ankunft in der britischen Zone gibt uns Anlaß zu sehr großer Besorgnis...
Bitte betonen Sie gegenüber der polnischen Regierung diesen Sachverhalt mit größtem Nachdruck und machen Sie ihr klar, daß wir gezwungen wären, weitere Umsiedler von Polen in die britische Zone abzulehnen, es sei denn, diese Transporte werden in geregelter und humaner Weise abgewickelt, wie es den Bedingungen der Potsdamer Konferenz entspricht.«[53]
Anne O'Hare McCormick, Sonderkorrespondentin der *New York Times*, berichtete im Februar 1946 aus der amerikanischen Besatzungszone:
»In Potsdam war man auch übereingekommen, daß die erzwungene Auswanderung in ›humaner und geregelter Weise‹ durchgeführt werden sollte. Aber wie jedermann weiß, der den schrecklichen Anblick der Empfangsstellen in Berlin und München erlebt hat, vollzieht sich der Exodus unter alptraumhaften Zuständen, ohne internationale Beaufsichtigung oder auch nur vorgespiegelte humane Behandlung. Wir sind mitverantwortlich für Greuel, die nur den Grausamkeiten der

Nazis zu vergleichen sind...«[54] Im Oktober 1946 berichtete Miss McCormick wieder über den Fortgang der Umsiedlung: »Der Umfang dieser Umschichtung und die Verhältnisse, unter denen sie vor sich geht, haben in der Geschichte nichts Vergleichbares. Niemand, der diese Greuel unmittelbar erlebt, kann daran zweifeln, daß es sich um ein Verbrechen gegen die Menschlichkeit handelt, für das die Geschichte eine furchbare Vergeltung üben wird...«[55]

Zwar sprechen diese Berichte also nicht gerade für eine Verbesserung, doch tatsächlich wurden die Verhältnisse 1946 besser, und die Sterblichkeitsquote sank entscheidend. Als dann der Winter 1946/47 einsetzte, konnten westliche Militärdienststellen mehrere Eisenbahntransporte verhindern[56] und damit auch eine Wiederholung der Katastrophe von 1945/46, als Tausende an Unterkühlung starben oder einfach während des langen Transports in ungeheizten Wagen erfroren.

Mittlerweile gelang es dem Internationalen Roten Kreuz in Warschau, das Problem unmittelbar mit dem polnischen Innenministerium zu besprechen, und Anfang 1947 konnte es die Behörde veranlassen, einige Deportationen aufzuschieben; im Januar waren nämlich einige Transporte in jämmerlichem Zustand an ihren Bestimmungsorten angekommen.[57] Aber leider wurden nur wenige Deportationen – grundsätzlich von Leuten aus den Internierungslagern – zurückgestellt, andere jedoch unangefochten durchgeführt.

Insgesamt wurden etwa sechs Millionen Menschen von den »organisierten Umsiedlungen« erfaßt, und wenn sich auch die ausweisenden Länder häufig nicht einmal an das von den westlichen Alliierten geforderte Mindestmaß an Proviant und menschlicher Behandlung hielten, rettete doch die bloße Tatsache, daß man im Westen rechtzeitig wußte, wann ein Transport und wie viele Menschen ankommen würden, vielen Ausgewiesenen das Leben.[58] Hätte es diese »organisierten Umsiedlungen« nicht gegeben, wären also alle Deutschen so brutal vertrieben worden wie im Jahre 1945, dann hätten die Verluste an Menschenleben durch Flucht und Vertreibung drei Millionen und mehr betragen.

Internierungslager

Was geschah mit den Deutschen, die nicht sofort vertrieben wurden? Ihr Schicksal wechselt von einer Provinz zur anderen, von einem Kreis zum anderen, einem Dorf zum anderen. Wer in seiner Wohnung bleiben konnte, litt am wenigsten, wenn man auch an der Grenze zum Verhungern lebte und viele Mißhandlungen erdulden mußte. Schlimmer erging es denen, die in Lagern interniert wurden, um dort auf die Ausweisung zu warten.[59] Es stellte sich heraus, daß die sofort ausgewiesenen Deutschen das beste Los gezogen hatten – falls sie den Transport überlebten –, weil ihre Aussicht auf Überleben im Westen besser war.

Auf Grund vieler Berichte versuchte das Internationale Rote Kreuz Zutritt in die Lager zu bekommen. Es stieß aber auf Widerstand. Selbst die wenigen Lager, die das IKRK inspizieren durfte, wurden als »nicht zufriedenstellend« beurteilt. Im Lager von Svidnik in der Tschechoslowakei zum Beispiel wurden die Deutschen zum Minenräumen eingesetzt, bis energische Proteste des Roten Kreuzes in Preßburg hier Abhilfe schafften.[60] Da internierte Deutsche keinerlei internationalen Status hatten, der ihnen Schutz gewährte, empfahl das IKRK, sie als »Zivilinternierte«[61] einzustufen, denn sie waren ja nur interniert worden, um auf die eigentliche Vertreibung zu warten. Das IKRK wollte von den internierenden Staaten ermächtigt werden, alle notwendigen Hilfsmaßnahmen in den Lagern zu ergreifen, bis die Ausweisung der Insassen erfolgte. Obwohl aber das IKRK von keinem dieser Staaten die entsprechende Genehmigung erhielt, war immerhin die tschechoslowakische Regierung weniger widerspenstig als die anderen osteuropäischen Regierungen; sie erlaubte dem IKRK, in vielen Lagern Hilfe zu leisten.

Am 14. März 1946 richtete das Internationale Komitee ein Memorandum an die Prager Regierung. Während es zum Vertreibungs-Beschluß selbst nicht Stellung nehmen konnte[62], erinnerte das IKRK an seine Verpflichtung, nach besten Kräften dazu beizutragen, daß die Durchführung der Ausweisungen so human wie möglich vor sich gehe. Allgemein gesagt, vertrat das IKRK die Ansicht, daß es bei so wenig zufriedenstellenden Verhältnissen in den Lagern wichtig sei, der Internierung so rasch wie möglich ein Ende zu machen.

Zu den schlimmsten Lagern in der Tschechoslowakei der Nachkriegszeit gehörte das ehemalige KZ Theresienstadt. H. G. Adler, der als Jude dort inhaftiert gewesen war, schildert die Verhältnisse im Lager von 1946:

»Bestimmt gab es unter ihnen welche, die sich während der Besetzungsjahre manches haben zuschulden kommen lassen, aber die Mehrzahl, darunter viele Kinder und Halbwüchsige, wurden bloß eingesperrt, weil sie Deutsche waren. Nur weil sie Deutsche waren...? Der Satz klingt erschreckend bekannt; man hatte bloß das Wort ›Juden‹ mit ›Deutsche‹ vertauscht. Die Fetzen, in die man die Deutschen hüllte, waren mit Hakenkreuzen beschmiert. Die Menschen wurden elend ernährt, mißhandelt, und es ist ihnen um nichts besser ergangen, als man es von deutschen Konzentrationslagern her gewohnt war. Der Unterschied bestand lediglich darin, daß der herzlosen Rache, die hier am Werke war, das von der SS zugrundegelegte großzügige Vernichtungssystem fehlte. Das Lager stand unter tschechischer Verwaltung, doch wurde von dieser nicht verhindert, daß Russen gefangene Frauen vergewaltigten...«[63]

In Polen waren die Verhältnisse nicht besser. Aus einem vertraulichen Bericht von R. W. F. Bashford an das Foreign Office, der in Berlin im Sommer 1945 entstanden ist, geht hervor:

»Konzentrationslager sind nicht aufgehoben, sondern von den neuen Besitzern übernommen worden. Meistens werden sie von polnischer Miliz geleitet. In Swientochlowice (Oberschlesien) müssen Gefangene, die nicht verhungern oder zu Tode geprügelt werden, Nacht für Nacht bis zum Hals in kaltem Wasser stehen, bis sie sterben. In Breslau gibt es Keller, aus denen Tag und Nacht die Schreie der Opfer dringen.«[64]

In einem ähnlichen Bericht vom 28. August 1945, der im amerikanischen Senat behandelt wurde, heißt es:

»Im oberschlesischen Y. ist ein Aussiedlungslager eingerichtet worden, in dem zur Zeit tausend Menschen untergebracht sind. Ungefähr vierhundert von ihnen, Männer, Frauen und Kinder, stammen aus Dörfern der Umgebung. Ungefähr siebenhundert wurden als Zivilarbeiter nach B. gebracht und sind jetzt von der Gnade der Polen abhängig.

Viele von ihnen leiden an Hungersymptomen; es gibt Fälle von Tuberkulose und immer neue Typhusfälle... Zwei Leute, die schwer an Syphilis erkrankt waren, sind auf sehr einfache Weise behandelt worden; man hat sie erschossen und in flachen Gräbern beerdigt. Gestern wurde eine Frau aus K. erschossen und ein Kind verwundet.

... Man hätte wohl erwarten dürfen, daß nach Entdeckung der Scheußlichkeiten, die sich in den Konzentrationslagern der Nazis ereigneten, niemals etwas Derartiges wieder geschehen würde; das aber scheint leider nicht so zu sein. Zuverlässige Augenzeugen sagen aus, daß in Y., in der Nähe von A., ein polnisches Konzentrationslager besteht, in dem deutsche Gefangene ebensolche Grausamkeiten erdulden. Ein Insasse, der die polnische Miliz gestört hatte, wurde furchtbar geprügelt und mußte den Rest der Nacht in einem Keller bis zum Hals in Wasser stehen... Abgesehen von diesem Lager gibt es zum Beispiel einen Gefangenenkeller der polnischen Miliz in B., wo die Gefangenen so schrecklich geschlagen werden, daß die Einwohner der Häuser in der Umgebung ausziehen wollen, weil sie die Schreie der Opfer nicht länger ertragen können.«[65]
Schlimme Ausschreitungen ereigneten sich auch im Lager Lamsdorf in Oberschlesien, wo die achttausendvierundsechzig Internierten buchstäblich dezimiert wurden durch Hunger, Krankheit, harte Arbeit und körperliche Mißhandlungen.[66] Der überlebende Lagerarzt Heinz Esser berichtete, daß sechstausendvierhundertachtundachtzig Internierte, darunter sechshundertachtundzwanzig Kinder, im Lager umgekommen sind.
Erst im Juni 1946 war es dem IKRK möglich, einen ständigen Delegierten nach Polen zu entsenden. Während der ersten Monate in Warschau hatte er große Schwierigkeiten, sein Recht auf Untersuchung des Problems der deutschen Minderheit durchzusetzen.[67] Trotz wiederholtem Ersuchen durfte der IKRK-Delegierte erst am 27. Juni 1947 ein Internierungslager besichtigen, und zwar Kalawsk.[68] Doch im Sommer 1947 waren die meisten Deutschen bereits vertrieben, viele Lager schon aufgehoben, darunter auch das berüchtigte Lamsdorf. Es blieben aber immer noch Internierungslager übrig, zu denen man das IKRK allerdings nicht zuließ.[69]
Über die Zustände in jugoslawischen Internierungslagern erhielt das IKRK private Appelle und Berichte, wonach die »Bedingungen für die Internierung im Hinblick auf Nahrung, Hygiene und Behandlung nicht zufriedenstellend« seien.[70] Das IKRK hatte aber kaum eine Möglichkeit, sich für Zivilinternierte einzusetzen, weil man die Forderung, eine verstärkte Delegation des IKRK in Jugoslawien zu genehmigen, abschlug, so daß sie sich auf die übliche Arbeit zugunsten der deutschen Kriegsgefangenen beschränken mußte.[71]
Die Anträge des IKRK, Zivilinternierungslager in Rumänien besichti-

gen zu dürfen, wurden seit März 1945 ständig abgewiesen.[72] In Ungarn durften im November 1945 und im Januar 1946 mehrere Lager besucht werden; die Eindrücke veranlaßten die Delegation des IKRK, die ungarische Regierung um Verbesserung der Verhältnisse zu ersuchen.[73]

Überlebende dieser Internierungslager haben nach ihrer Abschiebung in den Westen von monate-, ja jahrelangen Quälereien bei allmählichem Verhungern und schlechter Behandlung in Hunderten von Aussagen berichtet.

Die alliierten Behörden der britischen und der amerikanischen Besatzungszonen konnten mehreren Fällen nachgehen, darunter auch den Zuständen in dem berüchtigten Internierungslager Budweis in Südböhmen. Der stellvertretende Leiter des Lagers in den Jahren 1945/46, Václav Hrnecek, floh später nach Bayern, wo er von ehemaligen Lagerinsassen erkannt wurde. Man stellte ihn vor ein amerikanisches Gericht der Alliierten Hochkommission für Deutschland; Vorsitzender war der Richter Leo M. Goodman. Das Gericht begründete sein Urteil – acht Jahre Freiheitsentzug – mit der bewiesenen Tatsache, daß Budweis auf verbrecherische und grausame Weise geleitet worden und – wenn auch ohne Gaskammern und systematische Liquidation der Menschen – ein Schreckensort gewesen war, wo Menschenleben und Menschenwürde nichts galten. Das Gericht wies dann hin auf die Unparteilichkeit demokratischer Rechtsverfahren, die einen Mann wie Hrnecek bestrafen müsse, wenn auch alle seine Opfer Deutsche gewesen waren – und zwar schwer bestrafen, um vom Sadismus abzuschrecken.[74]

Reparationsverschleppte

Noch sehr viel schlimmer erging es den Ostdeutschen, die weder vertrieben noch interniert, sondern zur Zwangsarbeit verschleppt wurden. Nach Unterlagen des Deutschen Roten Kreuzes wurden ingesamt 874000 deutsche Zivilpersonen in die Sowjetunion verschleppt, nicht nur Ostpreußen, Pommern und Schlesier, sondern auch Volksdeutsche aus Rumänien, Jugoslawien und Ungarn. 45 Prozent der sogenannten Reparationsverschleppten starben.[75]

Die offizielle Wiedereinführung der »Sklavenarbeit« in Europa geht auf die Konferenz von Jalta im Februar 1945 zurück, als Stalin Kriegs-

entschädigungen in Form von Arbeitsleistungen verlangte. Die anglo-amerikanische Mitverantwortung bei diesem Verbrechen läßt sich nicht verleugnen, zumal die Entscheidung über »Reparations in kind« (Kriegsentschädigungen in Leistungen) aktenkundig ist.[76] Am 11. Februar 1945 beschlossen Churchill, Roosevelt und Stalin, daß deutsche Zivilpersonen zum Zwecke des Wiederaufbaus deportiert und als Arbeitskräfte eingesetzt werden konnten, gewissermaßen als »lebende Reparationen«. Diese menschenverachtende Entscheidung erinnert direkt an die Antike, als die Sieger routinemäßig die Besiegten zur Sklavenarbeit deportierten.
Die Verschleppten mußten Schwerstarbeit leisten. Tausende Frauen wie Männer wurden in Kohle- und Nickelbergwerke in Kungur, Ruja, Tscheljabinsk, Ufaley, oder in Sibirien eingesetzt, andere für Rodungsarbeiten im Ural verwendet[77], manchmal bei 40 Grad Kälte. Nach vier- oder fünfjähriger Sklavenarbeit wurden die Überlebenden nicht etwa in ihre Heimat Ostpreußen oder Pommern repatriiert, sondern gleich in die Deutsche Demokratische Republik abgeschoben.

Beurteilung

Seit dem Prozeß gegen Hrnecek und dem Ende der Vertreibungen sind mehr als vier Jahrzehnte verflossen. Doch die Welt erinnert sich erstaunlich wenig an die Ereignisse. Im Laufe der Zeit hat sich die Vorstellung von einer geordneten »Repatriierung« der Ostdeutschen herausgebildet. Wissenschaftler, die diese Epoche erforschen, erhielten entsprechend das Etikett »Chauvinisten, Revanchisten, Irredentisten«, sogar »Neo-Nazis«.[78] Es ist, als ob ein »Wahrheitsministerium« Orwellscher Art die Geschichte dieser traurigen Zeit neu schriebe.
Die offizielle Linie im Osten wird treffend von dem Direktor der Hauptkommission zur Erforschung von Naziverbrechen in Polen, Professor Czeslaw Pilichowski, wiedergegeben. »Hier muß ganz deutlich und mit reinem Gewissen gesagt werden, daß Polen die Aussiedlung von Deutschen aus den westlichen und nördlichen Gebieten, eigentlich aus dem Gebiet ganz Polens, auf der Grundlage der Beschlüsse des Potsdamer Vertrages vom 2. August 1945 durchgeführt hat, also auf der Grundlage des Völkerrechts und der Beschlüsse der Anti-Hitler- und internationalen Koalition.«[79]
Polnische und tschechoslowakische Autoren, die sich mit diesem kom-

plexen Themenkreis befassen, lenken zäh die ganze Aufmerksamkeit auf die angebliche Zustimmung der Alliierten und auf deren allgemeine Verantwortlichkeit. Sie versäumen aber stets zu erwähnen, daß sehr viele dieser »Umsiedlungen« tatsächlich ohne Zustimmung oder sogar im Gegensatz zu den Richtlinien der Westalliierten vorgenommen wurden.

Die Polen und die Tschechen rechneten aber mit dem Wohlwollen Stalins, der eigene machtpolitische Ziele verfolgte und sich deshalb an das Vertreibungsmoratorium vom Artikel XIII des Potsdamer Protokolls nie halten würde. So hatte Stalin in der 11. Plenarsitzung am 31. Juli 1945 in Potsdam gesagt: »Es handelt sich nicht darum, daß man die Deutschen einfach nimmt und aus diesen Ländern herausjagt. So einfach ist die Sache nicht. Aber man versetzt sie in eine solche Lage, daß es für sie besser ist, aus diesen Gebieten fortzugehen. Formal können die Tschechen und Polen sagen, daß es für die Deutschen kein Verbot gibt, dort zu leben, aber die Deutschen werden in Wirklichkeit in eine solche Lage versetzt, daß es für sie unmöglich ist, dort zu leben.«[80]

So schrieb Professor Boleslaw Wiewiora in seiner Abhandlung über die polnisch-deutsche Grenze: »Die Aussiedlung der deutschen Bevölkerung aus den polnischen Nachkriegsterritorien war ein wesentlicher Bestandteil einer allgemeinen Regelung für die nationalen Minderheiten; die Allierten haben sich gegen Ende des Zweiten Weltkriegs darauf geeinigt.«[81]

Das ist teilweise natürlich richtig, doch um diese Behauptung zu ergänzen, müßte man sich mit dem Zwiespalt befassen, der zwischen polnischen Wünschen und alliierter Zustimmung bestand, vor allem, was die Zahl der Auszuweisenden und den Zeitplan für die Umsiedlungen betraf. Es wäre ebenso notwendig, sich mit der Frage der Durchführung auseinanderzusetzen.

Professor Ludwik Gelberg von der Polnischen Akademie der Wissenschaften hat in ähnlicher Weise die Vertreibung der Deutschen dadurch zu rechtfertigen versucht, daß er sich auf den alliierten Beschluß in Artikel XIII des Potsdamer Protokolls beruft.[82] Wie Wiewiora erwähnt auch er nicht, daß die westlichen Alliierten eine Zahl von Auszuweisenden im Auge hatten, die um mehrere Millionen *niedriger* war als die der dann tatsächlich Vertriebenen.[83] Er hat auch nicht erklärt, warum die polnische Regierung damals den von den Alliierten in Artikel XIII geforderten Aufschub der Ausweisungen nicht beachtete.

Gleichzeitig hat man den Versuch unternommen, alle Verluste an

Menschenleben, die während der Vertreibung eintraten, auf den Krieg selbst zu schieben. Das ist auch die These des Buches *Truth or Conjecture? German Civilian War Losses in the East*. (Wahrheit oder Vermutungen? Deutsche Kriegsverluste an Zivilisten im Osten), 1966 veröffentlicht von der Polnischen West-Presseagentur in Warschau. Das Buch versucht – wie es auch manche Verteidiger der Nationalsozialisten im Hinblick auf die Judenermordungen getan haben[84] – die Dinge zu verschleiern, die statistischen Methoden und die Integrität der Statistiker in Zweifel zu ziehen, jeder Auseinandersetzung über die Verfahren der Vertreibung aus dem Wege zu gehen und die Zahl der Opfer so lange zu drehen und zu wenden, bis der Eindruck entsteht: »Es war gar nicht so schlimm.« Die polnische Regierung hat allerdings nicht das ausgeklügelte System der KZs eingeführt, das die nationalsozialistische Ausrottungsmethode kennzeichnet. Trotzdem ist es unbestreitbar, daß in polnischen Internierungslagern Zehntausende deutscher Zivilisten umgekommen sind, während sie auf ihre »Umsiedlung« nach Deutschland warteten. Wie vorherzusehen, erwähnt *Truth or Conjecture* weder Lamsdorf noch andere einzelne Internierungslager.

Über das, was im Sudetenland und in der Tschechoslowakei allgemein vor sich ging, bringen Edvard Benešs *Erinnerungen* nur ein sehr unvollständige Bild. Zwar bekennt er sich zum Grundsatz der geregelten Ausweisung – »Die Umsiedlungen konnten genau kontrolliert und koordiniert und unter angemessenen und humanen Bedingungen durchgeführt werden«[85] –, aber er läßt nicht durchblicken, daß solche idealen Umsiedlungsverhältnisse die Ausnahme und nicht die Regel bildeten. Er bedauert nur kurz, daß »unsere subalternen Behörden einige sehr wenige Ausschreitungen begingen, die des Landes von Masaryk nicht würdig waren«.[86] Immerhin forderten diese Ausschreitungen zweihundertfünfzigtausend Opfer.[87]

In seinem Buch *The Transfer of the Sudeten Germans* räumt Professor Radomir Luza ein, daß »Übergriffe, Prügel und Morde zwischen Mai und Juli 1945« vorkamen[88], gibt aber eine sehr niedrige Zahl von Opfern an. Im Gegensatz zu Beneš erwähnt er den Brünner Todesmarsch[89] und die Morde in Aussig[90] und fügt hinzu, daß im Sommer 1945 »die Evakuierungen sehr oft unter außerordentlich harten Bedingungen durchgeführt wurden, da die Deutschen in Zügen transportiert oder gezwungen wurden, bis zur Grenze zu marschieren. Oft wurden sie nur wenige Stunden vor ihrem Abtransport benachrichtigt.«[91] Er erwähnt auch, daß »eine Welle von Selbstmorden unter den Deutschen

diese Anfangsphase der Umsiedlungen begleitete«.[92] In der Hauptsache befaßt er sich aber mit den organisierten Transporten der Jahre 1946/47. Trotzdem scheint uns jedoch seine Schlußbemerkung, die Umsiedlungen seien »im großen und ganzen in angemessener, humaner Weise« durchgeführt worden[93], nicht haltbar.
Die Walter-Kommission, die dem Repräsentantenhaus der Vereinigten Staaten über die Vertreibungen der Deutschen zu berichten hatte, sagt über das Schicksal der Sudetendeutschen: »Ungefähr eine Viertel Million Sudetendeutscher wurde auf unmenschliche Weise durch selbständige Aktionen von ›Partisanen‹ aus den Grenzgebieten nach Deutschland getrieben. Die übrigen, etwa zweieinhalb Millionen, wurden Ende 1945 und 1946 nach Deutschland geschickt, und zwar durch eine organisierte Umsiedlung, die von der tschecholowakischen Regierung durchgeführt wurde. *Die Verhältnisse waren so, daß keine dieser Unternehmungen als human und geregelt bezeichnet werden kann.* Sudetendeutsche, die sich 1938 loyal gegen die Tschechoslowakei verhalten und deshalb unter dem Naziregime gelitten hatten, wurden zum größten Teil ebenfalls von der Vertreibung betroffen.«[94] (Kurs. v. Verf.)
Bisher war man davon ausgegangen, daß die Zahl der Toten bei der Vertreibung aus dem Sudetenland etwa 250000 Personen betrug. Unter Berücksichtigung bisher verschlossener Akten der untergegangenen DDR wird eine viel höhere Zahl geschätzt: »Man wird künftig davon auszugehen haben, daß die Vertreibung der Sudetendeutschen 1945/46 zu rund 460000 ›ungeklärten Fällen (Nachkriegsverlusten)‹ führte.«[95] Wie viele der ungeklärten Fälle haben in der DDR überlebt? Wie viele der Überlebenden verstarben kurz darauf infolge von Krankheit, Hunger, Hoffnungslosigkeit?
Es war eine »Tragödie ungeheuren Ausmaßes«, wie Churchill es sagte, die sich in Ostmitteleuropa nach dem Kriege abspielte, eine Schande, für die es keine Rechtfertigung gibt. Wenn sich polnische und tschechoslowakische Wissenschaftler auf Artikel XIII des Potsdamer Protokolls zur Legalisierung der Vertreibung berufen, so muß ihnen heute grundsätzlich das Recht, sich darauf zu stützen, abgesprochen werden, da die damaligen Regierungen Polens und der Tschechoslowakei fortdauernd – vor allem in der kritischen Zeit unmittelbar nach Potsdam – gegen Geist und Buchstaben dieses Artikels verstoßen haben.
Ferner muß festgestellt werden, daß eine Aussiedlung von Menschen, die von Ausschreitungen und Unmenschlichkeiten begleitet wird wie die Vertreibung der Deutschen aus Ostmitteleuropa, in jedem Fall eine

ernste Verletzung des positiven Völkerrechts darstellt – ein »Verbrechen gegen die Menschlichkeit«.[96] Man mag über die Möglichkeiten streiten, in der Umsiedlung ein Mittel zur Durchsetzung legitimer Zwecke zu sehen – wenn es etwa darum geht, einen Friedensschluß mit größerer Aussicht auf Dauer zu erreichen. Aber wenn solche Umsiedlungen über zwei Millionen Zivilisten das Leben kosten, dann verurteilt die Rechtswidrigkeit der Mittel unvermeidlich den Zweck.[97]
Wenn damit in erster Linie natürlich ein Urteil über die Personen ausgesprochen ist, die in der Sowjetunion, Polen, der Tschechoslowakei, Jugoslawien, Ungarn und Rumänien die Vertreibungen veranlaßten und durchführten, bleibt es dennoch eine beschämende Tatsache, daß die Westalliierten den »Aussiedlungen«, wenn auch mit Vorbehalten, zustimmten und so für Not, Elend und Tod von Millionen Menschen mitverantwortlich wurden. Die Frage nach der Verantwortung der Westalliierten für die Vertreibung der Deutschen ist damals bereits von manchen Personen gestellt und in ihrer Bedeutung erkannt worden. Vielleicht hat niemand besser als Robert Murphy die Problematik dargestellt, die sich für Amerika daraus ergab, daß es in den Krieg gezogen war, um den Verbrechen des nationalsozialistischen Terrorregimes ein Ende zu bereiten, und sich nun selbst in Verbrechen gegen die Menschlichkeit verstrickt sah. In einem Memorandum vom 12. Oktober 1945 an das State Department schrieb Murphy in bewegenden und eindringlichen Worten:
»Unser Wissen, daß sie Opfer harter politischer Beschlüsse sind, die mit äußerster Rücksichtslosigkeit und Mißachtung der Menschlichkeit durchgeführt werden, mildert die Wirkung nicht. Die Erinnerung an andere Massendeportationen stellt sich ein, von denen die Welt entsetzt war und die den Nazis den Haß eintrugen, den sie verdienten. Die Massendeportationen, die von den Nazis inszeniert wurden, haben zu unserer moralischen Empörung beigetragen, in der wir den Krieg wagten und die unserer Sache Kraft verlieh. Nun ist die Sache umgekehrt. Wir finden uns in der scheußlichen Lage, Partner in diesem deutschen Unternehmen zu sein und als Partner unweigerlich die Verantwortung mitzutragen. Die Vereinigten Staaten kontrollieren allerdings nicht unmittelbar die Ostgebiete Deutschlands, durch welche diese hilflosen und ausgeraubten Menschen ziehen, nachdem man sie aus ihrem Heim gewiesen hat. Die unmittelbare Verantwortung liegt bei der polnischen provisorischen Regierung und in geringerem Maß bei der tschechischen... In Potsdam kamen die drei Regierungen überein, daß die Um-

siedlungen in geregelter und humaner Weise durchgeführt und daß Polen und die Tschechoslowakei aufgefordert werden sollten, vorübergehend die Ausweisung von Deutschen einzustellen. Trotz offizieller Beteuerungen spricht doch alles dafür, daß man die beiden Punkte nicht beachtet hat, vor allem Polen nicht...

Wenn die Vereinigten Staaten auch vielleicht keine Mittel haben, einen grausamen, unmenschlichen und immer noch fortgesetzten Prozeß aufzuhalten, so scheint es doch, daß unsere Regierung unsere in Potsdam klar dargelegte Einstellung unmißverständlich wiederholen könnte und müßte. Es wäre sehr bedauerlich, wenn es einmal heißen sollte, daß wir an Methoden beteiligt gewesen seien, die wir bei anderen Gelegenheiten oft verdammt haben.«[98]

Dem ist nichts hinzuzufügen.

Siebentes Kapitel

Vom Morgenthau-Plan zum Marshall-Plan

Durch die Potsdamer Vereinbarung wurde die Regierung der Vereinigten Staaten unbeabsichtigt zum Mitverantwortlichen für den massenhaften Hungertod, besonders in Deutschland – gegen das geltende humanitäre Prinzip des Völkerrechts, wonach immer dem Sieger die Verantwortung zufällt, nach besten Kräften die unschuldigen Opfer der besiegten Bevölkerung zu schützen.

Hon. Charles W. Vursell (Anhang zu Congressional Record, 1.2.1946, S. A-397)

Deutschland – ein besiegtes Land

Wie in Kapitel 3 nachgewiesen, verwarfen die Anglo-Amerikaner das humane Programm der Atlantik-Charta bereits im Jahre 1942, als sie das Prinzip des »Bevölkerungstransfers« guthießen. Amerikanische und britische Dokumente belegen die These, daß die Westalliierten keine Absicht hatten, Deutschland oder die Deutschen zu befreien.
Spätestens nach der Konferenz von Casablanca und der Forderung nach der bedingungslosen Kapitulation wurde deutlich, daß die Anglo-Amerikaner vorhatten, Deutschland wie ein besiegtes Land zu behandeln. So lautete die Proklamation, welche die Anglo-Amerikaner überall im besetzten Deutschland anschlugen: »Die alliierten Streitkräfte haben jetzt Deutschland betreten. Wir kommen als Eroberer.« [1]
Auch die Vertriebenen oder die zu vertreibenden Deutschen sollten nicht besser behandelt werden. So heißt es z. B. in einem Telegramm vom 18. April 1945 vom Obersten Hauptquartier der Alliierten Expeditionsstreitmacht (SHAEF) an den Kommandierenden General der 12. Armeegruppe bezüglich der »Politik für die Tschechoslowakei«, daß mit den deutschen Bewohnern des Sudetenlandes »sehr streng zu verfahren« sei. »Mit solchen Personen darf es keine Verbrüderung geben und es ist überdeutlich klar, daß sie keine befreiten Personen sind.« [2]

Wichtiger als Telegramme oder Proklamationen war die amtliche Politik, wie sie im Morgenthau-Plan und später in der »Direktive 1067« zum Ausdruck gebracht wurde.[3] Im Hinblick darauf haben amerikanische Historiker schon oft gesagt, der Morgenthau-Plan sei eine – gegen Deutschland gerichtete – Wiederholung des großen Fehlers, den man bei der politischen Neuordnung nach dem amerikanischen Bürgerkrieg beging. Der Vergleich ist nicht abwegig. Präsident Lincolns Vorsatz »Groll gegen niemanden, Milde für alle«[4] wurde durch das uralte *vae victis* der Nordstaaten-Radikalen ersetzt, die den Süden so behandeln wollten, daß er niemals wieder auf die Beine käme. Ähnlich hat man nach dem Zweiten Weltkrieg das humanitäre Ideal der Atlantik-Charta einem schlecht durchdachten Plan geopfert, der auf die Vernichtung des deutschen Industriepotentials hinauslief und Deutschland zu einem Ackerland machen wollte.[5] Der Plan basierte auf einem Memorandum, das Finanzminister Henry Morgenthau jr. für die Konferenz von Quebec, 11.–16. September 1944, ausgearbeitet hatte; an der Konferenz nahmen außer Präsident Roosevelt der britische und der kanadische Premierminister, Winston Churchill und Mackenzie King, teil.[6]

Wenn auch der Morgenthau-Plan von den westlichen Alliierten nicht übernommen wurde, tauchte doch viel von ihm in JCS / 1067[7] auf und spielte in dieser Form eine wichtige Rolle für die Gestaltung der amerikanischen und britischen Besatzungspolitik in den ersten Monaten und Jahren nach der deutschen Kapitulation, als man eine gründliche industrielle Demontage Deutschlands vornahm.[8]

JCS/1067 war eine Weisung der Joint Chiefs of Staff (Vereinigten Stabschefs) an den Oberbefehlshaber der US-Besatzungstruppe, General Dwight D. Eisenhower. Sie wurde von US-Präsident Roosevelt gebilligt, von seinem Nachfolger Truman bestätigt und am 17. Oktober 1945 veröffentlicht. Nach Artikel 4b der Direktive waren die Ziele der Besetzung unmißverständlich:

»Deutschland wird nicht besetzt zum Zwecke der Befreiung, sondern als besiegte Feindnation.«[9] Artikel 5a und 21 instruierten Eisenhower wie folgt: »Sie werden nichts unternehmen, was den notwendigen Lebensstandard in Deutschland auf eine höhere Stufe heben könnte, als sie in den benachbarten Nationen vorhanden ist, und Sie werden geeignete Maßnahmen ergreifen, um dafür zu sorgen, daß der grundlegende Lebensstandard des deutschen Volkes nicht höher ist als der in den benachbarten Nationen...«

Der Morgenthau-Plan und die Direktive JCS/1067 waren Ausdrücke des Hasses gegen den Feind, der im Laufe des Weltkrieges zunehmend rassistische Züge offenbarte. Eine seltsame Blüte manifestierte sich bereits im Januar 1944, als sich die Anglo-Amerikaner mit möglichen Strafen gegen die Deutschen beschäftigten. So heißt es in einem geheimen Memorandum vom amerikanischen Stabschef General George C. Marshall an Präsident Roosevelt, »daß wir einen Schlag gegen die Fortpflanzung des deutschen Volkes führen könnten, indem wir die Rückkehr seiner Männer nach dem Waffenstillstand hinauszögern. Durch ein solches Vorgehen würden wir große Massen von Menschen strafen, bei denen das Familiengefühl stark ist.« [10] Dieser beschämende Plan wurde zwar nicht offiziell in die Tat umgesetzt, jedoch wurde das Ergebnis z. T. dadurch erreicht, daß Millionen Kriegsgefangener jahrelang als Arbeitskräfte in den Vereinigten Staaten, in Frankreich und vor allem in der Sowjetunion eingesetzt wurden.[11] Die Weisung JCS/1067 war eine Strafmaßnahme, die den wirtschaftlichen Rückschritt in Deutschland befördern und die Wiederherstellung des Status quo ante verhindern sollte.[12] Während diese Direktive die amerikanischen Behörden anwies, darüber zu wachen, daß sich der deutsche Lebensstandard nicht über den seiner Nachbarn hob, versäumte sie jedoch, einen Mechanismus zu entwerfen, nach dem der Lebensstandard der verschiedenen in Betracht kommenden Länder zu messen und zu vergleichen gewesen wäre. Deshalb nahmen die alliierten Befehlshaber im besetzten Deutschland schlicht an, daß der Lebensstandard in den anderen europäischen Ländern immer noch niedriger als der deutsche sei, und verhinderten private Initiativen, die viele Deutsche, vor allem die verelendeten Vertriebenen, von Hungertod und Krankheit hätten retten können.[13]

Diese schlecht durchdachte Weisung tauchte zusammen mit anderen Verirrungen des Morgenthau-»Plans« in der westlichen Argumentation bei der Potsdamer Konferenz wieder auf, die die Zukunft der deutschen Wirtschaft mit gestalten sollte. Punkt 12 von Artikel III des Potsdamer Protokolls sah vor: »So frühzeitig wie nur möglich soll die deutsche Wirtschaft dezentralisiert werden, damit die gegenwärtige überstarke Konzentration wirtschaftlicher Macht, wie sie sich in Kartellen, Syndikaten, Trusts und anderen monopolistischen Zusammenschlüssen niedergeschlagen hat, beendet wird.«[14] Punkt 13 formulierte den Gedanken, Deutschland in einen Agrarstaat umzuwandeln. »Bei der Organisierung der deutschen Wirtschaft soll vor allem die Entwicklung der Landwirtschaft und friedlichen Heimarbeit gefördert werden.«[15] Punkt 15 faßte noch einmal den Grundgedanken in Worte, Deutschlands Lebensstandard niedrig zu halten. Die Allierten sollten darüber wachen, »daß Produktion und Erhaltung der Werte und Einrichtungen gesichert werden... die lebenswichtig sind, um einen durchschnittlichen Lebensstandard in Deutschland aufrechtzuerhalten, der den durchschnittlichen Lebensstandard europäischer Länder nicht übersteigt.«[16]

Dieser Punkt 15 wurde dann so strikt befolgt, daß die Besatzungsbehörden in allen vier Zonen mehrmals die dringenden Bitten des Internationalen Roten Kreuzes zugunsten der hungernden deutschen Bevölkerung abschlugen und die Lieferung von Nahrungsmitteln und Medizin um viele Monate verzögerten. Als erste gestattete die britische Zone im Oktober 1945[17] dem Roten Kreuz, Hilfslieferungen zu schikken, dann folgten die Franzosen im Dezember des Jahres. Doch die amerikanische und die sowjetische Zone wiesen im sehr strengen Winter 1945/46 alle Spenden zurück. US-Militärbehörden rieten den Delegierten des Internationalen Roten Kreuzes in Berlin, alle verfügbaren Hilfslieferungen in andere bedürftige Gebiete Europas zu schicken, obwohl umfangreiche irische und schweizerische Spenden ausdrücklich für Deutschland bestimmt waren.[18] Diese Entscheidung wirkte sich bei den Heimatvertriebenen besonders verheerend aus, »deren Lage viel prekärer war als die der übrigen Bevölkerung«.[19] Schließlich konnten ab März 1946 Spenden in die amerikanische, ab April auch in die sowjetische Zone geliefert werden.[20] Doch Zehntausende von Deutschen waren inzwischen verhungert, und viele mußten noch sterben, ehe die Spendenvorräte des Internationalen Roten Kreuzes sie erreichen konnten.[21]

In einem Brief vom 14. Dezember 1945 an Präsident Truman hatte Senator Hawkes dringend die Wiederaufnahme des Postdienstes in Deutschland und die offizielle Genehmigung von privaten Hilfsmaßnahmen empfohlen. Präsident Trumans Antwort vom 21. Dezember 1945 klingt wie ein Echo des Morgenthau-Plans: »Wenn wir auch nicht wünschen, ungebührlich grausam gegen Deutschland zu verfahren, kann ich doch nicht viel Sympathie für die Leute aufbringen, die den Tod so vieler Menschen verursacht haben... Bevor nicht das Unglück jener, die von Deutschland bedrückt und gequält wurden, vergessen ist, scheint es nicht richtig, unsere Bemühungen den Deutschen zugute kommen zu lassen. Ich gebe zu, daß es natürlich viele Unschuldige in Deutschland gibt, die mit dem Naziterror wenig zu tun hatten. Aber die administrative Last, diese Leute herauszufinden, um sie anders als die übrigen zu behandeln, ist fast untragbar.«[22]

Wenn also nach Präsident Trumans Auffassung die amerikanische Politik gegen Deutschland nicht »ungebührlich grausam« sein sollte, so doch wenigstens ein bißchen grausam. Das aber war Morgenthauismus, obwohl man sich irrt, wenn man annimmt, Präsident Truman hätte sich in irgendeiner Weise verpflichtet gefühlt, dem Plan seines Finanzministers zu folgen.[23] Tatsächlich hatte Truman niemals die Ausflüge des Finanzministers in die Außenpolitik während der Roosevelt-Verwaltung gebilligt, und nach Roosevelts Tod machte er es sehr deutlich, daß ihm Morgenthaus dilettantisches Eingreifen nicht willkommen sei. Das führte denn auch zu Morgenthaus Rücktritt; als er hörte, daß ihn Präsident Truman nicht zur Potsdamer Konferenz hinzuziehen wollte, reichte er sein Rücktrittsgesuch ein. Truman nahm es unverzüglich an.[24]

Minister Morgenthaus Abschied begrub allerdings nicht den Morgenthau-Plan.[25] Wie schon erwähnt, knüpften viele der in Potsdam festgelegten Prinzipien der Besatzungspolitik an Morgenthaus Vorschläge an, besonders das Programm der Dezentralisierung. Aus diesem Grund hielten sich auch viele Kritiker der Regierung an das Etikett »Morgenthau-Plan«, wenn sie diese Art des modernen »karthagischen Friedens« meinten, der schließlich Deutschland auferlegt wurde. Ein Jahr, nachdem der Morgenthau-Plan offiziell ad acta gelegt worden war, griff zum Beispiel Senator Shipstead im Senat die Besatzungspolitik der Vereinigten Staaten an und verurteilte mit ätzenden Worten »Amerikas ewiges Schandmal, den Morgenthau-Plan für die Vernichtung der deutschsprechenden Menschen«.[26]

Und wenn auch manche der schlimmsten Punkte des Morgenthau-Plans beiseite geschoben wurden, war die Potsdamer Regelung schließlich teilweise sogar noch härter. So war Morgenthau davon ausgegangen, daß Polen »den Teil Ostpreußen, der nicht an die UdSSR geht, und den südlichen Teil Schlesiens«[27] erhalten solle; es war keine Rede davon, Polen – nicht einmal zur »provisorischen Verwaltung« – irgendeinen Teil der Provinzen Pommern und Brandenburg oder den nördlichen Teil Schlesiens zu überlassen. Die Flüsse Oder und Neiße wurden in dem Plan niemals als Westgrenzen Polens genannt.[28]

Doch trotz solcher einzelner Abweichungen hatten Morgenthau-Plan und Potsdamer Protokoll einen entscheidenden gemeinsamen Hintergrund: Im Mittelpunkt der Zukunftsvorstellungen stand die paradoxe Politik, aus Deutschland ein Agrarland zu machen, während man ihm gleichzeitig seine wertvollsten Agrargebiete raubte und dessen Einwohner in den übervölkerten Rumpf verbannte, der nach den Niederlanden[29] und Belgien[30] die größte Bevölkerungsdichte in Europa aufwies.[31] Selbst das Deutschland vor dem Ersten Weltkrieg[32], das um fast 60 Prozent größer als der Torso von 1945 war, hatte sich nur zu 80 Prozent mit landwirtschaftlichen Erzeugnissen selbst versorgen können.[33] 1922, nach dem Verlust von mehr als 3 Millionen Hektar Ackerland (Posen, der »Korridor«, Nordschleswig, Elsaß-Lothringen, Eupen-Malmedy und ein Teil Oberschlesiens) durch den Versailler Vertrag, waren es noch 75 Prozent des Bedarfs, den Deutschland selbst erzeugen konnte.[34] Das Ende des Zweiten Weltkriegs brachte einen weiteren Verlust von reichlich 4,3 Millionen Hektar Ackerland, so daß Deutschland nur noch 61 Prozent seines Nahrungsbedarfs produzieren konnte.[35] Wie also sollte es jemals zu einem Agrarstaat werden, den sowohl der Morgenthau-Plan wie auch Punkt 13 von Artikel III des Potsdamer Protokolls anvisierten? Jedem Amateur-Nationalökonomen mußte es einleuchten, daß Restdeutschland sich nicht selbst ernähren, geschweige denn Nahrungsmittel exportieren konnte. Andererseits mußte natürlich exportiert werden, damit wenigstens ein Mindestmaß an Nahrungsmitteln für die eigene Bevölkerung eingekauft werden konnte. Aber was konnte Deutschland exportieren? Ähnlich wie in Großbritannien war Kohle der einzige Bodenschatz von Bedeutung, hatte bisher aber den eigenen Bedarf gedeckt; selbst wenn ein Überschuß an Kohle ausgeführt werden konnte, hätte er nicht die notwendigen Einfuhren aufwiegen können. Mitteleuropas Wirtschaftslage brachte es mit sich, daß Deutschland nur als industrieller Produzent überleben, sonst aber verhungern mußte.[36] Die Alliierten selbst hatten, als sie ihm ein Viertel des kultivierbaren Bodens entrissen, unabsichtlich eine Lage geschaffen, in der Deutschlands Existenz noch stärker als vor dem Krieg von der Industrialisierung abhing.[37]

Doch wenn man auch öfters auf Anzeichen des Morgenthau-Syndroms stieß, die man vorübergehender Gehässigkeit und Rachsucht nach diesem Kriege zuschreiben kann, billigte es die anglo-amerikanische Öffentlichkeit nicht, daß Deutschland auf Dauer zum Verhungern verurteilt wurde.

Entscheidend für das allmähliche Abrücken vom Morgenthau-Plan war aber die Besorgnis, Deutschland könne, als Elendsgebiet Europas von sozialen Unruhen geschüttelt, ins kommunistische Lager getrieben werden – wonach das übrige Europa folgen mochte. Die Entwicklung in Mittel- und Osteuropa hatte bereits eine verhängnisvolle Wendung genommen. Die Antikommunisten in Polen waren aus der Regierung entfernt worden, nur wenige hatten sich in Sicherheit bringen können. Die gleiche undemokratische Entwicklung bahnte sich in Rumänien, Ungarn, der Tschechoslowakei an. Frankreichs und Italiens kommunistische Parteien verdoppelten ihre Aktivitäten und führten mehrere Generalstreiks durch: Europa schien reif für die kommunistische Machtübernahme. Vielleicht führte das Gespenst eines kommunistischen Europa schließlich mehr als humanitäre Überlegungen zu einer gründlichen Änderung westlicher Besatzungspolitik in Deutschland. Damit war der Weg zur Erfüllung von Punkt vier der Atlantik-Charta frei: Hier wurde eine vernünftige Politik entworfen, die auch beim Wiederaufbau einer demokratischen und friedliebenden deutschen Nation angewandt werden konnte. Wie Briten und Amerikaner 1941 versprochen hatten, »werden sie danach streben, unter voller Berücksichtigung der bestehenden Verpflichtungen, daß alle Staaten, ob groß, ob klein, Sieger und Besiegte, unter gleichen Bedingungen Zugang zum Handel und zu den Rohstoffen der Welt haben, die für ihr wirtschaftliches Gedeihen unentbehrlich sind«.[38]

Die Geburt des Marshall-Plans

a) Die wirtschaftliche Lage in Europa

Als das Moskauer Treffen des Außenminister-Rates im März 1947 scheiterte, waren die Westmächte davon überzeugt, daß es dringend notwendig sei, unabhängig von der Sowjetunion einen neuen Kurs zu steuern. Europa stand der völlige wirtschaftliche Zerfall bevor; George W. Kennan bemerkte: »Es war eindeutig, daß die Sowjetführer am Versagen der westeuropäischen Wirtschaft unter nichtkommunistischem Vorzeichen ein politisches Interesse hatten.«[39] In diesem kritischen Augenblick der europäischen Geschichte waren die Vereinigten Staaten als einziges Land der Welt imstande, der kranken europäischen Wirtschaft auf die Beine zu helfen. Und gerade das schlug der neue amerikanische Außenminister vor.

General George C. Marshall war ein fähiger militärischer Stratege im Zweiten Weltkrieg gewesen und erwies sich nun als noch besserer Staatsmann. Als Außenminister unter Präsident Truman (1947–49) arbeitete er eng mit George F. Kennan zusammen, um die Politik der »Eindämmung« und die Truman-Doktrin durchzusetzen. Ein wichtiges Element dieser Politik bildete das Europäische Wiederaufbauprogramm, besser bekannt als »Marshall-Plan«; er wurde als Echo auf Minister Marshalls berühmte Rede in Harvard vom 7. Juni 1947 entwickelt. Es ist interessant, daß Marshalls ursprünglicher Plan beide Seiten des Eisernen Vorhangs im Auge hatte. Die Länder der sowjetischen Einflußsphäre sollten ebenso von der amerikanischen Hilfe profitieren wie die westlichen Demokratien. Natürlich wären die Staaten, denen die Hilfe zugute kam, in eine gewisse Abhängigkeit von ihren Wohltätern geraten, und es ist verständlich, wenn die Sowjetunion keineswegs von dem Gedanken begeistert war, ihre Satelliten mit irgendeiner anderen Macht enger verknüpft zu sehen. Sie unternahm also Schritte, um zu verhindern, daß sich irgendeines der osteuropäischen Länder an einer »imperialistischen Machenschaft« beteiligte. Nur die Tschechoslowakei antwortete zustimmend auf die Einladung der Außenminister Bevin und Bidault, an der Pariser Konferenz von 1947 teilzunehmen, bei der ein gemeinsamer Wiederaufbauplan für Europa erörtert werden sollte. Doch nach einem Besuch, den Ministerpräsident Klement Gottwald und Außenminister Jan Masaryk in Moskau abstatteten, zog die Tschechoslowakei ihre Zusage zurück.[40]

Die Sowjetunion konkurrierte ferner mit dem Marshall-Plan durch ein eigenes Wiederaufbauprogramm für die osteuropäischen Länder, den sogenannten Molotow-Plan. Die Kominform, die ihr Hauptquartier in Belgrad hatte, koordinierte Handelsabkommen innerhalb der sowjetischen Sphäre und lenkte ein beträchtliches Handelsvolumen, das sonst nach Westeuropa geflossen war, in den Osten. Im Oktober 1947 drängte die Kominform die Kommunisten in den verschiedenen Ländern, den Marshall-Plan als ein Instrument zur »Weltherrschaft des amerikanischen Imperialismus« zu bekämpfen.[41] Der Marshall-Plan setzte sich dennoch durch. Am 12. Juli 1947 trafen sich Vertreter von Belgien, Dänemark, Frankreich, Griechenland, Irland, Island, Luxemburg, den Niederlanden, Norwegen, Österreich, Portugal, Schweden, der Schweiz, der Türkei und Großbritannien in Paris, um gemeinsame wirtschaftliche Probleme zu besprechen. Das besetzte Deutschland, das sich in der weitaus schlimmsten Lage befand, nahm an dieser

ersten Konferenz nicht teil, aber immerhin waren alle drei westlichen Besatzungsmächte von Anfang an die führenden Kräfte bei der Durchführung des Programms.
Obwohl die Alliierten von 1945 bis 1947 ihre harten Friedensbedingungen in Deutschland in die Tat umgesetzt hatten, erkannten Wirtschaftsexperten schon bald, daß sich Westeuropa nur erholen konnte, wenn die wichtigsten Industrieländer, und darunter auch Deutschland, zu einer gesunden Wirtschaft zurückfanden.[42] Wie General Lucius Clay feststellte, »war es klar, daß sich Westeuropa nicht erholen konnte, wenn in Deutschland ein wirtschaftliches Vakuum herrschte«.[43]

b) Die wirtschaftliche Lage in Deutschland

Der Zustand der deutschen Wirtschaft war so schlimm, wie er nur sein konnte. Die industrielle Produktion erreichte nur noch 27 Prozent des Vorkriegsvolumens.[44] Dieser alarmierende Rückgang lag zum Teil an der gründlichen Demontage der deutschen Industrie, wie sie der Potsdamer Politik der »Reparationen durch Sachleistungen« entsprach, sie lag aber auch an der Verwüstung durch den Krieg, an der Spaltung des alten Wirtschaftsgefüges durch die Aufteilung in Zonen, schließlich aber auch an mangelnden Arbeitskräften, denn Millionen waren noch in Kriegsgefangenschaft, und die Menschen in Deutschland waren durch Unterernährung und Krankheiten in ihrer Arbeitsleistung deutlich beeinträchtigt.[45]
Der Abtransport von Fabriken und Betriebsanlagen über das hinaus, was anderswo sinnvoll genutz werden konnte, war eine der ersten Maßnahmen im Sinne Morgenthaus, die auf heftige Kritik einflußreicher Leute in den Vereinigten Staaten und in Großbritannien stießen. Demontierte deutsche Fabriken rosteten überall in russischen und polnischen Speichern vor sich hin, sogar auch in Frankreich. Damit wurde aber nicht nur die deutsche, sondern die gesamte europäische Produktion getroffen und der Wiederaufbau des Kontinents verhindert.[46]
Da die meisten industriellen Demontagen der Sowjetunion zufielen, wurde das Problem durch die westlichen Besatzungszonen gelöst, die im Frühjahr 1946 mit dem Abtransport Schluß machten. General Clay erklärte den aufgebrachten Russen seinen Entschluß mit den Punkten 14 und 15 aus Aritkel III des Potsdamer Protokolls; danach sollten nämlich die deutschen Betriebsmittel während der Viermächte-Besatzung gleichmäßig auf die verschiedenen Zonen verteilt werden, um

eine ausgewogene Wirtschaft für ganz Deutschland zu ermöglichen und den Bedarf an Einfuhren zu senken.[47] Da die Sowjetunion die Ressourcen aus ihrer Besatzungszone nicht mit denen der anderen Zonen zusammenwarf, sondern ein Höchstmaß an Reparationen aus ihrer Zone zog, ohne den anderen darüber Rechenschaft zu geben, wurde die Demontage zugunsten der Russen im Westen eingestellt.

Die wirtschaftliche Aufspaltung, die durch die Einteilung in Zonen verursacht worden war, beeinträchtigte weiterhin den Wiederaufbau. Die Sowjetzone richtete sich mehr und mehr nach Osten aus, die französische stagnierte, zum Teil weil Frankreich nicht bereit war, an irgendeinem Programm für ganz Deutschland teilzunehmen, ehe nicht die Saarfrage[48] in seinem Sinne gelöst worden war, aber auch, weil Frankreich Deutschlands Stärke fürchtete.

Doch der Wiederaufbau Westeuropas konnte nicht auf die Vereinigung von ganz Deutschland warten. Noch vor Marshalls Ansprache in Harvard hatten sich die amerikanische und die britische Zone zu gemeinsamem wirtschaftlichem Vorgehen zusammengeschlossen.[49] In diese sogenannte Bizone konnte erst am 8. April 1949[50] auch die französische Zone einbezogen werden, an dem Tag, an dem das Besatzungsstatut in Kraft trat.[51] Die Gründung der Bundesrepublik Deutschland folgte am 24. Mai 1949.[52]

Millionen Dollar aus dem Fonds des Marshall-Plans wurden in die junge Bundesrepublik gepumpt; die rasche Erholung ihrer Wirtschaft überstieg bei weitem die Hoffnungen der amerikanischen Regierung, die tatsächlich nur einen verhältnismäßig geringen Anteil des Fonds für das deutsche Wiederaufbau-Programm zur Verfügung gestellt hatte.

Vom 3. April 1948 bis zum 30. Juni 1952 erhielten aus dem Marshallplan-Fonds das Vereinigte Königreich 3176 Millionen Dollar, Frankreich 2706 Millionen, Italien 1474 Millionen und Westdeutschland nur 1389 Millionen.[53] Doch die stärkste Wirkung zeigte sich in Deutschland: »Die Ergebnisse waren überwältigend, sie wurden von keinem anderen europäischen Land erreicht, obwohl Deutschland nur einen verhältnismäßig kleinen Teil der Mittel aus dem Marshall-Plan erhielt. Europa bekam insgesamt 20 Milliarden Dollar von den Vereinigten Staaten; im Jahre 1954 beliefen sich die Pro-Kopf-Beträge auf 39 Dollar für Deutschland, dagegen 72 Dollar für Frankreich, 77 für England, 33 für Italien und 104 für Österreich. Aber in Deutschland kam die Hilfe genau zum richtigen Zeitpunkt, als sich das Bedürfnis nach physischem und psychischem Wiederaufbau bis zum Siedepunkt erhitzt hatte.«[54]

Der aufsehenerregende Erfolg des Marshall-Plans in Deutschland hat materiell zum Erfolg des Plans im übrigen Europa beigetragen und zweifellos mit dazu geführt, daß die Bundesrepublik Deutschland schon bald eine bedingte Souveränität erhielt – am 5. Mai 1955.

In einem »Abkommen zwischen der Bundesrepublik Deutschland und den Vereinigten Staaten von Amerika über die Regelung der Ansprüche der Vereinigten Staaten von Amerika aus der Deutschland geleisteten Nachkriegs-Wirtschaftshilfe«[55] vom 27. Februar 1953 erklärte sich die Bundesrepublik einverstanden, eine Milliarde Dollar aus dem Fonds des Marshall-Plans binnen dreißig Jahren an die Vereinigten Staaten zurückzuzahlen. Dankbar für die hilfreiche Hand zu einer Zeit, als es ums pure Überleben ging, zahlte die Bundesrepublik rasch den vollen Betrag zurück.

Die Rolle der Vertriebenen für das deutsche »Wirtschaftswunder«

Von 1945 bis 1948 waren die Aussichten auf Wiederaufbau in dem völlig übervölkerten und unterernährten Deutschland trübe gewesen. Große Schwierigkeiten bei der Beschaffung von Nahrungsmitteln, Heizmaterial und Wohnungen hatten sich durch den stetigen Zustrom Vertriebener beträchtlich verschlimmert. Was sollte man mit diesen verelendeten Millionen beginnen? Deutschlands um seine Industrie gebrachte Nachkriegswirtschaft konnte nicht einmal genügend Arbeitsplätze für die im Westen ansässige Bevölkerung schaffen, geschweige denn für die neuen Mitbürger. Aus diesem Grund versicherten viele amerikanische[56] und französische[57] Politiker, daß nur eine großzügige Auswanderung in andere Länder, einschließlich der Vereinigten Staaten und Australiens, eine Lösung bot. Noch 1950 empfahl ein Kongreß-Ausschuß der Vereinigten Staaten unter Vorsitz des Abgeordneten Francis E. Walter: »Selbst wenn, wie besprochen, die größten Anstrengungen gemacht werden, um die Masse der Flüchtlinge in die deutsche Wirtschaft einzubeziehen, sollte man einer guten Million deutscher Vertriebener und Flüchtlinge die Möglichkeit zur Auswanderung bieten.«[58]

Die hier vorgeschlagene Auswanderung fand allerdings nicht statt, weil Deutschland dank dem Marshall-Plan imstande war, die Arbeitskraft der Vertriebenen als einen höchst wertvollen Faktor zu nutzen. Das hochgerühmte »Wirtschaftswunder«, ermöglicht durch den Zustrom des Dollars, gründete sich zum andern Teil auf die vielen ausgebildeten Arbeiter, die vorher ohne Beschäftigung gewesen waren. Zwei wichtige Ziele wurden mit einem Schlag erreicht: die schnelle wirtschaftliche Erholung und die Integration von Millionen Vertriebenen.[59]

Wenn auch die meisten Vertriebenen aus vorwiegend landwirtschaftlichen Gebieten kamen, darf nicht übersehen werden, daß dort auch beachtliche Industrien zu Hause waren und daß viele Vertriebene entsprechendes Können und Fachkenntnisse mitbrachten.[60]

So gab es zum Beispiel in Ostpreußen und Pommern eine gut entwikkelte Holz- und Papierindustrie, die sich auf die großen Wälder stützte. Beide Provinzen durften sich außerdem bedeutender Schiffsbauunternehmen rühmen, vor allem in Stettin, Elbing und der Freien Stadt Danzig, aber auch in anderen Häfen. Textilindustrie, in erster Linie die Herstellung fertiger Kleidung, gehörte zu Stettins wichtigsten Industriezweigen.

Viel stärker industrialisiert war allerdings Oberschlesien gewesen, dank seiner Bodenschätze; hier lagerte Deutschlands zweitgrößtes Kohlevorkommen. In Schlesien hergestellte Produkte der Schwerindustrie waren in ganz Deutschland und im Ausland vertrieben worden. 37 Prozent der Arbeitskräfte hatten in Ober- und Niederschlesien in der Industrie gearbeitet.

Auch das Sudetenland verfügte über Kohlevorkommen, vor allem im nördlichen Böhmen und im östlichen Schlesien. Das Sudetenland erzeugte Musikinstrumente, hochwertige Kristallwaren, Schmuck und Möbel, aber auch mehrere Biersorten, auf die die Tschechoslowakei so stolz war.[61]

So war es möglich, durch harte Arbeit und mit Hilfe des Auslands die Millionen Vertriebener einzugliedern. Die Deutschen verwandelten die Mittel aus dem Marshall-Plan in Arbeit, die ihnen nicht nur das Überleben ermöglichte, sondern auch einen allmählichen Wiederaufbau ihres Daseins in einer liberalen, demokratischen und friedliebenden Gesellschaft.

Achtes Kapitel

Frieden und Kalter Krieg

> Es war und ist noch immer die Politik der Vereinigten Staaten, den Abschluß eines Friedensvertrages mit der Regierung eines vereinten und freien Deutschlands zu erreichen, doch die Bemühungen sind bisher vereitelt und im Augenblick unmöglich gemacht worden durch die Politik der sowjetischen Regierung.
>
> *Präsident Harry Truman (Department of State, Bulletin, 1951, Band 25, S. 769)*

Die Verhandlungen über einen Friedensvertrag mit Deutschland bis zur Moskauer Konferenz

In der Geschichte Europas sind Kriege immer entweder durch Friedensverträge oder durch Unterjochung der Besiegten beendet worden.[1] Deutschland nach dem Zweiten Weltkrieg bildete hier einen Sonderfall, denn die siegreichen Alliierten boten ihm weder einen Friedensvertrag an, noch vollendeten sie die Unterwerfung durch Annexion des eroberten Reichs.[2]

Dagegen schlossen die Alliierten Friedensverträge mit sämtlichen ehemaligen Achsenpartnern Deutschlands und mit seinen Verbündeten. In seinem alljährlichen Rechenschaftsbericht der US-Regierung erklärte Präsident Truman am 6. Januar 1947 vor dem Kongreß, »daß Friedensverträge mit Italien, Bulgarien, Rumänien und Ungarn endgültig vorbereitet worden sind«.[3] Der Friedensvertrag mit Italien wurde am 10. Februar 1947 unterzeichnet[4] und im Sommer des Jahres von Italien und den meisten Alliierten ratifiziert. Ungefähr zur gleichen Zeit traten die Verträge mit Bulgarien, Rumänien und Ungarn in Kraft.[5]

Japan, die zweite Achsenmacht, mußte länger auf den Vertrag warten, weil die Sowjetunion, die erst eine Woche vor der japanischen Kapitulation in den Krieg gegen Japan eingetreten war, Einwände aller Art gegen die amerikanischen Vertragsentwürfe vorbrachte.[6] Schließlich

wurde der Friedensvertrag am 8. September 1951 in San Francisco geschlossen und trat am 28. April 1952 in Kraft [7], allerdings ohne Ratifizierung durch die sowjetische Regierung.
Ebenso hätte ein Friedensvertrag mit Deutschland von einer Mehrheit der Alliierten – ohne die Sowjetunion – ratifiziert werden können, wäre das Land nicht in Jalta in vier Zonen aufgeteilt worden.[8] Vom ersten Augenblick der eigentlichen Besatzungsverwaltung an hatte die Sowjetunion damit begonnen, in ihrer Zone den Kommunismus zu fördern. Der sprichwörtliche Eiserne Vorhang [9] trennte schon bald die sowjetische Zone vom übrigen Deutschland, obwohl die Allierten übereingekommen waren, Deutschland nicht zu spalten, sondern als Einheit zu behandeln.[10]
Zur Zeit der Potsdamer Konferenz sprachen sich alle Allierten, auch die Sowjetunion, dafür aus, den Krieg mit Deutschland durch einen Friedensvertrag zu beenden. Artikel II des Potsdamer Protokolls setzte einen Außenminister-Rat zur »Friedensregelung mit Deutschland« ein; sie sollte dann »von der Regierung von Deutschland angenommen werden, wenn eine dazu befugte Regierung berufen worden ist«.[11]
Doch der Außenminister-Rat kam nur langsam voran. Über ein Jahr nach Einstellung der Feindseligkeiten berichtete Außenminister Bevin dem Unterhaus: »Unser Fernziel ist die Vorbereitung eines Friedensvertrags, doch bevor er feststeht, muß gewaltige Vorbereitungsarbeit geleistet werden.« [12] Das Unternehmen kam aber nicht von der Stelle, weil so viele Punkte der Okkupation zu Spannungen führten.
Wie in den Kapiteln fünf und sechs gezeigt, mißbrauchte die Sowjetunion das Problem der Deutschen in den Ostprovinzen, in Polen und in der Tschechoslowakei für ihre eigenen Zwecke und beschuldigte die westlichen Alliierten, sie seien prodeutsch und widersetzten sich den berechtigten polnischen und tschechoslowakischen Wünschen. Die überstürzte Vertreibung, die in der britischen und der amerikanischen Zone so viele Schwierigkeiten hervorrief, wurde ja mit Zustimmung und Ermunterung der UdSSR vorgenommen, obwohl die Sowjetregierung dem Artikel XIII des Potsdamer Protokolls und damit auch einem vorläufigen Aufschub der Vertreibung zugestimmt hatte. Und während die Sowjetunion demontierte Industrieanlagen aus den westlichen Besatzungszonen erhielt, gab sie ihrerseits kein Korn Getreide für die Industriegebiete der westlichen Zonen her, denen außerdem noch unaufhörlich Ostdeutsche zuströmten.
Feldmarschall Montgomery, bis zum 1. Mai 1946 Oberbefehlshaber der

britischen Besatzungstruppen, beschrieb die Verhältnisse folgendermaßen: »Die Russen waren auf dem besten Wege, ihre Zone in eine Wüste zu verwandeln; alles, was Wert hatte, wurde nach Rußland geschickt; dabei waren die Lebensbedingungen in ihrem Gebiet jetzt schon entsetzlich. Unsere Erkundungstrupps, die nach Wegen und Lagern für Polen suchten, die nach Polen zurückkehrten, berichteten, daß die Deutschen in der Zone sich wie das Vieh von allem möglichen ernährten, was sie gerade ergattern konnten, und daß die Hungersnot schon deutlich zutage trat.
Infolge der schrecklichen Verhältnisse in der russischen Zone und wegen der Ausweisung von Deutschen aus dem Gebiet, das die Russen den Polen gegeben hatten, aus der Tschechoslowakei und anderswoher kamen jetzt wöchentlich 40000 deutsche Flüchtlinge in die englische Zone, und ein Ende dieses Stromes war noch nicht abzusehen.«[13]
Außenminister Bevin stellte im Parlament fest: »Wir und die Amerikaner mußten Nahrung und andere Dinge kaufen, um sie nach Westdeutschland zu schicken, während die Russen entsprechende Waren von Ostdeutschland nach Rußland bringen. Diese Lage ist unhaltbar. Entweder beachten wir Potsdam als Ganzes, oder wir müssen eine neue Regelung vereinbaren.«[14]
Spannungen entstanden auch in Berlin, wo Anfang 1946 drei Richter, deren Urteile den Ansichten der deutschen Kommunistenführer nicht genehm waren, verschwanden – von der sowjetischen Militärverwaltung verhaftet. General Lucius Clay protestierte so heftig wie erfolglos.[15] Ein anderer Vorfall spiegelt die unterschwelligen Spannungen zwischen den Besatzungsmächten: Im April 1946 versuchten sowjetische Truppen, die Eisenbahngleise im amerikanischen Sektor Berlins abzubauen. Nur die rasche Ankunft amerikanischer Panzer verhinderte die Durchführung des gewagten Übergriffs.[16]
Viel folgenreicher aber war die Spannung, die sich aus den völlig unterschiedlichen Vorstellungen von einem neuen Deutschland entwickelte. Es wurde schnell deutlich, daß die Sowjetunion daran interessiert war, Deutschland entweder ganz in die sowjetische Einflußsphäre einzubeziehen oder es so gründlich zu demontieren, daß es in Zukunft niemals wieder zu einer Bedrohung für die sowjetische Macht in Europa werden konnte. Die westlichen Alliierten wiederum wußten, daß die Genesung Europas nur bei wirtschaftlichem Gedeihen Deutschlands zu erreichen war, und empfahlen nun einen allmählichen Wiederaufbau des friedlichen Industriepotentials in Deutschland.[17]

Die ersten Anzeichen dieser Entwicklung tauchten in den Reden von Außenminister Byrnes auf. Der unnachgiebige Ton von Byrnes' Erklärung zum Sinn der Potsdamer Regelung am 12. Dezember 1945 [18] war spürbar gemildert in seiner denkwürdigen Stuttgarter Rede vom 6. September 1946. Hier kamen konstruktive Gedanken zu Wort: »Wir begrüßen die wirtschaftliche Einigung Deutschlands. Wenn eine vollständige Einigung nicht erreicht werden kann, werden wir unsere ganzen Kräfte einsetzen, um eine möglichst umfassende Einigung sicherzustellen.« Und als Warnung an die Sowjetunion, deren kommunistische Propaganda den Westen beunruhigte: »Solange in Deutschland eine Besatzungsmacht notwendig ist, wird die Armee der Vereinigten Staaten ein Teil dieser Besatzungsmacht sein.« [19] Dieser Ausspruch wurde besonders lebhaft begrüßt, nicht nur in Deutschland, sondern auch in ganz Westeuropa. Im Unterhaus ließ Außenminister Bevin am 22. Oktober 1946 die britische Zufriedenheit mit der Stuttgarter Rede durchklingen.[20]

Im Jahre 1947 wurde dann die allmähliche Auflösung einer wirksamen Viermächte-Kontrolle über das besetzte Deutschland sichtbar. Der Alliierte Kontrollrat in Berlin konnte auf keine wichtigen abgeschlossenen Leistungen verweisen, und die Punkte, die genau überlegt sein wollten, häuften sich ständig. Doch noch weniger Fortschritte hatte der Rat der Außenminister beim Entnwurf des Friedensvertrags aufzuweisen. Vom 10. März bis 24. April tagte er in Moskau, um vor allem die Friedensregelung für Deutschland zu erörtern. Trotz ausgedehnter, monatelanger Vorbereitungen der Westmächte hatte man doch versäumt, die Verhandlungsführung in bezug auf die Ziele und Mittel zu ihrer Erreichung genau aufeinander abzustimmen; damit erhielten die Russen die Möglichkeit, aus jeder kleinsten Meinungsverschiedenheit ihren Vorteil zu ziehen und ständig so viele Einwände und Zusätze vorzubringen, daß die westlichen Pläne schließlich scheiterten. Freimütig erklärte Stalin dem neuen amerikanischen Außenminister Marshall: »Das hier sind lediglich erste Spähtruppgeplänkel um die Deutschlandfrage.« [21]

Da die Russen so offensichtlich nicht zur Zusammenarbeit bereit waren, scheiterte die Moskauer Konferenz. Gewiß hatten die Westmächte von vornherein nicht damit gerechnet, daß sie zu einer vollständigen Übereinstimmung über den Friedensvertrag mit Deutschland gelangen würden, hatten aber doch gehofft, daß die Moskauer Konferenz eine tragfähige Grundlage schaffen und daß man sich in absehbarer Zeit auf einen Friedensvertrag einigen würde. Statt dessen verschlechterten sich die amerikanisch-russischen Beziehungen ständig nach dieser verfehlten Konferenz. Der Kalte Krieg entwickelte sich schnell. Robert Murphy, der als politischer Berater der amerikanischen Militärregierung für Deutschland an der Konferenz teilgenommen hatte, bemerkte: »Meiner Meinung nach war es die Moskauer Konferenz des Jahres 1947, auf der der Eiserne Vorhang erst wirklich niederging.«[22]

Die Gründung der beiden deutschen Staaten

Ein zweiter und letzter Versuch, doch noch zu einem Einvernehmen über die Präliminarien für den Friedensvertrag zu kommen, wurde auf der Londoner Sitzung des Außenminister-Rats im November und Dezember 1947 unternommen. Obwohl sich die Gegensätze zur Sowjetunion immer mehr verschärften, sprachen die Minister noch gemeinsam darüber, einen Friedensvertrag mit Deutschland zu schließen und eine für ganz Deutschland geltende Regierung unter alliierter Kontrolle zu berufen, die dann den Vertrag unterzeichnen und nach und nach die Verantwortung für das Leben in Deutschland übernehmen sollte.[23]

Das Scheitern dieser Konferenz veranlaßte die Westmächte, eine gesonderte Regierung für Westdeutschland einzusetzen und ihren wirtschaftlichen Erfolg durch den Zustrom von Dollars aus dem Marshall-Plan zu sichern. Natürlich löste diese Entscheidung höchsten Alarm bei den sowjetischen Führern aus. In einem schlecht durchdachten Versuch, die Westmächte wieder an den Verhandlungstisch zu bringen, blockierten die Russen die Westsektoren Berlins; die ersten Schritte dazu erfolgten im März 1948. Nach der Veröffentlichung des sogenannten Londoner Programms über die Modalitäten, unter denen eine gesonderte westdeutsche Regierung eingesetzt werden sollte, schloß sich im Juni 1948 der russische Blockadering um Berlin vollständig.[24] In den Wintermonaten waren die entsprechenden Dienststellen der US-Verwaltung vollauf mit der Berliner Luftbrücke beschäftigt, die der sowjetischen Blockade entgegenwirkte, und mit der Durchführung des Londoner Programms. Westdeutsche Politiker entwarfen mittlerweile eine demokratische Verfassung für den neuen westdeutschen Staat, und die britischen, französischen und amerikanischen Behörden arbeiteten ein neues Besatzungsstatut aus, das gleichzeitig mit der Einsetzung der neuen westdeutschen Regierung in Kraft treten sollte.

Als der Termin für die neue Sitzung des Außenminister-Rats näherrückte, erhielt das Londoner Programm seine endgültige Gestalt. Am 8. Mai 1949 wurde die Verfassung für die westdeutsche Republik angenommen, am 12. Mai das neue Besatzungsstatut den westdeutschen Vertretern übergeben.[25] General Lucius Clay, dem das Londoner Programm besonders am Herzen lag, sah die endgültige Annahme als persönlichen Erfolg an und wünschte nicht, es irgendeiner neuen und ungewissen Übereinkunft mit den Russen zu opfern.

Am 23. Mai 1949 versammelte sich der Außenminister-Rat in Paris, um die deutsche Frage zu erörtern. Trotz geringer Erfolgsaussichten ergriffen die Westmächte doch die Gelegenheit, die einzelnen Länder der sowjetischen Besatzungszone aufzufordern, sich der Bundesrepublik Deutschland anzuschließen, unter den liberalen Bedingungen des Londoner Programms. Wie vorauszusehen, blockierten die sowjetischen Behörden den Vorschlag zur Vereinigung, wie sie zwei Jahre vorher schon die tschechoslowakische oder polnische Beteiligung am Marshall-Plan vereitelt hatten. Als die sowjetische Regierung vor die vollendete Tatsache des Londoner Programms gestellt wurde – das ohne sie entstanden war –, lehnte sie es kategorisch ab.

Dieser Zusammenbruch aller Versuche, sich mit den Russen über die Zukunft Deutschlands zu verständigen, und die Gründung eines gesonderten westdeutschen Staates zementierten die Teilung Deutschlands und Europas. Doch es ist zweifelhaft, ob ein anderer Kurs der westlichen Seite – abgesehen von völliger Unterordnung unter die russischen Wünsche – zu einer Wiedervereinigung Deutschlands geführt hätte. Die Russen hätten nur bei der Gründung eines sozialistischen Deutschland mitgemacht, das ihnen später so reif in den Schoß gefallen wäre, wie es mit der Tschechoslowakei 1948 geschah.[26]

An diesem Punkt ist es besonders interessant, daß George F. Kennan in einer Niederschrift aus dem Sommer 1945, also lange vor der Entwicklung zum Kalten Krieg, die Lage schon völlig realistisch einschätzte: »Die Idee, Deutschland gemeinsam mit den Russen regieren zu wollen, ist ein Wahn. Ein ebensolcher Wahn ist es, zu glauben, die Russen und wir könnten uns eines schönen Tages höflich zurückziehen, und aus dem Vakuum werde ein gesundes und friedliches, stabiles und freundliches Deutschland steigen. Wir haben keine andere Wahl, als unseren

Teil von Deutschland – den Teil, für den wir und die Briten die Verantwortung übernommen haben – zu einer Form von Unabhängigkeit zu führen, die so befriedigend, so gesichert, so überlegen ist, daß der Osten sie nicht gefährden kann.«[27]
Und tatsächlich entstanden aus den schwelenden Trümmern zwei neue deutsche Staaten. Verschüttete Quellen geistiger Kraft tauchten wieder auf. In den westlichen Besatzungszonen legte diese Wiedergeburt schöpferische Kräfte frei, die jahrhundertelang zu den Pfeilern der westlichen Welt gehört hatten. Jeder Schritt wurde allerdings bewacht – sogar geleitet – von den Besatzungsbehörden, die als eine Art Kuratorium wirkten. Natürlich begingen diese Treuhänder so manchen groben Fehler, doch als die junge Bundesrepublik Deutschland sich festigte, überließen sie ihr allmählich eine breite Ausübung der Souveränität. Im Gegensatz dazu wurde die Ostzone zum sowjetischen Satelliten[28], in dem sich nicht nur die Wirtschaft, sondern auch die Gewerkschaften, die Presse und die Universitäten an Moskau ausrichteten. Allmählich erhielt die »Deutsche Demokratische Republik« dann doch ein gewisses Maß an Selbständigkeit; der Phönix durfte sich aus der Asche erheben, blieb aber im Käfig.

Beendigung des Kriegszustands durch Proklamation und Eingliederung der Bundesrepublik Deutschland in das westliche Sicherheitssystem

Da kein Friedensvertrag mit einem vereinten Deutschland erreicht worden war, entschlossen sich die Westmächte, zum Teil aus innenpolitischen Gründen, den Kriegszustand durch unilaterale Erklärungen zu beenden.[29]
Der Weg vom totalen Krieg zum Zustand des Friedens war lang. Natürlich hörte am 9. Mai 1945 nach der bedingungslosen Übergabe das Schießen auf, sieht man von kleineren Zusammenstößen ab, die sich noch Tage oder Wochen danach ereignen konnten, wenn einzelne Soldaten oder versprengte Gruppen über die Kapitulation nicht informiert waren oder sie einfach nicht hinnehmen wollten. Doch das waren, wie gesagt, seltene Ausnahmen. Die große Masse der deutschen Streitkräfte wurde zu Kriegsgefangenen oder zu dem, was man als »surrendered enemy personnel« bezeichnete – feindliche Truppen, die sich ergeben hatten. Trotz dieser bedingungslosen Kapitulation blieb

aber rechtlich der Zustand des Krieges gegen Deutschland noch sechs Jahre lang bestehen.

Am 31. Dezember 1946 gab Präsident Truman eine Proklamation »Zur Beendigung der Feindseligkeiten des Zweiten Weltkriegs« heraus.[30] Es hieß darin: »Obwohl noch ein Kriegszustand besteht, ist es heute möglich zu erklären – wünschenswert im Interesse der Öffentlichkeit – daß die Feindseligkeiten beendet sind.« Als Ergebnis dieser Proklamation traten in den USA eine Reihe von Kriegs- und Notverordnungen außer Kraft, und die Befugnisse der Verwaltung wurden wieder fast auf Friedensumfang zurückgeschraubt. Die amerikanische Besatzungspolitik in Deutschland wurde allerdings von dieser Proklamation nicht betroffen. Im April 1949 übergaben die Westmächte die Verwaltung ihrer Besatzungszonen der Regierung der Bundesrepublik Deutschland, doch zur selben Zeit trat das neue Besatzungsstatut in Kraft, das die Souveränität der neuen Republik einschränkte. Ungefähr zur gleichen Zeit setzte die Sowjetunion eine rivalisierende ostdeutsche Regierung ein. Doch auf beiden Seiten änderte sich kaum etwas an der völkerrechtlichen Natur der von den Alliierten ausgeübten Autorität.[31]

Trotz der Teilung Deutschlands in zwei Republiken proklamierte Präsident Truman am 24. Oktober 1951 die Beendigung des Kriegszustands *mit ganz Deutschand.*[32] Die Erklärung bestätigte noch einmal die amerikanische Einstellung zu einem Friedensvertrag mit Deutschland: »Es war und ist noch immer die Politik der Vereinigten Staaten, den Abschluß eines Friedensvertrages mit der Regierung eines vereinten und freien Deutschland zu erreichen, doch die Bemühungen sind bisher vereitelt und im Augenblick unmöglich gemacht worden durch die Politik der sowjetischen Regierung...«

Truman erklärte auch, warum man den Friedensvertrag durch eine Proklamation vorläufig ersetzen wolle: »Es ist trotzdem für wünschenswert erachtet worden, den bestehenden Zustand des Krieges mit Deutschland zu beenden und Deutschland aus seinem gegenwärtigen Feind-Status zu befreien, womit gewisse Beeinträchtigungen für deutsche Staatsangehörige aus dem Wege geräumt werden.«

Doch diese Erklärung des Präsidenten im Jahre 1951 verlieh der Bundesrepublik Deutschland noch nicht die volle Souveränität; sie erhielt sie erst mit dem am 23. Oktober 1954[33] in Paris unterzeichneten und am 5. Mai 1955 in Kraft getretenen »Vertrag über die Beendigung des Besatzungsregimes in der Bundesrepublik Deutschland«. Mit gleichem

Datum trat der »Vertrag über die Beziehungen zwischen der Bundesrepublik Deutschland und den Drei Mächten«[34] – der sogenannte »Deutschlandvertrag« – in Kraft. Dieser Vertrag war von entscheidender Bedeutung für die Zukunft Deutschlands, weil die Drei Mächte damit ihr Interesse an der Wiedervereinigung Deutschlands und der Unterzeichnung eines Friedensvertrages mit ganz Deutschland bekräftigten. Im Artikel 7 hieß es:

»1. Die Bundesrepublik und die Drei Mächte sind darüber einig, daß ein wesentliches Ziel ihrer gemeinsamen Politik eine zwischen Deutschland und seinen ehemaligen Gegnern frei vereinbarte friedensvertragliche Regelung für ganz Deutschland ist, welche die Grundlage für einen dauerhaften Frieden bilden soll. Sie sind weiterhin darüber einig, daß die endgültige Festlegung der Grenzen Deutschlands bis zu dieser Regelung aufgeschoben werden muß.

2. Bis zum Abschluß der friedensvertraglichen Regelung werden die Bundesrepublik und die Drei Mächte zusammenwirken, um mit friedlichen Mitteln ihr gemeinsames Ziel zu verwirklichen: ein wiedervereinigtes Deutschland, das eine freiheitlich-demokratische Verfassung ähnlich wie die Bundesrepublik besitzt und das in die europäische Gemeinschaft integriert ist...

4. Die Drei Mächte werden die Bundesrepublik in allen anderen Angelegenheiten konsultieren, welche die Ausübung ihrer Rechte in bezug auf Deutschland als Ganzes berühren.«[35]

Die Pariser Verträge schlossen auch eine Resolution der NATO ein, die westeuropäische Union in das System des Atlantikpakts einzubeziehen. Der Resolution wurde eine bedeutsame Erklärung der Bundesrepublik Deutschland angefügt, in der sie sich verpflichtete, »niemals ihre Zuflucht zur Gewalt zu nehmen, um die Wiedervereinigung Deutschlands oder die Veränderung der gegenwärtigen Grenzen der Bundesrepublik zu erreichen« und alle Streitfragen zwischen Deutschland und anderen Mächten mit friedlichen Mitteln zu schlichten.[36]

Trotz dieser Versicherung war die Mitgliedschaft der Bundesrepublik Deutschland in der NATO eine Quelle großer Bedenken für die Staaten des Ostblocks; sie verfestigte schließlich die Teilung in zwei deutsche Staaten. Wie vorauszusehen, trat die DDR dem Warschauer Pakt bei[37] und wurde nun auch militärisch zum Vasall der Sowjetunion.

Die Frage der Wiedervereinigung war den Deutschen völlig aus der Hand genommen und hing ausschließlich vom politischen Handel der Großmächte ab.

In den Jahren des Kalten Kriegs beharrten Washington wie Moskau auf ihren gegensätzlichen Auffassungen über die ersten Phasen der deutschen Wiedervereinigung. Washington hielt an der These fest, daß nur Bonn das Recht habe, für alle Deutschen zu sprechen, und erwartete die Wiedervereinigung durch irgendeine Form der Volksabstimmung, die ja schon der Größenverhältnisse wegen kaum verfehlen konnte, die DDR in der Bundesrepublik Deutschland aufgehen zu lassen.[38] Auf der anderen Seite setzte Moskau, das seit 1955 diplomatische Beziehungen mit der Bundesrepublik Deutschland unterhielt, seine Bemühungen fort, für die Regierung der »Deutschen Demokratischen Republik« eine breitere Anerkennung zu erreichen; daneben betonte Moskau, daß die Wiedervereinigung nur zu einer Form von Konföderation führen könne. Der Moskauer Plan sah vor, daß beide Staaten jeweils gewisse besonders wichtige Wirtschaftszweige getrennt und politische Grundzüge für sich beibehalten sollten. Obwohl dieser Plan, oberflächlich betrachtet, vernünftig klingt, lag schon ein Moment des Zwanges in ihm, das die freie Ausübung des Selbstbestimmungsrechtes verhindern mußte. Darüber hinaus war zu befürchten, daß die Verwirklichung des Moskauer Plans der UdSSR außerordentliche Möglichkeiten bieten werde, das freie Wirtschaftssystem im Westen zu untergraben.

Der Ost-West-Konflikt machte sich auch in den unterschiedlichen Auffassungen über die zeitliche Abstimmung bemerkbar. Washington und Bonn drängten darauf, daß erst die deutsche Wiedervereinigung erreicht werden und nur dann die Unterzeichnung eines Friedensvertrags erfolgen solle. Moskau und Ost-Berlin aber schlugen vor, mit einem Friedensvertrag zu beginnen, den wohl beide Staaten unterzeichnen sollten – daraufhin wären sie bereit, über Wiedervereinigungspläne zu reden. Es gab in keiner Richtung irgendeinen Fortschritt.[39] 1957 bemühte man sich noch einmal dringlich um eine Lösung des deutschen Problems. Im dritten Gespräch der berühmten Reith Lectures[40], die George F. Kennan auf der Höhe des Kalten Krieges hielt, wurde das Thema der deutschen Wiedervereinigung in harten Worten erörtert. Man vermutete damals im Westen, daß die Wie-

Nemmersdorfer Kinder (Bundesarchiv)

Flüchtlingstrecks in Schlesien (Preußischer Kulturbesitz)

3. Deutsche Zivilisten, die nicht rechtzeitig fliehen konnten (Bundesarchiv)

Der Konferenztisch im Cäcilienhof mit Präsident Truman (vorn Mitte), Marschall Stalin ;anz rechts) und Premierminister Churchill (hinten links) (U. S. Army)

Bombardierter Treck auf dem Haff (Bundespresseamt)

6. US-Außenminister Byrnes (links) und Präsident Truman beim Studium einer Europa-Karte während der Überfahrt auf der USS Augusta zur Potsdamer Konferenz, Juli 1945 (UPI)

7. Sudetendeutsche im Schutz der amerikanischen Truppen, Pilsen, Mai 1945 (U. S. Army)

. Schlesische Flüchtlinge in der Tschechoslowakei, Mai 1945 (U. S. Army)

. Heimatlose in Berlin im Sommer 1945 (Bundespresseamt)

10. Pommersche Flüchtlinge in Berlin zur Zeit der Potsdamer Konferenz (U. S. Army)

11. Vor einer Anschlagtaf
mit Suchanzeigen für vermi
te Personen in der Aufnahm
zentrale Bebra, Mai 194
(U. S. Army)

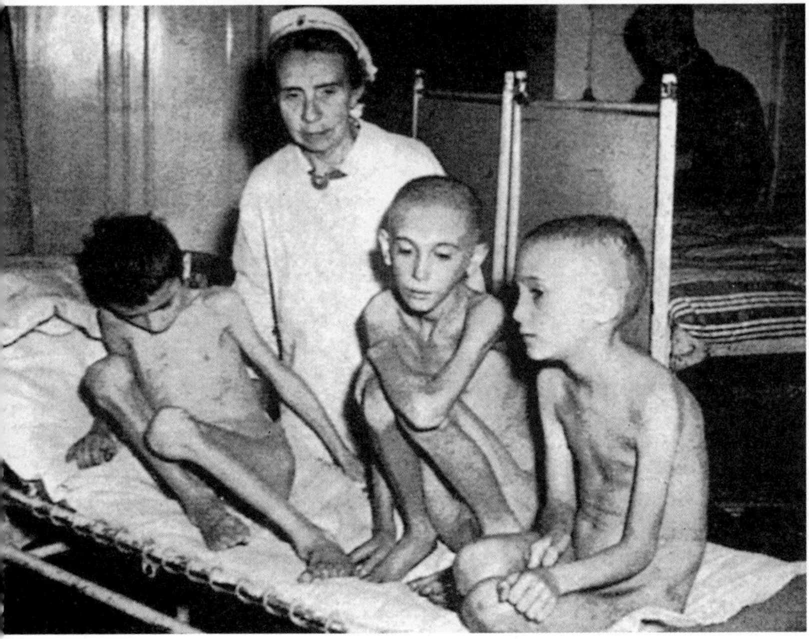

Black Star

SINS OF THE FATHERS

These three German children are paying for sins their fathers may have committed. They are "displaced" orphans, turned out of a Polish orphanage in Danzig and sent back to Germany in tightly packed cattle trucks, without medical care and almost without food. The Poles, many of whose children looked like these not long ago, are clearing all hospitals of German patients, no matter how sick. The boy at the left is nine years old, weighs 40 lbs., is too weak to stand. The boy in the center is twelve, weighs 46 lbs. His sister (*right*) is eight, weighs 37 lbs. They are being cared for by a British nurse in Berlin's British zone.

2. Aus *Time*, 12. November 1945, S. 27 (Faksimile). Unter der Überschrift »Sünden der ltern« lautet der Kommentar: »Diese drei deutschen Kinder büßen für Sünden, die ihre ltern vielleicht begingen. Weggejagt aus einem polnischen Waisenhaus in Danzig, wurden e in vollgestopften Viehwagen nach Deutschland ohne ärztliche Betreuung und beinahe hne Lebensmittel zurückgeschickt. Die Polen, deren Kinder vor gar nicht langer Zeit ähnch aussahen, sind dabei, sämtliche Krankenhäuser von Deutschen, egal wie krank, zu äubern. Der Junge links ist neun Jahre alt, wiegt 18 Kilo und ist zu schwach, um zu stehen. er Junge in der Mitte ist 12 und wiegt 21 Kilo. Seine Schwester rechts ist acht und wiegt 7 Kilo. Sie werden von einer englischen Krankenschwester in der britischen Zone von erlin versorgt.«

13. Kinder im Flüchtlingslager in Berlin, 1947 (U. S. Army)

14. Flüchtlingslager (Schweiz. Rotes Kreuz)

5. u. 16. Vertriebene
us dem Banat:
roßeltern mit Enkelkindern
Schweiz. Rotes Kreuz)

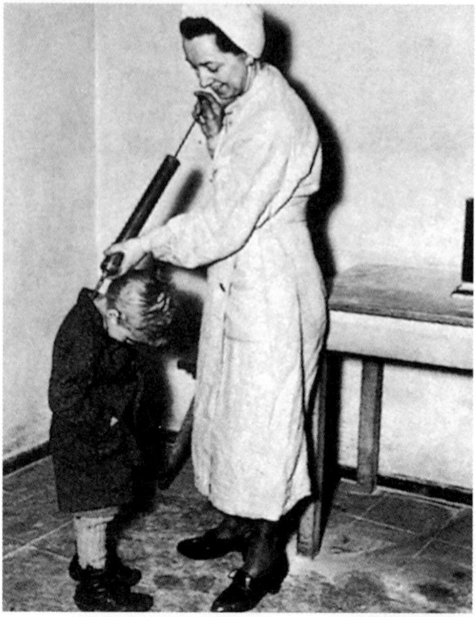

17. Desinfizierung mit DDT in Berlin, 1946 (U. S. Army)

18. Der britische Verleger Victor Gollancz während seiner Mission 1946 in der englischen Besatzungszone (Gollancz Archiv)

9. Demontage eines Chemiewerks in Gendorf (Bayern) als Reparationszahlung an die JdSSR, April 1946 (U. S. Army)

20. Der amerikanische Finanzminister
Henry Morgenthau, Jr. (U. S. Army)

21. Vertriebene Volks
deutsche im Wester
(Schweiz. Rotes Kreuz

2. Nach einem Angriff der Roten Armee zusammengeschossener Flüchtlingstreck in Ost-
eußen (C. Heinrich)

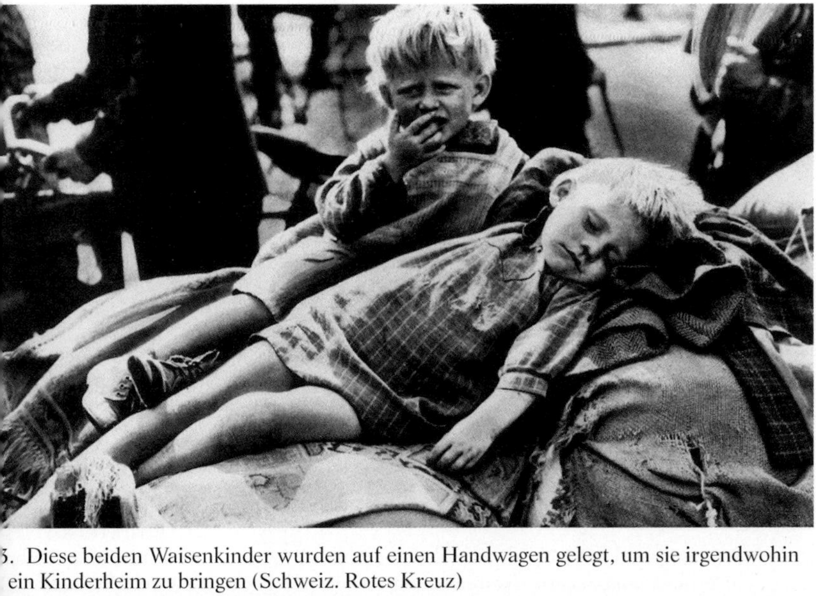

3. Diese beiden Waisenkinder wurden auf einen Handwagen gelegt, um sie irgendwohin
ein Kinderheim zu bringen (Schweiz. Rotes Kreuz)

24. Mülltonnen in den amerikanischen Kasernen in Berlin, April 1946 (U. S. Army)

25. Außenminister James J. Byrnes hält seine berühmte Stuttgarter Rede am 6. Septembe[r] 1946: der Wendepunkt der amerikanischen Besatzungspolitik (Süddeutscher Verlag)

. General Lucius Clay und sein politischer Berater Robert Murphy in Berlin (U. S. Army)

. Großkundgebung anläßlich der Verkündung der Charta der deutschen Heimatvertriebenen vor den Ruinen des Neuen Schlosses in Stuttgart am 6. August 1950

28. Sudetendeutscher Tag, 1995 (Sudetendeutsche Landsmannschaft)

29. Käthe-Kollwitz-Pieta in der Neuen Wache, Berlin (Ullstein Bilderdienst). Die rechts des Eingangs angebrachte Tafel erinnert auch an die zahlreichen Opfer der Vertreibung:

...

Wir gedenken der Unschuldigen, die durch Krieg
und Folgen des Krieges in der Heimat, die in
Gefangenschaft und bei der Vertreibung ums
Leben gekommen sind.

dervereinigung Deutschlands auch die Spaltung Europas in West und Ost beheben könne. Andererseits schienen die Russen sehr daran interessiert, eine nukleare Bewaffnung der Bundesrepublik Deutschland durch die NATO zu verhindern. War jetzt vielleicht der Zeitpunkt für ein »do, ut des«-Geschäft gekommen? Würden die Russen in eine Wiedervereinigung Deutschlands einwilligen, wenn es dann zum neutralen Land erklärt wurde wie Österreich im Jahre 1955?[41] Mag sein. Doch diese Vorstellung widersprach dem, was Adenauer im Mai 1957 bei der Bonner NATO-Tagung erklärt hatte, daß nämlich die Wiedervereinigung nicht durch die Neutralisierung Deutschlands erreicht werden dürfe und daß eine solche Neutralisierung die Spannungen keineswegs verringern würde. Man hielt es für unwahrscheinlich, daß die Sowjetunion die Entwicklung eines wahrhaft neutralen Deutschland nur beobachten werde, ohne zu versuchen, sie zu unterlaufen; deshalb weigerten sich die Westmächte, die Gefahr einer kommunistischen Machtübernahme des ganzen Landes auf sich zu nehmen, und hielten es unter diesen Umständen für klüger, die freie Bundesrepublik Deutschland zu festigen, selbst auf die Gefahr hin, Ostdeutschland für alle Zeiten aufzugeben.

Zu den eindrucksvollsten Kritikern des Gedankens an eine deutsche Wiedervereinigung gehörte Raymond Aron; er behauptete, die Teilung Europas könne nicht mehr rückgängig gemacht werden, weil sie in der Tat die ungefährlichste Lösung darstelle, und erklärte die amerikanische Außenpolitik ausführlich und sehr offen: »Die gegenwärtige Situation in Europa ist anormal oder absurd, aber sie ist klar umrissen; jeder weiß, wo die Demarkationslinie liegt, und niemand hat ernste Sorgen um das, was geschehen könnte. Wenn auf der anderen Seite des Eisernen Vorhangs etwas geschieht – und das haben wir vor einem Jahr [in Ungarn] erlebt –, dann geschieht auf dieser Seite nichts. Eine so klare Teilung Europas hält man zu Recht oder zu Unrecht für weniger gefährlich als jede andere Ordnung der Dinge.«[42]

Freilich eine anormale Lage – aber besser als eine *mehrdeutige*, in der die Gefahr eines nuklearen Zusammenstoßes viel größer wäre. Aus diesem Grund scheint Ende der fünfziger Jahre niemand, der in Europa oder Amerika in einer Führungsposition war, wirklich gewünscht zu haben, die Teilung Europas rückgängig zu machen.[43] Die dreißig Jahre, die den Reith Lectures folgten, bewiesen, daß westliche Staatsmänner mehr denn je am Status quo interessiert waren und nicht ernstlich an eine Wiedervereinigung Deutschlands oder Europas dachten, mag auch von Zeit zu Zeit irgend jemand ein Lippenbekenntnis dazu abgelegt haben. Es scheint, als sei die Entscheidung, Europa für unbestimmte Zeit geteilt zu lassen, schon Ende der vierziger Jahre nicht ausgesprochen worden. Dieser Entschluß wurde auch in der tschechoslowakischen Krise von 1968 sichtbar, die unzweideutig zeigte, daß die Sowjetunion nicht die Absicht hatte, ihren Zugriff auf die Satelliten zu lockern, und daß die Westmächte nicht bereit waren, einen Krieg mit der Sowjetunion heraufzubeschwören, indem sie sich aktiv für die Freiheit und die Menschenrechte in Mittel- und Osteuropa einsetzten.

Das Ende der Trennung

> »Mr. Gorbachev, tear down this wall!«[44]
>
> *Präsident Ronald Reagan am 12. Juni 1987 am Brandenburger Tor*

Als der sowjetische Parteichef und Staatsmann Michail Gorbatschow seine Ideen von *Glasnost* und *Perestroika* lancierte, war das sowjetische Herrschaftssystem bereits mürbe. Die Breschnew-, Andropow- und Tschernenko-Jahre hatten einen stets absteigenden Trend manifestiert. Erneuerung war dringend gefragt, einfach frische Luft. Doch keiner wußte, was passieren könnte, wenn frische Luft mal wehen würde. Plötzlich geriet alles in Bewegung – in der Sowjetunion, in Rumänien, in Ungarn, Polen, der Tschechoslowakei. Eigentlich ungewollt, denn die Sowjetunion beabsichtigte, eine Großmacht zu bleiben. Ihr Imperium aber zerfiel.

Die Völker verlangten mehr Freiheit und Menschenrechte. Änderungen ließen sich nicht aufhalten. Surrealistisch erschienen die Feierlichkeiten zum 40. Jahrestag der Gründung der DDR, die Erich Honekker, erster Sekretär des Zentralkomitees der SED, am 6. Oktober 1989 veranstalten ließ.

Als am 11. September 1989 um Mitternacht die ungarische Regierung – entgegen bestehenden Verträgen mit der DDR – die Grenze für alle DDR-Bewohner zur Ausreise in den Westen öffnete und Zehntausende Deutsche aus der DDR über Ungarn und Österreich in die Bundesrepublik gelangten, als dann am 30. September Bundesaußenminister Genscher in der Prager Botschaft verkündete, daß die dort versammelten 3500 DDR-Bürger in Sonderzügen in die Bundesrepublik Deutschland ausreisen dürften, wurde es jedermann klar, daß der Eiserne Vorhang nicht mehr bestand.[45] Die ganze Welt applaudierte, als sich an jenem historischen 9. November 1989 das Brandenburger Tor öffnete. Die Berliner Mauer wurde Geschichte.

Als die friedliche Umwandlung immer mehr Schwung entwickelte, achtete Bundeskanzler Helmut Kohl darauf, keine Chance zu verpassen. Monate zuvor hatte man an eine Konföderation der beiden deutschen Staaten gedacht, aber bald zeichnete sich die Möglichkeit ab, die Einigung im Sinne der Präambel des deutschen Grundgesetzes vom 23. Mai 1949 zu verwirklichen. Diese lautet: »Das gesamte Deutsche Volk bleibt aufgefordert, in freier Selbstbestimmung die Einheit und Freiheit Deutschlands zu vollenden.«[46] Im Gegensatz zu den meisten Politikern zeigte Kohl Entschlossenheit und verkündete am 28. November 1989 vor dem Bundestag sein Zehn-Punkte-Programm zur deutschen Einheit.

Wie sollte die Vereinigung erfolgen? Völkerrechtler und Politiker diskutierten Optionen und Modelle. Am einfachsten erschien der Präzedenzfall der Eingliederung des Saarlandes 1956[47], die aufgrund des Artikels 23 des Grundgesetzes erfolgte. Er lautet: »Dieses Grundgesetz gilt zunächst im Gebiete der Länder Baden, Bayern, Bremen, Groß-Berlin, Hamburg, Hessen, Niedersachsen, Nordrhein-Westfalen, Rheinland-Pfalz, Schleswig-Holstein, Württemberg-Baden und Württemberg-Hohenzollern. In anderen Teilen Deutschlands ist es nach deren Beitritt in Kraft zu setzen.«[48]

Und so sollte es auch sein, wenn das Volk der Deutschen Demokratischen Republik dies wollte und wenn die vier Mächte es erlaubten. Im März 1990 erfolgten die ersten freien Wahlen in der DDR. Bald darauf unterzeichneten am 18. Mai 1990 die Vertreter der Deutschen Demokratischen Republik und der Bundesrepublik den Vertrag über die Wirtschafts- und Währungsunion. Am 1. Juli 1990 wurde die D-Mark offizielle Währung in der DDR. Während des Sommers 1990 verhandelten beide Seiten und unterschrieben am 31. August 1990 den Vertrag, wonach Ost-Berlin und die fünf DDR-Länder ein Teil der Bundesrepublik werden würden.

Inzwischen verhandelte man auch mit den ehemaligen Siegermächten. Im Februar 1990 wurde in Ottawa die Formel »Vier plus zwei« erfunden, um die sechs Gesprächspartner zu bezeichnen: Frankreich, Großbritannien, die Sowjetunion und die Vereinigten Staaten; plus die zwei eigentlich Interessierten – die Deutsche Demokratische Republik und die Bundesrepublik Deutschland.

Nach drei Treffen, nämlich im Mai in Bonn, im Juni in Berlin und im Juli in Paris, konnte schließlich am 12. September 1990 in Moskau von Bundesaußenminister Genscher, dem DDR-Ministerpräsidenten de Maizière und den Außenministern der Großen Vier der »Zwei-plus-vier-Vertrag« als abschließende völkerrechtliche Regelung der Vereinigung Deutschlands unterzeichnet werden.[49]

Am 1. Oktober 1990 folgte die »Erklärung zur Aussetzung der Wirksamkeit der Vier-Mächte-Rechte und zu den Verantwortlichkeiten in bezug auf Berlin und Deutschland als Ganzes«.[50] Am 3. Oktober 1990 trat die DDR dem Staatsverband der Bundesrepublik bei, noch vor dem Inkrafttreten des Zwei-plus-vier-Vertrages.

Zwar stellt dieser Vertrag keinen formellen Friedensvertrag zwischen Deutschland und den Siegern des Zweiten Weltkrieges dar. Über 45 Jahre nach dem Ende des Krieges und nach der Erfahrung von Jahrzehnten friedlicher Zusammenarbeit innerhalb und außerhalb der Vereinten Nationen wäre ein klassischer Friedensvertrag eigentlich ein Anachronismus.

Neuntes Kapitel

Das Schicksal der deutschen Ostgebiete: vom De-facto- zum De-jure-Verlust

Bei der Erörterung der polnisch-deutschen Grenze müssen wir vom Potsdamer Protokoll ausgehen, in dem vorgesehen wird, daß »die endgültige Festlegung der Westgrenze Polens bis zur Friedensregelung warten« soll. Mr. Molotow äußerte die Ansicht, daß die Entscheidung über die Westgrenze bereits gefallen sei. Wie das erwähnte Zitat zeigt, ist das durchaus nicht der Fall. Eine gerechte Grenzziehung erfordert, daß die Belange der Einwohner, die unmittelbar betroffen sind, gründlich geprüft werden, wie ich bereits bei unserem Treffen in Moskau am 9. April 1947 sagte. Ferner müssen wir die Bedeutung dieser Grenze für die wirtschaftliche und politische Stabilität Europas im Auge behalten.

Außenminister George C. Marshall am 27. November 1947 in der Sitzung des Außenminister-Rats in London (Department of State, Bulletin, Band 17, S. 1078)

Deutschland in den Grenzen vom 31. Dezember 1937

Seit dem Inkrafttreten des Vertrages zwischen der Bundesrepublik Deutschland und der Republik Polen über die Bestätigung der zwischen ihnen bestehenden Grenze[1] am 16. Januar 1992 bildet die Oder-Neiße-Linie die völkerrechtliche Staatsgrenze zwischen Deutschland und Polen.
Bis dahin war der Status der Oder-Neiße-Linie umstritten geblieben, zumal ihre Entstehung nur dem Willen Stalins entsprach und daher durch die Anglo-Amerikaner keine Anerkennung fand. In der Tat waren zur Zeit der Potsdamer Konferenz die Siegermächte davon ausgegangen, daß »Deutschland in den Grenzen vom 31. Dezember 1937« weiterbestand – also in den Grenzen des Versailler Vertrages, ohne die Gebietserwerbungen des Deutschen Reiches seit 1938 durch den Anschluß Österreichs am 13. März 1938[2], die Eingliederung des Sudetenlandes am 19./29. September 1938[3], des Memellandes am

22. März 1939[4] und Danzigs am 1. September 1939[5]. »Deutschland in den Grenzen vom 31. Dezember 1937« entspricht zwar nicht dem Prinzip des Selbstbestimmungsrechts, denn die Versailler Grenzen stimmten mit den ethnischen Grenzen nicht überein, aber die siegreichen Alliierten gönnten den Deutschen keine Gewinne – auch nicht Vorkriegsgewinne. Der Begriff geht zurück auf das Protokoll über die Besatzungszonen in Deutschland und die Verwaltung von Groß-Berlin vom 12. September 1944, das sogenannte Londoner Protokoll[6].
Diese Formel wurde offiziell in der Berliner Erklärung der vier Hauptsiegermächte »in Anbetracht der Niederlage Deutschlands und der Übernahme der obersten Regierungsgewalt in Deutschland«[7] vom 5. Juni 1945 bestätigt. In deren Präambel hieß es ferner, daß die Besatzungsmächte »später die Grenzen Deutschlands oder irgendeines Teiles Deutschlands und die rechtliche Stellung Deutschlands oder irgendeines Gebietes, das gegenwärtig einen Teil deutschen Gebietes bildet, festlegen« werden.
Aber da bei der Potsdamer Konferenz vom Juli/August 1945 keine Einigung über die polnisch-deutsche Grenze erzielt werden konnte, mußte die Lösung dieser Frage vertagt werden. Lakonisch wiesen Historiker und Völkerrechtler darauf hin, daß gemäß Artikel IX des Potsdamer Protokolls die Siegermächte jene Gebiete östlich der Flüsse Oder und Lausitzer Neiße lediglich unter *provisorische* polnische Verwaltung bis zur Festlegung der Grenze im Friedensvertrag gestellt hatten.
Aber wann und wie sollte die polnisch-deutsche Grenze Endgültigkeit bekommen? Die Anglo-Amerikaner wollten ursprünglich eine Friedenskonferenz berufen, um den Zweiten Weltkrieg durch einen ordentlichen Friedensvertrag mit dem Besiegten zu beenden. In der Tat wird normalerweise nach jedem Krieg ein Friedensvertrag zwischen den Parteien abgeschlossen. Aber die Vorstellungen der Siegermächte gingen dermaßen auseinander, daß kein Konsens erzielt werden konnte.
Die Unterschiede hatten sich bereits in Teheran und Jalta abgezeichnet. Doch es galt zunächst, den Krieg zu gewinnen. Über die Modalitäten des Friedens ließ sich auch später verhandeln. Nun war Stalin kein gewöhnlicher Verbündeter und bestand auf seinem eigenen imperialistischen Programm. Hinzu kam die machtpolitische Realität, daß seine Armeen nicht nur Rumänien, Jugoslawien, Ungarn, Polen und die Tschechoslowakei, sondern auch die östliche Hälfte Deutschlands besetzten.
Ohne seine Verbündeten darüber zu informieren, schaffte Stalin ständig *faits accomplis*, und so teilte er seine Besatzungszone und übergab

die östliche Hälfte an Polen zur »Verwaltung«. Die Anglo-Amerikaner und die Franzosen waren insofern damit nicht einverstanden, als diese landwirtschaftlichen Gebiete sehr wichtig für die Versorgung des übrigen Deutschland waren. Dies kümmerte Stalin kaum.
Nicht lange nach der Potsdamer Konferenz entwickelte sich der sogenannte Kalte Krieg, der beinahe 45 Jahre dauerte. In dieser Zeit konnte sich auch nichts bewegen. Was die offizielle anglo-amerikanische Politik betraf, sollte die polnisch-deutsche Grenze weiter östlich liegen, aber die Haltung der Sowjetunion und des Warschauer Paktes hat nie die kleinste Gelegenheit zu einer Revision geboten, auch nicht nach der Unterzeichnung der KSZE-Helsinki-Schlußakte vom 1. August 1975, genau 30 Jahre nach Potsdam.
Die Frage ist durchaus legitim, ob im Hinblick auf das völkerrechtliche Annexionsverbot, das die Siegermächte gegen die Deutschen im Nürnberger Prozeß geltend machten, eine Annexion der Oder-Neiße-Gebiete durch Polen Gültigkeit besaß, vor allem wenn nur eine der Siegermächte, die Sowjetunion, diese Annexion guthieß.
Auch das Prinzip *ex injuria non oritur jus* (aus Unrecht kann kein Recht werden) wurde oft von Juristen ins Feld gebracht, wonach die Defacto-Ausübung der Staatsgewalt durch Polen de jure noch lange keine polnische Souveränität bedeuten konnte. In diesem Sinne hätte man 1989/90 argumentieren können, daß nach dem Zusammenbruch der künstlichen stalinistischen osteuropäischen Ordnung auch die »Stalin-Linie« zwischen Polen und der Deutschen Demokratischen Republik wohl zur Disposition stünde. Nicht umsonst hatten die verschiedenen Regierungen der Westalliierten und der Bundesrepublik Deutschland über Jahrzehnte hinweg die Grenzfrage durch etliche Erklärungen und Rechtsakte offengehalten. 1989/90 war es endlich soweit.
Trotzdem: 45 Jahre waren seit Potsdam vergangen. Das Gebiet war neu besiedelt, und zwei Generationen Polen waren inzwischen dort heimisch geworden. Die normative Kraft des Faktischen konnte nicht mehr außer acht gelassen werden.

Realpolitik unter Bundeskanzler Kohl

Zweifelsohne hätte die deutsche Regierung eine partielle Revision der Grenze zur Sprache bringen können, etwa um das Gebiet um Stettin, das ohnehin westlich der Oder liegt[8], an Pommern zurückzuführen.

Aber 1990 war die Wiedervereinigung noch keine sichere Sache: Man brauchte die einstimmige Genehmigung der vier Hauptsiegermächte. Möglicherweise hätten die Amerikaner im Sinne ihrer alten Erklärungen gehandelt und gewisse Revisionen erörtert. Präsident Bush wäre jedenfalls nicht abgeneigt gewesen. Jedoch Margaret Thatcher wollte die Wiedervereinigung verzögern und befürchtete, daß eine Verschiebung der deutsch-polnischen Grenzen gewissermaßen die Büchse der Pandora öffnen würde.[9] Die französische und die sowjetische Regierung wären ebensowenig begeistert gewesen. Darum hätte jede Diskussion über eine eventuelle Revision der polnisch-deutschen Grenze nur größte Schwierigkeiten aufgeworfen, die die Wiedervereinigung verzögert, gefährdet oder gar schließlich unmöglich gemacht hätten.

Ohne daß die vier Hauptsiegermächte ein Junktim zwischen der Genehmigung zur Wiedervereinigung und der Anerkennung der Oder-Neiße-Grenze geäußert hätten, war dies stillschweigend eine *conditio sine qua non*. Im Hinblick auf die historische Bedeutung und Priorität der Wiedervereinigung war es für Bundeskanzler Kohl unerläßlich, jedes zusätzliche Risiko zu vermeiden. Schließlich ist die Politik die Kunst des Möglichen, und so verzichtete Deutschland auf die Revision der Oder-Neiße-Linie. Es war ein Akt der Realpolitik. Auf diese Weise wurde das ursprüngliche Provisorium endgültig zur völkerrechtlichen Staatsgrenze. Gewissermaßen stellte es den Preis der Wiedervereinigung dar. »Deutschland in den Grenzen vom 31. Dezember 1937« war nicht nur de facto, sondern auch de jure ein überholter Begriff.

Rückblick auf Potsdam und den Kalten Krieg

Die Entstehung der Oder-Neiße-Grenze als »Stalin-Linie« ist in Kapitel drei bereits beschrieben. Jetzt ist sie endgültig. Dennoch gibt es keinen Grund, die anachronistische Vorstellung unwidersprochen hinzunehmen, wonach es so sein mußte. Geschichtsklitterer schreiben bereits so, als ob nicht nur Stalin, sondern auch die Anglo-Amerikaner die Oder-Neiße-Grenze in Potsdam gewollt hätten, als ob sie sich dort bereits geeinigt hätten und als ob danach keine Revision mehr von den Westallierten erwogen worden wäre. Um diese nachweislich falsche Perspektive zu widerlegen, lohnt es sich, einen Blick auf die angloamerikanische Haltung in der Zeit 1945–1990 zu werfen.

Die Sowjetunion hat als der wichtigste Urheber der Oder-Neiße-Grenze diese natürlich als endgültig anerkannt.[10] Doch bis zur deutschen Wiedervereinigung 1990 hatte keine der Westmächte eine formelle Anerkennung ausgesprochen, obwohl ihre öffentliche Opposition zur Oder-Neiße-Grenze längst nicht mehr so nachdrücklich wie früher klang und sie im allgemeinen Brandts Ostpolitik wohl als ein Mittel begrüßten, die Spannungen in der Welt zu verringern.[11]
Offiziell hielten jedoch die Regierungen der Vereinigten Staaten, Großbritanniens und Frankreichs bis zum »2-plus-4-Vertrag« an der Rechtsposition fest, daß die Oder-Neiße-Grenze gemäß Artikel IX des Potsdamer Protokolls nur eine vorläufige war und später gebilligt oder revidiert werden konnte.[12]
Darüber hinaus hatten sich die drei Westmächte in dem oben abgedruckten Artikel 7 des Deutschlandvertrages verpflichtet, die endgültige Festlegung der Grenzen Deutschlands bis zur Friedensregelung aufzuschieben. Hätte eine der Westmächte einseitig die Oder-Neiße-Grenze vor Abschluß eines Friedensvertrages anerkannt, so hätte sie daher gegen eine völkerrechtliche Vertragspflicht verstoßen.

Rückblick auf das Potsdamer Protokoll

Man erinnert sich, daß sowohl Roosevelt als auch Churchill Stalins Vorschläge in Jalta verwarfen. Vier Monate später, als die Großen Vier mit der Berliner Deklaration vom 5. Juni 1945 die Souveränität über Deutschland übernahmen, handelte es sich formal und ausdrücklich um die Souveränität über Deutschland in seinen Grenzen »vom 31. Dezember 1937«.[13] Die endgültige Grenzziehung blieb stets dem Friedensvertrag vorbehalten.
Als z. B. kurz vor der Potsdamer Konferenz Marschall Schukow behauptete, die Westgrenze Polens sei in Jalta beschlossen worden, dementierte sofort das amerikanische State Department und telegrafierte am 9. Juli 1945 an Robert Murphy in Berlin: »Unsere Regierung hat weder eine bestimmte Grenze akzeptiert noch einem Zeitpunkt für die Abtretung deutschen Territoriums an Polen zugestimmt. Unser Standpunkt, wonach die Grenzziehung zwischen Deutschland und Polen späterer Vereinbarung vorbehalten ist, wurde von Wyschinskij in einem Brief vom 16. Mai an Harriman bedingungslos bestätigt; dabei hat der stellvertretende Außenminister betont, daß die endgültige Fest-

legung der Westgrenze Polens selbstverständlich bis zur Friedenskonferenz zurückgestellt werden soll, wie in Jalta vorgesehen. Bis diese Vereinbarung getroffen ist, müssen wir uns an das Protokoll vom 12. September 1944 halten, das die Besatzungszonen festlegte und Deutschland ›innerhalb seiner Grenzen, wie sie am 31. Dezember 1937 bestanden‹ definierte.«[14]
Die westliche Zustimmung zur Annexion deutschen Gebiets durch Polen hing unmittelbar mit der Theorie der Entschädigung zusammen, wobei der Umfang der Entschädigung, die Polen erhalten sollte, in Potsdam wiederholt erörtert wurde. Doch die Meinungsverschiedenheiten unter den Alliierten verhinderten, daß sie eine für die Friedensregelung bindende Verpflichtung eingingen. Trotz der formellen Zurückstellung der Grenzfrage annektierte die Regierung Polens mit sowjetischer Unterstützung das ganze Ostdeutschland jenseits von Oder und Neiße.[15] Der Umfang der Territorien war viel größer, als die Westmächte Polen durch den Friedensvertrag zugestehen wollten, und die Annexionen brachten die Westmächte tatsächlich um eine Quelle möglicher Reparationsleistungen und, was wichtiger war, um eine Quelle der Nahrungsmittel für die deutsche Bevölkerung in den westlichen Besatzungszonen. Anglo-amerikanische Proteste klangen zwar entschieden, blieben aber wirkungslos. Wie Admiral Leahy, der an der Potsdamer Konferenz teilnahm, formulierte: »Wir hätten schon auf militärische Aktion vorbereitet gewesen sein müssen, um das sowjetische *fait accompli* rückgängig zu machen.«[16]
Trotz dieser Übergriffe stimmten die westlichen Alliierten dem umstrittenen Artikel IX des Potsdamer Protokolls zu, der Polen die vorläufige Verwaltung der Gebiete jenseits von Oder und Neiße zusprach. Welche völkerrechtliche und geschichtliche Bedeutung kommt diesem Artikel zu? Nach einem weitverbreiteten Vorurteil werden oft die damals gefaßten Beschlüsse mit den Entscheidungen eines Friedensvertrags verwechselt. Doch die Potsdamer Konferenz war kein zweites Versailles; alle Beteiligten verstanden sie als eine von mehreren vorbereitenden Konferenzen, die der eigentlichen Friedenskonferenz vorausgehen mußten. Sie befaßte sich vornehmlich mit konkreten Problemen, die sich aus Deutschlands bedingungsloser Kapitulation ergaben. Zu den hartnäckigsten Irrtümern, die dem grundsätzlichen Mißverständnis entspringen, gehört die Annahme, Artikel IX setze Polens Nachkriegsgrenze an Oder und Neiße fest. Tatsächlich schließt schon die Fassung des Artikels IX eine solche Interpretation aus: »Die Häup-

ter der drei Regierungen bekräftigen ihre Auffassung, daß die endgültige Festlegung *(delimitation)* der Westgrenze Polens bis zu der Friedenskonferenz zurückgestellt werden soll.«[17] Hier ist nicht von »Demarkation«, sondern von »Delimitation« die Rede; daraus geht hervor, daß die provisorisch entworfene Grenzlinie in jeder Richtung noch geändert werden konnte. Sie mußte also noch *definiert* werden.[18] Deshalb spricht der Artikel keine Abtrennung von Territorium aus, und Polen war *de jure* nicht berechtigt, Souveränität auszuüben.
Wie schon erwähnt, wurde die endgültige Regelung aufgeschoben, weil man sich sonst in einer Sackgasse verrannt hätte. Die westlichen Alliierten, besonders Truman, wollten sich nicht bei diesem verhältnismäßig unwichtigen Punkt einer langen Tagesordnung viel wichtigerer Fragen festfahren. In Potsdam – wie schon fünf Monate zuvor in Jalta – wären die westlichen Alliierten durchaus bereit gewesen, Polen die südliche Hälfte Ostpreußens, die Freie Stadt Danzig, den äußersten Zipfel Pommerns und die Provinz Oberschlesien einzuräumen. Das Territorium war zwar kleiner als das von der Sowjetunion annektierte polnische Gebiet jenseits der Curzon-Linie, aber wertvoller durch reiche Bodenschätze, eine entwickelte Industrie und fruchtbares Agrarland. Hätten sich Polen und die Sowjetunion damit zufriedengegeben, wäre die Zustimmung der westlichen Alliierten und dann eine feste Verpflichtung ihnen sicher gewesen. Wie Churchill aber in Potsdam anmerkte, »verdiente zwar Polen eine Entschädigung für das Land östlich der Curzon-Linie, das es an Rußland verlieren sollte, doch nun verlangte es mehr, als es aufgab.«[19] Und trotzdem wäre es vielleicht möglich gewesen, daß die westlichen Alliierten soweit gegangen wären, eine Grenze an der Oder anzuerkennen – wenn auch nur, um das Thema vom Tisch zu bringen. Doch die Polen und die Russen verlangten weitere deutsche Gebiete westlich der Oder, bis an die Görlitzer Neiße. Das war unannehmbar. Churchill war sogar auf einen Bruch mit den Sowjets wegen dieser Frage vorbereitet[20]; er fürchtete, daß es dann, wenn Polen erst einmal die vorläufige Verwaltung über diese Gebiete übernommen hätte, sehr schwierig sein würde, irgendwelches Agrarland für Nachkriegsdeutschland zurückzugewinnen, das doppelt so dicht wie Polen besiedelt war und das man nicht einfach zum hoffnungslosen Elendsgebiet verkommen lassen durfte: Ein übervölkertes und hungerndes Deutschland konnte leicht zu einer Gefahr für den Frieden Europas werden. Deshalb riet Churchill Truman zu fester Haltung, die der Präsident auch während der ersten neun Plenarsitzungen

in Potsdam bis zum 25. Juli 1945 einnahm. Doch nach dieser Sitzung kehrte Churchill nach Großbritannien zurück, um den Ausgang der britischen Wahlen abzuwarten, die dann völlig überraschend der Labour Party den Sieg und Churchill um sein Amt brachten. Wäre er nach den Wahlen in seiner früheren Funktion nach Potsdam zurückgekehrt, hätte man wahrscheinlich nicht die westliche Neiße als »Grenze« gelten lassen, nicht einmal vorübergehend. Der neuen Mannschaft, Attlee und Bevin, fehlte aber die Erfahrung und Zähigkeit, sich gegen Stalin zu behaupten[21], während Truman, den die schwierige Grenzfrage allmählich ermüdete, beschloß, einer vorläufigen polnischen Verwaltung des Gebietes – das ja ohnehin in Händen der Sowjets war – zuzustimmen.[22] Entsprechend wurde die Angelegenheit in der elften Plenarsitzung am 31. Juli 1945 geregelt. Doch wenn sich die westlichen Alliierten auch im Augenblick fügten, so gaben sie doch nicht auf. Vor allem Truman stellte ausdrücklich fest, daß die Abtretung von Territorium eine Angelegenheit des Friedensvertrages sei.[23]

Außenminister Byrnes faßte den Standpunkt der drei Mächte zusammen: Sie würden einer »Interims-Verwaltung« durch Polen zustimmen, damit es keine weiteren Streitigkeiten zwischen ihnen über die Verwaltung des Gebiets durch die provisorische polnische Regierung gebe, doch darunter werde von allen verstanden, daß hierdurch keine Gebietsabtretung bewirkt werde.[24] Der Bericht läßt keinen Einspruch von Stalin oder Molotow erkennen. Man ging also keine Verpflichtung hinsichtlich der polnischen Westgrenze ein – eine wohlüberlegte Unterlassung, die um so deutlicher wird, wenn man sie mit dem Versprechen der westlichen Alliierten in Artikel VI vergleicht, den sowjetischen Anspruch auf Königsberg bei der Friedenskonferenz zu unterstützen.

»Angesichts dieser geschichtlichen Tatsachen«, schrieb Außenminister Byrnes, »kann man kaum einem Menschen guten Glauben zubilligen, der behauptet, die polnische Westgrenze sei auf dieser Konferenz festgelegt oder eine Zusage sei gegeben worden, sie in einer bestimmten Weise festzulegen.«[25]

Da die Grenzregelung ohnehin provisorisch sein sollte, und vielleicht auch wegen der Hektik der letzten Konferenztage, versäumte man sogar, die Stadt Stettin im Artikel IX des Protokolls zu erwähnen, der lediglich bestimmt, daß die provisorische Grenze »unmittelbar westlich von Swinemünde und von dort die Oder entlang« verlaufen sollte. Dieser Regelung nach wäre Stettin auf der deutschen Seite geblieben. Jedoch ist die Frage der Grenzfestlegung im Stettiner Raum bei der elften Plenarsitzung am 31. Juli 1945 erörtert worden. Nach den Protokollen von Benjamin V. Cohen, einem Mitglied der amerikanischen Delegation, sagte Truman zum Abschluß der Diskussion um Polen, welche die Stettiner Frage bis dahin nicht berührt hatte: »Damit ist die polnische Frage erledigt.« Darauf vergewisserte sich Stalin: »Stettin liegt auf polnischem Territorium.« Der britische Außenminister Bevin antwortete: »Ja, wir sollten die Franzosen verständigen.« Stalin erwiderte mit einem »Ja«.[26]

Diese Regelung war aber keine Überraschung für die Anglo-Amerikaner. Bereits der schriftliche Vorschlag der amerikanischen Delegation vom 29. Juli hatte die Einbeziehung Stettins unter die polnische Verwaltung erwähnt.[27] Die Potsdamer Dokumente verraten aber nichts über das westlich der Oder an das Stettiner Haff angrenzende Gebiet, das die Polen auch besetzten. Es ist möglich, daß ungeachtet des unzureichenden Wortlauts der Potsdamer Grenzbeschreibung ein Konsens erreicht wurde. Dafür spricht eine in London hergestellte Landkarte, die dem Abkommen vom 26. Juli 1945 über Ergänzungen zum Protokoll vom 12. September 1944 über die Besatzungszonen beigefügt wurde.[28] Diese Karte zeigt außer den Grenzlinien der Besatzungszonen drei handschriftlich eingezeichnete Grenzlinien um Stettin, von denen zwei schwach gezogene Linien östlich der heutigen Grenze verlaufen und eine stärker gezogene Linie etwa der heutigen Westgrenze Polens auf dem linken Oderufer entspricht.[29]

Wenn tatsächlich kein Konsens über dieses Hinterland erreicht worden war, hätten die Westmächte protestieren können, als am 21. September 1945 eine sowjetisch-polnische Kommission ein polnisch-sowjetisches Grenzabkommen unterzeichnete, auf Grund dessen in der Zeit vom 4. bis 8. Oktober durch Vermessung im Gelände eine Grenzlinie festgelegt wurde, die der heutigen Grenze zwischen Polen und Deutschland im Raum westlich der Odermündung im wesentlichen entspricht.[30]

Aber in der Perspektive der Ereignisse von 1945 war die Frage Stettins und des Hinterlandes für die Westmächte unerheblich. Diese kleineren Verschiebungen spielten sich ohnehin im Bereich der sowjetischen Besatzungszone bzw. des polnischen Verwaltungsgebietes ab. Außerdem schien wenig Grund dafür zu bestehen, sich über eine Grenze aufzuregen, die, wie vereinbart, nur provisorischen Charakter haben sollte. Man würde ja später darauf zurückkommen.

Als Präsident Truman am 9. August 1945 in die Vereinigten Staaten zurückgekehrt war, hielt er eine Rundfunkrede an die Nation, in der er über die wichtigen Beschlüsse der Potsdamer Konferenz berichtete. Zur Frage der deutschen Grenzen sagte er, die provisorische polnische Regierung der Nationalen Einheit stimme mit den Großen Drei darin überein, »daß die endgültige Bestimmung der Grenzen nicht in Berlin unternommen werden, sondern auf die Friedensregelung warten solle. Immerhin wurde ein beträchtlicher Teil der bisherigen russischen Besatzungszone in Deutschland bei der Berliner Konferenz Polen übergeben *zu Verwaltungsaufgaben, und zwar bis zu den endgültigen Beschlüssen der Friedensregelung.*«[31] (Kursive vom Verfasser.)

Präsident Truman sagte ferner: »Das Territorium, das die Polen verwalten sollen, wird Polen ermöglichen, seine Bevölkerung besser zu unterhalten. Es wird eine kurze und besser zu verteidigende Grenze zwischen Polen und Deutschland schaffen. Von Polen besiedelt, wird es zu einer homogeneren Nation führen.«[32]

Diese letzte Aussage ist oft – aus dem Zusammenhang gerissen[33] – so ausgelegt worden, als habe Truman die Oder-Neiße-Grenze für endgültig gehalten, obwohl er gerade eben in derselben Rede das Gegenteil erklärt hatte. Offensichtlich bedeutete Trumans Äußerung nicht, daß er meinte, daß *alle* Gebiete, die nun von den Polen verwaltet werden sollten, schließlich in ihren Besitz übergehen würden, wenn sie auch nach westlichen Vorstellungen wahrscheinlich die Hälfte tatsächlich erhalten sollten. Auf keinen Fall ist anzunehmen, daß Präsident Truman in einem Überblick für die Nation auf die Feinheiten einer Grenzregelung eingehen wollte, die sich noch nicht genau übersehen ließ. Zu unterstellen – wie es polnische und russische Wissenschaftler getan haben –, daß Trumans Erklärung den »Charakter einer authentischen Interpretation«[34] habe, ist lächerlich. Trumans Haltung in Potsdam war für jedermann viel zu klar, als daß eine »authentische Interpretation« in einer Präsidentenbotschaft an das amerikanische Volk gesucht zu werden brauchte, an Zuhörer also, die wenig von den Problemen der deutsch-polnischen Grenze wußten und sich noch weniger darum kümmerten. In seinen *Memoirs*, die sich eng an die offiziellen amerikanischen Protokolle aus Potsdam halten, erinnert sich Truman: »Wir hatten uns auf einen Kompromiß über die Grenzen Polens geeinigt. Er war das Beste, was wir erreichen konnten, aber wir hatten dabei vor-

ausgesetzt, daß die endgültige Regelung dem Friedensvertrag überlassen bliebe.«[35]
Einen überzeugenden Beweis für die Tatsache, daß die Sowjetunion und Polen durchaus die Vorläufigkeit der territorialen Regelungen erkannten, bietet der sowjetisch-polnische Vertrag vom 16. August 1945 über ihre gemeinsame Grenze durch das deutsche Ostpreußen: Darin wurde die endgültige Grenzziehung ausdrücklich bis zum Friedensvertrag aufgeschoben[36] – was völlig unnötig gewesen wäre, wenn Polens Grenzen nicht mehr Gegenstand einer Revision nach der Potsdamer Konferenz sein sollten.
Winston Churchill, Verlierer der britischen Wahl, hielt seine erste ausführliche Rede als Oppositionsführer am 16. August 1945 vor dem Unterhaus. Zum Thema der polnischen Westgrenze bestätigte er noch einmal die offizielle Auffassung der britischen Regierung und fuhr fort: »Ich muß meine persönliche Meinung zu Protokoll geben, daß die Polen zugestandene, provisorische Westgrenze, die... ein Viertel des Ackerlandes ganz Deutschlands umschließt, kein gutes Vorzeichen für die künftige Karte Europas ist.«[37] In seinen Memoiren schreibt Churchill: »Hier war ein Unrecht im Werden, gegen das unter dem Gesichtspunkt der künftigen Befriedung Europas Elsaß-Lothringen und der Polnische Korridor nicht viel mehr als Kleinigkeiten waren. Eines Tages würden die Deutschen diese Gebiete zurückverlangen und die Polen nicht in der Lage sein, sie aufzuhalten.«[38]
Viele skeptische Autoren, besonders polnische, haben versucht, Churchills Erklärung als pures politisches Manöver eines Oppositionsführers abzutun[39], doch der Vorwurf hält genauer historischer Analyse nicht stand, denn die Berichte zeigen, daß Churchills Einverständnis, Polen auf Kosten Deutschlands zu entschädigen, stets durch seine Forderung gebremst wurde, daß diese Entschädigung im rechten Verhältnis zum polnischen Verlust und zur Möglichkeit der Deutschen stehen müsse, Umsiedler aus den betreffenden Gebieten aufzunehmen.[40]
Kaum drei Wochen vor dieser umstrittenen Rede vom 16. August hatte Churchill im wesentlichen das gleiche zu der polnischen Delegation in Potsdam gesagt. Am Nachmittag des 24. Juli machte die Delegation der provisorischen polnischen Regierung unter Führung von Stalins Schützling, dem Ministerpräsidenten Bierut, Churchill einen Besuch, in erster Linie, um dem polnischen Anspruch auf das Gebiet bis zur Oder und Neiße Nachdruck zu geben. Churchill erinnerte zunächst daran, daß Großbritannien wegen Polen in den Krieg eingetreten war

und daß es immer Sympathie für Polens Belange gezeigt habe. Andererseits machte er Bierut klar, daß Polens Gebietsansprüche in den Augen der westlichen Alliierten übertrieben seien und, wenn sie erfüllt würden, Deutschland um sein bestes Ackerland und wichtige Bodenschätze bringen werde; dann würde Polen Nahrung und Heizmaterial der Deutschen haben, während die amerikanischen und britischen Besatzungsbehörden zusätzlich die Last auf sich nehmen müßten, neun Millionen Deutschen aus den annektierten Gebieten Mund und Herd zu füllen.[41] Bierut gab zurück, daß nur anderthalb Millionen Deutsche ausgewiesen zu werden brauchten, da die übrigen bereits geflohen oder umgekommen seien.[42] Er fuhr fort: »Ein großer Teil der Bevölkerung der von den Polen beanspruchten Gebiete, insbesondere in Schlesien, sei in Wirklichkeit polnisch, wenn man sie auch zu germanisieren versucht habe. Es handle sich geschichtlich um polnisches Territorium, und in Masuren lebe immer noch eine starke polnische Bevölkerung.«[43] Solche verzerrten Argumente veranlaßten Churchill, das Thema fallenzulassen und auf das nicht weniger dornige der freien Wahlen in Polen überzugehen.

Am Morgen des 25. Juli hatte Churchill eine zweite Unterredung mit Bierut, in der er betonte, daß die Grenzfrage mit den Problemen der Reparationen und Bedarfsdeckung verknüpft sei. Unumwunden erklärte er Bierut, daß Polen zuviel verlange und daß sich Großbritannien und die Amerikaner diesen Forderungen widersetzen würden. Churchill vermerkt in seinen Erinnerungen: »Mein Appell blieb wirkungslos. Die Welt hat immer noch an den ›ernsten Folgen‹ zu tragen, die ich damals voraussagte.«[44]

Churchills Ansicht wurde nicht nur von den britischen Konservativen geteilt, auch die Labour Party, die nach der neunten Sitzung der Potsdamer Konferenz an die Macht gekommen war, empfand nicht mehr Sympathie für das sowjetisch-polnische *fait accompli*. Am 10. Oktober 1945 verdeutlichte Außenminister Ernest Bevin die Politik seiner Partei hinsichtlich der Oder-Neiße-Linie: »Die Regierung Seiner Majestät ist in keiner Weise verpflichtet, die bestehenden provisorischen Regelungen auf der Friedenskonferenz zu stützen... Die Politik, welche die polnischen Behörden in den Gebieten einschlagen, die jetzt unter ihrer Verwaltung stehen, wird sicherlich die Haltung beeinflussen, die von der Regierung Seiner Majestät bei einer möglichen Diskussion über die endgültige Regelung in diesen Gebieten eingenommen wird.«[45]

Das war kein Parteimanöver. Es ist die eindeutige Feststellung der Tatsache, daß Großbritannien ohne Unterschied der Parteien Polens westliche Grenzen nur unter bestimmten Bedingungen endgültig anerkennen würde.

Doch die Aussichten auf Demokratie in Polen schwanden immer mehr, als die kommunistischen Polen mit Hilfe der sowjetischen Besatzer den oppositionellen Parteien die Pressefreiheit verweigerten, die Ergebnisse der Volksabstimmung vom 30. Juni 1946 fälschten und später viele Mitglieder der demokratischen Opposition verhafteten oder ermordeten.[46]

Andere Ereignisse in Polen erregten die britische und amerikanische Öffentlichkeit, etwa der Pogrom, der sich am 4. Juli 1946 in Kielce ereignete. Der gewalttätige, judenfeindliche Tumult kostete einundvierzig Juden das Leben, meistens Überlebende von Hitlers Vernichtungslagern. Bei den Ausschreitungen in Kielce und anderen Orten hat die anwesende kommunistische Miliz nicht nur nichts zum Schutze der jüdischen Opfer unternommen, sondern in manchen Fällen sogar einige Juden verhaftet.[47] Diese Entwicklung trug dazu bei, daß sich die anglo-amerikanischen Beziehungen zur polnischen Regierung noch weiter abkühlten.

Am 22. Oktober 1946 wiederholte Außenminister Bevin die bekannte britische Ansicht, daß die Oder-Neiße-Grenze nicht endgültig sei und daß ihre Anerkennung von vielen noch nicht vorhandenen Faktoren abhänge. In seiner Ansprache vor dem Unterhaus erklärte er: »Was die polnische Grenze angeht, will ich nicht verhehlen, daß wir in Potsdam erst nach langem Zögern mit den umfassenden Veränderungen einverstanden waren, auf denen unsere russischen Verbündeten bestanden... Unsere eigene Einwilligung in die vorläufigen Regelungen in Potsdam war die Antwort auf verschiedene Zusicherungen der provisorischen polnischen Regierung, daß sie so bald wie möglich freie und unbehinderte Wahlen veranstalten wolle... Wir sehen keinen Grund, warum wir schließlich die Abtretung dieses großen Gebietes an Polen ratifizieren sollten, wenn wir nicht gewiß sind, daß diese Zusicherungen tatsächlich voll verwirklicht worden sind. Wir möchten auch unbedingt wissen, ob die Polen imstande sind, das Gebiet zu entwickeln, damit die wirtschaftlichen Ressourcen angemessen genutzt werden, so daß hier nicht eine Ödnis entsteht, aus der die Deutschen ausgeschlossen worden sind, die aber von den Polen nicht bevölkert werden kann.«[48]

Ähnlich umriß der amerikanische Außenminister James F. Byrnes die amerikanische Haltung zu Polen, wobei er die sowjetische Behauptung zurückwies, daß Polens Westgrenze bei der Potsdamer Konferenz festgelegt worden sei. In seiner berühmten Stuttgarter Rede vom 6. September 1946 sagte er: »Als Ergebnis der Vereinbarung von Jalta trat Polen an die Sowjetunion Territorien östlich der Curzon-Linie ab. Aus diesem Grund verlangte Polen im Norden und Westen Grenzverschiebungen. Die Vereinigten Staaten werden eine Revision dieser Grenzen zugunsten Polens unterstützen. Doch der Umfang des an Polen abzutretenden Gebiets kann erst bestimmt werden, wenn man sich auf die endgültige Regelung einigt.«[49]

Was unter »endgültiger Regelung« zu verstehen sei, ging aus einer Äußerung von Sumner Welles, Unterstaatssekretär im amerikanischen Außenministerium, hervor. Er schrieb im selben Jahr: »Versuchsweise haben sich die vier Mächte auf den Oderlauf als neue Ostgrenze Deutschlands geeinigt... Wenn der Frieden diese vorläufige Entscheidung zur endgültigen machen sollte, würden sie ein Unrecht fortsetzen und sozial und wirtschaftlich einen schweren Fehler begehen, der unweigerlich dauernde Spannung und Unsicherheit in Europa hervorrufen müßte... Ein großer Teil des Gebiets zwischen der Oder und der westlichen Grenze des einstigen polnischen Korridors ist reicher Agrarboden. Ein Teil mindestens sollte den Deutschen zugänglich bleiben, sowohl als Nahrungsquelle wie auch als Wohngebiet. Wenn die neue deutsche Grenze mit Polen mit angemessener Rücksicht auf die wirtschaftlichen Bedürfnisse des deutschen Volkes festgelegt werden soll, müßte sie ziemlich weit östlich der Oder verlaufen.«[50]

Bei diesem Stand der Dinge im November/Dezember 1946 trat der Außenminister-Rat in New York zusammen, um den Frieden mit Deutschland zu erörtern. Um die neuen Grenzen zu bestimmen, beschloß er, die Ansichten der Regierungen jener Staaten einzuholen, deren Streitkräfte am gemeinsamen Kampf gegen die Achse teilgenommen hatten.[51] Wie vorauszusehen, empfahlen sämtliche Länder Osteuropas, die bereits in den sowjetischen Bannkreis geraten waren, die Oder-Neiße-Linie, die von der Sowjetunion und der von ihr beherrschten polnischen Regierung gewünscht wurde.[52]

Die Vertreter Belgiens und der Niederlande erklärten, nach ihrer Meinung werde kein Frieden von Dauer sein, wenn er nicht eine teilweise Rückgabe der unter polnische Verwaltung gestellten deutschen Gebiete einschließe, oder, als Alternative, »eine Regelung, wonach das

Land und seine Erträge für das überbevölkerte Deutschland und seinen Nahrungsbedarf zugänglich gemacht werden«.[53]
Die südafrikanische Regierung verlangte ausdrücklich eine Revision der polnisch-deutschen De-facto-Grenze und lehnte »jeden Versuch ab, große, dem Wesen nach deutsche Wohngebiete zu verriegeln«.[54] Andererseits gab die Regierung zu, daß »eine gemäßigte Berichtigung der Grenzen zugunsten Polens möglich sein sollte«.[55] Kanadas Regierung empfahl einerseits, daß man nicht einer großen Anzahl Deutscher gestatten solle, außerhalb der künftigen deutschen Grenze zu leben, bemerkte dann aber, daß »übertriebene Verschiebungen der Bevölkerung, die aus politischen Gründen ohne Rücksicht auf wirtschaftliche und soziale Bedingungen unternommen werden, schwere Nachteile mit sich bringen und vielleicht zu ernsten Gefahren führen«.[56]
Die Regierung von Australien schlug vor, daß »bei der Grenzziehung die Atlantik-Charta berücksichtigt wird, wobei allerdings zu bedenken ist, daß bestimmte Ansprüche, die aus Sicherheitsgründen gestellt werden, von überragender Bedeutung sein können«.[57]
Da die Atlantik-Charta vorschrieb, »keine territorialen Veränderungen« vorzunehmen, »die nicht mit den frei geäußerten Wünschen der betroffenen Völker übereinstimmen«, und da die Charta der Vereinten Nationen besonders den Grundsatz der Selbstbestimmung der Völker (Artikel 1 und 55) betont, hätten ja wohl, mindestens nach Ansicht der australischen Regierung, die Millionen Deutschen, die bereits aus den Gebieten östlich von Oder und Neiße vertrieben worden waren, und die Millionen, denen dieses Schicksal für 1947 und 1948 noch bevorstand, befragt werden sollen. Andererseits waren die Artikel 53 und 107 in die Charta der Vereinten Nationen ausdrücklich aufgenommen worden, um den siegreichen Alliierten freie Hand bei der Behandlung der Deutschen zu geben. Weder die Atlantik-Charta noch der Leitgedanke der Selbstbestimmung in der Charta der Vereinten Nationen wurden von den meisten Mitgliedern der Vereinten Nationen als Hindernis für eine harte Behandlung Deutschlands angesehen.
So empfahl also keine der befragten Regierungen eine *restitutio in integrum*. Eine solche »Wiedereinsetzung in den vorigen Stand« hätte bedeutet, daß Deutschland die Gebiete östlich von Oder und Neiße zurückerhalten hätte, aber alle waren sich offenbar darin einig, daß ein Teil des Landes für immer Deutschland genommen und Polen gegeben werden sollte. Einige Regierungen lehnten es ab, ihre Ansicht über ein Thema zu äußern, das ihnen vermutlich gleichgültig war.

Für Großbritannien und die Vereinigten Staaten bildete die Friedensregelung mit Deutschland natürlich kein zweitrangiges Thema. Außenminister Marshall, der die durch Übervölkerung und Nahrungsmangel verursachten Schwierigkeiten in Deutschland nur zu gut kannte, begab sich im März 1947 in der festen Absicht nach Moskau, sich für eine Grenzkommission einzusetzen, die eine vernünftigere Grenze zwischen Deutschland und Polen bestimmen sollte, eine Grenze, die irredentistische Bestrebungen auf ein Mindestmaß beschränken und Aussicht auf Dauer haben werde. Marshall wies Molotows Behauptung nachdrücklich zurück, daß die Entscheidung über Polens Westgrenze in Potsdam gefallen sei, zitierte Marschall Stalin, der selbst in Potsdam gesagt hatte, »bis die polnischen Grenzen festgelegt werden« [58], und griff schließlich auf den Text von Artikel IX des Protokolls zurück, nach dem die Angelegenheit bis zur Friedenskonferenz zurückgestellt wurde. Er bestätigte, daß »Polen zu einer Entschädigung für seine Verluste im Kriege berechtigt ist und daß die Vereinigten Staaten ihre Verpflichtungen einhalten wollen«, bemerkte aber auch: »Wir dürfen nicht vergessen, daß ein großer Teil des Gebiets, das jetzt unter polnischer Verwaltung steht, lange deutsch gewesen ist und über landwirtschaftliche Ressourcen von lebenswichtiger Bedeutung für die deutsche und die europäische Wirtschaft verfügt.« [59]
Großbritanniens Außenminister Bevin brachte konkretere Vorschläge über eine Revision der Oder-Neiße-Linie vor. Er bezog sich auf die unbestreitbare Tatsache, daß Westdeutschland Mangel litt, daß die Deutschen in der britischen Zone bei Rationen von 1042 Kalorien täglich schon fast verhungerten [60], und begründete damit seine Forderung, Agrarland zurückzugeben, und zwar in erster Linie Pommern und das reiche schlesische Bauernland zwischen Görlitzer und Glatzer Neiße. [61]
Molotow lehnte die Vorschläge rundheraus ab. Er brachte das spitzfindige Argument vor, daß die in Potsdam gezogene Grenze (nach Artikel IX) *notwendigerweise endgültig sein müsse*, weil ja die Alliierten eingewilligt hatten, daß die Deutschen aus den in Artikel XIII erwähnten Gebieten ausgesiedelt werden sollten. [62]
Zunächst leuchtet das Argument ein, vor allem wenn man die Entstehung von Artikel XIII nicht kennt. Es ist auch von zahlreichen polnischen Wissenschaftlern [63] wiederholt worden und hat sogar in den Ver-

einigten Staaten ein Echo gefunden.[64] Wenn die Großmächte tatsächlich Polen angewiesen hätten, alle Deutschen aus den Gebieten östlich von Oder und Görlitzer Neiße zu vertreiben, wäre es allerdings widersinnig gewesen, daß die westlichen Alliierten zwei Jahre später behaupteten, die Vertreibungen seien nur als »vorläufige« gedacht, die Grenze müsse neu festgelegt und den vertriebenen Deutschen die Rückkehr gestattet werden. Wäre es wirklich so gewesen, dann hätte das sowjetisch-polnische Argument sein Gewicht gehabt. Doch die Dokumente enthüllen eine völlig andere Situation. Die westlichen Alliierten haben Polen niemals »befohlen«, die Deutschen zu vertreiben, sondern standen in Potsdam einer völlig chaotischen Lage gegenüber, welche sie zwang, sofort zu handeln, und zwar aus Rücksicht auf die Millionen Deutschen, die bereits von Polen und Tschechen vertrieben wurden. Abgesehen von militärischem Eingreifen hatte es keinen praktischen Weg gegeben, diese Vertreibungen zu unterbinden, und Großbritannien und Amerika zögerten natürlich, um der besiegten Deutschen willen gegen ihre östlichen Verbündeten zu kämpfen. Man war zu einer Art Burgfrieden gelangt – und hatte damit alles erreicht, was im Sommer 1945 überhaupt möglich war. Die westlichen Alliierten hatten also ein Schema entworfen, jenen Artikel XIII, um etwas Ordnung in das Chaos zu bringen, das die Vertreibungen überall in Deutschland, also auch in ihren Besatzungszonen, hervorriefen. Zunächst erklärten sie, daß die Vertreibungen in »geregelter und humaner Weise« durchgeführt werden sollten; dann verlangten sie die sofortige Einstellung der Ausweisungen, damit dem Alliierten Kontrollrat die nötige Zeit blieb, die Aufnahme der Vertriebenen vorzubereiten.

In diesem Sinn ist es ein sehr bedenklicher Versuch, die Artikel IX und XIII als »organisches Ganzes« zu betrachten. Artikel IX bestimmte eine vorläufige Grenze, Artikel XIII führte Notmaßnahmen ein, die mit einer Lawine menschlichen Elends fertig werden sollten. Beide Artikel wurden weder zusammen entworfen, noch sollten sie gekoppelt werden.[65]

Artikel XIII im Licht des Artikels IX: Interpretationsprobleme

An dieser Stelle hilft die Feststellung weiter, daß Artikel XIII eine zweischneidige Waffe ist. Wäre er tatsächlich untrennbar von Artikel IX, dann hätten die Alliierten Artikel XIII sorgfältiger formulieren müssen: In seiner vorliegenden Form sieht er nämlich Vertreibungen aus »Polen« und nicht etwa »aus Polen einschließlich der deutschen, gemäß Artikel IX unter polnische Verwaltung gestellten Gebiete« vor. Da aber »Polen« im Potsdamer Protokoll nicht verbindlich definiert worden ist und da seine Westgrenze bis zum Friedensvertrag unbestimmt bleiben sollte, konnte nach den gewohnten Regeln der Interpretation das in Artikel XIII erwähnte »Polen« nur Polen *ohne* die deutschen Gebiete östlich von Oder und Neiße bedeuten; diese Gebiete standen offiziell vorübergehend unter polnischer Verwaltung, aber Polen konnte keineswegs die Souveränität ausüben, die ihm nur der Friedensvertrag verleihen konnte.

Deshalb war die Brücke, die Molotow zwischen den beiden Artikeln schlug, eine recht waghalsige Sache für seine eigene juristische Argumentation, weil ja Polen im Artikel XIII nicht größer sein konnte als das im Artikel IX angesprochene Polen, das heißt Polen *ohne* Souveränität über die deutschen Ost-Provinzen.

So haben viele deutsche Juristen die Gelegenheit nicht versäumt, darauf hinzuweisen, daß den Ausweisungen aus Ostpreußen, Pommern, dem östlichen Brandenburg und Schlesien sogar das Mäntelchen der Legalität fehlte, weil eben diese Ausweisungen nicht ausdrücklich gestattet wurden. Im besten Falle konnte Molotow also bedauern, daß Artikel XIII schlecht formuliert wurde, daß er nicht wiedergab, was die Parteien eigentlich meinten, aber er konnte aus der Form, in der er nun einmal angenommen worden war, für seine Ansicht keine Stütze und keinen Anhalt gewinnen.[66]

Natürlich wurden auch amerikanische Juristen und Politiker auf die Mehrdeutigkeit des Artikels XIII aufmerksam. So glaubte z. B. General Lucius Clay, der an der Potsdamer Konferenz teilgenommen hatte, nicht, daß er sich auf die Deutschen, die in den deutschen Provinzen östlich von Oder und Neiße lebten, bezog.[67] Andererseits wies Außenminister Byrnes im Oktober 1945 den politischen Berater für Deutschland, Robert Murphy, an, daß Artikel XIII so interpretiert werden solle, als ob er auf Polen samt den Gebieten östlich von Oder und Neiße bezogen sei. Eigentlich darf kein Zweifel darüber bestehen, daß die Alliierten tatsächlich mit der Umsiedlung von Teilen der deutschen Bevölkerung aus diesen Gebieten rechneten. Gerade dieses Problem war Gegenstand zahlreicher Auseinandersetzungen in den Plenarsitzungen in Potsdam, wie aus den Protokollen eindeutig hervorgeht. Byrnes betonte aber wiederum, daß Artikel XIII »nicht das Potsdamer Einverständnis beeinträchtigen darf, wonach die endgültige Festlegung von Polens Westgrenze bis zum Friedensvertrag warten soll«.[68]

Auch Arthur Lane, der amerikanische Botschafter in Polen von 1945 bis 1947, war im Zweifel über Sinn und Funktion des Artikels XIII. Vermutlich unter dem Einfluß polnischer Diplomaten hatte er begonnen, Artikel IX im Zusammenhang mit seiner Auffassung von Artikel XIII zu interpretieren. Am 9. Mai 1947, kurz nach seinem Rücktritt als Botschafter, hatte er in Washington ein Gespräch mit Marshall, bei dem der Außenminister das Problem umriß: »Der Präsident ist in Potsdam gezwungen gewesen, einer Regelung zuzustimmen, die ihm sehr unangenehm war. Damals hatten ja die Russen das Territorium in der Hand. Sie hatten absichtlich den Sinn des erreichten Übereinkommens verzerrt, doch wie die Notizen und Erklärungen der Konferenzteilnehmer klar beweisen, haben wir nicht in eine definitive Grenzziehung eingewilligt.«[69]

Marshall erinnerte Lane außerdem daran, daß dieser 1945 die Anweisung erhalten hatte, mit den Polen die Frage einer humanen Umsiedlung zu erörtern, »denn die Polen fuhren tatsächlich mit der Deportation der deutschen Bevölkerung fort, was aber nicht hieß, daß wir damit einverstanden waren«.[70]

Polens »wiedergewonnene Gebiete«

Die Sowjets reagierten heftig auf die amerikanische und die britische Weigerung, sich mit der Oder-Neiße-Linie als einer vollendeten Tatsache abzufinden. Einerseits hielten die Russen an der unhaltbaren Auffassung fest, daß Polens Westgrenze in Jalta bestimmt und in Potsdam bestätigt worden sei, andererseits begannen sowjetische und polnische Presseorgane mit einem panslawistischen Vorstoß, der seine Waffen hartnäckig aus der Vergangenheit bezog. Plötzlich ging es gar nicht mehr um eine Entschädigung Polens für die an die Sowjetunion abgetretenen Gebiete[71], sondern darum, »alten polnischen Boden zu sichern«.[72]

Ein Artikel in der *Iswestija* griff Außenminister Marshalls Erklärung vom 28. April 1947 an: »Trotz seines offensichtlich vergeblichen Versuchs, die Dinge zu verwirren und die Haltung der US-Delegation in Moskau zugunsten einer Revision der Krim-Beschlüsse zu entstellen, läßt Marshalls Rundfunkrede doch keinen Zweifel daran, daß das, was sich im Ministerrat abspielte, ein Beispiel für die neue US-Politik war, die den Interessen Polens unmittelbar zuwiderläuft, weil sie die Rückkehr alten polnischen Landes ablehnt und die Germanisierung dieser polnischen Provinzen begünstigt. Es war der Versuch, die Potsdamer Beschlüsse zu umgehen. Man will den Polen jetzt deutlich machen, daß die neuen Grenzen ihnen die Dinge nur erschweren und Polen in keiner Weise nützen würden. Daher die offene Aufforderung, Polen seine neuen westlichen Gebiete zu nehmen, sie Deutschland zurückzugeben und auf diese Weise alle künftigen Schwierigkeiten aus dem Wege zu räumen. Die Tatsache, daß diese Vorschläge einen flagranten Vertrauensbruch darstellen, kümmert die Urheber des Schemas nicht.«[73]

Mit denselben Vorwürfen tadelte ein Artikel vom 22. Mai 1947 in der *Iswestija* auch den britischen Außenminister: »Bevin versuchte, das bekanntlich sinnlose Argument vorzubringen, daß die Frage von Polens Westgrenze nicht geregelt sei und daß es sich dabei um eine Form von ›Entschädigung‹ und nicht um die Rückkehr alten polnischen Landes handelte. Auch hier haben wir es mit dem offensichtlichen Versuch zu tun, das Potsdamer Abkommen zu revidieren und gewisse Zusagen zu umgehen, die sich aus dem Abkommen herleiten. Die Frage von Polens Westgrenze ist ein für allemal geregelt worden und nicht mehr Gegenstand irgendeiner Revision.«[74]

Im Jahre 1947 verstärkte sich der Feldzug, der alle Welt davon überzeugen sollte, daß Pommern, Schlesien und Ostpreußen schließlich zur polnischen Erde gehörten. Keine Gelegenheit wurde ausgelassen, um die panslawistische Behauptung zu verbreiten, daß diese Gebiete niemals ihren echten polnischen Charakter verloren hätten, obwohl hier seit mehr als siebenhundert Jahren Deutsche gelebt hatten.

Alles Gerede von Breslau oder Stettin als alten polnischen Städten oder von der Oder als einer alten polnischen Grenze sollte einmal in historischer Perspektive gesehen werden, in der dann auch Kiew und Smolensk als polnische Städte erscheinen. Während die am weitesten west-

lich lebenden Slawen im Zuge der slawischen Westwanderung die ehemaligen Gebiete der Vandalen und Goten an Weichsel und Oder eroberten[75], führte der spätere polnische »Drang nach Osten« sie auch zur Herrschaft über die Ukraine und Weißrußland.
Die sogenannten »polnischen Westgebiete« oder »wiedergewonnenen Territorien« waren zum größten Teil seit dem zwölften und dreizehnten Jahrhundert nicht mehr polnisches Herrschaftsgebiet. In diesen dünn besiedelten Landschaften gab es schon bald deutsche Mehrheiten unter deutschen Fürsten; es galt deutsches Recht, die deutsche Sprache überwog. Ende des dreizehnten Jahrhunderts gehörten ganz Schlesien und Pommern zum Heiligen Römischen Reich Deutscher Nation; Ostpreußen (1226), Danzig (1263 Lübisches Recht) und Pommerellen (1308) wurden vom Deutschen Orden nach der Goldbulle von Rimini[76] erobert und besiedelt. In den folgenden sechs Jahrhunderten waren Schlesien und Pommern ohne Unterbrechung deutsch (beziehungsweise österreichisch und teilweise vorübergehend schwedisch), während Pommerellen und das Ermland von den Polen in Besitz genommen wurden. All diese polnischen Gewinne vor allem des fünfzehnten Jahrhunderts, als Polen eine mächtige, angriffsfreudige europäische Macht darstellte, wurden im achtzehnten Jahrhundert durch die drei Nachbarn zunichte gemacht: Sie radierten Polen von der Landkarte aus. Doch die meisten preußischen Gewinne auf Kosten der Polen wurden 1919 im Versailler Vertrag Polen übergeben, und Polens Westgrenze verlief ungefähr wie vor der Ersten polnischen Teilung von 1772. Dadurch gerieten aber zwei Millionen Deutsche als Minderheit unter polnische Herrschaft.
Durch die Real- und später Personalunion mit Litauen erstreckte sich die polnische Herrschaft seit dem Anfang des fünfzehnten Jahrhunderts über weite Gebiete Rußlands und reichte nahezu bis vor die Tore Moskaus. In der Zeit der Wirren Anfang des siebzehnten Jahrhunderts gelangte sogar ein polnischer Königssohn für kurze Zeit auf den russischen Zarenthron. Kiew gehörte bis 1654, Smolensk bis 1667 zu Polen.[77] Hundert Jahre später verschaffte sich Rußland den Löwenanteil an den polnischen Teilungen, und 1815 erhielt es sogar Kongreßpolen mit der Hauptstadt Warschau. Nach dem Ersten Weltkrieg vermochte der wiedererstandene polnische Staat zwar seine Grenzen im Osten über die von den Alliierten vorgeschlagene Curzon-Linie hinaus durch einen Krieg gegen die Sowjetunion auszudehnen, aber 1939 und 1945 verlor es diese Gebiete wieder. Die Sowjetunion annektierte dabei so-

viel Land, daß ihre Gewinne die der Zaren aus den drei polnischen Teilungen noch bei weitem übertrafen.

Wenn die Polen ihre historische Argumentation über die »urpolnischen« Territorien im Westen ernst nahmen, hätten sie konsequenterweise auch im Osten Ansprüche erheben müssen. Natürlich war daran in der politischen Situation 1945 nicht zu denken, und somit enthüllen sich die historischen »Beweise« als ein Mittel zum Zweck, um nämlich die machtpolitisch bedingte Westverlagerung des polnischen Staates gegenüber dem Ausland zu legitimieren. Polnische Wissenschaftler wurden in die Welt geschickt, um die Auffassung zu propagieren, daß Schlesien und Pommern, Breslau und Stettin tatsächlich die Wiege Polens seien. Diese Botschaft wurde auch amerikanischen und britischen Universitäten vermittelt, wo sie allerdings auf merkliche Ablehnung stieß.

Am 19. April 1947 kommentierte *The Economist* in einem Leitartikel: »Die Ausstellung über Polens Westgebiete, die in der Abteilung für slawische Studien stattfindet und von einem Mitglied des Abteilungsvorstands eröffnet wurde, gehört zu einem offiziellen polnischen Unterfangen, die schlichte Tatsache zu leugnen, daß die Oder-Neiße-Linie Polen nur als Entschädigung für die sowjetischen Annexionen der östlichen Provinzen eingeräumt wurde, und um völlig unhaltbare ethnische Behauptungen durchzupauken. Die polnische Regierung hat das Recht, in ihrem eigenen Land an Publizistik aufzubieten, was immer ihr in den Sinn kommt, doch es ist alles andere als wünschenswert, daß sich hier akademische Institutionen mit dieser Art Propaganda identifizieren, die sie nämlich nur als Ort ernsthafter und objektiver Forschungen unglaubwürdig machen.«[78]

Am 3. Mai 1947 brachte *The Economist* einen Leitartikel: »1157 und ähnliches«. »Es müßte eine Art Verjährungsgesetz für Forderungen aus vergangenen Eroberungen und Wanderbewegungen geben; in ethnographischer Hinsicht kann vernünftigerweise nur die allerjüngste Vergangenheit herangezogen werden. Die Polen wären gut beraten, in ihrem eigenen Interesse das Gerede vom mittelalterlichen slawischen Szczecin (das für die meisten Englischsprechenden immer noch Stettin heißt) fallenzulassen und ihre Sache, wie sie nun einmal geworden ist, auf dem Handel beruhen zu lassen, der nun wirklich durch das politische Tauziehen der Großmächte 1945 zustande kam und von Ethnographie so weit entfernt ist wie von historischer oder irgendeiner anderen Gerechtigkeit. Es wäre wirklich weitaus das beste, wenn sie

ein paar materielle Zugeständnisse im Sinne von Mr. Marshalls Vorschlägen machen würden...«[79]
Natürlich hatten die Polen nicht soviel Freiheit, um irgendwelche Zugeständnisse im Sinne der Vorschläge zu machen, die von den Außenministern Marshall und Bevin auf der Moskauer Konferenz vorgebracht worden waren. Daß auch die nächste Sitzung des Außenministerrats scheitern würde, war deshalb vorherzusagen. Bei der Londoner Versammlung im November und Dezember 1947 schlug Marshall wieder die Berufung einer Grenzkommission vor, die sämtliche Grenzprobleme studieren sollte, einschließlich der Saar- und der Oberschlesien-Frage.
Wieder verlegte ihm Molotow jeden Schritt, und die Konferenz endete mit einem vollständigen Fiasko. In einer Rundfunkerklärung faßte Außenminister Marshall am 19. Dezember 1947 zusammen: »In dieser überaus wichtigen Frage der Grenzen rieten drei Delegationen dazu, eine (oder mehrere) Grenzkommissionen zu berufen, die eine sachkundige Studie über alle vorgeschlagenen Änderungen von Vorkriegsgrenzen anfertigen sollten. Mr. Molotow wollte nicht zustimmen. Es war mir nicht möglich, seinen dringlichen Hinweis auf die Notwendigkeit, die Vorbereitungen für einen Frieden in Deutschland zu beschleunigen, in Einklang mit seiner kategorischen Ablehnung einer Grenzkommission zu bringen, die von drei Delegationen als ein absolut wichtiger erster Schritt für jede ernstzunehmende Vorbereitung einer künftigen Friedensregelung mit Deutschland angesehen wird.«[80]
Es war unübersehbar, daß der Ostblock den Westmächten den Handschuh vor die Füße warf: Man berief eine konkurrierende Außenministerkonferenz nach Warschau. Am 24. Juni 1948 trafen sich hier die Außenminister der UdSSR, Albaniens, Bulgariens, der Tschechoslowakei, Jugoslawiens, Polens, Rumäniens und Ungarns. In einer gemeinsamen Erklärung warfen sie dem Westen vor, die Londoner Konferenz zum Scheitern gebracht zu haben: »Die Politik der Besatzungsmächte in den westlichen Zonen von Deutschland ermuntert die deutschen revisionistischen Elemente, die eine Kampagne führen gegen die von den Konferenzen in Jalta und Potsdam geschlossenen Abkommen über den demokratischen Wiederaufbau und die Entmilitarisierung Deutschlands sowie über seine Verpflichtung zur Entschädigung für die Schäden, die durch die deutsche Aggression verursacht worden sind. Sie bekämpfen ebenso die Beschlüsse hinsichtlich der deutschen Einwohner, die sie in feindseliger Absicht gegen ihre

Nachbarstaaten benutzen möchten. Im Besonderen bekämpfen die deutschen revisionistischen Elemente die polnisch-deutsche Grenze an der Oder und der westlichen Neiße, die eine unverletzliche Grenze ist, eine Friedensgrenze.«[81]

Nach dieser Erklärung stand unzweideutig fest, daß die Sowjetunion in der Frage der Oder-Neiße-Linie nicht nachgeben werde. So blieb den westlichen Alliierten nur eine Alternative: die Oder-Neiße-Grenze anzuerkennen oder nicht anzuerkennen. Bis 1990 zogen sie die letztere Option vor.

Der Görlitzer Vertrag

Da es der Sowjetunion vor allem um Konsolidierung ihrer Machtstellung ging, mußte sie dafür sorgen, daß ihre Vasallen in Warschau und Ost-Berlin die sowjetischen Gewinne im Zweiten Weltkrieg und die sowjetische Osteuropa-Ordnung bestätigten.

Solange die Oder-Neiße-Grenze als Provisorium galt, konnte auch die polnisch-sowjetische Grenze in Frage gestellt werden. Darum übte die Sowjetunion Druck auf den kommunistiscnen Führer Walter Ulbricht aus, geregelte Verhältnisse mit Polen zu schaffen.

So traf die »Deutsche Demokratische Republik« eine Vereinbarung mit Polen, worin die Oder und Neiße als »endgültige Friedensgrenze« zwischen Deutschland und Polen anerkannt wird.[82] Ausgeprägter als der Warschauer Vertrag von 1970 hat der sogenannte »Görlitzer Vertrag« vom 6. Juli 1950 eher politische als völkerrechtliche Bedeutung, denn damals war die »Deutsche Demokratische Republik« weder de facto noch de jure ein souveräner Staat; weder die Regierung noch der Staat wurden von der überwiegenden Mehrheit der Vereinten Nationen anerkannt. Die Görlitzer Vereinbarung könnte also im Völkerrecht kaum ernst genommen werden, denkt man nur daran, daß die DDR kein Recht hatte, im Namen ganz Deutschlands zu sprechen, das sich 1950 formell noch im Kriegszustand befand, zu einer Zeit, als die vier Großmächte, die durch die Berliner Erklärung vom 5. Juni 1945 die Oberhoheit über Deutschland übernommen hatten, einen Friedensvertrag für ganz Deutschland immer noch erwogen.[83]

Am 6. Juni 1950 wurde ein Kommuniqué in Warschau bekanntgegeben, um die Völkerrechtsgemeinschaft von der Endgültigkeit der Grenze an der Oder und Neiße in Kenntnis zu setzen. Am 8. Juni nahm dazu das amerikanische State Department in einer Verlautbarung an die Presse wie folgt Stellung: »Zur Klärung der Frage hat das State Department heute Auszüge aus den folgenden Dokumenten herausgegeben: (1) das offizielle Protokoll der Konferenz zu Berlin (Potsdamer Vereinbarung vom 1. August 1945); (2) die Rede von Außenminister James F. Byrnes, gehalten am 6. September 1946 in Stuttgart, Deutschland; und (3) die am 9. April 1947 abgegebene Erklärung von Außenminister George C. Marshall bei dem Treffen des Rates der Außenminister in Moskau. Diese Dokumente enthalten die Position der Vereinigten Staaten zur Frage der endgültigen Festlegung der Grenze zwischen Polen und Deutschland. Die Position der Vereinigten Staaten zu dieser Frage bleibt unverändert.«[84]

Trotz dieser eindeutigen Erklärung und Rechtsverwahrung der Regierung der Vereinigten Staaten schlossen Polen und die DDR am 6. Juli 1950 ihren »Vertrag«.

Doch entscheidender als jedes von der Bundesrepublik Deutschland oder der »Deutschen Demokratischen Republik« geschlossene Abkommen war die tatsächliche Anerkennung oder Nicht-Anerkennung der Oder-Neiße-Grenze durch jene Staaten, die am Ende des Zweiten Weltkrieges das Recht hatten, Deutschlands Schicksal zu bestimmen: die Vereinigten Staaten, Großbritannien, die Sowjetunion und Frankreich.[85]

Verträge zwischen der »Deutschen Demokratischen Republik« und Polen, genauso wie Verträge zwischen der Bundesrepublik Deutschland und Polen, konnten die Rechte und Verantwortlichkeiten der Französischen Republik, des Vereinigten Königreichs von Großbritannien und Nordirland, der Union der Sozialistischen Sowjetrepubliken und der Vereinigten Staaten von Amerika, wie sie in den bekannten Verträgen und Vereinbarungen ihren Niederschlag gefunden haben, nicht berühren.[86]

Einige dieser Rechte sind z. B. im Vertrag über die Beziehungen zwischen der Bundesrepublik Deutschland und den Drei Mächten (Deutschlandvertrag) vom 26. Mai 1952 enthalten:

> Artikel II:
>
> (1) Die Drei Mächte behalten im Hinblick auf die internationale Lage die bisher von ihnen ausgeübten oder innegehabten Rechte in bezug auf (a) die Stationierung von Streitkräften in Deutschland und den Schutz von deren Sicherheit, (b) Berlin und (c) Deutschland als

Ganzes einschließlich der Wiedervereinigung Deutschlands und einer friedensvertraglichen Regelung.
(2) Die Bundesrepublik wird sich ihrerseits jeder Maßnahme enthalten, welche diese Rechte beeinträchtigt, und wird mit den Drei Mächten zusammenwirken, um ihnen die Ausübung dieser Rechte zu erleichtern.

Artikel VII:
(1) Die Bundesrepublik und die Drei Mächte sind darüber einig, daß ein wesentliches Ziel ihrer gemeinsamen Politik eine zwischen Deutschland und seinen ehemaligen Gegnern frei vereinbarte friedensvertragliche Regelung für ganz Deutschland ist, welche die Grundlage für einen dauerhaften Frieden bilden soll. Sie sind weiterhin darüber einig, daß die endgültige Festlegung der Grenzen Deutschlands bis zu dieser Regelung aufgeschoben werden muß.

Am 23. Oktober 1954 unterzeichnet, trat am 5. Mai 1955 im Rahmen der »Pariser Verträge« das »Protokoll C« über die Beendigung des Besatzungsregimes in Deutschland in Kraft. Das Protokoll ersetzte mit einem verstärkten Artikel II[87] den an der französischen Nationalversammlung gescheiterten Deutschlandvertrag.

Ostpolitik und Warschauer Vertrag von 1970

Der ehemalige Bürgermeister von Berlin und erste sozialdemokratische Bundeskanzler der Bundesrepublik Deutschland, Willy Brandt, wird durch seine Ostpolitik in die Geschichtsbücher eingehen. Es ging ihm vor allem um gute Nachbarschaft mit Polen, um ein baldiges Ende des Kalten Krieges, um Entspannung in Europa. So entschloß er sich, einen neuen Kurs in der Außenpolitik einzuschlagen.
Am 7. Dezember 1970 wurde in Warschau der Vertrag unterzeichnet, der die Unverletzbarkeit der Grenze bestätigte. Es heißt in Artikel I: »Die Bundesrepublik Deutschland und die Volksrepublik Polen stellen übereinstimmend fest, daß die bestehende Grenzlinie, deren Verlauf im Kapitel IX der Beschlüsse der Potsdamer Konferenz vom 2. August 1945 von der Ostsee unmittelbar westlich von Swinemünde und von dort die Oder entlang bis zur Einmündung der Lausitzer Neiße und die Lausitzer Neiße entlang bis zur Grenze mit der Tschechoslowakei fest-

gelegt worden ist, die westliche Staatsgrenze der Volksrepublik Polen bildet.«[88]
Die große politische Bedeutung dieses Vertrages läßt sich nicht bestreiten, doch die völkerrechtliche Dauerhaftigkeit[89] der getroffenen Regelung wurde dadurch relativiert, daß die Bundesregierung erklärte, sie könne nur im Namen der Bundesrepublik Deutschland handeln, wie es in der Note der Bundesregierung an die drei Westmächte ausdrücklich hieß.[90] Damit wurde versucht, die Frage der Endgültigkeit der Oder-Neiße-Grenze für den Fall einer Wiedervereinigung Deutschlands offenzuhalten. So erklärte zum Beispiel der damalige Bundesaußenminister Walter Scheel in einem Interview in Warschau am 5. November 1970: »Die Bundesregierung kann nur die Bundesrepublik Deutschland verpflichten. Ihrem Handeln sind rechtliche Grenzen gesetzt. Es gibt keinen Friedensvertrag, und so lange es keinen Friedensvertrag gibt, können die Rechte der Vier Mächte durch bilaterale Verträge nicht berührt werden. Unser polnischer Partner weiß, daß wir einen gesamtdeutschen Souverän nicht präjudizieren können.«[91] Entsprechend hieß es auch im Kommuniqué der Bundesregierung zum Warschauer Vertrag: »Ein wiedervereinigtes Deutschland kann also durch den Vertrag nicht gebunden werden... Wir messen der formellen Aufrechterhaltung des Friedensvertragsvorbehalts in jedem Falle eine wesentliche, auf die Wahrung der Belange Gesamtdeutschlands gerichtete Bedeutung bei.«[92]
Im Hinblick auf diese Rechte bestätigte US-Präsident Richard Nixon in einem Bericht für den Kongreß der Vereinigten Staaten, »US-Politik in den siebziger Jahren: Frieden schaffen«, die traditionelle amerikanische Haltung und erklärte, es stehe fest, daß »alliierte Rechte und Verantwortlichkeiten nicht von den Bedingungen« der vor kurzem geschlossenen Verträge der Bundesrepublik Deutschland mit der Sowjetunion und mit Polen verletzt würden.[93]

Die Konferenz über Sicherheit und Zusammenarbeit in Europa

In den siebziger Jahren erhielt das Prinzip der Koexistenz in Europa Auftrieb durch die Konferenz über Sicherheit und Zusammenarbeit in Europa (KSZE), die am 3. Juli 1973 in Helsinki begann und in Genf vom 18. September 1973 bis zum 21. Juli 1975 fortgesetzt wurde.[94]

Die Schlußphase fand dann wieder in Helsinki statt; sie endete mit der Unterzeichnung der Schlußakte am 1. August 1975 durch die Hohen Vertreter u. a. der Bundesrepublik Deutschland, Frankreichs, Großbritanniens, der Sowjetunion, der Vereinigten Staaten und dreißig anderer Staaten. Manche Beobachter sprachen damals von einem zweiten Potsdam und sogar von einer »Ersatz«-Friedensregelung; tatsächlich aber handelte es sich nicht um Vergleichbares. Die in Helsinki unterzeichnete Schlußakte stellte lediglich einen allgemeinen Prinzipienkatalog dar, das Ergebnis harter Verhandlungen: die beteiligten Nationen verpflichteten sich, »den Prozeß der Entspannung zu erweitern, zu vertiefen und ihre Fortschritte dauerhaft zu machen«.[95]
Welche Bedeutung hatte die Schlußakte von Helsinki für das deutsche Volk und besonders für die Hoffnungen Millionen deutscher Vertriebener und ihrer Kinder und Enkel? Wenn auch Helsinki nicht das Gewicht eines Friedensvertrages zukam, kann man von den Empfehlungen der Konferenz doch sagen, daß sie den Status quo in Europa festschrieben, und dazu gehörte die Teilung Deutschlands und der Verlauf der deutsch-polnischen Grenze.
Im sogenannten Korb 1 (Fragen der Sicherheit in Europa) hält die Schlußakte im einzelnen fest: »Die Teilnehmerstaaten betrachten gegenseitig alle ihre Grenzen sowie die Grenzen aller Staaten in Europa als unverletzlich und werden deshalb jetzt und in der Zukunft keinen Anschlag auf diese Grenzen verüben.«[96]
In der Bestätigung solcher Grundprinzipien der Beziehungen zwischen Staaten lag nichts Neues, ebensowenig in der Feststellung, daß Grenzen auf friedlichem Wege geändert werden können: »Sie sind der Auffassung, daß ihre Grenzen, in Übereinstimmung mit dem Völkerrecht, durch friedliche Mittel und durch Vereinbarung verändert werden können.«[97] Dieser völkerrechtliche Grundsatz gilt natürlich nach wie vor und könnte in Zukunft von Belang werden.

Königsberg/Kaliningrader Oblast

Während auf der Potsdamer Konferenz Süd-Ostpreußen unter provisorische polnische Verwaltung gestellt wurde, blieb Nord-Ostpreußen sowjetisch besetzt. Nach Artikel VI des Potsdamer Protokolls war vorgesehen, daß die Anglo-Amerikaner die Annexion durch die Sowjetunion in einem künftigen Friedensvertrag unterstützen würden.

Erst 1946 wurde Königsberg in Kaliningrad umbenannt, zu Ehren von Michail Kalinin (1875–1946), einem Mitarbeiter Stalins.
1948 betrug die Zahl der in Nord-Ostpreußen verbliebenen Deutschen noch etwa 100000, die später bis auf wenige Versprengte in die sowjetische Besatzungszone vertrieben wurden.[98] Bis 1990 unterstand das Kaliningrader Oblast der Militärverwaltung als militärisches Sperrgebiet und blieb für Ausländer nicht zugänglich.
Durch den Zerfall der UdSSR und vor allem nach dem Wiedererlangen der Souveränität durch Litauen und nach der Verselbständigung Weißrußlands wurde das nördliche Ostpreußen eine russische Exklave im Baltikum. Heute erreichen die Russen das Gebiet entweder über See, oder sie überqueren zwei internationale Grenzen, um über Land dorthin zu gelangen.
Was soll aus diesem Gebiet werden, das keine historische, kulturelle oder gar wirtschaftliche Bedeutung für Rußland hat? Freilich hat Rußland militärstrategische Interessen dort, aber sind diese so wesentlich, um die wirtschaftliche Entwicklung des Gebietes auf ewig zu verschieben? Nationalistische Argumente, die den machtpolitischen Anspruch Rußlands auf den Raum Königsberg unterstreichen, klingen heute hohl und anachronistisch.
Andererseits hatte das Gebiet eine 700jährige deutsche Geschichte. Besiedelt wurde es aufgrund Kaiser Friedrichs II. Goldener Bulle von Rimini (1226). Bald folgte die Gründung der Hansestadt und Handelsdrehscheibe Königsberg (1255), die durch ihre 450 Jahre alte Universität und durch Namen wie Immanuel Kant, Johann Gottfried Herder, E. T. A. Hoffmann, Otto Nikolai, Käthe Kollwitz und Agnes Miegel Weltruhm erlangte. Was soll nun aus diesem europäischen Gebiet werden? Eine Brücken- oder Frontstadt gen Westen? Ein Schaufenster des Ostens? Eine internationalisierte Zone? Ein Mandatsgebiet? Eine »Freihandelszone Jantar (Bernstein)«? Ein Kondominium? Eine vierte Baltenrepublik? Oder wird es schließlich von Polen oder Litauen erworben?[99]
Jedenfalls hat der deutsche Außenminister Klaus Kinkel unmißverständlich erklärt, daß die Bundesrepublik Deutschland keine territorialen Ansprüche auf das nördliche Ostpreußen stelle. Der territoriale Status des Gebietes sei im »Zwei-plus-vier-Vertrag« abschließend geregelt worden. Jedes Zweifeln an diesem Vertrag würde den internationalen Frieden stören. Deutschland sei sich der besonderen Sensibilität dieses Problems bewußt und habe nicht die Absicht, sich im Gebiet um

Königsberg besonders zu engagieren. Zur Königsberg-Politik der Bundesregierung erklärte Kinkel weiter: »Deutschland hat dort nur wirtschaftliche Interessen, wenngleich auch das in Moskau eine empfindliche Reaktion hervorruft.«[100] Dennoch ist bemerkenswert, daß, obwohl seit 1991 Polen und Litauen Konsulate in Königsberg unterhalten, bis Oktober 1995 noch kein deutsches Konsulat eröffnet worden war.

Mittlerweile sind etwa 30000 Rußlanddeutsche von anderen Teilen der ehemaligen Sowjetunion in das Gebiet übergesiedelt, was von manchen Politikern mit Sorge beobachtet wird. Um diese zu beschwichtigen, stellte der deutsche Botschafter in Moskau, Otto von der Gabelentz, in einem Interview für die Zeitung *Kaliningradskaja Prawda* fest: »Deutschland sieht das Kaliningrader Gebiet, im Gegensatz zum Omsker Gebiet, nicht als Siedlungsgebiet für Rußlanddeutsche.«[101]

Unter Michail Gorbatschow wäre denkbar gewesen, daß den Wirtschaftsinteressen in Königsberg Priorität eingeräumt würde. Unter Boris Jelzin und seinen Nachfolgern scheint wahrscheinlicher, daß die militärstrategischen Interessen Rußlands im Vordergrund bleiben.

Dennoch verabschiedete die russische Staatsduma, das »Unterhaus«, im November 1995 das »Gesetz über die Sonderwirtschaftszone im Kaliningrader Gebiet«. Damit hat die russische Exklave an der Ostsee nach vier Jahren ihres Strebens nach mehr wirtschaftlichen Kompetenzen einen wichtigen Erfolg erzielt. Das Gesetz schreibt im wesentlichen fest, was grundsätzlich schon mehrfach zugestanden worden war: wesentliche Zoll- und Steuererleichterungen für in das Gebiet importierte und aus ihm exportierte Güter, mehrjährige Befreiung neuer Unternehmen von der Gewinnsteuer und das Recht der Gebietsverwaltung, die außerwirtschaftliche Tätigkeit in größerer Unabhängigkeit von Moskau als bisher zu führen und Verträge abzuschließen.

Natürlich ist dieses Gesetz noch kein »Allheilmittel« für das Königsberger Gebiet, aber es dürfte für Entwicklung und Bewegung sorgen.

Kulturelle Beziehungen zwischen Königsberg und Deutschland werden auch zunehmend gepflegt. So fand zur 450. Wiederkehr des Gründungstages der Albertus-Universität Königsberg eine große wissenschaftliche Tagung in Königsberg statt, die von deutschen und russischen Professoren organisiert wurde.[102]

Wie in diesem Kapitel ausgeführt, wurden die deutschen Ostgebiete kriegerisch besetzt und nicht zurückgegeben. Dies stellte eine klassische Usurpation dar. Zwar sind Usurpationen weder in der europäischen noch in der Weltpolitik selten, doch gibt es so manche Vorbilder für eine weisere Politik, die freiwillig die Besetzung fremden Territoriums beendete, wenn es dem Frieden diente, und die das Recht auf Selbstbestimmung so achtete, wie es in die Charta der Vereinten Nationen eingebaut ist. So haben die Franzosen das mehr oder weniger von ihnen annektierte Saargebiet 1955 wieder hergegeben [103], nachdem die Bevölkerung des Saarlandes am 23. Oktober 1955 mit Zweidrittelmehrheit das von Frankreich gewünschte Saarstatut ablehnte. Darauf folgte der deutsch-französische Vertrag vom 27. Oktober 1956 über die Regelung der Saarfrage [104], der die politische Wiederangliederung des Saarlandes an die Bundesrepublik Deutschland ermöglichte. Ebenso endete die vorläufige amerikanische Verwaltung von Okinawa im Jahre 1972, als die Vereinigten Staaten diese und andere Inseln an Japan zurückgaben.[105]

Eine Revision der Oder-Neiße-Grenze wäre aber nur dann möglich gewesen, wenn die Polen dazu die seelische Bereitschaft gezeigt hätten. Diese Bereitschaft war 1990 nicht vorhanden. Man bedenke, daß während Jahrzehnten kommunistischer Herrschaft das Feindbild der Deutschen geradezu kultiviert wurde. Die Ängste, die durch ständige Propaganda geschürt wurden, wurden tief vom polnischen Volk empfunden. Auch der Haß, der nicht von heute auf morgen verschwinden konnte. Hinzu kommt, daß der polnische Nationalismus als tragende Säule der polnischen Identität ungebrochen war. Beweise dafür lieferten polnische Politiker und Journalisten, auch nach der demokratischen Wende.

Somit ist die Oder-Neiße-Grenze ein Faktum, das man als politische Realität zur Kenntnis nimmt. Man soll aber diese Grenze nüchtern verstehen als das, was sie ist: Besetzung und Annexion des Gebietes eines Besiegten im Kriege. Sie ist weder eine »historische Grenze« noch eine »Grenze der Gerechtigkeit«, wie manche Politiker behaupten.

In der Tat wird manchmal versucht, diese Grenze mit Hinweis auf die Verbrechen der Nationalsozialisten zu rechtfertigen. Diese Argumentation verkennt aber die unabhängigen Interessen Polens, die lange vor

dem Zweiten Weltkrieg formuliert worden waren. In diesem Zusammenhang sei nur ein Beispiel genannt, nämlich die Vorstellungen des polnischen Außenministers Josef Beck:
Der Schweizer Carl Jakob Burckhardt, Völkerbundkommissar für Danzig und späterer Präsident des Internationalen Komitees vom Roten Kreuz, schrieb über seine Gespräche mit dem polnischen Außenminister Beck am 20. August 1938, über ein Jahr vor dem Ausbruch des Krieges: »Beck... hat mich etwas in seine Pläne eingeweiht... Es ist ein Spiel, bei welchem man für Polen auf den höchsten Gewinn hofft, einen Gewinn, der sich ergeben soll aus einer schließlichen und unvermeidlichen deutschen Katastrophe... Jetzt hofft man im stillen in Warschau nicht nur auf die bedingungslose Integration Danzigs in den polnischen Staatsbereich, sondern auf viel mehr, auf ganz Ostpreußen, auf Schlesien, ja auf Pommern. Im Jahre 1933 noch sprach man in Warschau vom polnischen Pommerellen, aber jetzt sagt man, ›unser Pommern‹.«[106]
Im Hinblick darauf kann kein seriöser Politiker oder Journalist behaupten, die Vertreibung der Deutschen sei die logische Konsequenz der Hitlerschen Verbrechen. Dies ist eine Perspektive, die *im nachhinein* plausibler klingt, als sie ist. Denn eine derartige monokausale Betrachtungsweise, die auf die hybriden Ziele der Hitlerschen Expansionspolitik und ihrer rassenideologischen Grundlage hinweist, kann nicht befriedigen, wenn man die Komplexität der Gründe und des Geschehens um die Vertreibung der Deutschen verstehen will.
Man muß das Eigengewicht der Ziele der Gegenmächte in Ost wie in West mit einbeziehen. Wie Professor Andreas Hillgruber in einem Vortrag 1985 treffend feststellte: »Diese waren nicht nur Reaktionen auf die nationalsozialistische Herausforderung, sondern entsprachen langfristigen Leitvorstellungen, die im Kriege zum Durchbruch gelangten.«[107] Mit anderen Worten, polnische Politiker hatten schon lange vor dem Kriege Absichten, die mit dem Selbstbestimmungsrecht der deutschen Bevölkerung Ostpreußens, Pommerns und Schlesiens nicht in Einklang zu bringen waren.
Ähnlich wollte Edvard Beneš die 3,5 Millionen Sudetendeutschen schon 1918, am Ende des Ersten Weltkrieges, vertreiben. Nach dem Münchener Vertrag von 1938 war die Vertreibung der Deutschen fester Bestandteil seiner politischen Konzeption für die Nachkriegs-Tschechoslowakei. Die bedingungslose Kapitulation des Deutschen Reiches lieferte die Gelegenheit für den generalisierten Heimatraub.

Zehntes Kapitel

Annäherung und Verständigung

»Die Charta der Heimatvertriebenen, verkündet am 6. August 1950 auf dem Stuttgarter Schloßplatz, ist ein Friedensdokument von außergewöhnlich historischem Rang und eine bis in unsere Zeit wirkende bleibende moralische und politische Leistung der deutschen Vertriebenen. Nach den furchtbaren Erfahrungen von Flucht und Vertreibung, Gewalt und Vergeltung steht die Charta mit ihrem Bekenntnis zur Gewaltlosigkeit und mit ihrer Absage an Rache und Vergeltung für den moralischen Neubeginn unseres Volkes nach Krieg und Zerstörung und für den Wiederaufbau Deutschlands in einem geeinten Europa.«

Grußwort der Präsidentin des Deutschen Bundestages, Frau Prof. Dr. Rita Süssmuth, zur Gedenkstunde des Bundes der Vertriebenen am 6. August 1995 in Stuttgart-Bad Cannstatt.

Die Charta der deutschen Heimatvertriebenen

Den ersten großen Schritt auf dem Weg zur Versöhnung zwischen den Deutschen und den östlichen Nachbarn taten die deutschen Heimatvertriebenen am 5. August 1950, als sich ihre Vertreter im Kursaal zu Stuttgart-Bad Cannstatt versammelten, um die Charta der deutschen Heimatvertriebenen zu verkünden. Sie wollten auf das große Unrecht der Vertreibung hinweisen und eine Mahnung aussprechen, in der Hoffnung, daß anderen Völkern dieses Schicksal erspart bliebe.
Dabei handelte es sich um eine gemeinsame Kundgebung der damaligen Spitzengremien der Vertriebenen, nämlich der Vereinigten Ostdeutschen Landsmannschaften und des Zentralverbandes der vertriebenen Deutschen. Es war in Göttingen im November 1949, als beide Gruppen die Verabschiedung einer sogenannten Magna Charta der Vertriebenen beschlossen. Für die Bekanntgabe wurde das dem 2. August – dem Fünfjahrestag der Unterzeichnung der Potsdamer Beschlüsse – nahe gelegene Wochenende 5. und 6. August 1950 gewählt.

Die Charta stellt eine außerordentlich wichtige Erklärung dar, der zweifelsohne eine internationale Bedeutung als Dokument des Friedens und der Menschlichkeit zukommt. Dennoch fehlt immer noch eine angemessene politische und gesellschaftliche Würdigung der Charta.[1] Volkspädagogisch ist sie bisher vernachlässigt worden.
Beeindruckend ist nämlich, daß diese Charta keinen Forderungskatalog darstellt – wie man sie von Interessenverbänden zur Genüge kennt: wir fordern, wir fordern, wir verlangen –, sondern daß die Charta zuerst von Pflichten der Heimatvertriebenen spricht, dann erst von den Rechten, die sie in Anspruch nehmen.
Die Heimatlosen bezeichneten die Charta als ihr Grundgesetz und als unumgängliche Voraussetzung für die Herbeiführung eines freien geeinten Europa. Man muß einige von diesen Pflichten und Rechten in Erinnerung bringen:

Erstens: Die »Heimatvertriebenen verzichten auf Rache und Vergeltung...«
Dies war und bleibt ein Kernpunkt der Charta.
Zweitens: Die Vertriebenen »werden jedes Beginnen mit allen Kräften unterstützen, das auf die Schaffung eines geeinten Europas gerichtet ist, in dem die Völker ohne Furcht und Zwang leben können«.
Dies war in die Zukunft gerichtet – und richtig so. Inzwischen wird die Europäische Union Wirklichkeit.
Drittens: Die Vertriebenen »werden durch harte, unermüdliche Arbeit teilnehmen am Wiederaufbau Deutschlands und Europas«.
Dies haben die Vertriebenen in beispielloser Weise getan. Sie haben zum Wirtschaftswunder in der Bundesrepublik entscheidend beigetragen. Zwar haben die Amerikaner durch Marshallplan-Gelder im Wert von 1,4 Milliarden Dollar die finanzielle Voraussetzung geschaffen, aber die menschliche Voraussetzung – die Fähigkeit der Menschen und vor allem der Wille – war in höchstem Maße gegeben.
Erst nach den Pflichten folgten die Forderungen:
»daß das Recht auf die Heimat als eines der von Gott geschenkten Grundrechte der Menschheit anerkannt und verwirklicht wird«.
Solange dieses Recht nicht verwirklicht ist – so die Vertriebenen 1950 –, »wollen wir aber nicht zur Untätigkeit verurteilt beiseite stehen, sondern in neuen geläuterten Formen verständnisvollen und brüderlichen Zusammenlebens mit allen Gliedern unseres Volkes schaffen und wirken«.

Weiter verlangten die Heimatvertriebenen: gleiche Rechte als Staatsbürger, gerechte Verteilung der Lasten des Krieges, sinnvollen Einbau aller Berufsgruppen in das Leben des deutschen Volkes und tätige Einschaltung in den Wiederaufbau Europas.

Wie man sieht, liegt die große Bedeutung dieser Charta eben darin, daß sie ein Aktionsprogramm darstellte. Und was noch wichtiger ist: die deutschen Heimatvertriebenen haben danach gehandelt. Man kann die ungeheuere Leistung der friedlichen Integration von Millionen Vertriebener nur bewundern.
Man muß sich in die Zeit und in die Situation zurückversetzen, in der dieses gewichtige Bekenntnis abgelegt wurde, um seine geschichtliche Tragweite messen zu können: Im Ausland befürchtete man, daß ein zerstörtes Deutschland, in dem Millionen arbeitslose Vertriebene hungerten, eine Zeitbombe werden könnte. Und in der Tat war es das Ziel Stalins, chaotische Zustände im Westen Deutschlands herbeizuführen, indem Millionen entwurzelte, besitzlose, verzweifelte Menschen in das verwüstete Land gepreßt wurden. Nach diesem kommunistischen Kalkül sollten diese Millionen Menschen als soziale und politische Sprengkraft wirken. Diese Rechnung ist aber nicht aufgegangen. Im Gegenteil, die Vertriebenen wurden keine Terroristen. Sie integrierten sich erfolgreich in die Bundesrepublik Deutschland und trugen bedeutend zu ihrem Wiederaufbau bei.
Wenn wir heute über den Verzicht auf Rache und Vergeltung der deutschen Vertriebenen sprechen, sollen wir dabei denken, daß dieser Ausdruck des Verzichts nicht nur aus der Lage der damaligen Ohnmacht zu verstehen ist. Er ist beibehalten worden, als die Bundesrepublik wieder zu einer respektierten Wirtschafts- und politischen Macht aufgestiegen war, und weiterhin, als die Bundesrepublik und die Deutsche Demokratische Republik in einen Staat wiedervereinigt wurden. Damit ist der Teufelskreis von Ungerechtigkeit und Rache gebrochen worden, was aber nicht bedeutet, daß hier ein Schlußstrich gezogen worden ist und künftig *tabula rasa* über die Vertreibung gilt. Zwar haben die deutschen Vertriebenen den ersten Schritt zur Versöhnung mit den östlichen Nachbarn getan, jedoch fehlt immer noch eine angemessene Reaktion aus Warschau und Prag. Im Hinblick auf den europäischen Mindeststandard im Bereich der Menschenrechte kann man nun erwarten, daß sich Warschau und Prag mindestens moralisch von der Barbarei der Vertreibung distanzieren.

Zuweilen scheint es aber, daß das unermeßliche Leid der Kriegsgeneration verdrängt worden und weitgehend der Vergessenheit anheimgefallen ist. Die unerhört großen Verluste der Vertriebenen dürfen aber weder vergessen noch bagatellisiert werden. Künftige Generationen werden die Leistung erkennen und zu würdigen wissen, das Opfer um des Friedens willen hingenommen und auf Rache und Revanche verzichtet zu haben.
So wichtig wie dieser Verzicht auf Rache sein mag, die höhere Bedeutung der Charta der deutschen Heimatvertriebenen liegt im Beharren auf dem Recht auf Heimat. Gerade durch das Nichtverzichten auf Heimatliebe und Tradition haben die Vertriebenen der Welt einen wichtigen Dienst erwiesen: sie haben das Recht aller Völker auf die angestammte Heimat in der öffentlichen Diskussion gehalten, es behauptet und gefordert. Hätten die deutschen Vertriebenen auf dieses fundamentale Recht verzichtet, so wäre ein böses Beispiel und ein gefährlicher Präzedenzfall entstanden, nämlich daß das Recht auf die Heimat entbehrlich ist und daß künftige Gewaltpolitiker das Land ihrer Nachbarn ohne weiteres nehmen und die Bevölkerung vertreiben können. Dem muß immer wieder widersprochen werden. Vertreibungen und ethnische Säuberungen sind völkerrechtswidrig. Sie stellen ein Verbrechen gegen die ganze Menschheit dar.
Wie Bundestagspräsidentin Rita Süssmuth treffend in Stuttgart-Bad Cannstatt anläßlich der Charta-Feier am 6. August 1995 feststellte: »Das Unrecht beim Namen zu nennen bleibt… ein wichtiger Beitrag zur Erhaltung des Rechts und der politischen Moral.«

Osteuropäische Bereitschaft zur Versöhnung

In den Jahren des Kalten Krieges reagierten weder die polnische noch die tschechische Regierung auf die versöhnlichen Worte der Charta der deutschen Heimatvertriebenen. Eine systematisch kultivierte antideutsche Haltung war fester Bestandteil der Außen- und Innenpolitik dieser Staaten. Außerdem hing die Legitimität beider Regierungen von den Ergebnissen des Zweiten Weltkrieges ab. Bei den Polen blieb der Anspruch auf die Oder-Neiße Gebiete unsicher, solange die Anglo-Amerikaner die von Stalin erzwungene Grenze nicht akzeptierten, eine Grenze, die durch den Tod von Hunderttausenden Vertriebenen befleckt war. Bei den Tschechen bildeten die rassistischen Beneš-De-

krete von 1945 Staatsräson. Diese Dekrete wurden selbst auf Angehörige des jüdischen Glaubens angewandt, sofern sie sich 1930 zur deutschen Nationalität bzw. Sprache bekannt hatten.
Darum blieb bis in jüngste Zeiten das Thema der Vertreibung der Deutschen in Polen und in der Tschechoslowakei tabuisiert. Nicht nur der Geist des Stalinismus, sondern auch ein anachronistischer Chauvinismus verhinderte jede Diskussion. Die Geschichtschreibung wagte es nicht, sich mit dieser Frage zu beschäftigen.
Nur allmählich zeigte sich eine Bereitschaft, mit den alten Feindbildern zu brechen. Und es waren die Intellektuellen und die Menschenrechtsaktivisten, die die Aufmerksamkeit auf die mit dogmatischer Konsequenz verschlossenen Fragen der Vertreibung lenkten.

Entwicklungen in der Tschechoslowakei

In der Tschechoslowakei waren es vor allem die Unterzeichner der Charta 77, u. a. Pater Josef Zverina[2] und der slowakische Historiker Dr. Ján Mlynarik, die das Problem der Vertreibung nicht mehr als ausgeklammert akzeptieren wollten. Unter dem Pseudonym »Danubius« veröffentlichte er 1978 seine »Thesen« in der Exilzeitschrift *Svedectvi* (Das Zeugnis). Prompt attackierte das Zentralorgan der Kommunistischen Partei, die Zeitung *Rude Pravo*, und behauptete sogar, daß »die Chartisten für westliche Devisen den Faschismus zu rehabilitieren versuchen«.[3]
Was hatte »Danubius« geschrieben? Acht ausführliche Thesen auf etwa dreißig Druckseiten. Bereits die erste These sorgte für Aufregung: »Aussiedlungen der Bevölkerung sind mit den schwerwiegendsten Fragen der Verwirklichung und Durchsetzung der Menschenrechte verbunden, weil es bei ihnen um eine gewaltsam aufgezwungene Änderung des Wohnsitzes, um das Verlassen der Heimat der Ahnen, um den Verlust des Heimes geht, was schon an sich mit unermeßlichen Leiden verbunden ist, so daß sie tatsächlich mit der Praxis des Genozides vergleichbar sind – falls sie nicht im wahren Sinne des Wortes wirklicher Genozid waren.«[4]
Mlynarik hatte seine Thesen zunächst in engerem Kreis der Prager Intellektuellen diskutiert. Bei der Gesprächsrunde in einer Prager Wohnung soll der Sprecher der Charta 77, Václav Havel, die Stille der benommenen Teilnehmer mit dem Satz unterbrochen haben: »Endlich

hat jemand die Frage der Vertreibung der Deutschen richtig und deutlich formuliert.«[5] Im Jahre 1977 wurde Havel zu 14 Monaten Gefängnis, zunächst bedingt, 1979 jedoch zusammen mit anderen Chartisten zu viereinhalb Jahren Kerker verurteilt, die er voll verbüßen mußte. Im Mai 1981 wurde Mlynarik ebenfalls inhaftiert und im Dezember 1982 in die Bundesrepublik Deutschland ausgewiesen.

Erst nach der »sanften Revolution« 1989 kehrte Mlynarik nach Prag zurück, wurde Professor an der Karls-Universität und Mitglied des Parlaments. Der Sturz des Kommunismus in Osteuropa erlaubte endlich die freie Diskussion zum Thema Vertreibung. So sagte Havel im tschechoslowakischen Fernsehen kurz vor seiner Wahl zum Staatspräsidenten am 29. Dezember 1989, es sei seine private Ansicht, »daß wir den Deutschen, die nach dem Zweiten Weltkrieg abgeschoben wurden, gegenüber verpflichtet sind, uns zu entschuldigen. Weil das ein Akt sehr harter Trennung einiger Millionen Menschen von ihrer Heimat war, und es war genaugenommen etwas Böses.«[6]

Im Ausland, vor allem in Deutschland und in den Vereinigten Staaten, erntete Havel Respekt. So schrieb der Star-Regisseur Miloš Forman am 10. Januar 1990 in der *Washington Post*: »Als Staatsmann weiß Herr Havel, daß er gleiche Verhältnisse nicht mit verschiedenen Maßstäben messen kann. Humanismus ist keine Einbahnstraße. Denen zu vergeben, die einem Unrecht angetan haben, und die um Verzeihung zu bitten, denen man selbst Unrecht zugefügt hat, ist immer ein schmerzhafter, aber sehr wichtiger erster Schritt zu jeder Versöhnung... Es scheint mir ein geringer Preis zu sein, sich bei drei Millionen Deutschen zu entschuldigen, wenn es uns hilft, zum Erfolg jenes vornehmen und zivilisierten Unterfangens beizutragen.«

In seinem eigenen Land erfuhr aber Havel nur bedingte Zustimmung, denn das tschechische Volk besaß noch ein sehr negatives Feindbild der Deutschen aufgrund der jahrzehntelangen kommunistischen antideutschen Propaganda. Schlimmer erging es Professor Mlynarik, der Hunderte haßerfüllte Briefe bekam. In einem Gespräch mit dem tschechischen Journalisten Ota Filip kommentierte er: »Der künstlich wiederbelebte antideutsche Chauvinismus in der Tschechoslowakei schöpft aus den tiefen Quellen der Unwissenheit über die historischen Tatsachen und auch aus dem schlechten Gewissen. Die Betroffenen wissen es, aber sie sagen es nicht: Wir haben die Sudetendeutschen nicht nur vertrieben, wir haben sie auch getötet, und alles, was ihnen seit Generationen gehörte, haben wir geraubt.«[7]

Keiner hat erwartet, daß das Feindbild der Deutschen von heute auf morgen verschwinden würde. Im Juli 1995 legte der Prager Meinungsforscher Ivan Gabal die Ergebnisse einer Repräsentativumfrage über die deutsch-tschechischen Beziehungen vor. Die Frage, ob die »Aussiedlung« der Sudetendeutschen ein »ungerechter Gewaltakt« gewesen sei, bejahten sechzehn Prozent. 68 Prozent entschieden sich für die zweite vorgegebene Antwortmöglichkeit, wonach es sich um »eine gerechte Vergeltung« gehandelt habe.
Und dies trotz der Mahnungen von tschechischen Intellektuellen, die meinen, daß die Zukunft nur durch neue klärende Wahrhaftigkeit und heilende Versöhnlichkeit gestaltet werden kann. Es lohnt sich, auf die Worte Havels zurückzukommen. So schrieb er 1992 in seinem Essay *Die Suche nach einem neuen europäischen Zuhause*: »Es ist in unserem eigenen Interesse, einzugestehen, daß die Abschiebung – und vor allem die Art ihrer Durchführung – eine durch und durch zweifelhafte Antwort auf die Verbrechen des Nazismus und der Henlein-Gefolgsleute war... Unrecht darf nie mit neuem Unrecht vergolten werden.«[8]
Ähnlich äußerte er sich in der Zeitung *Lidové noviny* vom 30. März 1993: »Der gewaltsame Abschub von Millionen von Menschen wurde begründet mit einem reinen nationalen Prinzip. Das heißt mit dem Prinzip der kollektiven Schuld. Dies ist eine moralisch fehlerhafte Tat. Dies zu rechtfertigen bedeutet, indirekt die gewaltsame Aussiedlung von Juden, Tataren, Litauern und anderen Völkern aus ihrer Heimat zu rechtfertigen. Bedeutet die ethnischen Säuberungen in Bosnien zu rechtfertigen.«
Im September 1993, bei einer Begegnung tschechischer und deutscher Katholiken im böhmischen Stift Tepl, sprach der Abgeordnete Pavel Tollner, Vizepräsident des tschechischen Parlaments, über die Vertreibung der Deutschen. Er beklagte die Zerstörung eines Großteils der davon betroffenen Grenzregion und fügte daran den Aufruf: »... vor allem aber, verurteilen wir doch die Vertreibung als solche!«[9]
Allmählich stellen sich die Tschechen ihrer eigenen Geschichte und erinnern sich daran, daß die Morde an den Deutschen in Prag und im Sudetenland im Sommer 1945 geistige Anstifter hatten, so den tschechoslowakischen Militärbefehlshaber Sergej Ingr, der im November 1944 über den britischen Rundfunk für den Tag der Rache die Losung ausgegeben hatte:
»Schlagt sie, tötet sie, laßt niemanden am Leben! Jedermann sollte sich bereits jetzt nach der bestmöglichen Waffe umsehen, die die Deut-

schen am stärksten trifft: Wenn keine Feuerwaffe zur Hand ist, sollte man irgendeine sonstige Waffe vorbereiten und verstecken – eine Waffe, die schneidet oder sticht oder trifft.«[10]
Solche Worte wurden lange verdrängt. Aber im März 1995 verlangten vier prominente tschechische Publizisten erneut, die Tschechen sollten sich mit diesem Teil ihrer Geschichte auseinandersetzen. Ludvík Vaculík, eine der Leitfiguren des Prager Frühlings 1968, erstattete Anzeige wegen der »Straftaten, die in der Zeit von Mai 1945 bis zum Jahr 1947 auf dem Gebiet der heutigen Tschechischen Republik Einzelpersonen oder Personengruppen an Bürgern der deutschen Nationalität begangen haben, indem sie diese gequält und ermordet haben«. Der ehemalige Ministerpräsident Petr Pithart fordert: »Es geht darum, daß wir aufhören, Angst zu haben – vor unserem schlechten Gewissen.«
Am 6. Mai 1995 bedauerte Ministerpräsident Václav Klaus in Furth im Wald die Massaker, die Todesmärsche, das Quälen und Herabwürdigen von vielen »Unschuldigen auf der Seite unserer ehemaligen Mitbürger«, also der Sudetendeutschen. Diese »Untaten«, wie Klaus sie bezeichnete, »hätten nie geschehen sollen. Sie gehören zu keinem guten Kapitel unserer Geschichte.«[11] Darum hält Klaus eine moralische Distanzierung von den Vertreibungsdekreten Präsident Beneschs für möglich. Sein Außenminister Josef Zieleniec dagegen hält eine Distanzierung für »absurd, unsinnig und völlig falsch«.[12]
Somit scheint es, daß die noblen Einsichten Tollners und Havels sich nur sehr langsam durchsetzen werden können, denn wer die Vertreibung von Grund auf mißbilligt, gilt in den Reihen der Politiker noch als Einzelgänger. Wie Mlynarik feststellte: »Unsere Euro- und Reformkommunisten in Prag können sich eben nicht von ihrer Apparatschik-Vergangenheit lösen, sie sind nicht fähig, über ihren Schatten zu springen.«[13] Schlimmer noch, die Gegner der Versöhnung bedrängen sogar den Staatspräsidenten. So enthält Havels Rede vom 17. Februar 1995 an der Karls-Universität gewissermaßen eine populistische Kehrtwendung: »Das Böse der Aussiedlung war nur eine Folge des ihr vorangegangenen Bösen.« Also, es gab doch eine Kollektivschuld der Sudetendeutschen. Ihre Vertreibung war nur Folge ihrer angeblichen Anlehnung an Hitler und ihrer Untreue gegenüber der tschechoslowakischen Republik.
Nur die Zeit wird zeigen, ob sich in dieser Debatte die Chauvinisten oder die Menschenrechtler durchsetzen. Jedenfalls ist eine Debatte zwischen Politikern, Intellektuellen und Journalisten im Gang, was

einen großen Fortschritt darstellt. Vor zehn oder zwanzig Jahren wäre ein Artikel unter dem Titel »Die Vertreibung der Deutschen war ein Unrecht, machen wir es wieder gut!« ganz und gar undenkbar gewesen, doch erschien er am 27. Juli 1995 in der Tageszeitung *Mlada Fronta dnes*, unterzeichnet von ihrem Chefredakteur Martin Komarek.[14] Man ist gespannt auf die weiteren Entwicklungen.

Aussöhnungsbereitschaft in Polen

Ähnlich wie in der Tschechoslowakei standen zwei gewaltige Hindernisse im Wege einer historischen, politischen oder gar moralischen Auseinandersetzung mit der Vertreibung der Deutschen. Zunächst wurde der Anti-Germanismus durch den Kommunismus instrumentalisiert, so daß jegliche Bereitschaft, die Vertriebenen als Opfer zu sehen, als Verrat aufgefaßt wurde. Diese Instrumentalisierung war aber an sich nicht unpopulär, zumal der alte Nationalismus des 19. Jahrhunderts weiterhin bestand, ein latenter Panslawismus, der heute noch zu erkennen ist. Darum war der Weg zur Versöhnung auch nach der Wende nicht ganz frei. Der Kommunismus zerbrach, nicht aber der traditionelle Chauvinismus.

Nach der veröffentlichten Meinung scheint es, daß bisher nur wenige polnische Intellektuelle und Vertreter der Kirche die moralischen Dimensionen der Vertreibung der Deutschen erkannt haben. Die meisten Journalisten, Historiker und Politiker weichen aus oder flüchten in die selbstgebastelte Geschichtsklitterung einer Rückkehr in die »wiedergewonnenen Gebiete«. Fünfzig Jahre nach Ende des Zweiten Weltkrieges kann man seinen Ohren und Augen kaum trauen, wenn man manche Darstellungen hört oder liest. So zum Beispiel bezeichnete anläßlich eines Gottesdienstes am 18. Juni 1995 der polnische Erzbischof von Stettin, Marian Prykucki, die Annektion der ostdeutschen Provinzen durch Polen als »Erfüllung historischer Gerechtigkeit«. Gehören solche Töne in eine Kirche, wo die Botschaft von Menschenrechten und Menschenwürde, von Toleranz und Liebe erklingen sollte?

Erfreulicherweise gibt es auch andere Stimmen und deshalb auch Hoffnung, daß sich eines Tages nicht die chauvinistische Polemik, sondern die Vernunft durchsetzt. Man erinnert sich an die Versöhnungsbotschaft der polnischen Bischöfe von 1965 mit dem markanten Satz: »Wir vergeben und bitten um Vergebung.«[15] So schrieb auch 1981 der polnische Denker und Essayist Jan Józef Lipski: »Wir haben uns daran beteiligt, Millionen Menschen ihrer Heimat zu berauben, von denen die einen sicherlich sich schuldig gemacht haben, indem sie Hitler unterstützten, die anderen, indem sie seine Verbrechen tatenlos geschehen ließen... Das uns angetane Böse, auch das größte, ist aber keine Rechtfertigung und darf auch keine sein für das Böse, das wir selbst anderen zugefügt haben.«[16] Dieses Bedauern der Opfer der Massenvertreibung erforderte Mut und stellte einen anerkennenswerten Schritt im Sinne der guten Nachbarschaft dar.

Nach der politischen Wende sagte der polnische Außenminister Krzyztof Skubiszewski am 5. Oktober 1990 in Berlin: »Ich habe tiefes Verständnis für die Leiden jener Deutschen, die infolge der Kriegshandlungen, Vertreibung oder Aussiedlung ihre Heimat verloren haben. Die Deutschen haben viel Leiden und Ungerechtigkeit erfahren. Es ist für mich schwierig und es tut mir weh, daß es dazu gekommen ist... Polen und Deutsche brauchen Frieden im Verstand und in der Seele...[17]

Am 28. April 1995 identifizierte sich der polnische Außenminister Wladyslaw Bartoszewski mit den Worten Lipskis, als er in einer gemeinsamen Gedenkstunde von Bundestag und Bundesrat sagte: »Als Volk, das vom Krieg besonders heimgesucht wurde, haben wir die Tragödie der Zwangsumsiedlungen kennengelernt sowie die damit verbundenen Gewalttaten und Verbrechen. Wir erinnern uns daran, daß davon auch unzählige Menschen der deutschen Bevölkerung betroffen waren und daß zu den Tätern auch Polen gehörten. Ich möchte es offen aussprechen, wir beklagen das individuelle Schicksal und die Leiden von unschuldigen Deutschen, die von den Kriegsfolgen betroffen wurden und ihre Heimat verloren haben.«[18] Solche Worte geben Anlaß zu Optimismus.

Hauptsache ist, daß die Debatte offen und aufrichtig geführt wird. Man darf keinen »Schlußstrich« ziehen und die Thematik noch einmal tabuisieren oder mit Legenden umgeben. Wie der polnische Historiker Janusz Jasinski in einem am 4. August 1995 gehaltenen Vortrag in Allenstein, Ostpreußen, sagte: »Wenn man die Zukunft in Betracht zieht, kommt oft die Frage auf, ob es einen Sinn hat, zu der grausamen Vergangenheit zurückzukommen, alte Wunden zu öffnen. Ich bin der Meinung, daß man es eben gerade tun sollte. Man sollte die eigene Vergangenheit kennenlernen wollen, besonders auch die für die eigene Nation nicht ehrenvolle. Diese Forderung betrifft sowohl die Polen als auch die Deutschen. Erst nach der nationalen und staatlichen ›Gewissensprüfung‹ kann man Zukunft aufbauen, einander vergeben, die friedliche Zusammenarbeit anstreben. Das ist meine persönliche Überzeugung. Die Bitte im Vaterunser »Und vergib uns unsere Schuld, wie auch wir vergeben unseren Schuldigern« kann kein leeres Wort sein. Ich glaube, daß jeder von uns, nach Möglichkeit, alte Vorurteile, Stereotypen, Abneigung, Haß überwinden, Versöhnung und Zusammenarbeit anstreben kann.«[19]

Ähnlich schrieb 1995 der Soziologe Andrzej Sakson vom Westinstitut in Poznan: »Nicht ohne Bedeutung sind auch Fragen nach der politischen, moralischen oder auch materiellen Verantwortung für das widerfahrene Leid. Beide Seiten stimmen darin überein, daß der erste Schritt auf dem Weg zur Überwindung dieser Gegensätze eine gerechte Betrachtung der Vergangenheit, der eigenen und der fremden Schuld ist. Es geht dabei nicht um eine Bilanz des Unrechts, ein gegenseitiges Aufrechnen der begangenen Verbrechen... denn ein Verbrechen bleibt ein Verbrechen... unabhängig davon, von wem, weshalb und unter welchen Umständen es begangen wurde. Menschliches Leid hat immer dasselbe Maß.«[20]

Somit ist klar, daß sich die ehemaligen Gegner näherkommen. Schließlich sind sie alle Europäer, und alle sind einem menschenrechtlichen Mindeststandard verpflichtet, das in der Europäischen Menschenrechtskonvention niedergelegt ist. Kein Staat, der sich für demokratisch und moralisch hält, kann es sich heute leisten, die Vertreibung der Deutschen gutzuheißen. Zwar kann man die Toten nicht wiederbeleben, die Geschichte nicht ungeschehen machen, aber als moralisch empfindender Mensch muß man die Wahrheit akzeptieren, Trauer für die Opfer empfinden und sich verpflichten, künftig die Leugnung oder Bagatellisierung von Verbrechen abzulehnen. Wer etwas von Menschenrechten hält, kann nicht mehr über die Vertreibung hinwegsehen, kann den Landraub nicht als »Rückkehr in wiedergewonnene Gebiete« vortäuschen, kann nicht in Breslau oder Stettin weilen, ohne daran zu denken, daß vor fünfzig Jahren unschuldige Menschen dort gemordet und ausgeraubt wurden. Nur der aufrichtige Umgang mit der Geschichte wird eine bessere Zukunft für die Europäer garantieren.

Die Nachbarschaftsverträge

Trotz verschiedener historischer Perspektiven und oft mangelnder menschenrechtlicher Einsichten müssen Nachbarstaaten ihre Beziehungen regeln, um friedlich neben- und miteinander zu leben. Intensivere wirtschaftliche Beziehungen und kultureller Austausch können bedeutend dazu beitragen, alte Vorurteile, Stereotype und kleinkarierte Chauvinismen abzubauen.
Bereits in den Jahren des Kalten Krieges wurden Annäherungsversuche unternommen. Ausdruck dieser Gesprächsbereitschaft war die Ostpolitik Willy Brandts, der Vertrag über die gegenseitigen Beziehungen zwischen der Bundesrepublik Deutschland und der Tschechoslowakischen Sozialistischen Republik vom 11. Dezember 1973[21], das Abkommen zwischen der Regierung der Bundesrepublik Deutschland und der Regierung der Tschechoslowakischen Sozialistischen Republik über die weitere Entwicklung der wirtschaftlichen, industriellen und technischen Zusammenarbeit vom 22. Januar 1975[22] sowie auch der Vertrag zwischen der Bundesrepublik Deutschland und der Volksrepublik Polen über die Grundlagen der Normalisierung ihrer gegenseitigen Beziehungen vom 7. Dezember 1970[23].
Nach der Wiedervereinigung initiierte Bundeskanzler Kohl auch Verhandlungen mit den östlichen Nachbarn, die u. a. in den Vertrag zwischen der Bundesrepublik Deutschland und der Republik Polen über gute Nachbarschaft und freundschaftliche Zusammenarbeit vom 17. Juni 1991[24] und in den Vertrag zwischen der Bundesrepublik Deutschland und der Tschechischen und Slowakischen Föderativen Republik über gute Nachbarschaft und freundschaftliche Zusammenarbeit vom 27. Februar 1992[25] mündeten.
Beide Verträge enthalten Absichtserklärungen über »die Schaffung eines Europa, in dem die Menschenrechte und Grundfreiheiten sowie die Grundsätze der Demokratie und der Rechtsstaatlichkeit geachtet werden und in dem die Grenzen ihren trennenden Charakter durch gegenseitiges Verständnis verlieren...«[26] Sie enthalten auch Artikel über die Fortsetzung des KSZE-Prozesses, über den kulturellen Austausch und über den Schutz der Minderheiten. Ausgeklammert werden Vermögensfragen, etwa über das Privateigentum der enteigneten Vertriebenen und über ein eventuelles Niederlassungsrecht.
Die Nachbarschaftsverträge stellen einen positiven Anfang dar. Man darf hoffen, daß in den nächsten Jahren sich die Beziehungen zwischen

Deutschland, Polen und Tschechien so entwickeln, daß bald die ausgeklammerten Fragen diskutiert werden können. Entscheidend in diesem Sinne ist das gemeinsame Bekenntnis zu den Menschenrechten, deren praktische Konsequenz in diesem Zusammenhang bedeutet, daß kein Staat Vertreibungen und ethnische Säuberungen gutheißen kann, ohne sich außerhalb des Völkerrechts, der Humanität und der Zivilisation zu stellen.

Von dieser Perspektive bleibt den Polen, den Tschechen, den Ungarn, den Russen, und auch den Anglo-Amerikanern – Tätern und Komplizen – eigentlich nichts anderes übrig, als sich den menschenrechtlichen Geboten zu fügen, die Vertreibung der Deutschen als ein Verbrechen beim Namen zu nennen und sich davon moralisch zu distanzieren. Als weitere Entwicklung darf man erwarten, daß alle Vertreibungs- und Konfiskationsdekrete sowie auch Straffreiheits- und Amnestiegesetze als null und nichtig erklärt werden. So zu handeln bedeutet, im Sinne des Prinzips der Gleichheit und der Nicht-Diskriminierung zu agieren, es bedeutet, die Menschenwürde für alle aufrechtzuerhalten.

Epilog

> Der Leiden gibt es kein größeres,
> als des väterlichen Landes beraubt zu sein.
>
> *Euripides Medea* (Chorus Vers 650–51)

Juristisch gesehen, besteht kein Zweifel darüber, daß die Vertreibung der Deutschen ein Verbrechen gegen die Menschlichkeit darstellte. Zu dieser Feststellung gelangt man nach einer nüchternen Untersuchung der Tatbestandsmerkmale dieses Verbrechens. Daraus ergeben sich auch bestimmte juristische Konsequenzen, etwa bezüglich des Rückkehrrechtes und der Restitution von oder Entschädigung für völkerrechtswidrig konfisziertes Eigentum. Da Verbrechen gegen die Menschlichkeit völkerrechtlich unverjährbar sind, bestehen die Ansprüche der deutschen Vertriebenen noch heute.

Das Völkerrecht ist jedoch eine Wissenschaft, deren Realisierung von den jeweiligen Machtverhältnissen und vom politischen Willen abhängt. Die weltpolitische Konjunktur, die nach dem Ende des Kalten Krieges im Entstehen ist, bietet nie dagewesene Möglichkeiten der Realisierung von völkerrechtlichen Ansprüchen. Zwar hat sich ein politischer Wille noch nicht kristallisiert, obwohl es im Interesse der Staaten liegt, darüber zu verhandeln, um gute zukünftige Beziehungen durch eine traurige Vergangenheit nicht zu belasten.

Das »Verbrechen gegen die Menschlichkeit« ist ein Tatbestand des Völkerstrafrechtes. Der Begriff ist aber verhältnismäßig neu. Er wurde während des Zweiten Weltkrieges mehrfach verwendet, und zwar um grobe und systematische Verstöße gegen die Haager und Genfer Konventionen zu bezeichnen. Interessanterweise beschuldigten sich sowohl die Deutschen als auch die Alliierten gegenseitig dieses Verbrechens. Es fehlte aber eine verbindliche Definition des Begriffes. Erst nach dem Krieg wurde er im Londoner Abkommen vom 6. August 1945 juristisch umrissen:

Artikel 6 (c) des Statutes des Internationalen Militärtribunals definiert ihn dahingehend:

»Mord, Ausrottung, Versklavung, *Deportation* oder andere unmenschliche Handlungen, begangen an irgendeiner Zivilbevölkerung vor oder während des Krieges.«

Punkt 3, Abschnitt B der Nürnberger Anklage befaßte sich mit »Deportation der Zivilbevölkerung von und aus besetzten Ländern...«

Um ganz konkret zu zeigen, daß die Alliierten die von den Nationalsozialisten durchgeführten Vertreibungen von Polen in den Jahren 1939/40 als Verbrechen ansahen, wurde dieser Tatbestand in Punkt 3, Abschnitt J der Anklage aufgenommen. Er lautete:

»In gewissen besetzten, als von Deutschland annektiert ausgegebenen Gebieten zielten die Bestrebungen der Angeklagten methodisch und fortgesetzt darauf ab, diese Gebiete politisch, kulturell, sozial und wirtschaftlich dem Deutschen Reiche anzugleichen. Die Angeklagten bemühten sich, den bisherigen Volkscharakter dieser Gebiete zum Verschwinden zu bringen. In Verfolgung dieses Planes und Bestrebens deportierten die Angeklagten gewaltsam Einwohner, die überwiegend nicht-deutsch waren, und brachten dafür Tausende von deutschen Siedlern in die betreffenden Gebiete.«

Im Laufe der Nürnberger Verhandlungen wurden die durch die Nazis durchgeführten Deportationen z. B. von einer Million Polen aus dem Warthegau in das Generalgouvernement Polen und von 100000 Elsässern in das Vichy-Frankreich wiederholt verurteilt.

Bereits am ersten Verhandlungstag, dem 20. November 1945, warf Pierre Mounier, Hilfsankläger für die Französische Republik, den deutschen Angeklagten vor, Massendeportationen befohlen zu haben, und setzte seine Ausführungen wie folgt fort:

»Solche Deportationen verletzten die internationalen Konventionen, insbesondere Artikel 46 der Haager Landkriegsordnung von 1907, die Kriegsgesetze und Gebräuche, die allgemeinen Grundsätze des Strafrechtes, wie sie sich aus den Strafgesetzen aller zivilisierten Nationen herleiten, die Strafgesetze jener Länder, in denen solche Verbrechen verübt wurden, und Artikel 6 (b) des Statuts.« Artikel 6 (b) des Nürnberger Statuts betraf nämlich Kriegsverbrechen.

Tage- und seitenlang setzten sich die Anklagen und Verhandlungen fort. Am 26. Februar 1946 befaßte sich L. N. Smirnow, Hilfsankläger für die Sowjetunion, mit den Nazi-Vertreibungen aus dem Warthegau:

»Eine Ortschaft nach der anderen, Dorf um Dorf, Städtchen und

Städte in den annektierten Gebieten wurden von den polnischen Bewohnern geräumt. Dies begann im Oktober 1939, als die Ortschaft Orlowo von allen Polen, die dort lebten und arbeiteten, gesäubert wurde. Dann kam der polnische Hafen Gdingen an die Reihe. Im Februar 1940 wurden ungefähr 40000 Menschen aus der Stadt Posen vertrieben. An ihre Stelle kamen 36000 Baltendeutsche und die Familien deutscher Militär- und Zivilbeamter.«[1]

Schließlich verurteilte das Internationale Militärtribunal die Vertreibungen, die von den Nationalsozialisten durchgeführt worden waren, als Kriegsverbrechen und Verbrechen gegen die Menschlichkeit. Das Urteil wurde dann von der UNO-Generalversammlung in der Resolution No. 95 (I) vom 11. November 1946 bestätigt. Im Jahre 1950 wurden die Nürnberger Prinzipien von der Völkerrechtskommission der Vereinten Nationen kodifiziert. 1996 wurde von dieser Kommission eine allgemeine Auflistung der internationalen Verbrechen verabschiedet, nämlich der »Code of Crimes against the Peace and Security of Mankind«. Im Artikel 18 werden Vertreibungen als »Verbrechen gegen die Menschlichkeit« geführt; im Artikel 20 werden Massendeportationen als besonders schwere Kriegsverbrechen definiert.

Somit ist klar, daß Vertreibungen nicht mit dem Völkerrecht in Einklang gebracht werden können. Dennoch wurden zur gleichen Zeit, als die Nürnberger Prozesse liefen, Millionen von Deutschen aus ihrer Heimat vertrieben. Dies geschah auf Grund des politisch-strategischen Willens Stalins und mit Billigung derselben Anglo-Amerikaner, deren Ankläger und Richter in Nürnberg über nationalsozialistische Vertreibungsverbrechen befanden. Ein besseres Beispiel doppelter Moral ist kaum vorstellbar.

Da das Völkerrecht universale Geltung besitzt, stellten die Vertreibungsaktionen gegen die Deutschen, gemessen an denselben Prinzipien, ebenfalls Kriegsverbrechen und Verbrechen gegen die Menschlichkeit dar. Kriegsverbrechen vor allem in den Oder-Neiße-Provinzen, denn die Vertreibungen fingen bereits vor der deutschen Kapitulation an, und Verbrechen gegen die Menschlichkeit für die gesamte Aktion, egal ob während oder nach dem Kriege.

Manchmal liest man, daß die Potsdamer Beschlüsse, vor allem Artikel XIII des Protokolls, die Vertreibung der Deutschen legalisierte. Aber besaßen die Siegermächte unbeschränkte Verfügungsgewalt über die Bevölkerung der von ihnen besetzten oder befreiten Gebiete? Wohl nicht, denn auch wenn es ein »Interalliiertes Transferabkommen« gegeben hätte – und Artikel XIII des Potsdamer Protokolls stellte kein solches Abkommen dar –, müßte es nach völkerrechtlichen Prinzipien beurteilt werden. Mit anderen Worten, die Siegermächte hatten keine freie Hand und konnten sich nicht selbst dispensieren, wenn sie gegen das Völkerrecht handelten. Aber gerade dies behaupten heute einige polnische und auch tschechische Politiker.

In einem Motivenbericht zum deutsch-tschechischen Nachbarschaftsvertrag, den die Regierung der ČSFR dem Parlament in Prag im April 1992 zugeleitet hat, heißt es u. a.

»Die Entscheidung über die Aussiedlung der Deutschen aus Polen, Ungarn und der ČSR trafen die großen Siegermächte im Potsdamer Abkommen vom 2. August 1945 im Namen der internationalen Gemeinschaft. Das Potsdamer Abkommen billigte auch die Aussiedlung, die vor seinem Abschluß durchgeführt wurde, an deren Realisierung sich die großen Siegermächte gleichfalls beteiligten. Die Aussiedlung sollte nach dem Potsdamer Abkommen ordnungsgemäß und menschlich durchgeführt werden und war in dieser Form völlig legitim.«[2]

Eine derartige Erklärung ist nach dem Ende des Kalten Krieges erstaunlich – eigentlich anachronistisch. Sie verkennt die gesamte menschenrechtliche Entwicklung der letzten 50 Jahre und auch die Tatsache, daß die Siegermächte in Potsdam nicht die Schöpfer des Völkerrechts, sondern an dieses gebunden waren. Sie durften keine Maßnahmen treffen, die nach dem geltenden Völkerrecht, insbesondere nach der Haager und der Genfer Konventionen und nach dem eigenen Nürnberger Statut, als Verbrechen gegen die Menschlichkeit anzusehen waren. Auch die Konferenzen von Jalta und Potsdam konnten solche Verbrechen nicht legitimieren.

Eng verwandt mit dem Begriff des Verbrechens gegen die Menschlichkeit ist der Begriff des Völkermordes. Die Merkmale des Völkermordes werden in der UNO-Konvention von 1948 über die Verhinderung und Bestrafung von Völkermord festgelegt. Nach Artikel II der Konvention bedeutet Völkermord eine der folgenden Handlungen, die in der Absicht begangen werden, eine nationale, ethnische, rassische oder religiöse Gruppe als solche ganz oder teilweise zu zerstören:

»(a) Tötung von Mitgliedern der Gruppe;

(b) Verursachung von schweren körperlichem oder seelischem Schaden an Mitgliedern der Gruppe;

(c) Vorsätzliche Auferlegung von Lebensbedingungen für die

Gruppe, die geeignet sind, ihre körperliche Zerstörung ganz oder teilweise herbeizuführen...«

Die Nazis haben Völkermord gegen die jüdische Bevölkerung Europas begangen. Nun geht es darum, zu prüfen, inwieweit die Vertreibung der Deutschen die Merkmale des Völkermords erfüllt.

Wie der kürzlich verstorbene Wiener Völkerrechtsprofessor Felix Ermacora, Mitglied der Europäischen Menschenrechtskommission, Chefdelegierter Österreichs vor der UNO-Menschenrechtskommission und Träger des UNESCO-Preises für Menschenrechte, in seinem Rechtsgutachten zur Sudetendeutschen-Frage feststellte, erfüllt die Vertreibung der Deutschen diese Merkmale:

»Die Vertreibung der Sudetendeutschen aus der angestammten Heimat von 1945 bis 1947 und die fremdbestimmte Aussiedlung nach dem Zweiten Weltkrieg widersprach nicht nur der in der Atlantik-Charta und dann in der Charta der Vereinten Nationen verheißenen Selbstbestimmung, sondern die Vertreibung der Sudetendeutschen ist Völkermord und Verbrechen gegen die Menschlichkeit, die nicht verjährbar sind.«[3]

Ermacora steht mit dieser Feststellung nicht allein. Bereits am 4. Juni 1946 hatte der amerikanische Senator William Langer im Senat die Vertreibung der Deutschen als Verbrechen gegen die Menschlichkeit bezeichnet. Ähnlich erklärte der amerikanische Abgeordnete Caroll Reece im Repräsentantenhaus, die Vertreibung der Deutschen schließe das Verbrechen des Völkermordes ein:

»2,2 Millionen Menschen haben ihre Umsiedlung nicht überlebt... Die Berichte und Beweise, die vorliegen, zeigen, daß sie und die übrigen Millionen Vertriebener Opfer des Verbrechens des Völkermordes geworden sind. Anläßlich der Nürnberger Prozesse wurden die Nationalsozialistischen Führer für dieses abscheuliche Verbrechen gegen die Menschlichkeit verurteilt.«[4]

Die völkerrechtswidrige Vertreibung der Deutschen aus den deutschen Ostprovinzen, Polen und der Tschechoslowakei zieht einen völkerrechtlichen Wiedergutmachungsanspruch nach sich. Dieser stellt sich z. B. als Rückwanderungsanspruch, als Restitutionsanspruch und als Schadensersatzanspruch dar.

Was das Rückkehrrecht betrifft, ist es auf der Basis des Völkerrechts geltend zu machen – und zwar gibt es einschlägige UNO-Resolutionen, die dieses Recht anerkennen, u. a. die Resolutionen des Sicherheitsrates 941 (1994), 947 (1994), 959 (1994), 981 (1995), 1009 (1995)

(über die Rückkehr der Flüchtlinge und Vertriebenen aus Bosnien, Kroatien und Serbien), die der UNO-Menschenrechtskommission 1995/88, die der UNO-Unterkommission für Diskriminierungsverhütung und Schutz der Minderheiten 1994/24, 1995/13 und 1996/9, sowie auch die Entscheidung 2(47) des Ausschusses zur Eliminierung der Rassendiskriminierung.
Bezüglich der Opfer ethnischer Säuberungen in Bosnien gibt der Friedensvertrag auf der Basis des *Dayton Accord* Grund zum Optimismus, zumal das Rückkehrrecht in den Anlagen 6 und 7 des Vertrages fest verankert ist.[5]
Auch wenn diese Normen zunächst nur Rechte auf dem Papier darstellen, die aus machtpolitischen Gründen nur teilweise in die Tat umgesetzt werden können, könnte das Rückkehrrecht der deutschen Vertriebenen in nicht allzu ferner Zukunft verwirklicht werden. Dank der Nachbarschaftsverträge und im Hinblick auf die mögliche Mitgliedschaft Polens und der Tschechischen Republik in der Europäischen Union wird ein Niederlassungsrecht begründet. Hierzu sagt Professor Ermacora:
»Das durch die Vertriebenenverbände, die deutschen Regierungen und die Mehrheit der deutschsprachigen, aber auch der fremdsprachigen Wissenschaft bekundete Recht auf die Heimat, das in ähnlich gelagerten Fällen auch von den Vereinten Nationen anerkannt wird, kann als ein Unterfall des Selbstbestimmungsrechts angesehen werden. Es wurde für die Palästinenser, die griechischen Zyprioten, die geflüchteten Afghanen mehrfach für ihren jeweiligen Fall bestätigt. Es bedeutet doppeltes Rechtsmaß, würde man es den Sudetendeutschen verweigern.«[6]
Was das deutsche Vermögen in Polen und der Tschechischen Republik betrifft, ist zwischen dem Vermögen des Reiches und dem Vermögen von Privatpersonen zu unterscheiden. Güter des Deutschen Reiches gelten als entschädigungslos konfisziert. Das wird entsprechend dem *ordre public* auch für Güter der NSDAP und ihrer Gliederungen zu gelten haben.[7] Aber auch wenn Reichsvermögen nicht verlangt werden kann, so kann es doch gegen eventuelle Forderungen der Tschechischen Republik bzw. Polens aufgerechnet werden.
Was individuelles Vermögen betrifft, sind Polen und die Tschechische Republik für die Vernichtung des deutschen Privatvermögens verantwortlich. Dabei handelt es sich um schätzungsweise 200 Milliarden DM. Die Konfiskation, das heißt die entschädigungslose Enteignung

des Individualvermögens, ist völkerrechtliches Unrecht. Der Staat haftet für die Ausübung aller seiner Staatsfunktionen, z. B. sind im Falle des sudetendeutschen Vermögensentzuges juristisch vor allem zwei Phasen zu unterscheiden: der faktische »wilde« Vermögensentzug und der gemäß den Beneš-Dekreten Nr. 12 vom 21. Juni 1945 und Nr. 108 vom 25. Oktober 1945. Beide sind aber völkerrechtswidrig, denn sie stellten eine diskriminierende, globale, entschädigungslose Konfiskation fremden Vermögens dar. Nach dem Völkerrecht müssen solche Konfiskationen wiedergutgemacht werden.
Allerdings kennt die völkerrechtliche Lehre und Praxis allgemeine Gründe, nach denen ein Haftungsausschluß des völkerrechtswidrig handelnden Staates angenommen werden darf. Dabei handelt es sich z. B. um Vermögensentzug wegen eines Notstandes, auf Grund des *ordre public*, als ein Mittel der Strafverfolgung und als Strafe.
Aber Vermögensentzug als ein Teil eines Verbrechens gegen die Menschlichkeit oder als ein Teil des Völkermordes kann nicht rechtens sein. Dem widerspricht das Prinzip *ex injuria non oritur jus* (aus Unrecht kann kein Recht entstehen). So auch Ermacora:
»Im Falle des sudetendeutschen Völkermordes kann jedoch deshalb ein Eigentumsübergang nicht eingetreten sein, weil dieser Völkermord dem europäischen *›ordre public‹* nicht entsprechen kann und heute auch dem tschechoslowakischen *ordre public* entgegensteht, wenn bedacht wird, daß die Tschechoslowakei Mitglied des Europarates geworden ist, die Europäische Menschenrechtskonvention ausdrücklich die Eigentumsgarantie betont und die Kollektivausbürgerungen verbietet. Konfiskation als Teil eines Völkermordes begründet keinen für den Eigentumserwerb gültigen Rechtstitel. Eigentum ist zu restituieren.«[8]
Im Gefüge der europäischen Integration müssen sich Polen und die Tschechische Republik auch einem europäischen Standard unterwerfen, der Vertreibungen und Konfiskationen von Privateigentum ächtet. Ungarn hat bereits ein Beispiel gesetzt und gewährt Entschädigung für die Vermögensverluste der vertriebenen Ungarndeutschen. Das »Zweite Gesetz über die teilweise Entschädigung von zu Unrecht vom Staat den Staatsbürgern zugefügten Eigentumsschäden« trat am 8. Juni 1992 in Kraft. Danach werden u. a. Ungarndeutsche entschädigt. Von den eingereichten Anträgen waren bis Juli 1995 95 % bereits entschieden.

Schlußbemerkungen

Wenn wir es mit den Menschenrechten ernst meinen, müssen wir bemüht sein, Gerechtigkeit für alle zu schaffen. Auf dieser Basis verstehen wir um so besser, was die Charta der deutschen Heimatvertriebenen bedeutet: nicht nur Gewaltverzicht, sondern auch Bekenntnis und Verpflichtung, sich für die Anerkennung eines Rechtes einzusetzen, das gültig für alle Menschen sein muß. Dies bedeutet das Recht auf Heimat für die Afghanen, die griechischen Zyprioten, die Bosnier, Kroaten und Serben, und auch für die vertriebenen Deutschen.

Der Versuch, eine Aufarbeitung der Vertreibung der Deutschen zu unterbinden, weil diese angeblich einer »Aufrechnung« gleichkomme, verkennt die Menschenrechte der Vertriebenen und somit schließlich der übrigen Menschen. Es ist Hohn und Unbarmherzigkeit den Opfern gegenüber. Der Vorwurf der Aufrechnung kommt aus der Waffenkammer des Totalitarismus, wo das Individuum nichts gilt. Der Vorwurf der Aufrechnung bedeutet eine Diffamierung und zugleich eine Einschüchterung der Opfer. Danach gäbe es also Opfer zweiter Klasse, die ignoriert und diskriminiert werden können. Dies bewegt sich in menschenverachtenden Kategorien.

Darum muß betont werden, daß im Hinblick auf die Menschenwürde, auf den Wert jedes einzelnen Menschen, dieses Geschwätz von Aufrechnung oder Relativierung abwegig ist. Man sollte diese Modeworte einfach bannen, denn sie sind nicht nur irrelevant – sie sind menschenrechtsfeindlich.

Fünfzig Jahre sind seit dem Ende des Zweiten Weltkrieges vergangen. Für die Deutschen war das Einigungswerk ein überaus wichtiges Ziel. Aber die Wiedervereinigung ist nicht nur ein Produkt, sondern vielmehr ein entscheidender Bestandteil der sich entwickelnden neuen Weltordnung. Viele Chancen der Kooperation und der Entwicklung bieten sich, die im Sinne der Menschenrechte zu nutzen sind. Es ist sicher, daß die Deutschen eine wichtigere Rolle in der Europäischen Union und auch in den Vereinten Nationen spielen werden, die die Welt im 21. Jahrhundert gestalten werden. Es gibt Grund zum Optimismus, denn die Menschenrechte werden zunehmend zu einer gemeinsamen Kultur. Und was die deutschen Vertriebenen verlangen, ist nicht mehr und nicht weniger als die Verwirklichung ihrer Menschenrechte.

Anmerkungen

Vorwort zur Neuauflage

1 So wurde an der DePaul University in Chicago drei Monate lang die Ausstellung »Ethnic Cleansing 1944–1950« gezeigt. Nicht weniger als zehntausend Personen besuchten die Ausstellung, der auch mehrere Artikel in der Chicagoer Presse gewidmet waren, u. a. Bill Stamets, »The Lasting Impact of Ethnic Cleansing«, *Chicago Sun – Times,* 28. November 1993, und Laura Duncan, »Professor recalls past – WWII atrocities«, *Chicago Daily Law Bulletin*, 19. November 1993. Inzwischen wurde diese Wanderausstellung auch in Akron, Cleveland, Miami, Pittsburgh und Washington, D. C., erfolgreich gezeigt. Nicht nur in amerikanischen Universitäten, sondern auch in den High Schools ist die Vertreibung der Deutschen Gegenstand von Ausstellungen gewesen, so z. B. im Frühjahr 1994 in der St. Mark's School in der Nähe von Boston, wo der Deutsche Anders Lundgren eine Ausstellung zu diesem Thema präsentierte.

2 Northern Great Plains Historical Conference, 1.–3. Oktober 1993, Pierre, South Dakota, wo u. a. Professor Charles Barber, Chicago, einen Vortrag über die Vertreibung der Volksdeutschen aus Jugoslawien hielt.

3 J. Thies und W. Wagner (Hrsg.), Das Ende der Teilung, 1990. Haltzel, Amerikanische Einstellung zur deutschen Wiedervereinigung, 45 Europa Archiv 127 (1990). Davz, Großbritannien und die Deutsche Frage, 45 Europa Archiv 139 (1990). Schulze, Frankreich angesichts der deutschen Einheit, 45 Europa Archiv 133 (1990).

4 Am 25. September 1990 sagte Präsident Bush über den 2 + 4-Vertrag: »This agreement will end the artificial division of Germany and Berlin... I congratulate Chancellor Kohl and the German people in both East and West Germany and in Berlin, so long divided, for keeping their national dream of self-determination ever alive. Together with our other partners in the Atlantic alliance, we Americans are proud to have stood beside you during your long vigil, and proud, especially during this past year, to have worked with you in common cause toward the goal of German unity.« US Department of State Dispatch, 8. Oktober 1990, S. 164.

5 Siehe u. a. J. M. Henckaerts, »Deportation and Transfer of Civilians in Times of War« in *Vanderbilt Journal of Transnational Law*, Bd. 26, 1993,

S. 469–519. Christa Meindersma, »Legal Issues Surrounding Population Transfers in Conflict Situations« in *Netherlands International Law Review*, Bd. XLI, 1994, S. 31–83. Joseph Schechla, »Ideological Roots of Population Transfer« in *Third World Quaterly*, Bd. 14, No. 2, 1993, S. 239–275. A. de Zayas, »Population, Expulsion and Transfer«, »Forced Resettlement« in R. Bernhardt, *Encyclopedia of Public International Law*, Vol. 8, 1985, S. 234–237, 438–444.

6 A. de Zayas »Die Vertreibung in völkerrechtlicher Sicht« in Dieter Blumenwitz (Hrsg.), *Flucht und Vertreibung*, Carl Heymanns Verlag, Köln 1987, S. 239–258. Siehe auch A. de Zayas, »Massenumsiedlungen und das Völkerrecht« in *Abhandlungen zu Flüchtlingsfragen*, Bd. 10 (1975), S. 55–96; A. de Zayas, »The Illegality of Population Transfers and the Application of Emerging International Norms in the Palestinian Context«, in *The Palestine Yearbook of International Law*, Bd. VI, 1991, S. 17–55.

7 UN General Assembly Resolution 47 / 135 vom 18. Dezember 1992.

8 Theodor Veiter, »Aktuelle Vertreibungsfälle weltweit« in Dieter Blumenwitz (Hrsg.), *Flucht und Vertreibung*, 1987, S. 207–228; Felix Ermacora, »Vertreibung und Vertreibungsverbrechen vor dem Forum der Vereinten Nationen« in D. Blumenwitz (Hrsg.), a. a. O., S. 229–237.

9 Siehe auch Resolution 1995 / 88 der UNO-Menschenrechtskommission vom 8. März 1995 über »Human Rights and Mass Exoduses« und den Bericht des Generalsekretärs zu diesem Thema (E / CN.4 / 1995 / 49).

10 Dokument E / CN.4 / Sub. 2 / 1993 / 17.

11 Dokument E / CN.4 / Sub. 2 / 1994 / 18.

12 *Frankfurter Allgemeine Zeitung*, 17. Januar 1990, S. 10.

13 Václav Havel: Gewissen und Politik. Reden und Ansprachen 1984–1990. Kleine Reihe des Institutum Bohemicum, Beiträge 13, München 1990, S. 98.

14 *Der Tagesspiegel*, 5. Oktober 1995 S. 7. Abgedruckt auch im *Deutschland Magazin*, November 1995, S. 18f., und in: Heimo Schwilk (Hrsg.), *5 Jahre Deutsche Einheit*, Initiative »Arbeit für Deutschland«, 1995, S. 26–31.

15 Deutscher Ostdienst, 11. Oktober 1996, S. 1.

16 Deutschland Union Sonderdienst, 21. April 1997.

17 Die Welt, 24. Mai 1997.

Einführung

1 Das Schweizerische Rote Kreuz spricht von 18,1 Millionen Deutschen in den Gebieten, die durch die Vertreibung betroffen wurden. *Das Schweizerische Rote Kreuz*, Sept. 1949, S. 35. Diese Zahl schließt die Deutschen aus Ostpreußen, Danzig, Memel, Niederschlesien, Oberschlesien, Bran-

denburg, Pommern, Westpreußen, Posen-Warthegau, dem Sudetenland und Deutsche aus Jugoslawien und Rumänien ein, nicht aber die Deutschen aus Rußland. Das Bundesminsterium für Vertriebene hat geschätzt, daß von ihnen 1,1 Millionen im Krieg umgekommen sind, 2,11 Millionen während der Flucht und Vertreibung. *Tatsachen zum Problem der deutschen Vertriebenen und Flüchtlinge*, Bonn 1967, Tafel 4. Siehe auch die Tabellen des Statistischen Bundesamts, *Die Deutschen Vertreibungsverluste*, 1958, S. 38, 45, 46 usw. Man berücksichtige auch, daß nicht alle Deutschen aus Ost-Mitteleuropa abgeschoben worden sind. Ein Restbestand von ca. 2 Millionen ist in der Heimat verblieben; siehe *Tatsachen*, a.a.O., und vergleiche Freda von Loesch, *Die Deutschen in den osteuropäischen Staaten*, 1972, S. 9. Über die neuesten Statistiken siehe Neuhoff, Hans: *Die deutschen Vertriebenen in Zahlen*, Bonn 1978.

2 Bundesrepublik Deutschland 248,6 je qkm; DDR 158 je qkm. Man vergleiche die Bevölkerungsdichte in Indien mit 179,3 je qkm, in der Volksrepublik China mit 82–90 je qkm, in den Vereinigten Staaten mit 22,6 je qkm. *Der Fischer Welt-Almanach*, 1974, S. 36, 72, 92, 30 und 167.

3 Der zusammenfassende Bericht der Potsdamer Konferenz (17.7. bis 2.8.1945) wird gewöhnlich in nicht ganz sachgerechter Terminologie »Potsdamer Abkommen« genannt. Wie Professor F. A. von der Heydte festgestellt hat: »Der ›Bericht‹ über das Ergebnis der Konferenz bildet in sich keine geschlossene Einheit; er ist als Ganzes gesehen kein Vertrag im Sinn des Völkerrechts. Insofern ist die Bezeichnung ›Potsdamer Abkommen‹ unrichtig, die in amtlichen Dokumenten zuerst von der Sowjetunion gebraucht wurde und im Laufe der Zeit gebräuchlich geworden ist.« Strupp-Schlochauer, *Wörterbuch des Völkerrechts*, Band 2, 1961, S. 787.

4 B. Oded, Referat gehalten am 12. Juni 1975 in Göttingen während der Rencontre Assyriologique. Vgl. auch *Encyclopaedia Judaica*, Band 6, S. 1034 ff., 1971; desgl. F. Veale, *Advance to Barbarism*, 1968, S. 66 f.

5 Arthur Doughty, *The Acadian Exiles*, 1916; John Brebner, *Neu England's Outpost*, 1927; John Brebner, *The Neutral Yankees of Nova Scotia*, 1937. Die Vertreibung der französischen Bauern aus Akadia ist Gegenstand des bekannten 47seitigen Gedichtes *Evangeline* (1847) des amerikanischen Dichters Henry Wadsworth Longfellow (1807–1882), der in einem Vers bedauert:

> Where is the thatch-roofed village, the home of Acadian farmers, –
> Men whose lives glided on like rivers that water the woodlands,
> Darkened by shadows of earth, but reflecting an image of heaven?
> Waste are those pleasant farms, and the farmers forever departed!
> Scattered like dust and leaves, when the mighty blasts of October
> Seize them, and whirl them aloft, and sprinkle them far o'er the ocean.
> Haught but tradition remains of the beautiful village of Grand-Pré.

6 R. Billington, *Westward Expansion*, 1949, S. 312 ff. Desgl. M. Starkey,

The Cherokee Nation, 1946: desgl. D. Brown, *Bury my Heart at Wounded Knee*, 1970.

7 Vertrag von Lausanne, unterschrieben am 30. Januar 1923. *League of Nations Treaty Series*, Bd. 32, S. 76 ff.

8 E. Kulischer, *Europe on the Move*, 1948; H. Wachenheim, »Hitler's Transfers of Population in Eastern Europe«, *Foreign Affairs*, Band 20, S. 705 ff., 1942; D. Loeber, *Diktierte Option*, 1974.

9 Siehe Victor Gollancz, *Unser bedrohtes Erbe*, 1947, passim, insbesondere S. 155 ff.

10 Der Autor hat etwa 2000 Berichte über die Vertreibung studiert, die in der Sammlung Ost-Dokumente des Bundesarchivs zu Koblenz enthalten sind. Er konnte außerdem eine Reihe dieser Aussagen durch eigene Befragungen der Vertriebenen und anderer, die ähnliche Erlebnisse hinter sich hatten, bestätigen.

11 Einschließlich belgischer und französischer Kriegsgefangener, die von der Roten Armee in Ostpreußen befreit wurden und den Beginn der Vertreibungen miterlebten.

12 Über die Oder-Neiße-Linie schrieb Churchill: »Hier war ein Unrecht im Werden, gegen das unter dem Gesichtspunkt der künftigen Befriedung Europas Elsaß-Lothringen und der Polnische Korridor nicht viel mehr als Kleinigkeiten waren. Eines Tages würden die Deutschen diese Gebiete zurückverlangen und die Polen nicht in der Lage sein, sie aufzuhalten.« *Memoiren, Der Zweite Weltkrieg*, sechster Band, zweites Buch, S. 347.

Erstes Kapitel
Bevölkerungsumsiedlung als politisches Prinzip

1 Die Deutschen in den baltischen Staaten haben den Zaren loyal gedient und sogar teilweise im Ersten Weltkrieg in der russischen Armee gegen Deutschland gekämpft. Reinhard Wittram, *Baltische Geschichte*, 1954, S. 248 ff.

2 Das Nationalitätenprinzip hat sich vor allem im neunzehnten Jahrhundert durchgesetzt; damals gelang es z. B. dem italienischen Volk, sich unter der Führung von Cavour und Garibaldi zu einem einheitlichen Nationalstaat zusammenzuschließen. Auch Deutschland gelang unter Bismarck die nationale Einigung, wenngleich rund 12 Millionen in Österreich-Ungarn außerhalb dieses Staates blieben. Nur die Slawen hatten noch nicht die Selbstbestimmung erreicht.

3 Ernst Buchholz (Hrsg.): *Raum und Bevölkerung in der Weltgeschichte*, (Bevölkerungs-Ploetz) *Vom Mittelalter zur Neuzeit*, Bd. 2, 1955,

S. 299. S. Wambaugh, *Plebiscites Since the World War*, 1933, Bd. I, S. 150–52; Wambaugh, *Recueil des Cours*, 1927, Band 3, S. 199–200. Während in Oberschlesien die Volksabstimmung eine Mehrheit für die Deutschen ergab (59,6 %) und dann zur Teilung des Landes führte, wurde nach dem Ergebnis der Volksabstimmung von Sopron (Oedenburg), wo sich die Mehrheit für Ungarn, die Minderheit für Österreich entschied, der ganze Bezirk Ungarn überlassen. Anlaß zur Teilung Oberschlesiens war ein bewaffenter Aufstand der Polen nach der Abstimmung; der Völkerbund mußte eingreifen, um eine allgemeine deutsch-polnische Konfrontation zu verhindern. Er sprach am 19. Oktober 1921 den Industriebezirk im Südosten Oberschlesiens Polen zu, und damit auch Kattowitz und Königshütte, die zu 85,4 % bzw. 74,7 % für das Verbleiben bei Deutschland gestimmt hatten. Vgl. *Rapport Général du CICR sur son activité de 1921 a 1923*, S. 15–19.

4 Louis de Jong, *Die Deutsche Fünfte Kolonne im Zweiten Weltkrieg*, Stuttgart 1959, für Tätigkeit in Polen, S. 145 ff., in Jugoslawien S. 210 ff. Ebenf. Inis Claude, *National Minorities*, 1955, S. 44–47; *Expelles and Refugees of German Ethnic Origin. Report of a Special Subcommittee of the Committee on the Judiciary, House of Representatives*, März 1950; danach »Walter Report«, S. 7. Radomir Luza, *The Transfer of the Sudeten Germans*, 1964, S. 51, 154, 321; Boleslav Wieviora, *The Polish-German Frontier*, 1959, S. 118–121. Kral, Václav (Hrsg.): *Acta Occupationis Bohemiae et Moraviae*. Dokumente über die Fünfte Kolonne, S. 64 bis 337.

5 Es ist natürlich eine ganz andere Frage, ob ein Staat das Recht zu kollektiver Bestrafung einer Gruppe haben sollte, ohne individuelle Schuld festzustellen.

6 Ein Memorandum des Ausschusses für Nachkriegsprogramme des US-Außenministeriums rechtfertigt seine Zustimmung zu einer begrenzten Aussiedlung deutscher Minderheiten mit den Sätzen: »Diese deutschen Minderheiten wurden zur Vorhut der nationalsozialistischen Unterwanderung, und die Staaten, die sie Hitler auszuliefern halfen, empfinden berechtigten Zorn auf sie. Ihre Umsiedlung nach Deutschland würde wahrscheinlich zur Ruhe in den betroffenen Ländern beitragen.« *Foreign Relations of the United States*, 1944, Band 1, S. 310.

7 I. Claude, *National Minorities*, 1955, S. 31. Der Verfasser [de Z.] hat auch viele der Petitionen im Archiv des Völkerbundes in Genf eingesehen. Siehe auch H. v. Truhart: *Völkerbund und Minderheiten-Petitionen*, Wien 1931.

8 Text des Urteilsspruchs: *Publications of the Court*, Serie B, Nr. 6, Akten und Dokumente dazu: Serie C, Nr. 3, 3. Sitzung, Band 3, Teil I und II. Vgl. *Survey of International Affairs*, 1925, Supplement, Royal Institute of International Affairs, S. 118.

9 *British Yearbook of International Law*, 1924, Band 5, S. 207f. Vgl. Lauterpacht, *Annual Digest of Public International Law Cases*, Band 2, Fälle 167, 168.

10 Vgl. den Chorzow-(Königshütte-)Fall, Urteil Nr. 9 vom 26.7.1927, Ständiger Internationaler Gerichtshof, *British Yearbook*, 1928, Band 9, S. 135ff.; desgl. Urteil Nr. 13 vom 13.9.1928, Lauterpacht, a.a.O., Band 4, S. 268ff.; desgl. viele Fälle vor dem Schiedsgericht für Oberschlesien.

11 Erklärung von Außenminister Beck (Polen) am 13. September 1934, in *Nation und Staat*, Band 8, Oktober 1934, S. 60ff., Zitat auf S. 62. Siehe auch Helmut Pieper, *Die Minderheitenfrage und das Deutsche Reich 1919–1933/34*, S. 325.

12 Vgl. Lauterpacht, a.a.O., unter anderem Band 3, Fall 239.

13 Lange vor Hitler hatte die Weimarer Republik sich dafür eingesetzt, die Minderheitenrechte ehemaliger deutscher Staatsbürger unter polnischer Herrschaft zu sichern. Siehe Lauterpacht, a.a.O., Band 2, Fall 123, Band 3, Fall 238 usw.

14 E. Beneš, »The New Order in Europe«, in *The Nineteenth Century and After*, 1941, Band 130, S. 154.

15 E. Beneš, »The Organization of Postwar Europe«, *Foreign Affairs*, Bd. 20, 1942, S. 226–242; Zitat auf S. 238.

16 Brief des britischen Außenministeriums an Rudolf Storch (führender deutscher Sozialdemokrat im Londoner Exil), *Der Sudetendeutsche*, 29.10.1955, S. 1; desgl. R. Luza, a.a.O., S. 236. Siehe auch Public Record Office FO 371/46810 Dok. Nr. C-293.

17 Beneš, *Memoirs*, 1954, S. 207.

18 Ebenda, S. 222.

19 Ebenda, S. 195, 223.

20 Ebenda, S. 195.

21 In der Erörterung der Beschlüsse von Jalta sagte Clement Attlee im Unterhaus am 1.3.1945: »Die Umschichtung der Bevölkerung zum gegenwärtigen Zeitpunkt mag sehr, sehr schmerzlich sein, aber vielleicht ist sie weitaus besser als ein lang hinausgezögertes Leiden einer Bevölkerung unter Menschen, die sie hassen.« *Parliamentary Debates*, House of Commons, Band 408, Spalte 1617.

22 *Foreign Relations of the United States*, 1943, Bd. 3, S. 15.

23 Ebenda; desgl. Sherwood, *Roosevelt and Hopkins*, 1948, S. 710.

24 Sikorski Institute, London, *Mikolajczyk Papers*. Dokument Nr. P.R.M.-Z.2. Siehe auch Arthur Lane, *I Saw Poland Betrayed*, 1948, S. 64; auch zitiert *Congressional Record*, 5.4.1949, S. 3898.

25 Department of State, *Bulletin*, Band 11, S. 836, 24.12.1944. *Documents on American Foreign Relations*, 1944–45, Band 7, S. 898; Lane, a.a.O., S. 70.

26 Churchill, *Der Zweite Weltkrieg*, Band 6/2, S. 354–368.
27 *Parliamentary Debates*, House of Lords, Band 130, Spalte 1128, 8.3.1944.
28 *Société des Nations, Recueil des Traités*, Band 32, S. 76ff., Abkommen über den Austausch griechischer und türkischer Volksgruppen und Protokoll, unterzeichnet in Lausanne am 30.1.1923. Zur Diskussion der juristischen Fragen siehe Séfériadès, »L'Echange des populations«, in *Recueil des Cours*, 1928, Band 24, S. 311ff., Academie de Droit International. Desgl. *American Journal of International Law*, Band 18, 1924, Suppl., S. 84–90; Toynbee, *Survey of International Affairs*, 1925, Band 2, Royal Institute of International Affairs, S. 257–79. Vgl. C. A. Macartney, *National States and National Minorities*, 1968, S. 443ff.
29 *Parliamentary Debates*, House of Commons, 15.12.1944, Band 406, Spalte 1484. Churchill, *Reden*, Bd. 5, Zürich 1949, S. 468.
30 *Proceedings of the Lausanne Conference*, London 1923, S. 212, zitiert in G. Streit, *Der Lausanner Vertrag*, 1929, S. 24; desgl. Macartney, a.a.O., S. 444; desgl. Lord Noel-Buxton in *Parliamentary Debates*, House of Lords, Band 130, Spalte 1120, 8.3.1944.
31 *Parliamentary Debates*, House of Lords, Band 139, Spalte 68, 30.1.1946.
32 *Foreign Relations of the United States*, 1945, Band 2, S. 1234.
33 Ebenda, 1944, Band 1, S. 310. Desgl. 1945, Band 2, S. 1321f. über britische Entschädigungspläne. Allerdings hätte man den nicht ausgewiesenen Deutschen Minderheitenschutz gewähren müssen. Wie sich später herausstellte, litten die Deutschen, die in KZs eingeliefert wurden, mehr als jene, die sofort vertrieben wurden.
34 Ebenda, 1945, Band 2, S. 1291f., Robert Murphy telegrafierte an das State Department: »Wenn die Vereinigten Staaten auch zu machtlos sein mögen, um einen grausamen und unmenschlichen Prozeß, der immer noch fortgesetzt wird, aufhalten zu können, so scheint es doch, daß unsere Regierung ihre Haltung, wie sie in Potsdam ausgesprochen wurde, unmißverständlich klarlegen sollte und könnte. Es wäre höchst unangenehm, wenn der Bericht anzeigte, daß wir *Beteiligte* an Methoden wären, die wir bei anderen Gelegenheiten oft verurteilt haben.«
35 Bei Beendigung der Konferenz von Casablanca gab Präsident Roosevelt am 24. Januar 1943 seinen und Churchills Entschluß bekannt, »mit nichts Geringerem zufrieden zu sein als mit der bedingungslosen Kapitulation Deutschlands«. Diese wenig kluge Formulierung versteifte nur noch einmal den verzweifelten Widerstand der Deutschen. In der heftigen Rede zum »totalen Krieg«, die Goebbels am 18. Februar 1943 im Berliner Sportpalast hielt, wies sein Publikum einhellig die Formel von der »bedingungslosen Kapitulation« zurück und erklärte sich für den totalen Krieg. Siehe A. Speer, *Erinnerungen*, 1969, S. 305f. Desgl. Robert Murphy, *Diplomat*

unter Kriegern, 1965, S. 292 f. R. Sherwood, *The White House Papers of Harry L. Hopkins*, 1948/49, S. 690.

36 In einem Memorandum des Ausschusses für Nachkriegsprogramme des US-State Department heißt es: »Hitler selbst hat das Beispiel gegeben durch zahlreiche erzwungene Auswanderungen von Menschen in seinem Gebiet Europas.« *Foreign Relations of the United States*, 1944, Band 1, S. 310; s. auch A. de Zayas, »International Law and Mass Population Transfers«, *Harvard International Law Journal*, 1975, Band 16, S. 207–258, insbes. S. 213 ff. – Wenn Hitler den Krieg gewonnen hätte, gilt es als sicher, daß er die einheimische Bevölkerung von annektierten Gebieten deportiert hätte. Am 16. Juli 1942 bei einer Sitzung im Führerhauptquartier sagte er z. B.: »Die Krim mit einem erheblichen Hinterland wird Reichsgebiet, und ihre russische Bevölkerung wird nach Rußland abgeschoben.« Alexander Dallin, *Deutsche Herrschaft in Rußland*, Düsseldorf 1958, S. 266. Otto Bräutigam, der bei dieser Sitzung anwesend war, hat seinerzeit aus dem Munde Hitlers selbst gehört, wie er sagte: »Die Krim wird ein deutscher Stützpunkt. Die Menschen dort müssen heraus, wohin, ist ganz wurscht.« *So hat es sich zugetragen*, Würzburg 1968, S. 496. Hitler hat vorgesehen, die Krim mit den Südtirolern zu besiedeln. Weiteres über die Annexion der Krim und geplante Deportation der Bevölkerung siehe in den Notizen des ehemaligen Vertreters des Auswärtigen Amtes beim Oberkommando des Heeres Dr. Hasso v. Etzdorf, Nürnberg-Dokument NG-2775 vom 12. August 1941, Aufzeichnungen VAA 1 Nr. 1 von Etzdorf 1939–42, 337369; Rosenberg Memorandum vom 7. Mai 1941, Nürnberg-Dokument 1028-PS und 1058-PS. Vgl. R. Ilnytzkyi, »Deutschland und die Ukraine«, Osteuropa Institut, München 1955, Bd. 1, S. 26; Bd. 2, S. 316 ff.

37 Deutsche Dienststelle (WAST) Arbeitsbericht 1973–74, S. 11 f.

38 Siehe Ansprache von Premierminister Churchill im Unterhaus am 27. 2. 1945, *Parliamentary Debates*, Band 408, Spalte 1267; Lord Vansittarts Rede im Oberhaus am 23. 10. 1945, Band 137, Spalte 412–424; Präsident Roosevelts Ansprache vom 1. 3. 1945, *Congressional Record*, Band 91, Teil 2, insbes. S. 1620; Brief eines College-Professors für Geschichte an den Abgeordneten Hugh de Lacy, Anhang zu *Congressional Record*, 8. 5. 1945, S. A-2141.

39 C. Hull, *Memoirs*, 1948, Band 2, S. 1603.

40 H. Rothfels, *Die Deutsche Opposition gegen Hitler*, Krefeld 1949. Der Verfasser hat Professor Rothfels mehrmals in Tübingen vor seinem Tode im Jahr 1976 besucht. Siehe auch Ulrich von Hassell, *Vom anderen Deutschland*, Zürich 1947, und Allen Dulles, *Germany's Underground*, New York 1947; persönliche Erinnerungen über die Mitglieder der Widerstandsbewegung in dem Buch von Lutz Graf Schwerin von Krosigk, *Es geschah in Deutschland*, 1951, insbes. S. 326–363. Der Verfasser hat

Graf Schwerin von Krosigk mehrmals in Essen befragt. Von Krosigk starb im März 1977.

41 Hans und Sophie Scholl gehörten der Geheimorganisation *Weiße Rose* an, die von dem Professor für Philosophie Kurt Huber geführt wurde. Prof. Huber wurde 1943 nach Entdeckung der Organisation durch die Gestapo hingerichtet.

42 J. Neuhäusler, *Kreuz und Hakenkreuz*. Persönliches Gespräch des Verfassers mit Bischof Neuhäusler in München. Der Bischof sprach begründete Kritik an der These der »Kollektivschuld« aus, wie sie von Karl Jaspers, dem Existenzphilosophen, in seinem sehr bekannten Essay »Die Schuldfrage« (1946) entwickelt wurde.

43 Pastor Niemöller war einer der Führer der »Bekennenden Kirche«. Siehe Martin Niemöller, *Der Christ im Kampf gegen die Angst und den Gewaltgeist der Zeit*, 1954. Siehe auch Bischof Hugo Hahn, *Kämpfer wider Willen*, 1969.

44 *The Times*, 18.6.1943; der Parlamentsabgeordnete Richard Stokes leitete die Opposition gegen diese Resolution.

45 *Statistisches Jahrbuch für das Deutsche Reich*, 1918, S. 581.

46 *Statistisches Jahrbuch für das Deutsche Reich*, 1933, S. 540. Vgl. auch: Sarah Gordon, *Hitler, the Germans and the Jewish Question*, Princeton 1984.

47 Abgeordneter Raikes im Unterhaus am 15.12.1944, Band 406, Spalte 1496f.; Petherick, Spalte 1546f.; Rhys-Davis 1.3.1945, Band 408, Spalte 1622–25; Strauß, Spalte 1655; Pethick-Lawrence, Spalte 1656–63; Wheeler und Lucas im US-Senat, *Congressional Record*, 15.1.1945, S. 251–254, usw.

48 *Time*, 21.5.1945, S. 19.

49 *Parliamentary Debates*, House of Lords, Band 130, Spalte 1134, 8.3.1944.

50 Ebenda, House of Commons, Band 408, Spalte 1617, 1.3.1945.

51 Heinrich Brüning, Leiter der Zentrumspartei, deutscher Kanzler von März 1930 bis Juni 1932. Verfolgt von den Nationalsozialisten, floh Brüning im Mai 1934 zuerst nach Großbritannien, dann in die USA, wurde amerikanischer Staatsbürger und Professor an der Universität Harvard. Siehe Brüning, *Memoiren*, 1970, und *Briefe und Gespräche*, 1974, S. 354ff., 370, 374, 380, 400, 428, wo er seiner Sorge über die Vertreibung der Deutschen Ausdruck gibt.

52 »Nemesis« (griechische Göttin der Vergeltung), Haupttitel der amerikanischen Ausgabe dieses Buches.

Zweites Kapitel
Die Deutschen in der Tschechoslowakei

1 Unter »Sudeten« verstand man ursprünglich nur das Gebirgsland in Nordböhmen, das sich an Preußisch-Schlesien anschloß. Seit Beginn des Jahrhunderts bezog man den Ausdruck auf alle Deutschen in Böhmen und Mähren, später dann auf die ganze deutsche Bevölkerung der Tschechoslowakei. Zu den Bevölkerungsgruppen in der Tschechoslowakei siehe D. Perman: *The Shaping of the Czechoslovak State,* 1962, S. 25.

2 Siehe Wilsons Reden vom 8.1.1918 (Vierzehn Punkte), 11.2.1918 (»Four Particulars«) und die berühmte Rede von Mount Vernon vom 4.7.1918, *Foreign Relations of the United States,* 1918, Suppl. 1, Band 1, S. 12ff., 108ff., 268ff.

3 Bis 1917 kämpften tschechische Freiwillige Seite an Seite mit den alliierten Truppen in den Schützengräben Frankreichs, 1917 wurde eine tschechische Legion in Rußland aufgestellt. Siehe J. Bradley, *Czechoslovakia: A Short History,* 1971, S. 144–147; desgl. D. Perman, *The Shaping of the Czechoslovak State,* 1962, S. 40.

4 *Congressional Record,* 8.1.1918, S. 681.

5 *Dokumentensammlung zur Sudetenfrage,* 2. Auflage, 1961, S. 45.

6 Ebenda, S. 46.

7 Ebenda, S. 47.

8 Joseph Hofbauer und Emil Strauß, *Josef Seliger, ein Lebensbild,* 1930, S. 147. Seliger war der führende sudetendeutsche Sozialdemokrat zur Zeit der Pariser Friedensverträge.

9 Memorandum 11, S. 315. Zitiert in H. Raschhofer und O. Kimminich, *Die Sudetenfrage,* S. 122.

10 Die Republik »Deutschösterreich« wurde am 12. November 1918 gegründet und erklärte sich zu einem Teil der Weimarer Republik. Artikel 80 des Vertrags von Versailles und Artikel 88 des Vertrags von St.-Germain verhinderten den Anschluß.

11 *Foreign Relations of the United States. The Paris Peace Conference,* 1919, Band 2, S. 379.

12 Petr Príhoda, »Ein Wort von tschechischer Seite«, in *Odsun: Die Vertreibung der Sudetendeutschen,* München 1995, S. 11.

13 *Foreign Relations of the United States. The Paris Peace Conference,* 1919, Band 12, S. 273.

14 Das Egerland war Reichsland bis 1266, dann deutsches Stiftsland bis 1322, als Ludwig der Bayer es dem Böhmenkönig verpfändete. Es wurde jedoch dem Königreich Böhmen nicht inkorporiert und gehörte bis 1810 kirchlich zur Diözese Regensburg.

15 *Foreign Relations of the United States. The Paris Peace Conference,* 1919, Bd. 12, S. 274. Neunzehn Jahre danach erfüllte das Münchener Ab-

kommen einen Teil des Coolidge-Plans. Siehe Laurence Thompson, *The Greatest Treason*, 1968, S. 14.

16 *American Journal of International Law*, 1920, Band 14, Suppl. S. 30.

17 *Stenographische Protokolle über die Sitzungen der Konstituierenden Nationalversammlung der Republik Österreich*, 1919, Band 1, S. 765 ff. Zitat auf S. 770; desgl. Hermann Raschhofer, *Die Sudetenfrage*, 1953, S. 133.

18 Philip Brown, »Self-Determination in Central Europe«, *American Journal of International Law*, 1920, Band 14, S. 235–239, Zitat auf S. 237.

19 Die Sache der Sudetendeutschen wird um so überzeugender, wenn man bedenkt, daß ihre nationale Gruppe zur Zeit des Pariser Friedens größer war als die Einwohnerzahl von Norwegen (kaum 3 Millionen) und fast so zahlreich wie die Dänemarks oder Finnlands (4 Millionen).

20 Anders als die Deutschen aus Posen und Westpreußen, die in großer Zahl nach Deutschland auswanderten, um der Polonisierung zu entgehen, sind verhältnismäßig wenige Sudetendeutsche emigriert. Von 1919 bis 1926 kamen mehr als eine Million Deutsche aus Posen und Pommerellen, die ohne Volksabstimmung in den neuen polnischen Staat einbezogen worden waren, nach Deutschland, während andere, die gern geblieben wären, ausgewiesen wurden; ihr Landbesitz wurde beschlagnahmt. In den Archiven des Völkerbunds in Genf gibt es etwa zwanzig Kästen mit Akten über Proteste und Petitionen von aus Polen ausgewiesenen Deutschen.

21 *Stenographierte Protokolle der Sitzungen des Abgeordnetenhauses der Nationalversammlung der tschechoslowakischen Republik*, 1920, Band 1, S. 28 ff.

22 Wenzel Jaksch, *Europas Weg nach Potsdam*, 1967, S. 209 ff.; desgl. Kurt Rabl, *Das Selbstbestimmungsrecht der Völker*, 1973, S. 103 ff.; Radomir Luza, *The Transfers of the Sudeten Germans*, 1964, S. 34; *Brockhaus Enzyklopädie*, 1974, Bd. 19, S. 74. Der Verfasser verfügt über eine Liste von Namen und Berufen der 54 Menschen, die am 4. März 1919 starben; unter ihnen waren ein Mann von 80 Jahren, Frauen und mehrere Schüler, 11, 13 und 14 Jahre alt.

23 *Parliamentary Debates*, House of Lords, 30. 1. 1946, Band 139, Spalte 89.

24 C. Macartney, *National States and National Minorities*, 1968, S. 247 ff.

25 Inis Claude, *National Minorities*, 1955, S. 40.

26 Luza, a. a. O., S. 42; Thompson, a. a. O., S. 16.

27 C. Macartney, a. a. O., S. 414 f.

28 *The Economist*, 10. 7. 1937, S. 72.

29 *Akten zur deutschen Auswärtigen Politik*, Serie D (1937–45), Band

2, *Deutschland und die Tschechoslowakei*, S. 192. Den tschechischen Standpunkt zum Karlsbader Programm vertritt R. Luza, a. a. O., S. 121–125; desgl. H. Ripka, *Munich Before and After*, 1939, S. 20, 27 f., 37, 40; desgl. Beneš, *Memoirs*, 1954.

30 *Documents on British Foreign Policy*, 1919–1939, 3. Serie, Band 2, S. 50; desgl. Thompson, a. a. O., S. 98 f.; Luza, a. a. O., S. 135–138.

31 *Documents on British Foreign Policy*, 1919–1939, 3. Serie, Band 2, S. 675 ff.; desgl. Luza, a. a. O., Fußnote 165 auf S. 145.

32 *Foreign Relations of the United States*, 1938, Band 1, S. 595.

33 Ebenda, S. 596.

34 Ebenda, S. 622.

35 A. Toynbee, »A Turning Point in History«, *Foreign Affairs*, Januar 1939, S. 316. Desgl. *The Times*, 2. 6. 1938, wo eine ähnliche Ansicht vertreten wird vom Dean of St. Paul's; *The Times*, Leitartikel vom 4. 6. 1938 mit dem Vorschlag, daß die Tschechoslowakei ihren Minderheiten Volksabstimmungen gestatten solle.

36 Toynbee, a. a. O., S. 314.

37 Gleichzeitig kamen zwischen 675 000 und 743 000 Tschechen unter deutsche Herrschaft. Man schätzt allerdings, daß bis zu 500 000 Tschechen das Sudetenland verließen und in das tschechische Kernland Böhmen und Mähren zogen, während Tausende von Deutschen, die außerhalb des neuen Reichsgebiets blieben, in die annektierten Sudetengebiete aufbrachen. Diese Tschechen, die freiwillig das Sudetenland verließen, konnten ihr ganzes Hab und Gut mitnehmen. Siehe Schieder, *Dokumentation der Vertreibung*, 1957, Band IV / 1, S. 12; desgl. Luza, a. a. O., S. 158; E. Wiskemann, »Czechs and Germans after Munich«, *Foreign Affairs*, 1939, Band 17, S. 293.

38 Akten zur Deutschen Auswärtigen Politik, Band D-IV (1938), Nr. 49, S. 49–50. Siehe auch die Memoiren des deutschen Konsuls in Prag, Andor Hencke, *Augenzeuge einer Tragödie. Diplomatenjahre in Prag 1936–1939*. München 1977, S. 209.

39 Rudolf Urban, Die sudetendeutschen Gebiete nach 1945, S. 44.

40 *Foreign Relations of the United States*, 1938, Band 1, S. 708 ff.

41 *Slezsky Sbornik, Acta Silesiaca*, 1969, S. 7.

42 Charles-Maurice de Talleyrand (1754–1838) nannte die Entführung und Hinrichtung des Herzogs von Enghien (1804) auf einen leichten Verdacht des Verrats hin »mehr als ein Verbrechen – eine Dummheit« (»plus qu'un crime – une sottise«).

43 Der britische Außenminister Halifax telegrafierte dem britischen Botschafter in Berlin, Henderson, am 17. März 1939: »Bitte informieren Sie die deutsche Regierung, daß die Regierung Ihrer Majestät ihr klarzustellen wünscht, daß sie die Ereignisse der vergangenen Tage nur als eine vollständige Verwerfung des Münchener Abkommens und eine Verleugnung des

Geistes betrachten kann, in dem die Vertragsschließenden sich verpflichteten, zusammenzuarbeiten. Die Regierung Ihrer Majestät muß auch die Gelegenheit wahrnehmen, gegen die Veränderungen zu protestieren, die in der Tschechoslowakei durch eine deutsche militärische Aktion bewirkt worden sind und die nach ihrer Auffassung jeder Legalitätsbasis entbehren.« *Documents on British Foreign Policy 1919–1939*, Third Series, Band 4, S. 291.

44 Eduard Taborsky, *The Czechoslovak Cause*, 1944, S. 56 ff.

45 Franklin D. Roosevelt Library in Hyde Park, New York, PSF France-Bullitt. Mit Dank an Dr. Alfred Schickel, Ingolstadt.

46 Tatsächlich war ein ähnlicher Vorschlag schon auf der Pariser Friedenskonferenz 1919 von dem französischen Soziologen Lavergne geäußert worden. Siehe E. Beneš, »The Organization of Postwar Europe«, *Foreign Affairs*, Band 20, S. 228–242.

47 Holborn, *War and Peace Aims of the United Nations*, Band 2, S. 1036.

48 Ebenda.

49 Ebenda, S. 446.

50 E. Beneš, *The Annals*, März 1944, S. 166. Vgl. J. W. Brügel, *Tschechen und Deutsche, 1939–1946*, 1974.

51 H. Ripka, *Munich Before and After*, 1939, S. 196.

52 »Selbst wenn wir anschließend in den Krieg gezogen wären, um Deutschland für seine Handlung zu bestrafen, und wenn wir nach den entsetzlichen, über alle Kriegsteilnehmer verhängten Verlusten am Ende siegreich gewesen wären, so hätten wir die Tschechoslowakei niemals wiederherstellen können, so wie sie von den Pariser Verträgen gestaltet worden war.« Arnold Toynbee (Hrsg.): *Documents on International Affairs*, 1939–46, Bd. I, 1951, S. 67.

53 Holborn, a. a. O., Band 1, S. 253; UK Command Papers, 6379 (1942), Czechoslovakia; Beneš, *Memoirs*, S. 207. Für die amerikanische Zustimmung zur Aufhebung des Münchener Abkommens: *Foreign Relations of the United States*, 1943, Band 3, S. 529.

54 Brief des britischen Außenministeriums an Rudolf Storch, *Der Sudetendeutsche*, 29. 10. 1955, S. 1; Luza, a. a. O., S. 236.

55 Beneš, *Memoirs*, S. 207.

56 Ebenda, S. 222 f.

57 Vorsitzender der KPČ (1945–53), stellvertretender Ministerpräsident (1945–46) und Ministerpräsident (1946–48).

58 *Cesta ke kvetnu* (Der Weg zum Mai), Bd. I, Prag 1965, S. 56 f.

59 E. Franzel, *Die Vertreibung Sudetenland 1945–1946*, 1967, S. 214–219. Reinhard Heydrich wurde schwer verletzt, als sein Wagen von einer Bombe tschechischer Terroristen am 27. Mai 1942 getroffen wurde; am 4. Juni erlag er seinen Verletzungen. Es hieß, daß sich die Atten-

täter in Lidice versteckt hielten. Doch nicht nur die Einwohner von Lidice mußten für Heydrichs Tod büßen; der Naziterror forderte das Leben von ungefähr 2500 Tschechen im ganzen Protektorat, bis die Attentäter am 18. Juni 1942 in einer Prager Kirche gestellt und erschossen worden waren. Siehe auch Luza, a.a.O., S. 210–222; Bradley, a.a.O., S. 164 ff. Siehe auch Dusan Hamsik und Jiri Prazik: *Eine Bombe für Heydrich*, Berlin 1964; J. Hutak, *With Blood and with Iron – The Lidice Story*, London 1957. Vgl. Heydrich-Unterlagen im *Berlin Document Center*.

60 Luza, a.a.O., S. 260 f.

61 Ebenda, S. 262.

62 *Facts about Czechoslovakia*, 1958, S. 10.

63 *Time*, 22. 10. 1945, S. 35.

64 Ebenda, 5. 11. 1945, S. 30.

65 *Parliamentary Debates*, House of Commons, Band 414, 26. Oktober 1945, Spalte 2376.

66 *Parliamentary Debates*, House of Lords, Band 139, Spalte 89, 30. 1. 1946.

67 Axel de Gadolin, *The Solution of the Karelian Refugee Problem in Finland*, 1952. Am 14. Dezember 1939 erklärte der Völkerbund, die UdSSR habe sich außerhalb des Völkerbundpaktes gestellt.

68 Jahrzehntelang haben Historiker die Deutschen allgemein als »Täter« dargestellt. Eine moderne Geschichtsschreibung täte besser daran, die These vom Deutschen als »Opfer« zu prüfen. Ein französischer Aphorismus scheint die ganze Situation sarkastisch zusammenzufassen: »Cet animal est très méchant, quand on l'attaque il se défend« – dieses Tier ist sehr bösartig, wenn man es angreift, verteidigt es sich. In diesem Sinne kann die Forderung der Sudetendeutschen nach Gleichberechtigung nicht als abscheuliches Verbrechen bezeichnet werden, und ihre Trennung von den Tschechen durch das Münchener Abkommen könnte auch als eine verspätete Rechtfertigung der Coolidge-Kommission von 1919 angesehen werden.

69 Siehe Götz von Selle, *Ostdeutsche Biographien*, Würzburg 1955: u. a. Gregor Mendel (Nr. 192), Ferdinand Porsche (Nr. 32), Rainer Maria Rilke (Nr. 339), Emil v. Skoda (Nr. 208).

70 Klement Gottwald, *Deset Let*, Sborni stati a projevu 1936–1946, Prag 1949, S. 360–365.

71 Rundfunkrede an das tschechische Volk in der Heimat, 27. Oktober 1942. Central European Observer, Jg. XX, Nr. 22, S. 353 (1943). Sudetendeutscher Rat (Hrsg.), *Dokumente zur Vertreibung der Sudetendeutschen*, München 1992, S. 19.

72 Sudetendeutscher Rat, a.a.O., Einheit Nr. 4, 12. Februar 1944.

73 Respekt Nr. 9 / 1992, 2.–8. März 1992, S. 6.

Drittes Kapitel
Die Entstehung der Oder-Neiße-Linie

1 Hans Grimm, *Volk ohne Raum*, erschienen im Jahre 1926, stellte den engen Raum Deutschlands bzw. der engen Täler um Lippoldsberg den weiten Räumen des kolonialen Afrika gegenüber. Der Titel seines Romans wurde als nationalsozialistisches Propagandaschlagwort mißbraucht, um *Lebensraum* in Osteuropa auf Kosten der slawischen Völker zu verlangen.

2 Stokes erwähnte diese Erklärung Premierminister Churchill gegenüber während der Unterhausdebatte am 23.2.1944, *Parliamentary Debates*, House of Commons, Band 397, Spalte 901 f.

3 Englischer Text in Holborn, *War and Peace Aims of the United Nations*, 1943, S. 2, deutscher Text in *Europa Archiv, Dokumente und Berichte*, Bd. 6, Oberursel, 1948, S. 53.

4 *Parliamentary Debates*, House of Commons, 23. Feb. 1944, Band 397, Spalte 902; 22. März 1944, Band 399, Sp. 783 f.; 16. Jan. 1944, Band 407, Sp. 31 f.

5 H. Rothfels, »Frontiers and Mass Migrations in Eastern-Central Europe«, *Review of Politics*, 1946, S. 59.

6 Churchill, *Der Zweite Weltkrieg, Die Große Allianz*, Band III/2, S. 354.

7 *Parliamentary Debates*, House of Commons, Band 400, Spalte 784, 24.5.1944. Man vergleiche den Text des Briefes von Churchill an Außenminister Eden vom 8. Januar 1942: »... Doch keine britische Regierung, an deren Spitze ich stehe, darf einen Zweifel offenlassen, daß sie sich an die Grundsätze der Freiheit und der Demokratie gebunden erachtet, die in der Atlantik-Charta niedergelegt sind, und daß diese Grundsätze ganz besondere Geltung haben, wenn Fragen territorialer Verschiebungen zur Debatte stehen. Meine Auffassung geht deshalb dahin, den Russen mitzuteilen, daß alle Grenzfragen der Entscheidung der Friedenskonferenz vorbehalten bleiben müssen.« *Der Zweite Weltkrieg, Die Große Allianz*, Band III/2, S. 368.

8 Nachdem in Teheran beschlossen worden war, daß Polen Ostpreußen erhalten sollte, besuchte Premierminister Mikolajczyk die Vereinigten Staaten und erklärte vor der Presse am 14.6.1944 in Washington: »Polen wünscht nach dem Krieg Ostpreußen, das bisher wie ein Messer auf Polens Herz zielte.« *Polish Information News*, London XXI, S. 536; desgl. Harold Strauss, »The Division and Dismemberment of Germany«, Dissertation an der Universität Genf, 1952, S. 86.

9 Churchill, *Der Zweite Weltkrieg*, Band III/2, S. 294, wo Eden über eine Unterredung mit Stalin am 16.12.1941 berichtet, in welcher Stalin vorschlug, Ostpreußen sollte an Polen abgetreten werden.

10 *Foreign Relations of the United States*, 1943, Band 3, S. 15; desgl. Sherwood, *Roosevelt and Hopkins*, 1948, S. 710.
11 *Foreign Relations of the United States*, 1943, Band 3, S. 25; Sherwood, a. a. O., S. 713.
12 Text des deutsch-sowjetischen Nichtangriffspaktes und des Geheimen Zusatzprotokolls, die am 23. 8. 1939 in Moskau unterzeichnet wurden, in A. Toynbee (Hrsg.), *Documents on International Affairs 1939–1946*, Band 1, S. 408 ff., The Royal Institute of International Affairs, London. Die Ribbentrop-Molotow-Grenze war für die Polen noch ungünstiger als die Curzon-Linie, die Ende des Ersten Weltkrieges von Lord Curzon als Polens Ostgrenze vorgeschlagen worden war. Damals hatten sich die Polen dagegen aufgelehnt und mit Waffengewalt eine günstigere russisch-polnische Grenze erzwungen, die bis zum 17. September 1939 in Kraft blieb.
13 Am 17. 11. 1943 wurde ein Memorandum von Stanislaw Mikolajczyk, dem Premierminister der polnischen Exilregierung, Präsident Roosevelt übermittelt. Hierin protestierte er nachdrücklich gegen den sowjetischen Vorschlag und schloß: »Die Zuerkennung von Ostpreußen, Danzig, Oberschlesien und die Begradigung und Verkürzung der polnischen Westgrenze werden in jedem Fall von der Notwendigkeit diktiert, für die Stabilität des künftigen Friedens zu sorgen, für die Entwaffnung Deutschlands und die Sicherheit Polens wie anderer Länder Mitteleuropas. Der Anschluß dieser Gebiete an Polen kann deshalb gerechterweise nicht als Gegenstand der Entschädigung für die Abtretung Ostpolens an die UdSSR behandelt werden …« *Foreign Relations of the United States*, 1943, Band 3, S. 482. In einem Gespräch mit Elbridge Durbrow am 6. 1. 1943 im Außenministerium hatte Arlet, Botschaftsrat der polnischen Botschaft in Washington, bereits den Wunsch geäußert, daß Polen »Ostpreußen, einen Teil von Pommern sowie von Oberschlesien« erhalten solle. Zunächst beriefen sich die polnischen Forderungen auf wirtschaftliche und strategische Gründe; später, als der Krieg fortschritt, wurde das Argument, Polen auf Kosten Deutschlands für seine beträchtlichen Verluste im Osten zu entschädigen, ausschlaggebend. Ebenda, S. 322.
14 Churchill, *Der Zweite Weltkrieg*, Band V/2, S. 49.
15 Ebenda, S. 50.
16 Ebenda.
17 Frankreich äußerte später seine Besorgnis vor einem übervölkerten Deutschland und schlug Massenauswanderung der Deutschen als Lösung vor. FO 371/46816.
18 Isaiah Bowman, amerikanischer Geograph und Präsident der John-Hopkins-Universität, nahm an der Pariser Friedenskonferenz von 1919 teil und später, 1945, in San Francisco. Er schrieb einen besonders scharfsichtigen Artikel über die Planung des Friedens, in dem er bemerkte: »Es

herrscht ein tiefer psychologischer Unterschied zwischen einem Überlassen von Territorium durch einen Handelsvertrag und einem Pakt des internationalen Zusammenwirkens. Territorium ist nahe und einfach und erweckt persönliches Gefühl und Gruppenemotionen. Für ein Volk, das seiner Individualität bewußt ist: ›wie süß der stille suchende Blick zurück‹. Ein solches Volk beseelt das Land selbst mit einer mystischen Qualität, hört, wie verehrte Vorfahren, Begründer vergangener Größe und Vollbringer heldischer Taten aus den Gräbern in seinem Boden noch reden. Eingeflossen in jede nationale Literatur sind die wechselnden Stimmungen der Landschaften, die Schöpfungen aus Fluß, Berg, Ebene, Wald und Küste. All die vertrauten Techniken des Lebens sind verwoben mit dem Komplex aus Gefühl, unvergessenen Erlebnissen und Phantasie, die Ort und Heim umgeben. Es ist das Recht auf solche Empfindungen und nicht nur auf so und so viele Quadratkilometer Land, das heimatlos wird, wenn es zu einem Wandel der Grenzen und der Herrschaft kommt.« Isaiah Bowman, »The Strategy of Territorial Decisions«, *Foreign Affairs*, 1946, Band 24, S. 177–94, Zitat auf S. 177.

19 Arthur Lane, *I saw Poland Betrayed*, 1948, S. 260. Siehe auch Brief von Botschafter Lane an Außenminister Marshall vom 13. 1. 1947, *Foreign Relations of the United States*, Band 2, S. 177.

20 Churchill, *Der Zweite Weltkrieg*, Bd. V/2, S. 90.

21 *Foreign Relations of the United States*, 1918, Band 1, Suppl. 1, S. 112.

22 Bisher hatte noch niemand die Grenze an der Neiße ins Gespräch gebracht.

23 Churchill, *Der Zweite Weltkrieg*, Bd. V/2, S. 98. Feis, *Churchill, Roosevelt, Stalin*, 1957, S. 287.

24 *Foreign Relations of the United States*, 1944, Band 1, S. 302f.

25 Churchill, *Der Zweite Weltkrieg*, Bd. V/2, S. 155; Benesch, *Memoirs*, 1954, S. 149.

26 Ein »Sonderausschuß zur Untersuchung von Tatsachen, Beweismaterial und Umständen des Massakers vom Wald bei Katyn« wurde einstimmig durch House Resolution 390, 82. Kongreß, 1. Sitzung vom 18. 9. 1951 eingesetzt. Der Text der Hearings wurde mit den entsprechenden Dokumenten veröffentlicht in 7 Teilen (2362 Seiten) unter dem Titel *The Katyn Forest Massacre*. Vgl. Committee on the Judiciary, United States Senate, *The Human Cost of Soviet Communism*, 92nd Congress, 1st Session, Doc. No. 92–36, 16. Juli 1971, S. 20. Siehe auch Edward Rozek, *Allied Wartime Diplomacy*, 1958, S. 123–127; Josef Czapski, *What happened in Katyn?*, 1950; Gen. Wladyslaw Anders, *Katyn*, 1948. Einige Beobachtungen wurden dem Verfasser mitgeteilt von Dr. Ernesto Giménez Caballero, dem spanischen Vertreter bei der internationalen Untersuchungsmission von 1943. Vgl. Alexander Werth, *Rußland im Krieg*, S. 434ff.; Louis

Fitzgibbon, *Unpitied and Unknown*, London 1975. *Brockhaus Enzyklopädie*, 1970, Bd. 10, S. 32. – Im Public Record Office in London befinden sich zahlreiche unveröffentlichte Dokumente des Foreign Office über den Fall Katyn und über die britischen Versuche, die Polen mit den Russen auszusöhnen, obwohl, wie aus dem Memorandum von Owen O'Malley vom 31. Mai 1943 an Außenminister Eden hervorgeht, das Foreign Office intern glaubte, daß die Russen die Täter waren. Siehe Akten mit Signatur FO 371/34577, FO 371/34575, FO 371/34572, FO 371/47734. – »Katyn 1940« steht auf einem Obelisken, der seit September 1976 auf dem Londoner Friedhof Gunnersbury an die 14471 Polen erinnert, die 1940 von den Sowjets ermordet wurden. Im Leitartikel vom 17.9.1976 in *The Times* heißt es auf Seite 15: »In den 30 Jahren seit Kriegsende ist genug veröffentlicht worden, um jeden, der kein engagierter Verteidiger der Sowjets ist, davon zu überzeugen, daß das Massaker tatsächlich 1940 stattfand, als Katyn unter sowjetischer und nicht unter deutscher Kontrolle stand.« Desgl. *Frankfurter Allgemeine Zeitung*, 18.9.1976, S. 2, und *Die Welt*, 20.9.1976, S. 8. – Siehe auch *Polish Affairs*, Nr. 98, Dezember 1976, London. Dieses Sonderheft ist dem Komplex Katyn gewidmet und beschreibt die Kontroverse um den Bau des Gunnersbury-Obelisken.

27 *Foreign Relations of the United States*, Band 3, S. 387ff. Siehe auch Note von Premierminister Churchill vom 26. April 1943, Cabinet Papers 66/36. Vgl. Rozek, a.a.O., S. 128.

28 Kennan, *Memoiren eines Diplomaten*, 1968, S. 205. Rozek, a.a.O., S. 132ff.

29 Sikorski kam am 4.7.1943 bei einem Flugzeugunglück nahe Gibraltar ums Leben. Ihm folgte Mikolajczyk als Premierminister der Exilregierung; David Irving, *Churchill and Sikorski, a Tragic Alliance*, 1969.

30 Beneš, *Memoirs*, S. 266; Rozek, a.a.O., S. 171.

31 Polnisches Protokoll der Konferenz am Freitag, dem 13. Oktober 1944 zwischen Stalin, Churchill, Mikolajczyk und Harriman. Sikorski Institut, London, *Mikolajczyk Papers*, Dokument P. R. M. Z. 5 auf S. 9.

32 *Mikolajczyk Papers*, a.a.O., S. 10f.

33 Rozek, a.a.O., S. 277ff.; Mikolajczyk, *The Rape of Poland*, 1948, S. 97ff.; Churchill, *Der Zweite Weltkrieg*, Bd. VI/1, S. 278.

34 Rozek, a.a.O., S. 283.

35 Ebenda, S. 285.

36 Churchill, *Der Zweite Weltkrieg*, Bd. VI/2, S. 35; Lane, a.a.O., S. 70. Von Anfang an dachte Stalin an eine Ausdehnung bis an die westliche, die Görlitzer (oder Lausitzer) Neiße. Doch da es auch die Glatzer Neiße gab, entwickelte sich später eine Auseinandersetzung zwischen den westlichen Alliierten und der Sowjetunion, welcher der beiden Neiße-Flüsse die Grenze bilden sollte. In Jalta und in Potsdam setzten sich die westlichen Alliierten für die östliche oder Glatzer Neiße ein; hätte sie die Grenze ge-

bildet, wäre der größte Teil Niederschlesiens im Nachkriegsdeutschland verblieben.

37 Kennan, a.a.O., Band 1, S. 218ff. In seinen berühmten *Memoiren*, die mehr als zwanzig Jahre nach den unheilvollen Beschlüssen von Jalta und Potsdam erschienen, faßte er zusammen: »Eine so unnatürliche Grenze wie die Oder-Neiße-Grenze konnte nur mit Waffengewalt aufrechterhalten und verteidigt werden – und dazu bedurfte es größerer Kraft, als Polen selbst aufzubringen imstande sein würde. Man konnte von den Polen aber auch nicht erwarten, daß sie die Verteidigung dieser Grenzen den Westmächten anvertrauten. Das hatten sie schon einmal probiert, in den Jahren 1938 und 1939. Selbst damals schon hatten sich die Westmächte als eine schwache Stütze gezeigt. Angesichts der Oder-Neiße-Grenze würde ein künftiges Deutschland irredentistische Ansprüche viel nachhaltiger und überzeugender geltend machen können als die von Hitler im Jahre 1939 vorgetragenen (und selbst für dessen Forderungen ließ sich einiges sagen, wie die Westmächte eingesehen hatten). Das aus einem guten Stück Deutschland herausgeschnitzte Polen müßte sich schon aus reinem Selbsterhaltungstrieb des ständigen Wohlwollens der Russen versichern, und zwar zu deren Bedingungen.« – Zur Oder-Neiße-Linie bemerkt Churchill in seinen Kriegserinnerungen: »Hier war ein Unrecht im Werden, gegen das unter dem Gesichtspunkt der künftigen Befriedung Europas Elsaß-Lothringen und der Polnische Korridor nicht viel mehr als Kleinigkeiten waren.« *Der Zweite Weltkrieg*, Band VI, Buch 2, S. 347.

38 Department of State, *Bulletin*, Band XI, S. 836, 24.12.1944. Statt Politik auf weite Sicht zu planen, griffen die Vereinigten Staaten im September 1944 übereilt nach dem Irrlicht des Morgenthau-»Plans«. Sechs Monate hindurch erging man sich in »kleiner Politik« im Hinblick auf Deutschland. Am 20. Oktober schrieb Roosevelt an Hull: »Ich schätze es nicht, Pläne für ein Land zu machen, das wir noch nicht erobert haben.« Siehe Hull, *Memoirs*, Band 2, S. 1621; desgl. Philip Mosley, »The Occupation of Germany«, *Foreign Affairs*, 1949–50, Band 28, S. 596; Robert Murphy, *Diplomat unter Kriegern*, 1965, S. 278ff.

39 *Foreign Relations of the United States, The Conference at Malta and Yalta*, S. 189.

40 Ebenda, S. 509.

41 Ebenda, S. 510.

42 Ebenda, S. 680.

43 Ebenda, S. 716 (Bohlen-Niederschrift).

44 Ebenda, S. 717 (Bohlen-Niederschrift), S. 720 (Matthew-Niederschrift); desgl. Churchill, *Der Zweite Weltkrieg*, Band VI/2, S. 38.

45 *Foreign Relations of the United States*, a.a.O., S. 717, desgl. in Matthew-Niederschrift S. 720, in Hiss-Notizen S. 726; Churchill, a.a.O., S. 40.

46 *Foreign Relations of the United States*, a.a.O., S. 717, 720, 725; Churchill, a.a.O., S. 39.
47 *Foreign Relations of the United States*, a.a.O., S. 792; Churchill, a.a.O., S. 42.
48 *Foreign Relations of the United States*, a.a.O., S. 869.
49 Ebenda, S. 907; Churchill, a.a.O., S. 52–53.
50 *Foreign Relations of the United States*, a.a.O., S. 905 und 938.
51 *Congressional Record*, House of Representatives, Band 91, Teil 2, 1.3.1945, S. 1621–22.
52 *Parliamentary Debates*, House of Commons, 27.2.1945, Band 408, Spalte 1267.
53 Ebenda, Spalte 1277.
54 Ebenda.
55 Ebenda, 1.3.1945, Spalte 1623.
56 Ebenda, Spalte 1655.
57 Ebenda, Spalte 1625.
58 *Rocznik Statystyczny*, 1947, S. 29. Etwa eine Million Polen blieben jedoch östlich der Curzon-Linie. Vgl. Angela Nacken: »1 167 000 vergessene Polen«, in: *Frankfurter Allgemeine Zeitung*, 3. Februar 1979, S. 12.
59 *Time*, 15. 10. 1945, Band 46, S. 24.

Viertes Kapitel
Vorspiel zur Vertreibung: Die Flucht

1 E. Kulischer, *Europe on the Move*, 1948, S. 256–259; J. Schechtman, *European Population Transfers*, 1946, S. 66–225; desgl. Schechtman, »The Option Clause in the Reich's Treaties on the Transfer of Population« in *American Journal of International Law*, Band 38, 1944, S. 356 ff.; desgl. Alfred de Zayas, »International Law and Mass Population Transfers«, *Harvard International Law Journal*, 1975, Band 16, S. 246–249; D. Loeber, *Diktierte Option*, 1973.
2 Theodor Schieder, *Dokumentation der Vertreibung*, Band I/1, S. 63 E, 101, 266, 274, 432, 479.
3 Ebenda, S. 155 E.
4 Diese abgeschlagene Offensive gegen Ostpreußen wird in der sowjetischen »Geschichte des Großen Vaterländischen Krieges 1941–1945« (deutsch 1961, Frankfurt a.M., S. 398) nur mit einem Satz erwähnt. Selbstverständlich gibt diese Geschichte keinen Hinweis auf Greueltaten der sowjetischen Armee. Der Verfasser, Prof. Doktor der Geschichtswissenschaft Boris Semjonowitsch Telpuchowskij, war stellvertretender Leiter der Abteilung »Geschichte des Großen Vaterländischen Krieges« am Insti-

tut für Marxismus-Leninismus beim Zentralkomitee der KPdSU in Moskau. Die deutsche Übersetzung des Werkes wurde von Andreas Hillgruber und Hans-Adolf Jacobsen herausgegeben und kritisch erläutert.

5 Der Verfasser hat drei Gespräche mit General Hossbach geführt, um sich ein klares und authentisches Urteil über das Geschehen in Ostpreußen zu verschaffen. Eine gute Zusammenfassung der Ereignisse findet sich bei Schieder, *Dokumentation der Vertreibung*, Band I/1, S. 9 E–41 E. Die militärische Situation bei Hossbach, *Die Schlacht um Ostpreußen*, 1951; auch Kurt Dieckert und Horst Großmann, *Der Kampf um Ostpreußen*, 1960.

6 Siehe Rudolf Grenz, *Stadt und Kreis Gumbinnen*, 1971, S. 632–636 und S. 811–835, bekannt als »Heimatbuch« von Gumbinnen.

7 In einem persönlichen Gespräch bestätigte General Dethleffsen den Inhalt seiner Aussage von 1946. Die Erklärung kann heute eingesehen werden in den bundesdeutschen Archiven von Koblenz unter Ost-Dok. 2, Nr. 13, S. 31 ff., und im Friedenspalast in Den Haag bei den Nürnberger Dokumenten, High Command Defense, Item H-1357, Affidavit Nr. 1608. Sie wird auch zitiert von E. G. Lass, *Die Flucht – Ostpreußen 1944–45*, 1964, S. 46 f. Es liegen ferner zeitgenössische Berichte über das Massaker von Nemmersdorf im politischen Archiv des Auswärtigen Amtes in Bonn, in der Sammlung Völkerrecht/Kriegsrecht, Band 82/8, Nr. 22. In diesem Band sind auch Berichte zu finden über Massaker in Goldap, Tutteln und Girnen.

8 Ost-Dok. 2, Nr. 13, S. 9–10; Schieder, *Dokumentation der Vertreibung*, Band I/1, S. 7 Fußnote. Desgl. Lass, a. a. O., S. 45 f. Auf Berichte über deutsche Zivilisten, meistens Frauen, die an Scheunentore genagelt waren, stößt man hier und da in der umfangreichen Sammlung von Erklärungen in den Ostdokumenten. Dieser besondere Vorfall ist dem Verfasser in Gesprächen mit deutschen Flüchtlingen aus Ostpreußen und Schlesien bestätigt worden, aber auch von Belgiern, die als Kriegsgefangene in Ostpreußen gewesen waren und nach ihrer Befreiung 1945 durch die Rote Armee Zeugen solcher Vorfälle wurden. Siehe auch *Fremde Heere Ost*, Berichte im Bundesarchiv-Militärarchiv, Bestand H 3, insb. Bd. 657, 665, 667, 690.

9 Schieder, *Dokumentation der Vertreibung*, Band I/1, S. 7 f; Ost-Dok. 2, Nr. 21, S. 715 f., Lass, a. a. O., S. 44 f.

Der Bericht der internationalen Ärztekommission wie auch die gesamten militärischen Berichte der Vierten Armee nach August 1944 sind verlorengegangen, wahrscheinlich in sowjetische Hände gefallen oder von den Deutschen selbst vernichtet. Doch General Dethleffsen hat mir selbst versichert, daß eine ärztliche Untersuchungskommission erschienen ist und einen Bericht verfaßt hat. Ein vorläufiger Bericht über den Zustand der Leichen, datiert vom 26. 10. 1944, abgefaßt von Hauptmann Fricke (Abt.

Ic A. O. Abw. III), kann in den Militärarchiven von Freiburg eingesehen werden, und zwar im Kriegstagebuch der Infanteriedivision 559. Die Geschehnisse im nahe gelegenen Goldap wurden von einer internationalen Kommission in Berlin untersucht, deren Mitglieder nach Auskunft des Nürnberger Staatsarchivs waren: Vorsitzender Dr. Hjalmar Mäe aus Estland (der Verfasser hat mit Dr. Mäe korrespondiert), Professor Dr. Puentes Rojo (Spanien), Hendrichs de Lestrieur (Niederlande), Petro Avancini (Italien), M. Calais (Schweden), Hermansen (Dänemark), Madjenovic (Serbien), Strandmais (Lettland).

10 Ost-Dok. 2, Nr. 8, S. 107; Lass, a. a. O., S. 47. Der Verfasser hat mit Hauptmann Herminghaus korrespondiert, der ausdrücklich die Echtheit der zitierten Erklärung bestätigte und dem Verfasser Hinweise auf weitere Untersuchungen gab. Vgl. Bericht in *Le Courrier*, Genf, 7. 11. 1944, Nr. 306, S. 1.

11 Frau Margot Grimm starb 1969. Der Verfasser hat mit ihrem Sohn Joachim Grimm korrespondiert. Die Erklärung in Frau Grimms Handschrift findet sich im Bundesarchiv Koblenz unter Ost-Dok. 2, Nr. 13, S. 49f. Sie wird vollständig zitiert bei Lass, a. a. O., S. 47f., und wird bekräftigt durch die Erklärung von Erika Feller, Ost-Dok. 2, Nr. 13, S. 33–36, ebenfalls zitiert bei Lass, a. a. O., S. 48.

12 Politisches Archiv des Auswärtigen Amtes, Bestand Völkerrecht/Kriegsrecht, Bd. 82/8. Der Verfasser hat diesen Fall mit dem ehemaligen Major Hinrichs besprochen, der sich an seine damalige Feststellung noch klar erinnern kann. Sein Bericht wurde dem Auswärtigen Amt durch den ehemaligen Vertreter des Auswärtigen Amtes beim Oberkommando des Heeres, Dr. Hasso v. Etzdorf, weitergeleitet. In einem persönlichen Gespräch mit Herrn Dr. v. Etzdorf wurde dem Verfasser bestätigt, daß mehrere dieser Meldungen beim Oberkommando des Heeres eingegangen sind.

13 Politisches Archiv des Auswärtigen Amtes, Bestand Völkerrecht/Kriegsrecht, Bd. 82/8. Diese Meldung hat der ehemalige Vertreter des Auswärtigen Amtes beim OKW/WPr Dr. Heinrich v. zur Mühlen in Telegrammform weitergeleitet. Dem Verfasser hat Dr. v. zur Mühlen den Fall bei einem persönlichen Gespräch bestätigt.

14 Bundesarchiv-Militärarchiv Freiburg, RW 4/v. 709, S. 109ff.

15 Politisches Archiv des Auswärtigen Amtes, Bestand Völkerrecht/Kriegsrecht, Bd. 82/8. Der Verfasser hat mit Frau Marianne Stumpenhorst korrespondiert. Sie hat eine ausführliche Darstellung in Rudolf Grenz, *Stadt und Kreis Gumbinnen*, gegeben. Vgl. Karl Kurth (Hrsg.), *Dokumente der Menschlichkeit*, Würzburg 1960, S. 208–246.

16 Politisches Archiv des Auswärtigen Amtes, Bestand Völkerrecht/Kriegsrecht, Bd. 82/8.

17 *Public Record Office*, Dokument FO 371/39083. Es wurde sogar

vermutet, daß unter Umständen die deutsche Gestapo ihre eigenen Landsleute getötet habe, wenn diese sich der Evakuierung widersetzten. Diese Vermutung zeigt, wie die Engländer die Lage in Ostpreußen verkannt hatten, denn das Problem lag gerade darin, daß die NS-Parteifunktionäre eine Evakuierung der Zivilbevölkerung als Defaitismus betrachteten und deswegen sich gegen die von der Armee vorgeschlagene Evakuierung erklärten.

18 Mikrofilme der *Krasnaja Swesda* im British Museum, Colindale Library, und auch in der Harvard University Library.

19 In der englischen Ausgabe des vorliegenden Buchs zitiert der Verfasser ein Ehrenburg zugeschriebenes Flugblatt, das nach Aussage mehrerer vom Verfasser befragter deutscher Offiziere an die Soldaten der Roten Armee zur Zeit der Oktoberoffensive 1944 verteilt wurde. Der Text lautet: »Tötet. Es gibt nichts, was an den Deutschen unschuldig ist, die Lebenden nicht und die Ungeborenen nicht! Folgt der Weisung des Genossen Stalin und zerstampft für immer das faschistische Tier in seiner Höhle. Brecht mit Gewalt den Rassenhochmut der germanischen Frauen! Nehmt sie als rechtmäßige Beute! Tötet, ihr tapferen Soldaten der siegreichen sowjetischen Armee!« – Eine deutsche Übersetzung des Flugblatts ist in den Erinnerungen von Großadmiral Dönitz *Zehn Jahre und zwanzig Tage* auf S. 424 zitiert. Bisher ist es dem Verfasser nicht gelungen, das russische Original aufzutreiben. Doch die Akten des politischen Archivs des Auswärtigen Amts, Bestand Völkerrecht/Kriegsrecht und Kult. Pol. Geheim, wie auch die Akten des Bundesarchiv-Militärarchivs in Freiburg enthalten viele andere aufhetzende Flugblätter von Ehrenburg und anderen russischen Autoren. Ehrenburg selbst leugnet in seiner Autobiographie *Menschen, Jahre, Leben* (deutsch 1962), Band III, S. 32ff., das zitierte Flugblatt verfaßt zu haben. Vgl. Alexander Werth, *Rußland im Krieg*, S. 644ff. Siehe auch Ehrenburgs Artikel in *Krasnaja Swesda* vom 13.8.42. Vgl. Schieder, a.a.O., Bd. I/1, S. 61 E.

20 Ilja Ehrenburg, Воина, Bd. 2, S. 22f. Am 14. April 1945 wurde Ehrenburgs Haßpropaganda von G. F. Alexandrow in der *Prawda* scharf kritisiert. Siehe Alexander Werth, a.a.O., S. 646; Albert Seaton, *The Russo-German-War 1941–45*, 1971, S. 543f.

21 Bundesarchiv-Militärarchiv, Bestand H3/493, Fremde Heere Ost. Auch zitiert in Alexander Werth, *Rußland im Krieg*, S. 644ff. Der Verfasser möchte dem Historiker Ortwin Buchbender, Köln, für seine Hinweise über russische Flugblattpropaganda im Zweiten Weltkrieg danken.

22, 23, 24 Ebenda.

25 Werth, a.a.O., S. 295.

26 Bundesarchiv/Militärarchiv, Bestand H3/493, Fremde Heere Ost.

27 Befehl des Volkskommissars für Verteidigung Nr. 55, Moskau,

23. Februar 1942, in: J. Stalin, *Über den Großen Vaterländischen Krieg der Sowjetunion*, Berlin 1951 (2. Auflage), S. 43 ff., S. 50. Siehe auch Boris Telpuchowski: *Die sowjetische Geschichte des Großen Vaterländischen Krieges*, herausgegeben von A. Hillgruber und H. A. Jacobsen, Frankfurt 1961, S. 71 Ef.

28 Werth, a. a. O., S. 644.

29 Ebenda.

30 Kennan, a. a. O., S. 269, bestätigt und ergänzt in einem persönlichen Gespräch des Verfassers mit Kennan.

31 Ost-Dokumente im deutschen Bundesarchiv in Koblenz und persönliche Gespräche des Verfassers mit zehn französischen und belgischen ehemaligen Kriegsgefangenen, die 1944/45 von der Roten Armee befreit wurden. Georges Hautecler vom Centre de Recherche et d'Études Historiques de la Seconde Guerre Mondiale des belgischen Erziehungsministeriums in Brüssel teilte mir mit, daß zwischen Januar und Mai 1945 209 belgische Kriegsgefangene starben bzw. verschollen sind. Siebzig von ihnen sind nachweislich durch Kriegshandlungen umgekommen: durch Bomben russischer Flugzeuge, durch Beschuß, auch durch unprovozierte Ermordung durch sowjetische Soldaten. Am 11. März 1945 wurde Alphonse Adnet auf der Straße von Stolp nach Lauenburg von einem betrunkenen russischen Soldaten getötet. Am 8. April 1945 um 13.45 Uhr wurde René Urbain von einem betrunkenen russischen Soldaten getötet, »weil er keine Uhr hatte«.

32 Die Ende des Zweiten Weltkriegs gegründete Freischärlerbewegung »Werwolf«, die den Kampf der Nationalsozialisten gegen die Alliierten fortsetzen sollte, gewann keine Bedeutung und wurde nur in Rumänien eingesetzt unter Andreas Schmidt, der mit anderen russisch-deutschen Freiwilligen mit Fallschirmen abgesetzt wurde, um Sabotage gegen die Rote Armee zu verüben (Theodor Schieder, *Dokumentation der Vertreibung der Deutschen aus Ostmitteleuropa*, Band 3, S. 77 E). Es gab keinerlei organisierten oder nichtorganisierten Widerstand von Zivilisten gegen die Sowjetarmee in Ostpreußen oder Schlesien, weder Partisanengruppen noch Sabotageakte, es herrschte nur lähmende Angst. Nach Hitlers Selbstmord gab die Regierung Dönitz strenge Befehle gegen die geplante Werwolf-Freischar heraus, die sie über Funk aus Plön und Flensburg verbreiten ließ. Der Verfasser erhielt diese Information im persönlichen Gespräch mit Graf Schwerin von Krosigk, Außen- und Finanzminister in der Dönitz-Regierung. Siehe auch Eisenhower, *Crusade in Europe*, 1948, S. 397. Im Public Record Office in London befindet sich ein Memorandum des Foreign Office vom Juli 1945 über das Scheitern des geplanten »Werwolf«. Dokument Nr. FO 371/46749.

33 Lew Kopelew, *Aufbewahren für alle Zeit*, 1976, S. 127.

34 *Congressional Record*, Senate, 4. 12. 1945, S. 11374; vgl. Schieder,

Dokumentation der Vertreibung, Bd. I/1, S. 65 E, Berichte 72, 78, 131, Bd. I/2, Bericht Nr. 188.

35 A. Solschenizyn, *Archipel Gulag,* Band 1, S. 32. Es scheint immerhin, daß sich die russischen Soldaten auch nicht gerade ritterlich gegen die soeben befreiten Osteuropäer benahmen. Milovan Djilas, der im Kriege die jugoslawische Militärmission in Moskau leitete, schreibt in seinem Buch *Conversations with Stalin,* 1962, S. 95, daß er sich bei dem sowjetischen Diktator über Greuel beschwerte, die von Soldaten der Roten Armee in Jugoslawien begangen worden waren. Stalin soll geantwortet haben: »Haben Sie kein Verständnis dafür, daß ein Soldat, der Tausende von Kilometern durch Blut und Feuer gegangen ist, Spaß an einer Frau hat oder etwas plündert?« C. Ryan in *The Last Battle,* 1966, S. 493, schilderte die vielen Fälle von Vergewaltigungen im eroberten Berlin. Siehe auch *Congressional Record,* House of Representatives, 1. 11. 45, S. 10292, über den Einzug der Roten Armee in Bulgarien: »Nach einigen abscheulichen Vorfällen merkten die Bauern, es sei am besten, die Soldaten nehmen zu lassen, was immer sie wollten.« F. Voigt, »Orderly and humane« in *The Nineteenth Century and After,* Nov. 1945, besonders über Vergewaltigungen im eroberten Danzig, S. 193 ff.

36 Alexander Solschenizyn, *Ostpreußische Nächte,* Darmstadt 1976, S. 35.

37 Über den ehemaligen Major der Roten Armee, den Germanisten Lew Kopelew, später Dissident in Moskau, siehe den ausführlichen Artikel von Marion Gräfin Dönhoff in *Die Zeit,* 6. 2. 1976, S. 3.

38 Lew Kopelew, a. a. O., S. 94.

39 Ebenda, S. 117.

40 Ebenda, S. 122.

41 Ebenda, S. 127.

42 Werth, a. a. O., S. 644.

43 Frank Keating, »Das Verhalten der Roten Armee im Sieg und während der Besatzungszeit«, in B. H. Liddell-Hart, *Die Rote Armee,* Bonn 1956, S. 201.

44 Schieder, *Dokumentation der Vertreibung,* Band I/1, S. 79 E ff. Alfred Bohmann, *Menschen und Grenzen,* Band 1, S. 271; Kurt Böhme, *Gesucht wird,* die Geschichte der Sucharbeit des Deutschen Roten Kreuzes, S. 261 u. 275. Etwa eine Million Deutsche wurden in die Sowjetunion deportiert, doch darunter waren Hunderttausende Deutscher aus Rumänien, Jugoslawien und Ungarn wie auch etwa 300 000 Volksdeutsche aus der Sowjetunion, die mit der zurückflutenden deutschen Armee 1944 nach Westen geflohen waren und 1945 nach der bedingungslosen Kapitulation Deutschlands mit Gewalt repatriiert wurden. Diese Rußlanddeutschen kamen aber nicht wieder in ihre Dörfer im Schwarzmeergebiet, sondern in Arbeitslager irgendwo in der Sowjetunion. Siehe Karl Stumpp, *The Ger-*

man-Russians, 1971. Desgl. Brief im Anhang zu *Congressional Record*, Senate, 2.8.1946, S. A-4774.

45 Der Verfasser hat die Originalberichte über die Deportationen im Deutschen Bundesarchiv in Koblenz durchgesehen. Unter den tragischsten Fällen sind die in den Ost-Dokumenten unter folgenden Signaturen gesammelten: Ost-Dok. 2, Nr. 68, S. 184, 249, 477; Nr. 139, S. 41, 88, 151; Nr. 140, S. 453, 521, 524.

46 Eine amerikanische Meinungsäußerung, die sich für die sowjetische Deportation von deutschen Zivilisten zu Zwangsarbeit ausspricht, findet sich bei John Fried, »Transfer of Civilian Manpower From Occupied Territory«, *American Journal of International Law*, 1946, Band 40, insbes, S. 328f. Albert Speer, Reichsminister für Bewaffnung und Munition, schrieb in seinem Nürnberger Tagebuch am 28.3.1947: »Die Deportation von Arbeitskräften ist ohne Zweifel ein internationales Vergehen. Ich lehne das Urteil nicht ab, weil andere Nationen jetzt das gleiche tun.« *Erinnerungen*, 1969, S. 596. Bekanntlich wurde Speer in Nürnberg zu zwanzig Jahren Gefängnis verurteilt, weil er Zwangsarbeiter, vor allem aus Polen und der Ukraine, eingesetzt hatte. Alfred Rosenberg, Reichsminister für die besetzten Ostgebiete, hatte das Dekret, das die Rekrutierung von »Ostarbeitern« verfügte, am 19.12.1941 unterschrieben und wurde in Nürnberg wegen Versklavung von Menschen am 16.10.46 hingerichtet. Vgl. Oppenheim-Lauterpacht, *International Law*, 1955, Band 2, S. 441 ff.

47 *Foreign Relations of the United States. The Conferences at Malta and Yalta*, Protokoll über deutsche Reparationsleistungen, S. 982f.; desgl. Dokumente über Vorbereitung und Arbeitspapiere S. 158, 196, 937. Vgl. Byrnes, *In aller Offenheit*, S. 46ff. Siehe auch die Befürwortung der Zwangsarbeit durch Lord Vansittart im Oberhaus am 23. Oktober 1945. *Parliamentary Debates*, House of Lords, Bd. 137, Spalte 424; Pethick-Lawrence, *Parliamentary Debates*, House of Commons, Bd. 408, Spalte 1661, 1.3.1945.

48 *Foreign Relations of the United States*, 1945, Band 2, S. 1238–45.

49 Schieder, *Dokumentation der Vertreibung*, Band I/1, S. 87 E. Die Gesamtzahl der umgekommenen reichs- und volksdeutschen Deportierten wird auf 350000 geschätzt. Siehe K. Böhme, a.a.O., S. 275.

50 Schimitzek, *Truth or Conjecture*, 1966, S. 266.

51 Telpuchowski, a.a.O., S. 483.

52 Schimitzek, a.a.O., S. 249.

53 Ebenda, S. 262; Elisabeth Wiskeman, *Germany's Eastern Neighbours*, 1956, S. 87; G. Paikert, *The German Exodus*, 1962, S. 6.

54 Bericht von Byron Price an Präsident Truman, 9.11.1945, *Documents on American Foreign Policy*, Band 8, S. 258. Siehe auch Radomir Luza, *The Transfer of the Sudeten Germans*, 1964, S. 268. Über das Fahn-

den nach »zerknirschten Herzen« siehe F. A. Voigt, »Eastern Germany«, *The Nineteenth Century and After*, März 1946, S. 97–101. Desgl. Auszug aus einer Rede von Paul Bellamy in *Congressional Record*, Senate, 2. 8. 1946, S. A–4776. »Die Deutschen, mit denen ich sprach... zeigten mit wenigen Ausnahmen geringe Reue über ihr Verhalten.«

55 In vielen Fällen blieben die amerikanisch besetzten Gebiete den deutschen Flüchtlingen verschlossen, die manchmal Hunderte von Kilometern geflüchtet waren, um dann doch im letzten Augenblick den Russen in die Hände zu fallen, unmittelbar an den amerikanischen Linien. Siehe Schieder, *Dokumente der Vertreibung*, Band I/1, desgl. Franzel, *Die Vertreibung Sudetenland 1945–46*, 1967, S. 305 f.

56 Montgomery, *Memoiren*, 1958, S. 399 f.

57 Persönliche Berichte, die der Verfasser von französischen und belgischen ehemaligen Kriegsgefangenen erhielt. Siehe auch die Berichte in K. O. Kurth (Hrsg.), *Dokumente der Menschlichkeit*, 1960, mit einem Vorwort von Albert Schweitzer.

58 Schieder, *Dokumente der Vertreibung*, Band I/1, S. 36 E f.; G. Lass, a. a. O., S. 246–266.

59 Schieder, a. a. O., Band I/1, S. 82.

60 Ebenda, S. 68.

61 Ebenda, S. 37 E, 69, 79 usw. *Ost-Dok. 2*, Nr. 14, Fälle 11, 27, 58, 69, 83. Vgl. Lehndorff, *Ein Bericht aus Ost- und Westpreußen*, 1960, S. 32.

62 Ebenda. Auch persönliche Mitteilungen von vielen Flüchtlingen und Gespräch des Verfassers mit Admiral Adalbert v. Blanc, Chef der 10. Sicherungs-Division, und Kpt. z. See Hugo Heydel, Chef der 9. Sicherungs-Division.

63 Brustat-Naval, *Unternehmen Rettung*, 1970, S. 240; ferner persönliche Mitteilung von Admiral Engelhardt bei zwei 1972 geführten Gesprächen; Durchsicht der Berichte über Besprechungen von Admiral Dönitz mit Hitler, bes. Besprechung vom 31. 1. 1945 nach der Versenkung der *Wilhelm Gustloff*, am 18. 4. 1945 nach Versenkung der *Goya*, »Seekriegsleitung Besprechungen beim Führer«, Institut für Zeitgeschichte, München, Mikrofilm MA-10(4), S. 144, 176. Jetzt veröffentlicht in Gerhard Wagner (Hrsg.): *Lagevorträge des Oberbefehlshabers der Kriegsmarine vor Hitler 1939–1945*, München 1972. *Gustloff*, S. 643; *Steuben*, S. 650; *Goya*, S. 702. Siehe auch Schieder, a. a. O., Band I/1, S. 323 ff., Bericht Nr. 84 von C. Adomeit über die Versenkung der *Goya*.

64 Brustat-Naval, a. a. O., S. 39–45. Die *Wilhelm Gustloff* war ursprünglich ein großes KdF-Passagierschiff, dann 1939/40 Lazarettschiff, 1941 wurde sie aus dem Lazarettdienst entlassen und offiziell nicht wieder als solches eingesetzt.

65 Brustat-Naval, a. a. O., S. 48, 56.

66 Als kleines Fahrzeug kann ein U-Boot nur eine Handvoll Menschen retten. Außerdem verlassen U-Boote den Schauplatz einer Versenkung möglichst schnell, um nicht entdeckt zu werden; wenn sie im Zweiten Weltkrieg erst einmal geortet worden waren, konnten sie ihrer geringen Geschwindigkeit wegen oft nicht mehr entkommen.

67 Nach Abbruch der diplomatischen Beziehungen (z. B. Krieg) kann ein Drittstaat (als sog. »Schutzmacht«) zeitweilig mit der Wahrnehmung der Interessen eines Staates beauftragt werden. Im Zweiten Weltkrieg hatte das Reich mehrere Staaten als Schutzmächte beauftragt, u. a. die Schweiz, Schweden und Spanien. Lazarettschiffe genießen besonderen Schutz im Kriege gemäß III. Haager Konvention von 29. Juli 1899, X. Haager Konvention vom 18. Oktober 1907 und II. Genfer Konvention vom 12. August 1949 (insbes. Art. 22). Siehe Dietrich Schindler und Jiri Toman, *The Laws of Armed Conflicts*, Leiden 1973.

68 IMT, Band 40, S. 50f.; Dönitz-Dokument 35.

69 Der ehemalige Chefarzt auf dem Lazarettschiff *Alexander von Humboldt* bestätigte dem Verfasser in einem persönlichen Gespräch, daß die *Humboldt* mehrmals von den Russen bombardiert wurde. Siehe Berichte im Militärarchiv Freiburg, Signatur RW 2 v. 234, S. 33ff.

70 Brustat-Naval, a.a.O., S. 240f. Es soll aber angemerkt werden, daß nicht alle Schiffe durch russische Torpedos versenkt wurden. Einige, wie das große Lazarettschiff *Berlin*, liefen auf Minen, andere wurden bei der Bombardierung von Häfen versenkt, wo es kaum möglich gewesen wäre, sie zu schonen, da sie mitten zwischen legitimen militärischen Zielen lagen. Die *Humboldt* z. B. sank während eines englischen Luftangriffs auf Gotenhafen (Gdingen). Siehe auch Schieder, a.a.O., Band I/1, S. 318ff., Bericht Nr. 83 von Major Udo Ritgen über die Evakuierung von Hela. Der Verfasser hat den späteren General Ritgen ebenfalls über seine Erlebnisse auf Hela befragt.

71 Brustat-Naval, a.a.O., S. 145ff.

72 Ebenda, S. 217.

73 Die letzte große Gruppe von Soldaten und Zivilisten kam 1955 zurück nach den erfolgreichen Verhandlungen Adenauers in Moskau.

74 David Irving spricht in seinem Buch *The Destruction of Dresden* von 135000 Toten. Die »Joint Relief Commission« des IKRK schätzte auf etwa 275000 Opfer. Andere Schätzungen reichen von 25000 bis 400000. *Report of the Joint Relief Commission 1941–46*, S. 104; Götz Bergander: *Dresden im Luftkrieg*, Wien 1976; Axel Rodenberger, *Der Tod von Dresden*, Frankfurt a.M. 1960; Schieder, a.a.O., Band I/1, S. 57 E, 259 E, 462; Thorwald, *Es begann an der Weichsel*, 1950, S. 126.

75 Schieder, a.a.O., Bd. I/1, S. 73 E; Berichte Nr. 19, S. 80; Nr. 46, S. 191; Nr. 73, S. 277; Bd. I/2, Nr. 181, S. 155.

76 Schieder, a.a.O., Band I/1, S. 69 Eff., 446ff.; Band I/2, S. 688ff.;

desgl. G. Paikert, a.a.O., S. 7; *Ost-Dok. 2*, Nr. 14, Fälle 2, 5, 6, 10, 16, 19, 31, 33, 35, 44, 47, 61, 65, 67, 103 usw.; desgl. *Ost-Dok. 2*, Nr. 210, Fälle 5, 14, 36, 64 usw.

Fünftes Kapitel
Die anglo-amerikanische Vorstellung: Begrenzte Umsiedlungen

1 Die Haager Landkriegsordnung von 1907 bestimmt die Rechte einer Besatzungsmacht in den Artikeln 42–56. Siehe Schindler, a.a.O., S. 82 ff..

2 Alexander Fischer (Hrsg.), *Teheran, Jalta, Potsdam*, 1968, S. 318. Churchill, *Der Zweite Weltkrieg*, Band VI/2, S. 362 f. Auch zitiert bei Byrnes, *In aller Offenheit*, 1949, S. 114.

3 *Foreign Relations of the United States*, 1944, Band 1, S. 302 f.

4 I. Claude, *National Minorities*, 1955, S. 98, 230.

5 *Foreign Relations of the United States, The Conferences at Malta and Yalta*, S. 179.

6 Ebenda, S. 190.

7 A. P. W. (Armistice and Post War Committee) (44) 34 vom 20. Juli 1944. Siehe auch »Memorandum für A. P. W. Committee by the Secretary of State« im *Public Record Office*, London, Dokument FO 371/46810, C 293.

8 *Foreign Relations of the United States*, 1945, Band 2, S. 1227 ff.

9 *Parliamentary Debates*, House of Commons, Band 406, 15. 12. 1944, Spalte 1484.

10 B. Wiewiora, *The Polish-German-Frontier*, 2. Ausg. 1964, S. 159 f. M. Lachs, *Die Westgrenze Polens*, 1967, S. 12; J. Kokot, *The Logic of the Oder-Neisse Frontier*, 1959, S. 8.

11 FO 371/46810.

12 *Foreign Relations of the United States 1945, The Conferences at Malta and Yalta*, S. 505 und 509.

13 Ebenda, S. 509.

14 Ebenda.

15 Ebenda, S. 717 (Bohlen-Niederschrift), S. 720 (Matthew-Niederschrift); desgl. Churchill, a.a.O., S. 39.

16 *Foreign Relations of the United States, 1945, The Conferences at Malta and Yalta*, S. 717.

17 In diesem Argument liegt ein verborgener Widerspruch, denn wenn 6 Millionen sterben und 6 Millionen an ihre Stelle treten, können keine territorialen Amputationen unternommen werden, ohne die Bevölkerungs-

dichte zu erhöhen und die Selbstversorung des amputierten Landes zu verschlechtern. Was Churchill im Sinn hatte, war die Verringerung des deutsches Gebiets und der deutschen Bevölkerung, womit das alte Verhältnis von Bevölkerungszahl zu Nahrungs- und Rohstoffvorräten erhalten geblieben wäre. Aber so kam es nicht, denn während Deutschland einerseits fast 130000 Quadratkilometer Territorium verlor, wurden die Kriegsverluste der Bevölkerung durch die Umsiedlung von etwa 6 Millionen Volksdeutschen aus den baltischen Staaten, Altpolen, der Tschechoslowakei, Ungarn, Jugoslawien und Rumänien, die ja alle nicht in den Grenzen des Reichs von 1937 gelebt hatten, aufgefüllt. Zu dieser starken Einwanderung in ein verkleinertes Reich kamen die rund 10 Millionen Deutschen aus den abgetrennten Gebieten Ostpreußen, Pommern, Ostbrandenburg, Ober- und Niederschlesien und der Freien Stadt Danzig, die sich nun alle im Torso des Reichs zusammendrängen mußten.

18 *Foreign Relations of the United States, The Conferences at Malta and Yalta*, S. 907; desgl. Churchill, a. a. O., S. 52.

19 »Memorandum by U. K. Representative in the E. A. C.«, 16. März 1945. FO 371/46810.

20 Ebenda.

21 *Europa-Archiv*, »Um den Frieden mit Deutschland«, 1948, S. 74.

22 Ebenda, S. 77.

23 *Foreign Relations of the United States, The Conference of Berlin*, Band 2, S. 210; Truman, *Memoirs*, 1955, Band I, S. 369; Fischer, a. a. O., S. 263; Leahy, *I was There*, 1950, S. 406 f.; Churchill, a. a. O., S. 355.

24 Byrnes, a. a. O., S. 113; Feis, *Between War and Peace*, 1960, S. 270; Churchill, a. a. O., S. 364; *Foreign Relations of the United States, The Conference of Berlin*, Band 2, S. 382; Fischer, a. a. O., S. 319. Einen Beweis dafür, daß die Anglo-Amerikaner den Ausführungen der Polen glaubten, gibt ein Brief vom 1. August 1945 von Geoffrey Harrison an John Troutbeck vom Foreign Office: »Einen Punkt hat die Konferenz, wie ich glaube, jedenfalls gesichert, daß nämlich das Problem jetzt nicht den Umfang annimmt, den wir befürchtet hatten. Die Polen behaupten, daß jetzt nur noch höchstens eine bis anderthalb Millionen Deutsche in dem Gebiet leben, das sie bis zur Oder-Neiße-Linie besetzen und dessen deutsche Einwohner sie abschieben wollen...« *Public Record Office*, Dok. Nr. FO 371/46811 C 4415.

25 Vier Monate nach dem Beginn der Potsdamer Konferenz setzte der Alliierte Kontrollrat für Deutschland fest, daß die noch in Polen und in den polnisch verwalteten Gebieten verbliebenen 3,5 Millionen Deutschen nach einem bestimmten Zeitplan umgesiedelt werden sollten. Man sollte aber dabei bedenken, daß polnische Behörden schon in den Sommer- und Herbstmonaten 1945 Deutsche vertrieben hatten, so daß es, falls am 20. 11. 1945 noch 3,5 Millionen Deutsche übrig waren, am 21. 7. 45 (als

die fünfte Sitzung stattfand) wahrscheinlich mehr als 4 Millionen Deutsche gewesen waren.

26 Bohmann, *Menschen und Grenzen*, 1969, Band 1, S. 272.

27 In einem Telegramm vom 4.6.1945 an Truman bemerkte Churchill: »Ich sehe dem im Mittelabschnitt unserer Front beabsichtigten Rückzug der amerikanischen Armee auf unsere Zonengrenzen mit größtem Unbehagen entgegen, ist doch damit der Vormarsch der Sowjetmacht ins Herz Westeuropas und die Senkung eines eisernen Vorhanges zwischen uns und dem ganzen Osten verbunden.« Churchill, *Der Zweite Weltkrieg*, Band 6, Buch 2, S. 295f.

28 Boleslaw Wiewiora widerspricht dieser Ansicht in *The Polish-German Frontier*, 2. Aufl. 1964, S. 164.

29 Churchill, a.a.O., S. 356; desgl. Fischer, a.a.O., S. 263; *Foreign Relations of the United States, The Conference of Berlin*, Band 2, S. 212.

30 Churchill, a.a.O., S. 359; *Foreign Relations of the United States, The Conference of Berlin*, Band 2, S. 248 (Thompson-Notizen), S. 268 (Cohen-Notizen).

31 *Foreign Relations of the United States*, S. 1495. *Documents on American Foreign Relations 1945–46*, Band 8, S. 935; Holborn, *War and Peace Aims of the United Nations*, Band 2, S. 53; *Europa-Archiv*, »Um den Frieden mit Deutschland«, 1948, S. 88.

32 Es ist eine interessante Feststellung, daß während der ganzen Diskussion über die Frage der Umsiedlung Stalin die Einwände der westlichen Alliierten nicht zu sehen schien. Die Polen und die Tschechen wollten die Deutschen loswerden, das genügte ihm. Schließlich aber hatte Hitler ja die Juden »loswerden« wollen, und sein ständiger Drang nach illegalen Aktionen hatte seine Bekämpfung notwendig gemacht.

33 *Foreign Relations of the United States, The Conferences at Malta and Yalta*, S. 189.

34 *Foreign Relations of the United States*, 1945, Band 2, S. 1261.

35 *Parliamentary Debates*, House of Commons, Band 403, Spalte 1726, 11.10.1944, Band 407, Spalte 675; *Parliamentary Debates*, House of Lords, Band 130, Spalte 1097–1134, 8.3.1944; Ripka, *The Future of the Czechoslovak Germans*, 1944, S. 20, wo er die Zahl auf »möglicherweise« 1 Million hinaufsetzt. Siehe auch *Foreign Relations of the United States*, 1945, Band 2, S. 1231, 1237.

36 *Expellees and Refugees of German Ethnic Origin. Report of a Special Subcommittee of the Committee of the Judiciary, House of Representatives*, März 1950, »Walter-Report«, S. 11.

37 *Foreign Relations of the United States*, 1945, Band 2, S. 1294.

38 *Foreign Relations of the United States, The Conference of Berlin*, Band 2, S. 399. Siehe auch *Public Record Office*, Doc. Nr. FO 371/46811, C-4256.

39 Cavendish Cannon verstarb im Jahre 1962. A. A. Sobolew, der politische Berater der sowjetischen Militärregierung, konnte nicht ermittelt werden.

40 *Foreign Relations of the United States, The Conference of Berlin*, Band 2, S. 523, 536 f.

41 Damit meinte Harrison den 3. Absatz des Artikels XIII.

42 *Public Record Office*, FO 371/46811 Doc. Nr. C 4415. Auch persönliches Gespräch des Verfassers mit Sir Geoffrey Harrison 1976.

43 Churchill, *The Sinews of Peace*, 1948, S. 100 f.

44 Vgl. Walter-Report, a. a. O., S. 4–7.

45 *New York Times*, 13. 11. 1946, S. 26, Spalte 5, in einem Artikel der amerikanischen Journalistin Anne O'Hare McCormick.

46 *Parliamentary Debates*, House of Lords, 8. 3. 1944, Band 130, Spalte 1132.

47 *Foreign Relations of the United States*, 1945, Band 2, S. 1274, 1275.

48 Ebenda, S. 1231, 1260.

49 Ebenda, S. 1228.

50 Ebenda, S. 1247.

51 Ebenda, S. 1248.

52 Ebenda, S. 1249.

53 Ebenda, S. 1256.

54 Ebenda, S. 1258.

55 Ebenda, S. 1263.

56 F. Voigt, »Orderly and Humane«, *The Nineteenth Century and After*, Nov. 1945, S. 201. Am 11. Juli lobte der tschechoslowakische Premierminister Fierlinger die russische Regierung, weil sie »umfassende Hilfe« bei der Aussiedlung der Deutschen angeboten habe. Am 28. Juli erklärte der tschechoslowakische Informationsminister Kopecky in einer Rede zu Liberec (Reichenberg): »Marschall Stalin hat selbst das denkbar größte Verständnis für unsere Bemühungen, die Deutschen loszuwerden.«

57 *Foreign Relations of the United States*, 1945, Band 2, S. 1262.

58 Ebenda, S. 1264.

59 Ebenda, *The Conference of Berlin*, Band 2, S. 536 f.

60 Ebenda, S. 1495 f. *Documents on American Foreign Relations, 1945–1946*, Band 8, S. 935 f.; Holborn, a. a. O., Band 2, S. 53; desgl. *Europa-Archiv*, »Um den Frieden mit Deutschland«, 1948, S. 88 f.; desgl. Fischer, a. a. O., S. 403.

61 Minority Rights Group, *The Crimean Tatars, Volga Gemans and Meskhetians*, 1973. Die Krimtataren wurden am 18. 5. 1944 überstürzt deportiert, und man schätzt, daß 45 Prozent von ihnen auf der Reise oder in den ersten 18 Monaten nach der Deportation gestorben sind. Vgl. Alexander Werth, *Rußland im Krieg*, S. 560. Siehe auch United States Se-

nate, Committee on the Judiciary, *The Human Cost of Soviet Communism*, 92nd Congress, 1st Session, Doc. No. 92–36, S. 20 (1971).

62 A. Solschenizyn, *Archipel Gulag*, Band 1, 1974, S. 531.

63 *Foreign Relations of the United States, The Conference of Berlin*, Band 2, S. 87, 383; Whiteman, *Digest of International Law*, Band 3, S. 331; Walter-Report, a.a.O., S. 6; Herbert Feis, *Between War and Peace*, 1960, S. 270.

64 *Public Record Office*, Doc. No. FO 371 / 46811 C 4415.

65 *Foreign Relations of the United States*, 1945, Band 2, Telegramme des US-Botschafters in Warschau, S. 1279, 1280, 1319, 1321, 1323, und in Prag, S. 1284.

66 *Congressional Record*, House of Representatives, Band 91, 19.9.1945, A 3950–51; 1.11.1945, 10292–94; 4.12.1945, 11371–82; 11.12.1945, A 5417–18; 13.12. 1945, A 5709–11; 18.12.1945, 11287. Desgl. International Committee of the Red Cross, *Report on its Activities During the Second World War*, Band 3, S. 387 ff., 424–435. V. Gollancz, *In Darkest Germany*, 1947, passim.

67 *Foreign Relations of the United States*, 1945, Band 2, S. 1266.

68 Ebenda, S. 1267.

69 Ebenda, S. 1266; Arthur Lane, *I Saw Poland Betrayed*. 1948, S. 153.

70 FO 371 / 46990, C 5334.

71 *Foreign Relations of the United States*, 1945, Band 2, S. 1272 f. Vgl. Foreign Office Brief an Molotow vom 7. Sept. 1945, *Public Record Office*, Doc. No. FO 371 / 46990.

72 Ebenda, S. 1274.

73 Ebenda, S. 1274 f.

74 Ebenda, S. 1288, 1297, 1302. Vgl. Memorandum vom 11. Oktober 1945 von Donald Heath, Office of Political Affairs, wonach Marschall Schukow die Ausweisung von täglich 6000 Sudetendeutschen bewilligte. *National Archives*, Record Group 260, OMGUS, Box 170, 2 / 3.

75 Schieder, *Dokumentation der Vertreibung*, Band IV / 1, Tschechoslowakei, S. 332. Einzelheiten aus den Gesprächen der Vertreter der ČSR am 8. und 9. Januar 1945 über Mittel und Wege, die Vertreibung der Deutschen und ihre Aufnahme in der amerikanischen Besatzungszone in Deutschland durchzuführen.

76 *Foreign Relations of the United States*, 1945, Band 2, S. 1280. Berichte über körperliche Mißhandlung der Deutschen im Sudetenland: Murphys Telegramme vom 9.10.1945, ebenda, S. 1286, und Memorandum vom 12.10.1945, S. 1291.

77 Schieder, a.a.O., Band IV / 1, S. 72. Siehe Bericht eines ehemaligen Beamten der tschechischen Verwaltungskommission in Aussig, ebenda, S. 430 ff. Desgl. Wenzel Jaksch, *Europas Weg nach Potsdam*, 1967, S. 438 f.

78 Holborn, a.a.O., Band 2, S. 1048.

79 Am 28. Juli 1945 hielt der tschechoslowakische Informationsminister Kopecky eine Rede in Liberec (Reichenberg). Darin hieß es: »Wir werden alle Deutschen vertreiben, wir werden ihren Besitz beschlagnahmen, wir werden nicht nur die Städte, sondern das ganze Gebiet entdeutschen... so daß der siegreiche Geist des Slawentums das Land von den Grenzgebieten bis ins Innere durchdringen wird.« Gollancz, *Unser bedrohtes Erbe*, 1947, S. 70.

80 *The Economist*, 15.9.1945, S. 369. Die Zeitung forderte noch einmal ein Ende der Vertreibungen in ihrem Leitartikel vom 13.10.1945: »Bei jeder Politik im Hinblick auf Deutschland ist es am wichtigsten, die Russen, Tschechen und Polen davon zu überzeugen, daß sie die Vertreibungen einstellen müssen.« S. 514.

81 *Parliamentary Debates*, House of Commons, 10.10.1945, Band 414, Spalte 241.

82 Ebenda, 22.10.1945, Spalte 1816.

83 *The Times*, 26.10.1945, S. 4.

84 *Parliamentary Debates*, House of Commons, 26.10.1945, Band 414, Spalte 2351.

85 Ebenda, Spalte 2360. *The Times*, 27.10.1945, S. 4.

86 *The Times*, 27.10.1945, S. 3.

87 FO 371/46990, S. 59.

88 John Troutbeck an Victor Cavendish Bentinck, Public Record Office, FO 371/46990 vom 16. November 1945.

89 *The Economist*, 10.11.1945, S. 671. Zum Vergleich den Bericht von *Associated Press* über die Vertreibung der Deutschen aus Breslau, *The Times*, 27.10.1945, S. 3.

90 *Foreign Relations of the United States*, 1945, Band 2, S. 1301. Telegramm von Außenminister Byrnes an Robert Murphy, 26.10.1945.

91 In einem internen Schreiben des Foreign Office vom 3. Dezember 1945 bemerkte die Deutschland-Abteilung: »Genau so, wie wir in Potsdam von den Russen betrogen wurden, als sie behaupteten, daß nur anderthalb Millionen Deutsche östlich von Oder und Neiße geblieben seien, werden wir jetzt, wie ich fürchte, feststellen, daß es weit mehr Deutsche als die dreieinhalb Millionen sind, die der Kontrollkommission gemeldet wurden, selbst wenn man annimmt, daß bereits fünf Millionen nach Deutschland getrieben worden sind. Wie man glauben kann, daß das Deutschland von heute diese verhungernde Bevölkerung von bis zu vierzehn Millionen Menschen aufnehmen kann, übersteigt meine Vorstellungskraft.« *Public Record Office*, FO 371/46816.

92 *Documents on American Foreign Relations*, 1945–46, Band 8, S. 256f.; Department of State, *Bulletin*, Band 13, S. 937; Walter-Report, S. 8; desgl. Außenminister Bevins Rede vor dem Unterhaus, *Parliamentary Debates*, 23.11.1945, Band 417, Spalte 764.

93 *Foreign Relations of the United States*, 1945, Band 2, S. 1316f.; desgl. *Parliamentary Debates*, House of Commons, 19. 12. 1945, Band 417, Sp. 1471.

94 V. Gollancz, *Unser bedrohtes Erbe*, 1947, S. 22; IKRK, *Report on its Activities During the Second World War*, Band 1, S. 425.

95 V. Gollancz, *In Darkest Germany*, 1947, passim.

96 *Time*, 24. 12. 1945, S. 32.

97 Schieder, a. a. O., Band V, S. 93 E ff.

98 Ebenda, S. 107 E ff.

99 Ebenda, S. 112 E ff.

100 FO 371/46661, Nr. C 9282.

101 FO 371/46661, Nr. C 9701.

102 FO 371/46661, Nr. C 10094. Vgl. Schieder, a. a. O., Band V, S. 571 f.

103 FO 371/46661, Nr. C 10094.

104 J. B. Schechtman, »Postwar population transfers in Europe«, in: *Review of Politics*, Bd. 15, 1953, S. 151 ff., vor allem S. 162 f., nach *New York Times* v. 19. u. 20. 10. 1946. Die jugoslawische Regierung habe »wiederholt darum gebeten, die Deutschen, wie in der Potsdamer Vereinbarung vorgesehen, nach Deutschland zu repatriieren«. *New York Times* v. 19. 10. 1946. Desgl. Schieder, a. a. O., Bd. 5, S. 99 E.

105 Bereits am 28. 11. 1945 hatte Außenminister Byrnes dem amerikanischen Botschafter Patterson in Belgrad telegrafiert, daß weitere Vertreibungen über die österreichische Grenze aufhören müßten. Am 12. 12. 1945 telegrafierte Patterson zurück, daß die jugoslawische Regierung behauptete, keine Vertreibungen angeordnet zu haben, aber daß sie sich weigern würde, Volksdeutsche, die sich bereits außerhalb der Grenzen Jugoslawiens befänden, die Rückkehr zu gestatten. *Foreign Relations of the United States* 1945, Bd. 2, S. 1315, Fußnote 80, S. 1323.

106 IKRK, *Report on its Activities During the Second World War*, Band 1, S. 673.

107 Der Bericht des IKRK stellt mit Bedauern »die Gleichgültigkeit und den Mangel an Interesse für die deportierten Minderheiten bei Menschen, die selbst zu lange unterdrückt und verfolgt worden waren« fest. Band I, S. 674.

Sechstes Kapitel
»Geregelte und humane« Umsiedlungen

1 *Foreign Relations of the United States*, 1945, Band 2, S. 1321, Ripka-Memorandum, S. 1234f.; Foreign Office Memorandum FO 371/46810.

2 *Parliamentary Debates*, House of Lords, Band 130, Spalte 1097–1135. Desgl. US-Post-War Planning Committee Paper, 22. 11. 1944 in *Foreign Relations of the United States*, 1944, Band 1, S. 310.

3 *Expellees and Refugees of German Ethnic Origin. Report of a Special Subcommittee of the Committee on the Judiciary, House of Representatives*, März 1950, »Walter-Report«, S. 7: »Amerikanische militärische Berichte zeigen, daß Vertriebene in großer Zahl in die amerikanische Besatzungszone Deutschlands eindrangen, lange bevor die offiziellen Umsiedlungen am 25. 1. 1946 begannen.« Siehe auch Monthly Report of the Military Governor, OMGUS, Band 19, 1. 12. 1946–31. 1. 1947.

4 Schieder, a.a.O., Band I/1, S. 107Ef. Band I/2, Bericht Nr. 240, S. 455; Bericht Nr. 242, S. 466.

5 Im Sommer 1945 besuchte eine Gruppe amerikanischer Senatoren Europa, um die dortigen Verhältnisse kennenzulernen. Senator Eastland berichtete dem Senat am 4. 12. 1945 über seine Eindrücke: »Wir wurden durch die Politik der russischen Regierung gehindert, in Ostdeutschland einzureisen, doch wissen wir durch authentische Berichte, die wir durch Personen oder durch die Presse erhielten, daß die Verhältnisse dort durch das Vorgehen der sowjetischen Regierung und das Verhalten der sowjetischen Truppen über alle Begriffe furchtbar sind. Nach Augenzeugenberichten bilden Raub und Plünderungen, Krankheiten, Vergewaltigungen und unterschiedslose Morde eines der schrecklichsten Kapitel in der menschlichen Geschichte. Mit Worten lassen sich die Verhältnisse dort nicht wiedergeben. Die Tugend der Frauen und der Wert des menschlichen Lebens sind die heiligsten Güter des zivilisierten Menschen, doch in dem von Rußland besetzten Deutschland von heute sind sie das Wertloseste... Tausende sind ermordet worden, Tausende von Frauen vergewaltigt, und es herrschen Lebensbedingungen, die über die Vorstellungskraft der zivilisierten Welt hinausgehen.« *Congressional Record*, Senate, 4. 12. 1945, S. 11372.

6 *Daily Mail*, 6. 8. 1945, zitiert nach Gollancz, *Unser bedrohtes Erbe*, S. 158f.

7 Der Verfasser hat mehrere sozialdemokratische Sudetendeutsche befragt, die den »Antifa«-Ausweis hatten und trotzdem vertrieben wurden.

8 F. A. Voigt, »Oderly and Humane«, *The Nineteenth Century and After*, Nov. 1945, S. 203f. Die Herausgeber der Zeitschrift setzten hinzu: »Wir haben zwei voneinander unabhängige Berichte über das, was folgte, beide

von zuverlässigen Personen. Einer stammt von einem britischen Offizier, der im Sept. 1945 eine Erkundungsreise ins Sudetenland unternahm.« Zitiert auch in *Congressional Record*, 29. 3. 1946, S. 2805. Siehe auch Voigt, »Dark Places«, *Nineteenth Century and After*, Februar 1946, S. 52–55.

9 Ota Filip, *Die Stillen Toten unterm Klee. Wiedersehen mit Böhmen.* München 1992, S. 122ff. Siehe auch den Bericht des Joseph Bellina, Herausgeber der tschechischen Halbmonatszeitschrift *Londynski Listy*, in der Ausgabe 2 (1948), S. 12: »Die Deutschen, die weiße Armbinden trugen und von der Arbeit heimkehrten, wurden die ersten Opfer auf der Beneš-Brücke... Eine Mutter, die ihr Kind im Wagen über die Brücke fuhr, wurde mit Latten erschlagen, mit dem Kind über das Geländer in die Elbe geworfen, unter Begleitfeuer aus Maschinenpistolen. Ein weiterer Vorfall, der mir in Erinnerung blieb und mich mein ganzes Leben begleiten wird, war jener deutsche Antifaschist, der nach vier Jahren aus dem Konzentrationslager zurückkehrte und als Monteur bei der Firma Brönner beschäftigt war. Diesem deutschen Kämpfer gegen den Faschismus, Brainl, wurden die Haare ausgerissen und dann der Bauch durchschossen. Er starb auf der Stelle... In drei Stunden waren mehr als 2000 Menschen erschlagen. Die Toten wurden geplündert, von internierten Deutschen auf Autos geladen und zur Kremation nach Theresienstadt gefahren. Die Begleiter der Toten kehrten nicht zurück.« Abgedruckt ebenfalls in Th. Schieder (Hrsg.), *Dokumentation der Vertreibung*, Bd. IV/2, *Die Vertreibung der deutschen Bevölkerung aus der Tschechoslowakei*, S. 282–286.

10 FO 371/47091, Doc. No. N 10436, *Public Record Office*, London.

11 FO 371/47091 Nr. 9512.

12 Karl Kurth (Hrsg.), *Dokumente der Menschlichkeit*, 1960, S. 1–12.

13 *Report of the Joint Relief Commission of the International Red Cross, 1941–1946*, S. 103f. Desgl. Norman Clark (aus Berlin berichtend) in einem Artikel der *News Chronicle*, 12. 9. 1945, eine ähnliche Darstellung aus einem Waisenhaus in Stettin; dazu *Time*, 12. November 1945, S. 27, ein Bericht über vertriebene Waisenkinder aus Danzig mit Bild von verhungernden Kindern. Desgl. V. Gollancz, a. a. O., S. 166f.

14 *Parliamentary Debates*, House of Commons, 16. 8. 1945, Band 414, Spalte 83f.; Churchill, Reden, Band 6, 1949, »Der höchste Triumph«, S. 365.

15 FO 371/46990 Nr. C 5344.

16 FO 371/46990 Nr. C 5333; die gleiche Feststellung findet man in einer Denkschrift der Politischen Abteilung des Foreign Office. FO 371/46861.

17 *The Times*, 23. 10. 1945, S. 5: T. S. Eliot antwortete auf Lord Russells Brief in *The Times* vom 30. 10. 1945, S. 5.

18 Sir Denis Allen, Polen-Spezialist des Foreign Office und Teilnehmer

an der Potsdamer Konferenz, schrieb an den Autor in einem Brief vom 15. März 1977: »Wir waren uns damals nur zu gut – so sehr, wie man sich rückblickend kaum vorstellen kann – unserer Unkenntnis dessen bewußt, was in Osteuropa wirklich vor sich ging, und noch mehr unserer Unfähigkeit, die Ereignisse dort zu beeinflussen.«

19 *Congressional Record*, Senate, 5.2.1946, S. 878f. Im *Congressional Record*, House of Representatives, 1.2.1946, A-397, wird der erwähnte britische Major zitiert: »Die schlimmsten Greuel in der modernen Geschichte finden in Ostdeutschland statt. Viele Millionen von Deutschen sind auf die Straße geworfen worden... sterben zu Tausenden auf den Straßen an Hunger, Dysenterie und Erschöpfung. Sogar ein flüchtiger Besuch in Berliner Krankenhäusern ist ein Erlebnis, neben dem Konzentrationslager normal erscheinen.«

20 Zitiert in V. Gollancz, a.a.O., S. 162.

21 Voigt, a.a.O., S. 203; zitiert in *Congressional Record*, Senate, 29.3.1946, S. 2806.

22 Auch zitiert in *Congressional Record*, Senate, 4.12.1945, S. 11373f. Weitere Vertreibungsberichte in *Congressional Record*, Senate, 11.12.1945, Appendix A-5417/18; House of Representatives, 1.2.1946, Appendix A-397, 398; Senat, 5.2.1946, S. 878f., 894f., 900f.; 29.3.1946, S. 2805f.; 29.7.1946, A-4772.

23 *Parliamentary Debates*, House of Commons, 26.10.1945, Band 414, Spalte 2382; zitiert in *The Times*, 27.10.1945, S. 4, und in *Congressional Record*, 11.12.1945, A-5417 und noch einmal am 29.1.1946, S. 511.

24 *Foreign Relations of the United States*, 1945, Band 2, S. 1290ff.

25 *National Archives*, Record Group 165, Records of the War Department TS OPD Message File, Telegramm Nr. S 28399 vom 18. Oktober 1945.

26 *Foreign Relations of the United States*, 1945, Band 2, S. 1301.

27 Ebenda, S. 1312.

28 Ebenda, S. 1317.

29 Ebenda, S. 1318f.

30 Ebenda, S. 1321.

31 Ebenda, S. 1322.

32 Ebenda, S. 1323. Admiral Nelson brach die bewaffnete Neutralität Dänemarks im Jahre 1801, als er Kopenhagen ohne Kriegserklärung beschoß. Lord Nelson konnte nach einer Verwundung in der Schlacht von Calvi (Korsika) 1794 nur auf einem Auge sehen.

33 FO 371/46990.

34 Arthur Lane, *I Saw Poland Betrayed*, 1948, S. 153.

35 *Foreign Relations of the United States*, 1945, Band 2, S. 1325. Nach Angaben des Polnischen Jahrbuchs für 1947 sind insgesamt 1485603 Po-

len aus dem Gebiet östlich der Curzon-Linie nach Westpolen umgesiedelt worden. *Rosznik Statystyczny*, 1947, S. 29.

36 *Foreign Relations of the United States*, 1945, Band 2, S. 1325.

37 Ebenda, S. 1275, 1278.

38 Ebenda, S. 1280.

39 *Ost-Dokumente*, Bundesarchiv Koblenz; siehe auch Schieder, a. a. O., Band IV / 1 und IV / 2.

40 *Foreign Relations of the United States*, 1945, Band 2, S. 1283.

41 Ebenda, S. 1286.

42 Ebenda, S. 1286, 1291.

43 K. Kurth (Hrsg.), *Dokumente der Menschlichkeit*, 1960, mit einem Vorwort von Albert Schweitzer, S. 1–12.

44 *National Archives*, Record Group 84, Box 738, Folder 855 – German Population Transfer – Czechoslovakia 1945.

45 Ebenda. Vgl. Bericht des britischen Botschafters Philip Nichols in *Public Record Office*, FO 371 / 47 090.

46 FO 371 / 46 661, Nr. C 10 094.

47 *Parliamentary Debates*, House of Lords, 30. 1. 1946, Band 139, Spalte 85.

48 Ebenda, Spalte 84.

49 Die Delegation des Internationalen Roten Kreuzes erhielt frühzeitig die Erlaubnis, in der Slowakei in den Lagern der deutschen Internierten zu helfen. Doch tschechische Behörden verlangten, daß für jeden Besuch eine Sondergenehmigung eingeholt wurde. *IKRK Report on its Activities During the Second World War* (im folgenden *IKRK-Report*), Band 1, S. 676.

50 *Revue Internationale de la Croix Rouge*, Nov. 1945, S. 898 f.

51 Lucius Clay, *Entscheidung in Deutschland*, 1950, S. 349. Vgl. G. Paikert, *The Danube Swabians*, 1967, S. 203 ff. Auch schriftliche Auskünfte von Mrs. Eve Koehler, Milwaukee.

52 Gollancz, a. a. O., S. 169 f.

53 *Public Record Office*, FO 945 / 67.

54 *New York Times*, 4. 2. 1946, »Abroad: As UNO Prepares to Settle in this Neighbourhood«.

55 *New York Times*, 23. 10. 1946, »Abroad: Wiesbaden Plans Portentous Exhibiton«.

56 Clay, a. a. O., S. 350; desgl. M. Proudfoot, *European Refugees*, 1957, S. 375.

57 *IKRK-Report*, Band 1, S. 677.

58 A. Bohmann, *Das Sudetendeutschtum in Zahlen*, 1959. Es gibt Listen über die Transporte, die 1946 und 1947 in die amerikanische Besatzungszone geschickt wurden. Für die Transporte von Deutschen in die sowjetisch besetzte Zone wurden keine Listen angelegt. Es sollte nicht überse-

hen werden, daß vielleicht die Bahntransporte selbst »geregelt« durchgeführt wurden, daß aber die vielen Monate der Internierung, die meistens den Transporten vorausgingen, sehr viele Menschenleben kosteten, da viele bald nach der Ankunft in der amerikanischen oder sowjetischen Zone starben.

59 Persönliche Gespräche mit Überlebenden der Lager in Polen und in der Tschechoslowakei. Tonbänder im Besitz des Verfassers. Schriftliche Aussagen von Überlebenden in der Sammlung Ost-Dokumente des deutschen Bundesarchivs in Koblenz. Auch in verschiedenen Berichten bei Schieder, a. a. O.

60 *IKRK-Report*, Band 1, S. 334. Außerdem persönliche Nachforschungen in den Archiven des IKRK zu Genf.

61 Ebenda, S. 675.

62 Ebenda, S. 676.

63 H. G. Adler, *Theresienstadt 1941–1945. Das Antlitz einer Zwangsgemeinschaft*, 1955, S. 214. Desgl. Schieder, a. a. O., Band IV/1, S. 81. Desgl. persönliche Gespräche mit einem deutschen Überlebenden.

64 FO 371/46990.

65 »Evacuation and Concentration Camps in Silesia« in *Congressional Record*, Senate, 2. 8. 1946, Anhang A-4778/79.

66 H. Esser, *Lamsdorf, Dokumentation über ein polnisches Vernichtungslager*, 1971, S. 98; desgl. Schieder, a. a. O., Band I/2, S. 423 ff. Siehe auch Anfrage des CDU-Abgeordneten Milz an Bundesinnenminister Maihofer über die Dokumente von Lamsdorf, Bundestag-Drucksache 7/2642, 7. Wahlperiode, Fragen 11 und 12.

67 *IKRK-Report*, Band 1, S. 677.

68 Ebenda.

69 Im Jahre 1948 konnte das IKRK Kalawsk und die Sammelzentren von Breslau und Lodz besichtigen, aber keine anderen Lager für Zivilinternierte. *IKRK-Report* für 1948, S. 65.

70 *IKRK-Report*, Band 1, S. 678.

71 Ebenda; vgl. Schieder, a. a. O., S. 107 E–112 E.

72 *IKRK-Report*, Band 1, S. 678,

73 Ebenda. In einem Brief an den Verfasser vom 15. Mai 1977 berichtete der ungarische Journalist Dr. Aurel Varannai:

»Im Jahre 1945 fingen die Deportationen der Ungarn-Deutschen an. Damals war ich Korrespondent der Reuters-Agentur und besuchte die Internierungslager in West-Ungarn. Obwohl ich selber ein Opfer des Nationalsozialismus war, fand ich die unmenschlichen Zustände in diesen Lagern bestürzend. Im Juli 1945 veröffentlichte ich in der ungarischen Zeitung *Világ* einen Protest, der von zehn hervorragenden ungarischen Dichtern, Journalisten und Politikern unterzeichnet wurde. Wir betonten, daß wir alle wegen unserer jüdischen Herkunft oder politischen Einstellung Opfer des Nazismus waren. Dennoch mußten wir gegen die unmenschlichen Zustände protestieren – gegen die überfüllten Lager, gegen die ungenügende Versorgung, gegen die Mißhandlung der Internierten. Der Protest wurde unterzeichnet u. a. von Max Fenyo, einem bekannten Autor und Direktor der Vereinigung der ungarischen Industrie, Béla Zsolt, ebenfalls Autor, Baron Miklós Wesselényi, Rudolf Andorka, einem ehemaligen Botschafter, Géza Supka, Herausgeber, Aurel Varannai, Generalsekretär der Gesellschaft für ungarischen Handel. Unser Protest war eine kühne Geste in jenen Zeiten. Er sollte in Verbindung mit der Historie der Aussiedlung der Deutschen aus Osteuropa erwähnt werden.«

74 United States Court, Allied High Commission for Germany, Fifth District, Präsident Leo Goodman, *In re Hrnecek*, Sache Nummer Crim 52-A-5-486 vom 26.5.1954. Strafzumessung und Begründung S. 168f.: »Das Gericht ist sich der Tatsache bewußt, daß die Furcht vor Strafe eine wichtige Rolle bei der Abschreckung der meisten Leute vor der Übertretung der Gesetze spielt und daß dies einer der Zwecke der Bestrafung ist.«

75 Kurt Boehme, *Gesucht wird*, München 1965, S. 288.

76 *Foreign Relations of the United States, The Conferences at Malta and Yalta*, S. 979. Siehe auch Landsmannschaft Ostpreußen (Hrsg.): Verschleppt! Frauen und Mädchen von Ostpreußen nach Sibirien verschleppt, Hamburg 1978.

77 Zeugnisse von Margarete Marquardt, Josef Weber, Heinz Zeikau in A. de Zayas, »Anmerkungen zur Vertreibung«, 3. Aufl. 1993, Stuttgart, S. 166–173.

78 In seinem Buch *The Polish-German Frontier* (2. Auflage, 1964) schreibt Professor Wiewiora zum Beispiel: »Es ist unschwer zu erkennen, daß Laun Hitlerische Gedankengänge vertritt.« S. 156.

79 Monitor-Dienst, 21. März 1977. Übersetzung des Interviews von Professor Pilichowski in Radio Warschau am 17.3.1977.

80 *Teheran, Jalta, Potsdam. Die Sowjetischen Protokolle von den Kriegskonferenzen der »Großen Drei«*, hrsg. und eingeleitet von Alexander Fischer, Köln 1973, S. 354f. Tschechische Politiker verweisen oft auf Artikel XIII der Potsdamer Protokolle und suggerieren, sie hätten quasi angloamerikanischen Wünschen zur Vertreibung der Deutschen entsprochen. Wie Churchill, Bevin, Truman, Byrnes und Marshall deutlich gesagt haben, war das nicht der Fall. In diesem Zusammenhang lohnt es sich, auf eine Rede von Klement Gottwald vom 27. März 1946 hinzuweisen, wo er feststellte: »Es ist notwendig, daß unser Volk weiß, daß diese unsere nationale und staatliche Forderung vom ersten Augenblick an dem vollen Verständnis und der Unterstützung der Sowjetunion begegnete und daß es Genosse Stalin persönlich war, der auf der denkwürdigen Konferenz von Potsdam auch England und Amerika für die Anerkennung unserer Forderung nach Abschub der Deutschen gewonnen hat, wodurch unser Recht

auf den Abschub der Deutschen international anerkannt wurde.« Fritz Peter Habel, *Dokumente zur Sudetenfrage*, S. 297.

81 Wiewiora, a. a. O., S. 132.

82 Gelberg, »Poland's Western Border and Transfer of German Populations«, *American Journal of International Law*, 1965, Band 59, S. 590; vgl. M. Lachs, *Die Westgrenze Polens*, 1967.

83 Churchill, *Der Zweite Weltkrieg*, Band VI/2, S. 39, 346, 356 usw.; Truman, *Memoirs*, 1955, Band 1, S. 370; Byrnes, *In aller Offenheit*, 1949, S. 113.

84 Martin Broszat, »Zur Kritik der Publizistik des antisemitischen Rechtsextremismus« in *Aus Politik und Zeitgeschichte*, Beilage 19/76 zur Zeitschrift *Das Parlament*, S. 3 ff.

85 Beneš, *Memoirs*, 1954, S. 222.

86 Ebenda, S. 237, Fußnote 9. Vgl. Bericht in *Neue Zürcher Zeitung*, 23.8.1945, S. 1, Spalte 7.

87 Statistisches Bundesamt, 1958, *Vertreibungsverluste*, S. 325.

88 R. Luza, *The Transfer of the Sudeten Germans*, 1964, S. 269.

89 Ebenda, S. 272, Fußnote 26. Vgl. Schieder, a. a. O., Band IV/1, S. 108; Band IV/2, S. 438 ff.; Gollancz, a. a. O., S. 158, und Bericht von Rhona Churchill in *Daily Mail*, 6.8.1945.

90 Luza, a. a. O., S. 272; Schieder, a. a. O., Band IV/1, S. 72; Band IV/2, S. 282 ff.; desgl. Jaksch, *Der Weg nach Potsdam*, 1958, S. 438 f.; Ernst Paul, *Es gibt nicht nur ein Lidice*. Paul war wie Jaksch ein 1938 nach dem Münchner Abkommen nach London ausgewanderter sudetendeutscher Sozialdemokrat.

91 Luza, a. a. O., S. 272 f.

92 Ebenda, S. 273, Fußnote 29.

93 Ebenda, S. 321.

94 Walter-Report, a. a. O., S. 11; auch Proudfoot, a. a. O., S. 375. Vgl. Steinhardt-Zitat in Bohmann, *Menschen und Grenzen*, Band 4, S. 458.

95 Fritz Peter Habel: »Vertreibungsverluste der Sudetendeutschen 1945/46: Neuester Forschungsstand und politische Schätzungen« in *Odsun*, a. a. O., S. 175–186, Zitat S. 181. Die tschechische Behauptung, es seien nur 40 000 Menschen ums Leben gekommen, erinnert an die Versuche der Rechtsradikalen, die Zahl der ermordeten Juden zu drücken, um vielleicht dadurch die Last der Schuld zu verringern. Dies ist unwürdig. Der Sprecher der Sudetendeutschen Landsmannschaft Franz Neubauer hat in einer Pressemitteilung vom 29. November 1995 folgende Klarstellung gemacht: »Die Zahl von 250 000 Toten bei der Vertreibung der Sudetendeutschen stammt nicht von uns, sondern von offiziellen deutschen Stellen. Sie ist das Ergebnis der Untersuchung ›Die deutschen Vertreibungsverluste‹ des statistischen Bundesamtes von 1958 im Auftrag des Deutschen Bundestages. Diese Untersuchung kommt zu 273 000 Toten für die ganze

ČSSR, davon 23000 Karpatendeutsche und 250000 Sudetendeutsche... Diese hohen Zahlen resultieren auch keineswegs nur aus statistischen Vergleichen. So hat die dem Bundesinnenministerium zugeordnete Zentralstelle des Kirchlichen Suchdienstes in ihrer ›Gesamterhebung‹ von 1965 nicht weniger als 295000 Sudetendeutsche mit Namen und Adresse benannt, über deren Verbleib damals jeder Hinweis fehlte. Noch heute kennt der Suchdienst 225386 Sudetendeutsche namentlich, über die seit der Vertreibung jede Nachricht fehlt und die als tot gelten müssen.«

96 Der amerikanische Abgeordnete Caroll Reece erklärte im Repräsentantenhaus, die Vertreibung der Deutschen schließe das Verbrechen des Völkermordes ein (*Congressional Record*, 16.5.1957, S. 7118). Während die UN-Konvention über Verhinderung und Bestrafung von Völkermord die Umsiedlung einer Bevölkerung nicht als Form des Völkermords erfaßt, würden dennoch Umsiedlungen, die zu Vertreibungen führen und mit dem Tod von Millionen enden, in die Kategorie des Völkermords fallen. Siehe auch die Artikel von Anne O'Hare McCormick in *New York Times*, 4.2.1946 und 23.10.1946. Vgl. Raschhofer, *Die Sudetenfrage*, 1953, S. 298.

97 Alfred de Zayas, »International Law and Mass Population Transfers«, *Harvard International Law Journal*, 1975, Band 16, S. 207 ff. Überarbeitete deutsche Fassung »Massenumsiedlungen und das Völkerrecht«, in Th. Veiter (Hrsg.), *Abhandlungen zu Flüchtlingsfragen*, Band X, 1975, S. 55 ff.

Siebentes Kapitel
Vom Morgenthau-Plan zum Marshall-Plan

1 National Archives, Washington, D.C. Telegramm an den Stabschef, 18. April 1945 vom Supreme Headquarters Allied Expeditionary Force (SHAEF), G-5 Division. Mit Dank an Herrn Dr. Alfred Schickel, Zeitgeschichtliche Forschungsstelle, Ingolstadt.

2 Ebenda, FWD-19442 in FS OUT 2291, 18/4/454, G-5.

3 Department of State, United States Economic Policy Toward Germany, Publication 2630, European Series No. 15, Washington, 1950. Appendix, S. 56–75.

4 Während seiner zweiten Inauguraladresse am 4. März 1865 sagte Abraham Lincoln: »With malice toward none; with charity for all; with firmness in the right, as God gives us to see the right, let us strive on to finish the work we are in; to bind up the nation's wounds...«

5 *Documents on American Foreign Relations*, Band 7, 1944–45, S. 189. H. Morgenthau, *Germany is Our Problem*, 1945, rezensiert in *Time*,

15. 10. 1945, S. 23. Siehe auch Artikel in *New York Times*, 10. 8. 1945. Auf englischer Seite war es Lord Vansittart, der einen harten Frieden empfahl in seinen Büchern *Bones of Contention*, 1943; *Black Record*, 1941, und *Lessons of my Life*, siehe Rezension in *Time*, 16. Juli 1945, S. 27.

6 Der amerikanische Außenminister Cordell Hull nahm zu dieser Zeit an der Konferenz von Dumbarton Oaks teil. Hull, *Memoirs*, Band 2, S. 1602.

7 Text der Direktive JCS/1067 in *Europa-Archiv*, Dokumente und Berichte, Bd. 6, »Um den Frieden mit Deutschland«, Oberursel, 1948, S. 58 ff. Siehe auch L. Clay, *Entscheidung in Deutschland*, 1950, S. 25 f.

8 Dazu Senator Eastlands Kritik des Plans in *Congressional Record*, Senate, 4. 12. 1945, S. 11 372–75; ebenf. Senator Langer, 18. 4. 1946, S. 3959 ff.

9 Ebenda, S. 60.

10 US-Kriegsministerium. Der Stabschef. 27. Januar 1944. Notiz an den Präsidenten. Franklin D. Roosevelt Library, Hyde Park, New York. Marshall schlug vor: »that we could strike at the perpetuation of the German people by delaying the return of their men after the Armistice. By such a procedure we would punish large masses of people in whom family sentiments are strong.«

11 James Bacque, *Der geplante Tod*, Berlin 1990.

12 In einem Memorandum an den Kriegsminister Stimson vom 26. 8. 1944 sprach sich Präsident Roosevelt gegen das *Handbook* aus, das vom Kriegsministerium für das Verhalten der militärischen Regierungsbeamten in Deutschland entworfen worden war. »Es weckt den Eindruck«, bedauerte Roosevelt, »daß Deutschland genau so wiederhergestellt werden soll wie die Niederlande oder Belgien und daß die Bevölkerung von Deutschland so rasch wie möglich in ihren Vorkriegsbesitz wieder eingesetz werden soll.« *Foreign Relations of the United States*, 1944, Band 1, S. 544. Dazu Hull, *Memoirs*, S. 1602. In einem Memorandum Hulls für den Präsidenten vom 29. 9. 1944 heißt es: »Es ist von höchster Bedeutung, daß der Lebensstandard der Deutschen in den ersten Jahren ihnen klarmacht, daß sie den Krieg verloren haben...« *Foreign Relations of the United States, The Conferences at Malta and Yalta*, S. 158.

13 *Report of the International Committee of the Red Cross in its Activities During the Second World War*, Band 3, S. 288 f.

14 *Foreign Relations of the United States, The Conference of Berlin*, Band 2, S. 1504; ferner *American Journal of International Law*, 1945, Band 39. Suppl., S. 250; *Europa-Archiv*, a. a. O., S. 82.

15 *Europa-Archiv*, a. a. O., S. 82.

16 Ebenda, S. 82 f.

17 *IKRK-Report*, Band 3, S. 427 f.

18 Ebenda, S. 388, 431.

19 Ebenda, S. 431.

20 Ebenda, S. 433f. Ferner *Revue Internationale de la Croix Rouge*, Band 28, S. 412f.

21 Siehe James Bacque, *Verschwiegene Schuld*, Berlin 1995.

22 *Congressional Record*, Senate, 29. 1. 1946, S. 512.

23 In seinen *Memoirs*, 1955, erinnert sich Präsident Truman an ein Gespräch mit dem Kriegsminister Henry L. Stimson: »Ich machte ihm klar, daß ich gegen das war, was man leichthin als Morgenthau-Plan bezeichnete, nämlich die Reduzierung Deutschlands auf ausschließliche Agrarwirtschaft. Ich war nie für den Plan gewesen, auch nicht, als ich im Senat war, und seit ich im Weißen Haus saß, hatte sich meine Ansicht noch schärfer herausgebildet. Ich hielt es für richtig, Deutschland zu entwaffnen, ihm seine militärische Macht zu nehmen, die Kriegsverbrecher zu bestrafen und es allgemein unter alliierte Kontrolle zu stellen, bis wir den Frieden wieder einführen konnten. Doch ich war nicht dafür, aus Deutschland einen Agrarstaat zu machen. Ein solches Programm konnte ganz Deutschland zum Verhungern bringen...« (Band 1, S. 235)

24 Ebenda, S. 327: »Als Minister Morgenthau erfuhr, daß ich im Juli nach Potsdam reisen wollte, fragte er, ob er mit mir kommen könne. Ich sagte ihm, nach meiner Meinung werde der Finanzminister dringend in den Vereinigten Staaten gebraucht, weit mehr als in Potsdam. Er antwortete, für ihn sei es notwendig hinzureisen, und wenn es ihm nicht möglich sei, müsse er seinen Abschied nehmen. ›Na gut‹, antwortete ich, ›wenn Sie es so auffassen, will ich Ihren Rücktritt gleich annehmen.‹ Und das tat ich. Es war das Ende des Gesprächs und das Ende des Morgenthau-Plans.«

25 Morgenthaus Verteidigung seines Plans in *Congressional Record*, 21. 3. 1946, A-2150-1 (Anhang). Eine lebhafte Darstellung der Konsequenzen, die eine Verwirklichung des Morgenthau-Plans durch JCS/1067 gehabt hätte, siehe David M. Nichol, »The Hard Peace« in Arthur Settel (Hrsg.), *This is Germany*, 1950, S. 226–248.

26 *Congressional Record*, Senate, 15. 5. 1946, S. 5039.

27 Morgenthau, a. a. O., im Anhang ein Memorandum für die Konferenz von Quebec. Siehe dort auch Karte auf S. 160.

28 Der Morgenthau-Plan sah ebenfalls die endgültige Abtretung des Saargebiets an Frankreich vor, doch das Potsdamer Abkommen räumte Frankreich nur gewisse begrenzte Rechte im Saarland ein, viel weniger, als Frankreich vielleicht erreicht hätte, wäre ihm eine Beteiligung an der Potsdamer Konferenz als gleichberechtigter Partner zugestanden worden. Die französische Regierung versuchte in der Folgezeit, besonders bei den Treffen der Außenminister, die Angelegenheit noch zu korrigieren. Der deutschen Bevölkerung im Saargebiet bot man beachtliche wirtschaftliche Vorteile an, um sie für die französische Nationalität zu erwärmen, aber in der Abstimmung von 1955 entschied sich die Saarbevölkerung für

die Rückkehr zu Deutschland. Dazu L. Cowan, *France and the Saar*, 1950; P. Fischer, *Die Saar zwischen Deutschland und Frankreich*, 1959.

29 1972 hatten die Niederlande eine Bevölkerungsdichte von 326,7 je qkm. *Der Fischer-Welt-Almanach*, 1974, S. 124.

30 In Belgien betrug die Bevölkerungsdichte 318,5 je qkm. Ebenda, S. 24.

31 Westdeutschland hatte eine Bevölkerungsdichte von 248,6, Großbritannien von 228,6. Ebenda, S. 36, 84.

32 1914 nahm Deutschland ein Gebiet von rund 540 000 qkm ein. Der amerikanische Staat Texas hat heute dagegen rund 680 000 qkm bei einer Bevölkerungsdichte von etwa 16 Menschen pro qkm. *DTV-Lexikon*.

33 Matthias Kramer, »Agriculture in Eastern Germany«, in *The German East*, 1954, S. 135. Desgl. G. C. Paikert, *The German Exodus*, 1962, Tabelle XI im Anhang.

34 Kramer, a. a. O.

35 Ebenda.

36 Kennan, *Memoiren eines Diplomaten*, 1968, Band 1, S. 415–448.

37 Um JCS / 1067 richtiger einschätzen zu können, konsultierte Clay seinen Wirtschaftsberater, den Brigadegeneral William H. Draper, der ihm sagte: »Dieses Ding haben ökonomische Schwachköpfe zusammengestellt. Es wäre völlig absurd, den geschicktesten Arbeitern Europas zu verbieten, soviel sie können für einen Kontinent zu produzieren, in dem aber auch alles fehlt.« Murphy, a. a. O., S. 306.

38 *Europa-Archiv*, a. a. O., S. 53; desgl. Department of State, *Bulletin*, Band 5, S. 125; *Documents on American Foreign Relations*, Band 4, S. 209. In diesem Geiste hatte die amerikanische Öffentlichkeit während des Krieges den Gedanken begünstigt, Europa beim Wiederaufbau zu helfen, einschließlich eines nichtnationalsozialistischen Deutschlands. Im Juli 1944 zum Beispiel führte das National Opinion Center der Universität Denver in allen 48 Staaten eine Umfrage durch, ob Amerikaner helfen sollten, Deutschland industriell wieder auf die Beine zu bringen, selbst auf Kosten einer fortgesetzten Rationierung im eigenen Land; das Ergebnis: 64 % oder fast zwei Drittel des amerikanischen Volkes befürworteten diese Politik. Dazu Ausführungen von Senator Wheeler vor dem Senat am 15. Januar 1945, *Congressional Record*, Band 91, S. 253. Der Morgenthau-Plan wurde niemals wirklich populär in Amerika; sogar Anfang 1945, als 40 % der amerikanischen Öffentlichkeit sich für eine Verstümmelung Deutschlands aussprachen, waren nur 13 % für die Zerstörung der deutschen Industrie. Dazu Gallup, *The Gallup Poll 1935–71*, Band 1, 1972, S. 499, 501.

39 Kennan, a. a. O., Band 1, insbes. Kap. 14, »Der Marshall-Plan«, S. 328 ff..

40 Harry Price, *The Marshall Plan and its Meaning*, 1955, S. 28. Bekanntlich wurde Jugoslawien im Juni 1948 aus der Kominform ausgeschlossen. Bis Juni 1952 hatte es 109 Millionen Dollar aus dem Marshall-Plan erhalten. Ebenda, S. 86 und 91.

41 Ebenda, S. 29. Dazu Edwin Borchard, »Intervention. The Truman Doctrine and the Marshall Plan«, *American Journal of International Law*, 1947, Band 41, S. 886.

42 Siehe Zitat des Berichts von N. H. Collisson, dem stellvertretenden Chef der ECA-Mission für die amerikanisch-britisch besetzten Zonen Westdeutschlands, an den Ausschuß für Auslandsbeziehungen des US-Senats; zitiert in *Congressional Record*, Senate, 5. 4. 1949, S. 3893.

43 Herbert Mayer, *German Recovery and the Marshall Plan*, 1969, S. 1.

44 Economic Cooperation Administration, *Third Report to Congress*, 1949, S. 126. Von 1938 bs 1947 hatte sich die industrielle Produktion in den Vereinigten Staaten mehr als verdoppelt. *Federal Reserve Bulletin*, November 1954, S. 1193; Price, a. a. O., S. 29.

45 V. Gollancz, *In Darkest Germany*, 1947, passim. B. Montgomery, *Memoiren*, 1958, S. 465.

46 L. Clay, *Entscheidung in Deutschland*, 1950, S. 145; desgl. Edward Mason, »Has our Policy in Germany Failed?«, *Foreign Affairs*, 1946, Band 24, S. 579–90.

47 L. Clay, a. a. O., S. 142f.

48 P. Fischer, *Die Saar zwischen Deutschland und Frankreich*, 1959, S. 48; L. Cowan, a. a. O., S. 208ff.

49 *Documents on American Foreign Relations*, 1947, Band 9, S. 65. Der Vertrag zwischen den Vereinigten Staaten und Großbritannien über die Vereinigung ihrer Zonen wurde am 2. 12. 1946 unterzeichnet.

50 *Documents on American Foreign Relations*, 1948, Band 10, S. 78 und Band 11, 1949, S. 111. Dazu Borchard, a. a. O., S. 887, wo der Autor eine pessimistische Voraussage für den Marshall-Plan äußert und erwähnt, daß sich Frankreich weiterhin gegen eine Steigerung der industriellen Produktion in Deutschland ausspricht.

51 *Documents on Foreign Relations*, Band 11, 1949, S. 109.

52 Das Grundgesetz der Bundesrepublik Deutschland trat am 24. Mai 1949 in Kraft. Dazu Strupp-Schlochauer, *Wörterbuch des Völkerrechts*, Band 1, S. 354. Am 21. September 1949 wurden die Alliierten Hochkommissare in Deutschland formell von der Gründung der Bundesrepublik Deutschland unterrichtet und proklamierten, daß das Besatzungsstatut in Kraft sei. Department of State, *Bulletin*, Band 21, S. 512, 3. 10. 1949.

53 Price, a. a. O., S. 91.

54 Eugene Davidson, *The Death and Life of Germany*, 1959, S. 382f.; Paikert, a. a. O., S. 34f.

55 Department of State, *Bulletin*, Band 28, 1953, S. 373, 374, 665. Ferner *Bundesgesetzblatt*, 1953, Teil 2, S. 492 ff.
56 1948 führte Senator Langer Section 12 des DP-Gesetzes ein, womit die Einwanderung von deutschen Vertriebenen in die USA erleichtert wurde. Dazu Anhang zu Congressional Record, 24. 5. 1951, A-3055. Von 1948 bis Juni 1950 gab das Außenministerium nur 10090 Visa an Einwanderer deutscher Herkunft aus.
57 Siehe Erklärung von Bidault über das Problem der deutschen Bevölkerung vom 15. 3. 1947, *Documents on International Affairs 1947/8*, Royal Institute of International Affairs, S. 422 ff.
58 Walter-Report, a. a. O., S. 87. Eine gegen die Auswanderung gerichtete Ansicht vertritt die Streitschrift des Göttinger Arbeitskreises, 1950, *Die Auswanderung, ein Mittel zur Lösung der deutschen Frage?* Die Schrift schließt mit den Worten: »Erst die Wiederangliederung des Deutschen Ostens an Europa kann mit der Lösung der Deutschen Frage zugleich den Aufbau eines einheitlichen, sich selbst erhaltenden Europa ermöglichen. Bis der Zeitpunkt hierfür gekommen ist, darf nicht durch Auswanderung eine nur scheinbare Lösung erstrebt werden.« S. 9.
59 Mayer, a. a. O., S. 100.
60 E. Dittrich, »Verlagerungen in der Industrie«, in Lemberg und Edding (Hrsg.), *Die Vertriebenen in Westdeutschland*, 1959, Band 2, S. 296–374.
61 Die Deutschen hatten in Böhmen und Mähren fast in allen von ihnen gegründeten Städten Brauereien eingerichtet. Deutsche Siedler gründeten 1295 Pilsen; die Stadt behielt eine deutsche Mehrheit bis 1860, als die Industrie tschechische Arbeiter in großer Zahl anzog. Ähnlich behielt Budweis bis etwa 1900 seine deutsche Mehrheit und rühmte sich ebenfalls einer der beliebtesten Biersorten in Böhmen.

Achtes Kapitel
Frieden und kalter Krieg

1 Oppenheim-Lauterpacht, *International Law*, Band 2 (7. Ausg.), S. 597.
2 Ebenda, S. 600. »Unterwerfung findet nur dann statt, wenn ein Kriegführender, nachdem er die Streitkräfte des Gegners vernichtet und sein Territorium erobert hat, dessen Existenz durch Annexion des eroberten Territoriums zerstört.« In der Berliner Deklaration vom 5. 6. 1945 verzichteten die Alliierten auf die Annexion Deutschlands. Englischer Text in *American Journal of International Law*, 1945, Band 39, Suppl. S. 172. Deutscher Text in *Europa-Archiv*, Dokumente und Berichte, Band 6, 1948, S. 77 ff.

3 *Documents on American Foreign Relations*, Band 9, 1947, S. 2.
4 Ebenda, S. 699; Department of State, *Bulletin*, Band 16, S. 199. Text des Vertrags mit Italien: Department of State, *Treaties and Other International Acts Series 1648; United Nations Treaty Series*, Band 49. S. 3ff.
5 *Documents on American Foreign Relations*, Band 9, S. 641, 696, 711.
6 Ebenda, Band 12, S. 485f.
7 Department of State, *Bulletin*, Band 26, Nr. 671, S. 687ff., 5.5.1952. Text des Friedensvertrags mit Japan in *Bulletin* vom 27.8.1951, S. 349. Als er in Kraft trat, hatten die Vereinigten Staaten, Großbritannien und Frankreich den Vertrag ratifiziert, nicht aber die Sowjetunion.
8 Während der Konferenz von Jalta wurde die Einteilung Deutschlands in Zonen, die von der European Advisory Commission am 12. September 1944 entworfen worden waren, offiziell angenommen. Dazu *Foreign Relations of the United States*, 1944, Band 1, General, S. 150–53, 177, 231, 318; ferner *The Conferences at Malta and Yalta*, S. 138–141; Berliner Deklaration am 5. Juni 1945. Ein interessanter Artikel schildert, wie die Zonen abgegrenzt wurden: Philip Mosely, »The Occupation of Germany«, *Foreign Affairs*, 1949, Band 28, S. 580–604: »Man hat es zuweilen für einen grundlegenden Fehler erklärt, daß Deutschland in Besatzungszonen eingeteilt wurde; es wäre besser gewesen, alliierte Streitkräfte verstreut und vermischt zu stationieren und damit die Schaffung einzelner Zonen zu vermeiden. Ein zögernder Vorschlag in dieser Richtung wurde Ende Dezember 1943 von einem Angehörigen des britischen Außenministeriums formlos vorgebracht bei einem Verständigungsbesuch in Washington. Wäre der Vorschlag verwirklicht worden, hätte man vermutlich die Einrichtung der Zonen und die De-facto-Teilung Deutschlands verhindern können.« (S. 588)
9 Winston Churchill machte das Schlagwort vom »Eisernen Vorhang« populär durch seine Ansprache im Westminster College zu Fulton/Missouri am 5. März 1946. Soweit belegbar, hat er den Ausdruck zum erstenmal in einem Telegramm an Truman vom 4. Juli 1945 gebraucht: »Ich sehe dem im Mittelabschnitt unserer Front beabsichtigten Rückzug der amerikanischen Armee auf unsere Zonengrenzen mit größtem Unbehagen entgegen, ist doch damit der Vormarsch der Sowjetmacht ins Herz Westeuropas und die Senkung eines eisernen Vorhanges zwischen uns und dem ganzen Osten verbunden.« *Der Zweite Weltkrieg*, Bd. 6, Buch 2, S. 295f. Doch schon Goebbels hatte in der Wochenzeitung *Das Reich* am 25. Februar 1945 geschrieben: »Wenn das deutsche Volk die Waffen niederlegte, würden die Sowjets, auch nach den Abmachungen zwischen Roosevelt, Churchill und Stalin, ganz Ost- und Südosteuropa zuzüglich des größten Teiles des Reiches besetzen. Vor diesem einschließlich der

Sowjetunion riesigen Territorium würde sich sofort ein eiserner Vorhang heruntersenken...« S. 1, Spalte 5.

10 Siehe Statement über Besatzungszonen in Deutschland in der Berliner Erklärung von 5. Juni 1945, Text in Department of State, *Bulletin*, 1945, Band 12, S. 1052; *Europa-Archiv*, a.a.O., S. 77 ff.

11 *Europa-Archiv*, a.a.O., S. 78 f. Desgl. Präsident Trumans Rundfunkansprache vom 9. August 1945; hier faßte Truman die Ergebnisse der Potsdamer Konferenz zusammen, die von allen als Vorbereitung der Friedenskonferenz verstanden wurde. Dazu L. Holborn, *War and Peace Aims of the United Nations*, Band 2, S. 340 ff.; Department of State, *Bulletin*, 1945, Band 13, S. 208–213.

12 *Parliamentary Debates*, House of Commons, Band 427, 22. 10. 1946, Spalte 417.

13 B. Montgomery, *Memoiren*, 1958, S. 447.

14 *Parliamentary Debates*, House of Commons, Band 427, Spalte 1519.

15 L. Clay, *Entscheidung in Deutschland*, 1950, S. 156.

16 Ebenda, S. 161.

17 In einer Rede an der Indiana University am 25. Juni 1955 sagte Robert Murphy, damals stellvertretender Staatssekretär im State Department: »Von Anfang an standen unsere Absichten mit Deutschland und die sowjetischen Wünsche einander entgegen. Ein Jahr nach der Einführung der Viermächteverwaltung in Deutschland war es ganz offensichtlich, daß die Westmächte ein selbständiges Deutschland anstrebten, während die Sowjetunion daran interessiert war, deutsche Industrie, Landwirtschaft und deutsche Arbeitskräfte für die UdSSR auszubeuten.« Department of State, *Bulletin*, Band 33, S. 46.

18 Department of State, *Bulletin*, Band 13, S. 964; *Documents on American Foreign Relations*, Band 8, S. 198–201.

19 Department of State, *Bulletin*, Band 15, S. 49; *Documents on American Foreign Relations*, Band 8, S. 210–218. Die Reaktion auf die Rede schildert L. Clay, a.a.O., S. 96–101. Vgl. Churchills Züricher Rede vom 19. Sept. 1946 in: Churchill, *The Sinews of Peace*, S. 198 ff.

20 *Parliamentary Debates*, House of Commons, 22. 10. 1946, Spalte 1521 f.

21 Robert Murphy, *Diplomat unter Kriegern*, 1964, S. 375.

22 Ebenda.

23 Kennan, *Memoiren eines Diplomaten*, 1967, Band 1, S. 420.

24 Clay, a.a.O., S. 403 f.

25 Ebenda, S. 487.

26 Edward Taborsky, »Benes and the Sowjets«, *Foreign Affairs*, 1949, Band 27, S. 302–314.

27 Kennan, a.a.O., S. 262 f.

28 In einem persönlichen Gespräch mit einem Professor für internatio-

nales Recht an einer Universität der DDR äußerte der Professor, ein überzeugter Kommunist, Kritik an der Sowjetunion und erklärte im Hinblick auf den Satelliten-Status der DDR: »Zwanzig Jahre lang haben uns die Russen ausgepreßt.«

29 Note, »Judicial Determinations of the End of the War«, *Columbia Law Review*, 1947, Band 47, S. 255–268. Dazu H. Mosler und K. Döhring, *Die Beendigung des Kriegszustands mit Deutschland nach dem Zweiten Weltkrieg*, 1963, rezensiert in *American Journal of International Law*, 1965, Band 59, S. 696.

30 Department of State, *Bulletin*, Band 16, S. 77. Desgl. Proklamation 2714, Federal Register, XII, S. 1; ferner *Documents of American Foreign Relations*, Band 8, S. 112f.

31 Oppenheim-Lauterpacht, a. a. O., Band 2, S. 604.

32 Proc. 2940, 16, *Federal Register*, 10915; Department of State, *Bulletin*, Band 25, S. 769.

33 *United Nations Treaty Series*, Band 331, S. 252ff.

34 Ebenda, S. 327ff.

35 Siehe Senats-Dokument Nr. 11, 84. Kongreß, 1. Sitzung (1955), Anhang A, S. 129; *American Journal of International Law*, 1955, Band 49, Suppl., S. 59. *Treaties and Other International Acts, Series 3425, Termination of the Occupation Regime*, 1954, S. 880; BGBl. 1955 II, S. 301, 305.

36 *United Kingdom Command Papers*, 9304, S. 55; A. Toynbee, *Survey of International Affairs*, 1954, S. 146.

37 Boris Meissner (Hrsg.): *Der Warschauer Pakt*, 1969; dgl. Gottfried Zieger, *Der Warschauer Pakt*, 1974. Der W. P. wurde am 14. Mai 1955 geschlossen und von den Regierungen Albaniens, Bulgariens, Ungarns, Polens, Rumäniens, der DDR, der Tschechoslowakei und der Sowjetunion unterzeichnet.

38 Es besteht kein Zweifel darüber, daß eine freie Wahl in ganz Deutschland ungünstig für die Sowjetunion ausgefallen wäre. Als Beispiel könnte man auf die letzte freie Wahl in Berlin am 20. Oktober 1946 hinweisen. General Lucius Clay erinnerte in seinem Buch *Entscheidung in Deutschland*: »Bei den Wahlen am 20. Oktober erlitt die SED, eine Verbindung der Sozialdemokraten und der Kommunisten in der sowjetischen Zone (die unter sowjetischem Druck erzwungen und von den Sozialdemokraten der Westzonen abgelehnt worden war), eine schwere Niederlage. Die Sozialdemokraten erhielten 48,7 Prozent, die Christlichen Demokraten 22 Prozent, die Freien Demokraten 9 Prozent der Stimmen; obwohl die von den Sowjets geförderte SED in Ost-Berlin durch die sowjetische Militär-Administration in jeder erdenklichen Weise unterstützt wurde, vereinigte sie auf sich nur 19,8 Prozent der Stimmen. Diese Wahl, die in der ganzen Stadt unter der Aufsicht von Beobachtergruppen der vier Mächte durchgeführt

worden war, muß auf die sowjetischen Stellen niederschmetternd gewirkt und ihnen die Erkenntnis vermittelt haben, daß ihre Hoffnung, Deutschland mit legalen politischen Mitteln zu gewinnen, eitel war. Fraglos änderten sie nun in Deutschland ihre Taktik...« (S. 162)

39 A. Toynbee, a. a. O., S. 132ff.; 1958, S. 575f.

40 Kennan hatte damals einen besonderen Lehrstuhl inne, der als das Eastman-Professorat der Universität Oxford bezeichnet wurde; er erhielt eine Einladung der BBC, die jährlichen Vortragsreihen zu halten, die als Reith Lectures bekannt wurden. In voraufgegangenen Jahren hatten u. a. Arnold Toynbee, Oliver Franks, Bertrand Russell und Robert Oppenheimer diese Rundfunkreden gehalten. Die Reith Lectures wurden veröffentlicht in dem Band *Russia, the Atom and the West*, 1958.

41 Kennan, a. a. O., Band 2, S. 249.

42 Ebenda, S. 259.

43 Ebenda.

44 Präsident Ronald Reagan an Michail Gorbatschow. Remarks at Brandenburg Gate in West Berlin (June 12, 1987). 1 Pub. Papers (Ronald Reagan) 634, 635. Department of State, *Bulletin*, August 1987, S. 24.

45 Gilbert Gornig, »Der Zwei-plus-vier-Vertrag unter besonderer Berücksichtigung grenzbezogener Regelungen«, in *Recht in Ost und West*, Heft 4, April 1991, S. 97–106, auf S. 99.

46 Bundesgesetzblatt, 23. Mai 1949, S. 1.

47 Fritz Münch, »Zum Saarvertrag vom 27. Oktober 1956«, *Zeitschrift für ausländisches öffentliches Recht und Völkerrecht*, Vol. 18 (1957), S. 1–60.

48 Art. 23 Grundgesetz, ebenda, S. 3f.

49 Vertrag über die abschließende Regelung in bezug auf Deutschland, BGBl. II, 1990, S. 1318. Dieter Blumenwitz, »Der Vertrag vom 12. 9. 1990 über die abschließende Regelung in bezug auf Deutschland« in *Neue Juristische Wochenschrift*, Vol. 43 (1990), S. 3041–3048. G. Goring, Der Zwei-plus-vier-Vertrag, a. a. O., S. 97.

50 Die Veröffentlichung des deutschen Wortlauts dieser sog. Suspendierungs-Erklärung beruht auf der Bekanntmachung vom 2. Oktober 1990, BGBl. II, 1990, S. 1331.

Neuntes Kapitel
Das Schicksal der deutschen Ostgebiete vom De-facto- zum De-jure-Verlust

1 Vertrag vom 14. November 1990, BGBl II S. 118. Siehe hierzu das Gesetz vom 16. Dezember 1991 (BGBl II, S. 1328) und den Nachbarschaftsvertrag vom 17. Juni 1991.
2 Vgl. Gesetz über die Wiedervereinigung Österreichs mit dem Deutschen Reich vom 13. März 1939. Text: *Reichsgesetzblatt* 1938 I, S. 237.
3 Vgl. Gesetz über die Wiedervereinigung der sudetendeutschen Gebiete mit dem Deutschen Reich vom 21. November 1938. Text: *Reichsgesetzblatt* 1938 I, S. 1641.
4 Vgl. Gesetz über die Wiedervereinigung des Memellandes mit dem Deutschen Reich vom 23. März 1939. Text: *Reichsgesetzblatt* 1939 I, S. 559.
5 Vgl. Gesetz über die Wiedervereinigung der Freien Stadt Danzig mit dem Deutschen Reich vom 1. September 1939. Text: *Reichsgesetzblatt* 1939 I, S. 1547.
6 Text: *United Nations Treaty Series*, vol. 227, S. 779 ff.
7 Text: Amtsblatt des Kontrollrats in Deutschland, Ergänzungsblatt Nr. 1, S. 7 ff. Dietrich Rauschning (Hrsg.), *Die Gesamtverfassung Deutschlands*, 1960, S. 86 ff.
8 Dem Wortlaut des Artikels IXb des Potsdamer Protokolls ist eindeutig zu entnehmen, daß das westwärts der Oder gelegene Stettiner Gebiet im Bereich der sowjetischen Besatzungszone verbleibt und nicht in den provisorischen polnischen Verwaltungsbereich fällt. Die provisorische Westgrenze Polens verlief »east of a line running from the Baltic Sea through Swinemünde, and then along the Oder…« Nach den Cohen-Notizen zur Plenarsitzung vom 31. Juli 1945 wurde aber die Frage von Stalin erörtert und anscheinend von Truman akzeptiert. Vielleicht haben deshalb die Westalliierten nicht protestiert, als das gesamte Stettiner Gebiet am 19. November 1945 in polnische Verwaltung überging, nachdem die Sowjets am 5. Oktober auch Swinemünde mit seinem westlichen Vorland, zwei Landgemeinden mit mehreren Dörfern sowie einen breiten Küstenstreifen westlich von Danzig den Polen übergeben hatten. Vgl. Osteuropa-Handbuch: Polen, S. 226, Fußnote 1.
9 Margaret Thatcher, *The Downing Street Years*, New York 1993, S. 792–799.
Hier heißt es unter anderem: »Chancellor Kohl had managed to convey the worst possible impression by his unwillingness to have a proper treaty to settle Germany's border with Poland. Prime Minister Tadeusz Mazowiecki, whom I had first met in very different circumstances in Gdansk in November 1988, discussed his fears with me when he came to London in

February 1990. I pressed the matter… when I met Chancellor Kohl at the start of the Anglo-German summit in London at the end of March. I also ensured that the Poles received special status at the talks of the ›two-plus-four‹… Finally, and after much pressure, Chancellor Kohl did agree to settle Germany's border with Poland by a special treaty signed in November 1990.« (a.a.O., S. 799)

10 Erklärungen des sowjetischen Außenministers vom 17. Sept. 1946 und 9. April 1947. Siehe Molotow, *Questions de Politique Extérieure*, 1949, S. 244 und 429. Zitiert von Skubiszewski in »Poland's Western Frontier and the 1970 Treaties«, *American Journal of International Law*, 1973, Band 67, S. 23.

11 *Documents on Germany 1944–1970* (Committee Print, Committee on Foreign Relations, US-Senat, 92. Kongreß, 1. Sitzung). Desgl. »US Foreign Policy for the 1970's Building for Peace«. Ein Bericht Nixons für den Kongreß vom 25. Februar 1971. Desgl. Communiqué vom 1. Juni 1972, Department of State, *Bulletin*, Band 66, S. 913f; desgl. Gespräch mit einem Experten in der Deutschlandabteilung des Office of the Legal Adviser to the State Department in Washington, am 5. Januar 1976.

12 Brief an den Verfasser von der Bonner britischen Botschaft, datiert von 27. 7. 1975, mit der Erklärung, daß »die Rechtsposition der Regierung Ihrer Majestät dieselbe bleibt, zu der sie durch die Abmachungen des Potsdamer Protokolls verpflichtet ist, nämlich daß die endgültige Festlegung der Westgrenze Polens bis zur Friedensregelung warten sollte«. Ebenfalls ein Brief des amerikanischen State Department vom 27. Mai 1975 an den Autor mit der Bestätigung: »Die in diesen Erklärungen ausgedrückte Haltung ist noch die offizielle Position der Vereinigten Staaten.« Und Meldung der Nachrichtenagentur dpa vom 9. 11. 1959: »Die französische Regierung hat der Bundesregierung auf Anfrage versichert, daß sie die Oder-Neiße-Linie nach wie vor als provisorische polnische Verwaltungsgrenze ansehe. Sie betonte gleichzeitig, daß eine endgültige Regelung der deutschen Ostgrenzen einem Friedensvertrag mit Gesamtdeutschland vorbehalten bleiben müsse.«

13 Text in Department of State, *Bulletin*, Band 12, 1945, S. 1052; deutscher Text in *Europa-Archiv*, Dokumente und Berichte, Band 6, 1948, S. 77.

14 National Archives, Record Group 59, 800.00 Summaries/7-1045; Record Group 84, Records of the Foreign Service Posts of the Department of State, Box 727.

15 Mit Ausnahme von Königsberg und dem nördlichsten Drittel Ostpreußens.

16 Leahy, *I was There*, 1950, S. 406.

17 *Europa-Archiv*, Dokumente und Berichte, Band 6, 1948, S. 86f.

18 Eine Erörterung des Unterschieds zwischen »Delimitation« und »De-

markation« siehe bei E. Luard, *The International Regulation of Frontier Disputes*, 1970, S. 112 ff.; C. de Visscher, *Problèmes de Confins en Droit International Public*, 1969, S. 11 ff.; de Lapradelle, *La Frontière*, 1928, S. 144 ff.; A. O. Cuckwurah, *The Settlement of Boundary Disputes in International Law*, 1967. Eine polnische Stellungnahme bei J. Kokot, *The Logic of the Oder-Neiße Frontier*, 1959, insbes. S. 27–37.

19 Churchill, Band VI/2, S. 356; Truman, *Memoirs*, 1955, Band 1, S. 368; *Foreign Relations of the United States, The Conference of Berlin*, Band 2, S. 212.

20 Churchill, a. a. O., S. 373 f.

21 In einem zusammenfassenden Memorandum des U.S. State Department vom 8. August 1945 heißt es: »Die Engländer haben nur sehr widerwillig die Oder-Neiße-Linie akzeptiert. Wenn die britische Regierung mitten in der Konferenz nicht gewechselt hätte, hätten die Engländer wahrscheinlich gar nicht zugestimmt.« *Foreign Relations of the United States, The Conference of Berlin*, Band 2, S. 1153.

22 Außenminister Byrnes beklagte sich in einem Brief vom 21. Juli 1945 über die mangelnde Zähigkeit der amerikanischen Delegation: »Ich bedauere, keine Zeichen der Entschlossenheit unsererseits zu sehen. Jeder scheint davon auszugehen, daß wir in der Frage der Oder-Neiße-Linie nachgeben werden. Jedoch versuche ich noch, Rückgrat in diese Sache zu bringen...« *National Archives*, Record Group 59, Doc. 740.00 119 (Potsdam) / 7-2145.

23 *Foreign Relations of the United States, The Conference of Berlin*, Band 2, S. 534; Truman, a. a. O., S. 405; Fischer, *Teheran, Jalta, Potsdam*, 1968, S. 348.

24 *Foreign Relations of the United States, The Conference of Berlin*, Band 2, S. 519; Truman, a. a. O., S. 405; Fischer, a. a. O., S. 348; Leahy, a. a. O., S. 423.

25 Byrnes, *In aller Offenheit*, 1949, S. 114.

26 *Foreign Relations of the United States, The Conference of Berlin*, Band II, S. 534; desgl. Fischer, a. a. O., S. 350. Siehe auch eine sehr gute Darstellung »Westliche Kenntnis der polnisch-sowjetischen Forderungen hinsichtlich Stettins vor Potsdam« und »Die Potsdamer Einigung« von Professor Dr. Knut Ipsen in *Ostverträge – Berlin Status*. Veröffentlichungen des Instituts für Internationales Recht an der Universität Kiel, Band 66, (1971), S. 78 ff.

27 *Foreign Relations of the United States, The Conference of Berlin*, Band 2, S. 1150.

28 Ipsen, a. a. O., S. 82.

29 Reproduktion der Originalkarte (map D) in *United Nations Treaty Series*, Band 227, Beilage. Professor Ipsen war vielleicht der erste, der auf diese Karte in bezug auf Stettin hingewiesen hat, a. a. O., S. 82.

30 Ipsen, a.a.O., S. 78. Siehe auch Breyer, »Die Oder-Neiße-Linie bei Stettin«, in *Festschrift für Herbert Kraus*, 1964, S. 429–434.
31 Department of State, *Bulletin*, Band 13, 1945, S. 211; Holborn, *War and Peace Aims of the United Nations*, Band 2, S. 352.
32 Department of State, *Bulletin*, Band 13, 1945, S. 211; Holborn, a.a.O., S. 353.
33 Wiewiora, *The Polish-German Frontier*, 2. Aufl. 1964, S. 142f., 184; Manfred Lachs, *Die Westgrenze Polens*, 1967, S. 69; Drzewieniecki, *The German-Polish Frontier*, S. 69; J. Kokot, *The Logic of the Oder-Neiße Frontier*, S. 12f., 53, 76. Molotow zitierte diesen Teil von Trumans Rede auf der Moskauer Außenministerkonferenz im März 1947 und wurde sofort scharf zurückgewiesen von Außenminister Marshall. *Foreign Relations of the United States*, 1947, Band 2, S. 322.
34 Wiewiora, a.a.O., S. 143.
35 Truman, a.a.O., S. 411. In einem Brief vom 30.7.1945 beklagte sich Truman über die Schwierigkeiten, mit den Russen zu einer Übereinkunft zu gelangen. »Sie haben niemals solche dickköpfigen Leute gesehen wie die Russen. Ich hoffe, daß ich niemals wieder eine Konferenz mit ihnen abhalten muß – aber natürlich werde ich es tun.« (S. 402)
36 *United Nations Treaty Series*, Band 10, S. 193–201: »Jusqu'à la solution définitive des questions territoriales lors du règlement de la paix, la partie de la frontière polono-soviétique adjacente à la mer Baltique suivra, conformément à la décision de la conférence de Berlin, une ligne...« (»Bis zur endgültigen Lösung der Territorialfragen bei der Friedensregelung wird der Teil der polnisch-sowjetischen Grenze, der an die Ostsee stößt, entsprechend der Entscheidung der Berliner Konferenz einer Linie folgen, die...«) Die sowjetisch-polnische Grenze durch Ostpreußen wurde erst im Vertrag vom 8. Juli 1948 »endgültig festgesetzt«, natürlich ohne Zustimmung der westlichen Alliierten. *United Nations Treaty Series*, Band 37, S. 25.
37 *Parliamentary Debates*, House of Commons, Band 414, Spalte 83. Desgl. *Time*, 27.8.1945, S. 34. Desgl. Churchill, *Reden*, 1950, Band 6, S. 365.
38 Churchill, *Memoiren*, Der Zweite Weltkrieg, Band VI/2, S. 347.
39 Wiewiora, a.a.O., S. 148, 160 Anmerkung; J. Kokot, a.a.O., S. 8; Elisabeth Wiskemann, *Germany's Eastern Neighbours*, 1956, S. 133f. Vgl. die Erklärung des britischen Außenministers Bevin im Unterhaus am 20. August 1945: »Eines der großen Probleme, vor denen wir noch immer stehen, ist das polnische, und ich weiß, daß es gewisse Bedenken über die Ausdehnung des Gebiets gibt, das in das polnische Territorium einbezogen werden soll. Die Frage des endgültigen zukünftigen Gebiets von Polen muß am Verhandlungstisch für den Frieden geregelt werden, und ich persönlich sehe die Gefahr – und schließe mich damit der von dem sehr ehren-

werten Abgeordneten für Woodford [Churchill] geäußerten Ansicht an –, daß die Polen zu weit nach Westen geraten.« *Parliamentary Debates*, House of Commons, Band 413, Spalte 293–296.

40 *Foreign Relations of the United States, The Conferences at Malta and Yalta*, S. 717, 720, 726 usw.

41 Churchill, *Der Zweite Weltkrieg*, Band VI/2, S. 362.

42 Ebenda, S. 364.

43 Ebenda.

44 Ebenda, S. 367 f. Schon bald darauf protestierte Churchill wieder öffentlich gegen das, was in Osteuropa vor sich ging. In seiner bekannten Rede »Sinews of Peace« im Westminster College zu Fulton/Missouri bedauerte er, daß seine eigene Politik, Polen auf Kosten Deutschlands zu entschädigen, zu solchen Exzessen geführt habe. Die Alliierten hätten den kleinen Finger gereicht, die Polen die ganze Hand gepackt. »Die von den Russen beherrschte polnische Regierung ist ermuntert worden, sich umfassende gesetzwidrige Übergriffe auf Deutschland zu leisten, und jetzt finden Massenvertreibungen von Deutschen in einem schrecklichen und unvorstellbaren Maß statt.« *The Sinews of Peace*, S. 100 f.

45 *Parliamentary Debates*, House of Commons, Band 414, Spalte 242 f., 10. 10. 1945.

46 Arthur Lane, *I Saw Poland Betrayed*, 1948, S. 240, 254, 117 (Anm.), 180 f., 191. Desgl. Mikolajczyk, *The Rape of Poland*, 1948, insb. die Kapitel 13 und 14, S. 161–202.

47 83 rd Congress, 2 nd session, House Report No. 2684, Teil 5, »Treatment of the Jews under Communism«. Bericht des Sonderkomitees über kommunistische Aggressionen unter dem Abgeordneten Charles Kersen, 31. Dez. 1954, S. 23. Siehe auch Lane, a. a. O., S. 246; Mikolajczyk, a. a. O., S. 167 f. Vgl. Werner Marker (Hrsg.), *Osteuropa-Jahrbuch, Polen*, Köln 1959, S. 125.

48 *Parliamentary Debates*, House of Commons, 22. 10. 1946, Band 427, Sp. 1523.

49 Department of State, *Bulletin*, Band 15, S. 496 ff. *Documents on American Foreign Relations*, Band 8, S. 210–218. Mikolajczyk wurde in Kopenhagen von der Rede unterrichtet und gab sofort vor der Presse eine Protesterklärung ab. Mikolajczyk, a. a. O., S. 171 f. Desgl. Rozek, *Allied Wartime Diplomacy*, 1958, S. 423 f.

50 S. Welles, *Where are We Heading?* 1946, S. 120.

51 *Foreign Relations of the United States*, 1947, Band 2, S. 1.

52 Die Regierung der Tschechoslowakei schlug sogar Berichtigungen ihrer Grenze mit Deutschland vor, bei denen sie zusätzliches deutsches Gebiet im Norden und Westen erhalten hätte.

53 *Foreign Relations of the United States*, 1947, Band 2, S. 110.

54 Ebenda, S. 67.

55 Ebenda.
56 Ebenda, S. 65.
57 Ebenda, S. 63.
58 *National Archives*, Record Group 260, OMGUS, Box 169-3. Bericht von Robert Murphy vom 1. Mai 1947.
59 *Documents on American Foreign Relations*, 1947, Band 9, S. 46; Department of State, *Bulletin*, 20. 4. 1947, S. 693 f.; desgl. *Documents on International Affairs*, Royal Institute, 1947–48, S. 462–465; Whiteman, *Digest of International Law*, Band 3, S. 365. Bereits in Potsdam hatte die amerikanische Delegation verlangt: »Die Werte und Produktivität aller Territorien, die abgetreten werden sollten, müssen zunächst Deutschland... zugute kommen, um Importe nach Deutschland zu vermeiden.« *National Archives*, Record Group 260, Box 175/2–3.
60 Montgomery, *Memoiren*, 1959, S. 465; Gollancz, *Unser bedrohtes Erbe*, S. 11.
61 *Europa-Archiv*, Band 2, 1947, S. 719 f.; desgl. Whiteman, a. a. O., S. 370.
62 *Europa-Archiv*, Band 2, 1947, S. 720; desgl. Whiteman, a. a. O., S. 371; *Documents on International Affairs*, 1947/48, S. 476 f.
63 Wiewiora, a. a. O., S. 140–143; Lachs, a. a. O., S. 24 ff.
64 W. M. Drzewieniecki, a. a. O., S. 68 f.
65 Sir Geoffrey Harrison, Deutschland-Spezialist und Mitglied der britischen Delegation bei der Potsdamer Konferenz, war die maßgebende Figur bei der Verfassung des Artikels XIII. Er versicherte dem Autor in einem persönlichen Gespräch am 30. Oktober 1976, daß Artikel XIII unabhängig von Artikel IX entstanden und nicht einer durch den anderen zu interpretieren sei. Sir Denis Allen, Polen-Spezialist und ebenfalls Teilnehmer an der Potsdamer Konferenz, bestätigte dem Autor in einem Brief vom 21. November 1976: »In Potsdam faßten wir es nicht so auf, daß diese beiden Fragen, die zwar in der Praxis zusammenhingen, eine Art ›organischer Einheit‹ innerhalb des Protokolls bildeten.«
66 Sir Geoffrey Harrison erklärte dem Autor in einem persönlichen Gespräch, daß sich Artikel XIII tatsächlich auf die Deutschen der Oder-Neiße-Gebiete beziehen sollte, wie es eindeutig aus den Diskussionen in den Plenarsitzungen hervorgeht. Die Formulierung fiel irrtümlicherweise ungenau aus, weil der Ausschuß, der Artikel XIII verfaßte, unter Zeitdruck stand und sich hauptsächlich der Frage des Aufschubs der Vertreibung widmen mußte.
67 Zu dieser Frage bemerkte Clay: »Als der Alliierte Kontrollrat an die Aufgabe ging, die Vereinbarungen von Jalta und Potsdam über die Aufnahme von Staatsangehörigen deutscher Herkunft aus Polen, der Tschechoslowakei, Ungarn und Österreich durchzuführen, schätzte man die Zahl dieser Ausgewiesenen auf 3 Millionen. Es wurde nicht damit gerech-

net, daß diese Zahl durch die Ausweisung von Deutschen aus den polnisch verwalteten Gebieten stark erhöht würde. Doch zeigte sich sehr schnell, daß Polen beabsichtigte, die Deutschen auszuweisen; bald trafen sie ein, ohne Rücksicht auf Vereinbarungen, zu Tausenden und Hunderttausenden.« *Entscheidung in Deutschland*, 1950, S. 349.

68 *Foreign Relations of the United States*, 1945, Band 2, S. 1301. In diesem Sinne äußerte sich auch Sir Denis Allen, der in einem Brief an den Autor vom 21. November 1976 schrieb: »Sämtliche Potsdamer Abmachungen waren eindeutig als vorläufig gedacht, in dem Sinne, daß man mit einer endgültigen Friedensregelung rechnete. Einerseits machte man sich keine Illusionen über die voraussichtlichen Schwierigkeiten, spätere Änderungen durchzusetzen, vor allem im Hinblick auf die territorialen Vereinbarungen im Osten, wo die Russen im Besitz des Gebiets waren. Andererseits faßten wir es nicht so auf, daß es die Aufgabe irgendeiner künftigen Friedenskonferenz sein werde, einfach die Potsdamer Vereinbarungen zu bestätigen, auch nicht, was die polnisch-deutsche Grenze und die Umsiedlung deutscher Einwohner anging.«

69 *Foreign Relations of the United States*, 1947, Band 4, S. 428.

70 Ebenda.

71 Außenminister Edward Stettinius erinnert sich in seinem Buch *Roosevelt and the Russians* (1950, S. 146), daß die westlichen Alliierten in Jalta Marschall Stalin um eine großzügige Geste zugunsten der Polen ersuchten, um eine Änderung der Curzon-Linie, bei der Lemberg bei Polen geblieben wäre. Stalin antwortete, er »würde lieber den Krieg fortsetzen, obwohl er Rußland Blut kosten würde, um deutschen Boden als Entschädigung für Polen zu gewinnen«. Stalins Erklärung klingt noch makabrer, wenn man bedenkt, daß die Sowjetunion die Atlantik-Charta gutgeheißen hatte, deren Artikel I den Verzicht auf territorialen Gewinn zum Inhalt hatte, während Artikel II vorsah, daß die Signatarmächte »keine territorialen Veränderungen zu sehen wünschen, die nicht mit den frei geäußerten Wünschen der betroffenen Menschen übereinstimmen«.

72 In der *Sowjetischen Geschichte des Großen Vaterländischen Krieges 1941–1945* von Professor Telpuchowski heißt es z. B. in bezug auf die Beschlüsse der Krimkonferenz: »Außerdem kamen die Großmächte überein, Polen die ihm im Westen ursprünglich gehörenden Gebiete zurückzugeben.« An einer anderen Stelle übernimmt Telpuchowski die historisch nicht haltbare These vom »urpolnischen« Pommern, das seit 1181 Reichslehen war: »Ursprünglich polnischen Volksboden, der von den Eroberern Polen weggenommen war, hatten sie dem polnischen Volke zurückgegeben.« Telpuchowski, a. a. O., S. 450, 461. Vgl. Bohdan Gruchman, Alfons Klafkowski u. a., *Polish Western Territories*, 1959; Gerard Labuda, »Die polnische Westgrenze« in *Wie Polen und Deutsche einander sehen*, 1973, S. 82–91.

73 *Documents on International Affairs*, 1947–48, S. 488.

74 Ebenda, S. 508. In diesem Zusammenhang J. Kokot, »The Economic Aspects of the Resettlement of German Population after the Second World War«, *Polish Western Affairs*, 1964, Band 5, S. 92ff.

75 Die Silingen, ein Stamm des germanischen Volkes der Wandalen, lebten von etwa 300 vor bis etwa 350 n. Chr. in Schlesien und gaben der Provinz den Namen. Eine polnische Darstellung der germanischen Besiedlung Schlesiens und Ostpreußens im Mittelalter und später gibt G. Labuda, »A Historiographic Analysis of the German Drang nach Osten«, in *Polish Western Affairs*, 1964, Band 5, S. 221–265.

76 Durch die Goldbulle von Rimini legte Kaiser Friedrich II. von Hohenstaufen bereits im Jahre 1226 die rechtliche Grundlage für die Eroberung des Preußenlandes durch den Deutschen Orden. Text der Goldbulle: Walter Hubatsch, *Quellen zur Geschichte des Deutschen Ordens*, 1954, S. 46ff.

77 Am 1. März 1945 sagte Attlee im Unterhaus: »Ich denke an eine Weihnachtskarte, die ich in diesem Jahr von einem meiner polnischen Freunde erhielt. Sie zeigt eine Karte Polens im 17. Jahrhundert. Es ist dieser tragische Blick in die Vergangenheit... statt in die Zukunft, der es so schwer macht, einen dauerhaften Frieden zu begründen.« *Parliamentary Debates*, House of Commons, Band 408, Spalte 1615.

78 *The Economist*, 19. 4. 1947, S. 578.

79 Ebenda, 3. 5. 1947, S. 663ff.

80 *Documents on International Relations*, 1947–48, S. 532–537, Zitat S. 533. Department of State, *Bulletin*, 28. Dezember 1947, S. 1244–47.

81 *Documents on International Relations*, Royal Institute, 1947–48, S. 571.

82 *United Nations Treaty Series*, Band 319, S. 93ff.; *Dokumente zur Außenpolitik der Regierung der Deutschen Demokratischen Republik*, Band 1, S. 342ff.

83 Über einen Friedensvertrag für ganz Deutschland wurde bis in die späten 50er Jahre verhandelt. Die Sowjetunion zeigte stets ein besonderes Interesse daran, ihre Gewinne zu festigen, und machte entsprechende Vorschläge, die aber für die Westmächte unannehmbar waren. Whiteman, *Digest of International Law*, Band 3, S. 383ff.

84 Department of State, *Bulletin*, Band XXII, 19. Juni 1950, S. 1017. Siehe auch Whiteman, a. a. O., S. 379.

85 Vgl. B. Wiewiora, *The Polish-German Frontier*, 2. Aufl. 1964, S. 170f.; desgl. ders., »Territorial Change after the Second World War«, *Polish Western Affairs*, Band 5, 1964, S. 21ff. Eine gemäßigte polnische Einstellung findet sich bei Krysztof Skubiszewski, »Polish-German Frontier as a Problem of International Law«, *Polish Western Affairs*, 1964, Band 5, S. 311–331; es handelt sich dabei um einen Vortrag, den Prof.

Skubiszewski am 13. April 1964 im Harvard International Law Club hielt.

86 Siehe auch Bulletin des Presse- und Informationsamtes der Bundesregierung, 8. Dez. 1970, S. 1816.

87 Artikel II: »Im Hinblick auf die internationale Lage, die bisher die Wiedervereinigung Deutschlands und den Abschluß eines Friedensvertrags verhindert hat, behalten die Drei Mächte die bisher von ihnen ausgeübten oder innegehabten Rechte und Verantwortlichkeiten in bezug auf Berlin und auf Deutschland als Ganzes einschließlich der Wiedervereinigung Deutschlands und einer friedensvertraglichen Regelung...« Department of State, *Treaties and Other International Acts*, Series 3425, Publication 6096, S. 93.

88 Deutscher Text in: Presse- und Informationsamt der Bundesregierung, *Die Verträge der Bundesrepublik Deutschland mit der UdSSR vom 12. August 1970 und mit der Volksrepublik Polen vom 7. Dezember 1970*, S. 155f. Bulletin des Presse- und Informationsamtes, 8. Dez. 1970, Nr. 171, S. 1815f.; dazu *The Times*, 21. 11. 1970, S. 3, Spalte 1.

89 Die polnische Auffassung wird gut von Professor Krysztof Skubiszewski vertreten: »Poland's Western Frontier and the 1970 Treaties«, *American Journal of International Law*, 1973, Band 67, S. 23ff.

90 Bulletin des Presse- und Informationsamtes der Bundesregierung, 8. Dez. 1970, Nr. 171, S. 1816.

91 Bulletin, a. a. O., S. 1630.

92 Bulletin, S. 1819.

93 »U. S. Foreign Policy for the 1970's: Building for Peace.« A Report to the Congress by Richard Nixon, President of the United States, 25. Februar 1971, S. 41.

94 *The Times*, 21. 7. 1975, S. 1.

95 Department of State, *Bulletin*, Band 73, 1. 9. 1975, S. 323ff.

96 Ebenda, S. 304f.; *Europa-Archiv*, Dokumente, 1975, S. 564f.

97 Department of State, *Bulletin*, Band 73, 1. 9. 1975, S. 324; dazu Präsident Fords Erklärung S. 306; *Europa-Archiv*, Dokumente, 1975, S. 439.

98 Eberhard Beckherrn und Alexej Dubatow: *Die Königsberg-Papiere*, München 1993. Wilfried Böhm, Hartmut Koschyk, Friedbert Pflüger, Christian Schmidt, *Kaliningrad/Königsberg – Risiken und Chancen seiner Entwicklung* (Standortpapiere der Arbeitsgruppe Außenpolitik der CDU/CSU-Fraktion im Deutschen Bundestag), Bonn 1994.

99 *Frankfurter Allgemeine Zeitung*, »Was wird aus Königsberg? Polen dementiert territoriales Interesse«, 17. Februar 1992.

100 *Frankfurter Allgemeine Zeitung*, DOD, 21. April 1995, S. 5.

101 Karin Tomala, »Jammertal und Hoffnungsschimmer«, in *Das Parlament*, 3. März 1995.

102 Dietrich Rauschnig u. Donata v. Nerée (Hrsg.), *Jahrbuch der Albertus Universität zu Königsberg*, 1994, Band XXIX.

103 D. Vignes, »Le Referendum sarrois«, *Annuaire Français de Droit International*, 1955, S. 134; M. Merle, »La Convention franco-allemande du 23 octobre 1954 sur la Sarre«, *Annuaire*, 1955, S. 128; M. Merle, »Le Règlement de la Question Sarroise et la Liquidation du Contentieux Franco-Allemand«, *Annuaire*, 1956, S. 181–203. Siehe auch F. Münch, »Saargebiet«, in Strupp-Schlochauer, *Wörterbuch des Völkerrechts*, Bd. 3, S. 147 f.

104 BGBl 1956 II S. 1587; BT Drucksachen II/2901, 3000.

105 Okinawa (ca. 1200 qkm) ist die größte der Riukiu-Inseln (ca. 2400 qkm), die sich vom Süden Japans bis Taiwan hinziehen und eine Bevölkerung von ungefähr einer Million Menschen haben. Am 15. Mai 1972 wurden die Riukiu-Inseln der japanischen Verwaltung zurückgegeben, gemäß dem Okinawa-Rückgabevertrag vom 17. Juni 1971. Department of State, *Bulletin*, Band 64, S. 323, 381, 452, 470, 598; Band 65, S. 8, 69, 299, 461, 514, 624, 655.

106 Carl Jakob Burckhardt, *Meine Danziger Mission: 1937–1939*, München 1960. 3. überarb. Aufl. 1980, S. 156 f. Siehe auch *Militärgeschichtliche Mitteilungen*, herausgegeben vom Militärgeschichtlichen Forschungsamt durch Günter Roth und Wilhelm Deist, Nr. 48 (1990), S. 43: »Diese Befürchtungen haben dann auch polnische militärische Konzeptionen ausgelöst, die in der einen Lesart als ›Präventivkriegsplanung‹ und in der anderen als ›Strafexpedition‹ bezeichnet wurden. Sieht man von dem ›Foch-Plan‹ aus dem Jahre 1923 ab, der den gleichzeitigen Vorstoß polnischer und französischer Streitkräfte in das Reich – ›geradewegs auf Berlin‹ – vorsah, so bleiben die eigenständigen polnischen Planungen mit Blick auf den militärischen Zustand des Reiches zwischen 1926 und 1934 eine ernstzunehmende Bedrohung.« Siehe auch Ferdinand Otto Miksche, *Das Ende der Gegenwart*, S. 66–75.

107 Andreas Hillgruber, *»Der Zusammenbruch im Osten 1944/45 als Problem der deutschen Nationalgeschichte und der europäischen Geschichte«, ein Vortrag vor der Rheinisch-Westfälischen Akademie der Wissenschaften am 17. April 1985 in Düsseldorf*, Westdeutscher Verlag, Opladen 1985, S. 7.

Zehntes Kapitel
Annäherung und Verständigung

1 Die Charta wurde bisher vornehmlich wissenschaftlich ausgewertet. Siehe z. B. C. Tomuschat, »Das Recht auf die Heimat: Neue rechtliche Aspekte«, in J. Jekewitz (Hrsg.), *Des Menschen Recht zwischen Freiheit und Verantwortung* (1989), S. 183–186. Dr. Dr. Kurt Rabl veröffentlichte 1958–1965 ein fünfbändiges Werk über *Das Recht auf die Heimat*. Die vielleicht beste Abhandlung zu diesem Thema veröffentlichte Professor Dr. Otto Kimminich (Regensburg) 1980 in der Schriftenreihe der Kulturstiftung der Deutschen Vertriebenen. Siehe auch Hartmut Koschyk (Hrsg.), *Das Recht auf die Heimat. Ein Menschenrecht*, München 1992; A. de Zayas, »Historischer und Völkerrechtlicher Überblick«, in *Reden zu Deutschland 1980*, herausgegeben von der Kulturstiftung der deutschen Vertriebenen, Bonn 1981, S. 16–22. Ferner gibt es eine Reihe von Dissertationen, z. B. Gerold von Braunmühl, »Austreibungsverbot und Rücksiedlungsanspruch im geltenden Völkerrecht« (Mainz 1962); Dieter Fischer, »Die Aussichten für die Positivierung eines Menschenrechts auf die Heimat« (Würzburg 1966); Marc Lengereau, »Le droit à la Heimat – La notion de ›droit à la Heimat‹ dans la pensée allemande contemporaine et en droit positiv« (Grenoble 1970); Frans du Buy, »Das Recht auf die Heimat im historisch-politischen Prozeß« (Utrecht 1974).

2 In seiner Dankansprache anläßlich der Verleihung der Ehrendoktorwürde der Theologischen Fakultät der Universität Tübingen im Dezember 1988 sagte Pater Zverina u. a.: »In diesem Zusammenhang... fühle ich die Pflicht, das ganz besonders auszudrücken, was nicht nur mir, sondern vielen meiner Landsleute – Gläubigen wie Ungläubigen – auf dem Gewissen liegt. Es ist unsere Schuld an den Greueltaten, die ein gewisser Teil unseres Volkes an den Deutschen begangen hat, nach dem Krieg und dann noch bei dem sogenannten ›Transfer‹ der Sudetendeutschen. Von tschechischer Seite haben schon vor Jahren der Dichter Jaroslav Durych und der Philosoph Jan Patocka ihr tiefes Bedauern hierüber ausgedrückt. Jetzt bitte auch ich bei dieser Gelegenheit um Verzeihung unserer Schuld. Wir bitten Sie um eine wirkliche Versöhnung, und wir beten zu Gott um die Gnade einer radikalen Bekehrung. Ich beschwöre von diesem Forum aus die ganze Menschheit, nie wieder und nirgends etwas Derartiges zu begehen oder auch nur schweigend zuzulassen.« *Frankfurter Allgemeine Zeitung*, 16. Januar 1989.

3 Ota Filip, Die stillen Toten unterm Klee, München 1992. Siehe das Kapitel »Danubius – Gewissen eines Volkes«, S. 203–208.

4 *Odsun*, a. a. O., S. 470.

5 Ota Filip, a. a. O., S. 204.

6 Zitiert von Johann Georg Reißmüller in der *Frankfurter Allgemeinen*

Zeitung vom 17. Januar 1990, »Zwischen Tschechen und Deutschen«, S. 10.

7 Ota Filip, a. a. O., S. 213.

8 Václav Havel, Sommer-Meditationen. Rowohlt-Verlag, Berlin 1992, S. 96 f.

9 Johann Georg Reißmüller, »Die Wende ist es noch nicht«, *Frankfurter Allgemeine Zeitung*, 24. Mai 1995, S. 1.

10 *Der Spiegel* Nr. 22 / 1995, S. 26–29, Zitat auf S. 28.

11 Ebenda.

12 *Frankfurter Allgemeine Zeitung*, 29. Mai 1995.

13 Ota Filip, a. a. O., S. 205.

14 »Aus der Sicht der heutigen Moral und des Rechtswissens ist jede Kollektivstrafe ausgeschlossen. Die Deutschen in Böhmen wurden jedoch kollektiv bestraft... Die tschechische Regierung sollte die vertriebenen Deutschen mindestens symbolisch entschädigen, weil sie zu den Grundgedanken der modernen menschlichen Zivilisation steht.«

15 Janusz Jasinski, »Zur polnisch-deutschen Verständigung. Ansichten aus Allenstein«, in *Forum für Kultur und Politik*, herausgegeben vom Bund der Vertriebenen, Heft 10, Oktober 1994, S. 41.

16 Jan Józef Lipski, »Zwei Vaterländer – zwei Patriotismen«, *Kontinent* 22, 1981, Ullstein Verlag, S. 12 f. Siehe dazu Leserbrief von Professor Dr. Georg Strobel in der *Frankfurter Allgemeinen Zeitung* vom 31. Juli 1995, »Deutsche bei den Polen am Ende der Beliebtheitsskala«.

17 *Europa auf dem Wege zu neuen Institutionen*, Internationales Symposium, 5./6. Oktober 1990; Berlin, Deutsches Menschrechtskomitee, Bonn, 1991, S. 60 f.

18 *Dialog*, Deutsch-Polnisches Magazin, Magazyn Polsko-Niemiecki, Juni 1955, S. 25.

19 Übersetzung von Kornelia Kurowska (Allenstein) des Referates von Janusz Jasinski auf dem Treffen, das vom Ermländerrat und der Kulturgemeinschaft »Borussia« in Redikeinen am 4. August 1995 veranstaltet wurde, S. 10.

20 Andrzej Sakson, »Das Böse bleibt böse, selbst wenn es das kleinere Übel ist«, in *Dialog*, Juni 1995, S. 58 f.

21 Der »Normalisierungsvertrag«, in Kraft am 19. 7. 1974, BGBl. II, 1974, S. 989.

22 In Kraft am 22. 1. 1975, BGBl. II, 1975, S. 598.

23 In Kraft am 3. 6. 1972, BGBl. II, 1972, S. 650.

24 In Kraft am 16. 1. 1992, BGBl. II, 1992, S. 118.

25 In Kraft am 14. 9. 1992, BGBl. II, 1992, S. 1099.

26 Art. 1 (2) der Verträge mit Polen und der Tschechoslowakei.

Epilog

1 IMT, Bd. 8, S. 286. Siehe auch IMT, Bd. 9, S. 350, für Görings Erklärung, wonach die Germanisierung Polens nur in jenen Gebieten durchgeführt wurde, die vor dem Vertrag von Versailles deutsch gewesen waren und die die Polen seit 1919 durch ähnliche Maßnahmen polonisiert hatten, u. a. durch die Enteignung und ›Vertreibung‹ von über einer Million Deutschen, die früher dort gewohnt hatten.

2 Kulturstiftung der deutschen Vertriebenen, Materialien zu Deutschlandfragen, 1991/92. Bonn 1993, S. 178–183 (179).

3 Felix Ermacora, *Die sudetendeutschen Fragen*, Rechtsgutachten mit dem Text des Vertrages zwischen der Bundesrepublik Deutschland und der Tschechischen und Slowakischen Föderativen Republik, München 1992, S. 235.

4 *Congressional Record*, House of Representatives, 16. Mai 1957, S. 7118.

5 A. de Zayas, *The Right to One's Homeland – Ethnic Cleansing and the International Criminal Tribunal for the Former Yugoslawia*, in: Criminal Law Forum, Vol. 6 (1995), S. 257–315.

6 Ermacora, S. 235.

7 Ermacora, S. 239.

8 Ermacora, S. 238.

Quellen- und Literaturverzeichnis

Gliederung:

I. Unveröffentlichte Quellen

Public Record Office, London.

Papiere über Katyn: FO 371/34572, 34575, 34577. Cabinet Papers: CAB 66/36. Papiere über die Flucht und deutsche Propaganda FO 371/39083, 47734. Papiere über die Vertreibung: FO 371/46661, 46810, 46811, 46816, 46861, 46990, 47091, 47094; FO 945/65, 68; WO 235/594. Papiere über Werwolf, Besatzungspolitik usw. FO 371/46749, 46868.

National Archives, Washington.

Record Group 59, Diplomatic Papers 740.00119 (Potsdam)/3–2048; 6–1845, 8–745; 8600.00/9–345; 862.4016/11–2349; 862.48/3–1449 usw. Record Group 84, Box 738, Folder 855; Record Group 165, Records of the War Department; Record Group 260, Box 175/2–3; Record Group 319, G-2 Message File 1943–45 (Germany).

Archiv des Internationalen Komitees vom Roten Kreuz, Genf.

Papiere über Besuche der IKRK-Delegierten in Internierungslagern in der Tschechoslowakei und Polen. Papiere über Besprechungen mit den alliierten Besatzungsmächten.

Schweizerisches Bundesarchiv, Bern.
Berichte des Schweizerischen Roten Kreuzes über seine Tätigkeit in Deutschland 1945–1949, J II 15, 1969/7.
Archiv des Völkerbundes, Palais des Nations, Genf.
Minderheitenpetitionen von Volksdeutschen in Polen und in der Tschechoslowakei.
Bundesarchiv Koblenz.
Ostdokumentensammlung (veröffentlicht zum Teil in Th. Schieder, *Dokumentation der Vertreibung*). Bericht aus der internen Auswertung der Akten 1969–1975, »Dokumentation der Vertreibungsverbrechen« (veröffentlicht zum Teil durch W. Ahrens), insbesondere Ost-Dok. 2 Nr. 8, 13, 14; Ost-Dok. 2/51, 2/77, 2/96.
Bundesarchiv-Militärarchiv, Freiburg.
Akten Fremde Heere Ost, Bestand H 3, insb. Bd. 483, 657, 665, 667, 690. Akten der Rechtsabteilung der Wehrmacht, OKW-Untersuchungsstelle für Verletzungen des Völkerrechts, Bestand RW 2. Akten des Wehrmachtführungsstabes, Bestand RW 4, insbesondere Bd. 709, »Verhalten der Sowjets in den besetzten deutschen Gebieten«, S. 109–132.
Politisches Archiv des Auswärtigen Amtes, Bonn.
Bestand Völkerrecht/Kriegsrecht, insbes. Bd. 82/8, Nr. 22. Auch Bestand Kult. Pol. Geheim., insbes. Bd. 148.
Internationaler Gerichtshof, Den Haag, Friedenspalast.
Nürnberger Dokumente. Eidesstattliche Erkärungen für die Verteidigung des OKW, insbes. Erklärung von General Erich Dethleffsen, Nr. 1068.
Polish Institute und Sikorski Museum, London.
Mikolajczyk-Papiere, PRM-Z 2, Z 5.
Centre de Recherches et d'Études Historiques de la Seconde Guerre Mondiale, Brüssel.
Commandant e. r. Georges Hautecler über die Verluste der belgischen Kriegsgefangenen in Deutschland.
Institut für Zeitgeschichte, München.
Nürnberg-Dokumente, insbes. Plädoyer von Dr. Alfred Seidl, Verteidiger von Hans Frank, zur Anklage über Massenvertreibungen von Polen aus dem Warthegau ins Generalgouvernement, S. 34–42. Mikrofilme der Seekriegsleitung, insbes. Besprechung mit Hitler über die Evakuierung der Zivilbevölkerung aus dem Baltikum, u. a. Gespräch am 31. 1. 1945 unmittelbar nach der Versenkung der *Wilhelm Gustloff* und Gespräch am 18.4. 1945 nach der Versenkung der *Goya* MA/10 (4).
United States Department of State Files. US Court of the Allied High Commission for Germany US HICOG v. Hrnecek, Vaclav, Area V Munich,

Fall Nr. 54-23, Court of Appeals. Auch in der Bayerischen Staatsbibliothek, München, Nr. 4 M 57.16.
Kirchlicher Suchdienst, München, 3 Bände zur »Gesamterhebung« als Manuskript gedruckt o. J.
Berlin Document Center. Untersuchung der Ermordung von SS-Obergruppenführer Reinhard Heydrich, stellvertretender Reichsprotektor für Böhmen-Mähren.

II. Amtliche Publikationen

A) International

Publications de la Cour Permanente de Justice Internationale, Série A, Urteile Nr. 6, 9, 12, 13, 15, 17, 19; Serie B; Serie A/B; Serie C, Serie E. Leiden, 1921–39.
Internationales Militärisches Tribunal: *Der Prozeß gegen die Hauptkriegsverbrecher* 14. November 1945–1. Oktober 1946, 42 Bde., Nürnberg 1947–49.
Annual Digest of Public International Cases, (H. Lauterpacht, Hrsg.), Bände 1–49, London 1932 ff.
League of Nation Treaty Series, 205 Bde., London 1920–46.
United Nations Treaty Series, New York 1946 ff.

B) Rotes Kreuz

Rapport Général du CICR sur son activité de 1921 à 1923, Genf 1925 (insbesondere über Plebiszit und Aufstand in Oberschlesien).
Report of the International Committee of the Red Cross on its activities during the Second World War (September 1, 1939 to June 30, 1947), Genf 1948: Bd. 1 General Activities; 2 The Central Agency for Prisoners of War; 3 Relief Activities.
Report on General Activities, Genf (Jahrbuch).
Report of the Joint Relief Commission of the International Red Cross, 1941–1946, Genf, 1948.
ICRC: *Inter Arma Caritas*, Genf, 1947.
Revue Internationale de la Croix Rouge, Genf (monatlich).

Schweizerisches Rotes Kreuz:
Das Schweizerische Rote Kreuz – Eine Sondernummer des deutschen Flüchtlingsproblems. Nr. 11/12, Bern, September-Oktober 1949.
Volk ohne Raum – Berichte aus deutschen Flüchtlingslagern, Bern, 1949.

Deutsches Rotes Kreuz:
Das Vertriebenenproblem, Tagung 9.–14. April 1951 in Hannover. Bundesministerium für Vertriebene, Bonn 1951.
Böhme, Kurt: *Gesucht wird*, München 1965.

C) Deutschland

Akten zur Auswärtigen Politik, Serie D, Baden-Baden, Serie E, Göttingen; *Documents on German Foreign Policy*, 1918–45 from the Archives of the German Foreign Ministry, published jointly by the British Foreign Office and the US Department of State, Series D and E (1937–45) 8 Bde., Washington, USGPO, und London, HMSO.
Auswärtiges Amt: *Europa: Dokumente zur Frage der europäischen Einigung*, Bonn 1953.
Bundesministerium für Vertriebene: *Dokumentation der Vertreibung der Deutschen aus Ostmitteleuropa*, herausgegeben von Th. Schieder, in 5 Bänden, 3 Beihefte, Bonn 1953–1961.
Zeittafel, Bd. 1–2, Bonn 1959, 1960.
Zwanzig Jahre Lager Friedland, Bonn 1965.
Tatsachen zum Problem der deutschen Vertriebenen und Flüchtlinge, Bonn 1967.
Der Treck der Volksdeutschen aus Wolhynien, Galizien und dem Narew-Gebiet, Berlin 1943.

D) Großbritannien

Documents on British Foreign Policy, London, HMSO, insbesondere Serie I, Bd. I, 1984.
Parliamentary Debates, House of Commons, London, HMSO.
Parliamentary Debates, House of Lords, London, HMSO.
Royal Institute of International Affairs: *Documents on International Affairs* 1939–46, Bd. 1–2, 1947–48, etc., London, 1951, 1952, 1954.
United Kingdom *Command Papers*, London.

E) Polen

Statistisches Amt: *Rocznik Statystyczny* für 1947, 1949 und 1957, Warschau.
Außenministerium, *Les Relations Polono-Allemands et Polono-Soviétiques au cours de la periode* 1933–39, Paris 1940.
Außenministerium: *The Polish White Book*, New York 1942.
Informationsministerium: *The German New Order in Poland*, London 1941.

Central Commission for Investigation of German Crimes in Poland: *German Crimes in Poland*, Warschau 1946.
Sikorski Institute London: *Documents on Polish-Soviet Relations, 1939–45*, Bd. 1–2, London 1961, 1967.
Instytut Zachodni: *Documenta Occupationis Teutonicae*, Bd. 1–9, Poznan 1945–1975.

F) Tschechoslowakei

Außenministerium: *Two Years of German Oppression in Czechoslovakia*, London 1941.
Außenministerium: *Memorandum of the Czechoslovak Government on the Reign of Terror in Bohemia and Moravia under the Regime of Reinhard Heydrich*, London 1942.
Außenministerium: *Nouveaux documents pour servir à l'histoire de Munich*, Prag 1958.
Akademie der Wissenschaften: *Acta Occupationis Bohemiae et Moraviae. Die Deutschen in der Tschechoslowakei 1933–1947*. Hrsg. Václav Kral, Prag 1964.
Akademie der Wissenschaften: *Das Abkommen von München 1938*. Hrsg. Václav Kral, Prag 1968.
Informationsministerium: *Cesky narod soudi, K. H. Franka*, Prag 1946.
Innenministerium: *Lidice*, Prag 1946.

G) UdSSR

Dokumente und Materialien aus der Vorgeschichte des Zweiten Weltkrieges, 2 Bde., Moskau 1948.
Geschichte des Großen Vaterländischen Krieges, Moskau 1960.
Dokumente der Konferenzen von Jalta und Potsdam in *International Affairs*, Nr. 6–10, Moskau 1965.
Soviet Documents on Foreign Policy, J. Degras (Hrsg.), London 1953.
Correspondence Between the Chairman of the Council of Ministers of the U. S. S. R. and the Presidents of the U. S. A. and the Prime Ministers of Great Britain During the Great Patriotic War of 1941–1945, Moskau 1957.
Große Sowjet-Enzyklopädie, Berlin 1952 (2. Auflage).

H) USA

Congressional Record, Senate, Washington.
Congressional Record, House of Representatives, Washington.

Department of State:
The Axis in Defeat, A Collection of Documents on American Policy Toward Germany and Japan, Washington 1945.
Foreign Relations of the United States: 1918 ff., insbes. The Conferences at Cairo and Teheran, 1943; The Conference of Quebec, 1944; The Conferences at Malta and Yalta, 1945; The Conference at Berlin, 1945; auch Bd. 2, 1945, General, Political and Economic Matters.
Termination of the Occupation Regime in the Federal Republic of Germany, Pub. 6096, Washington 1955.
United States Economic Policy Toward Germany, Publication 2630, European Series 15 (enthält JCS 1067), Washington, D. C., 1950.
Marjorie M. Whiteman: *Digest of International Law*, insbesondere Bd. 2 und 3, Department of State Publication 7737, 1964.
Documents on American Foreign Relations, Boston, 1939–54.
Documents on Germany, Senate Committee on Foreign Relations, 92nd Congress, 1st Session, Washington, 1971.
House of Representatives, Committee on the Judiciary, Report No. 1841. 81st Congress, 2nd Session, »Expellees and Refugees of German Ethnic Origin«, genannt *»Walter Report«*, März 1950, Washington.
House of Representatives, »Select Committee to Conduct an Investigation of the Facts of the Katyn Forest Massacre« House Resolution 390, 82nd Congress, 1st Session, 18. September 1951.
House of Representatives, 83rd Congress, 2nd Session, Report No. 2684, Parts 3, 4, 5: »Communist Takeover and Occupation of Poland«, »Polish Documents Report«, »Treatment of the Jews under Communism«, Special Reports of the Select Committee on Communist Aggression, 31. Dezember 1954, Washington.
Nixon, Richard: *U. S. Foreign Policy for the 1970's; Building for Peace.* A Report to the Congress by Richard Nixon, President of the United States, 25. Februar 1971, Washington.
Office of Strategic Services: *Transfers of Population in Europe since 1920*, Washington 1945.
On German Provinces East of the Oder-Neisse Line, and Economic, Historical, Legal and Political Aspects Involved, paper by Representative Carroll B. Reece, Washington, 16. Mai 1957.
Senate, 92nd Congress, 1st Session, Doc. Nr. 92-36 »The Human Cost of Soviet Communism«, Committee on the Judiciary, 16. Juli 1971.
House of Representatives, Hearing before the Subcommittee on Interna-

tional Political and Military Affairs of the Committee on International Relations, 94th Congress, 1st Session, *Conference on Security and Cooperation in Europe*, 6. Mai 1975.
House of Representatives, Committee on International Relations, *First Semiannual Report by the President to the Commission on Security and Cooperation in Europe*, 94th Congress, 2nd Session, Dezember 1976.
House of Representatives, *Report of the Study Mission to Europe to the Commission on Security and Cooperation in Europe*, 2. Dezember 1976.

III. Memoiren, Reden, Papiere und Biographien

Adenauer, Konrad: *Erinnerungen*, Bd. 1–4, Stuttgart, 1965–68.
Ball, George: *The Discipline of Power*, Boston, 1968.
Bartoszewski, Wladyslaw: *Es lohnt sich, anständig zu sein.* Rede zum 8. Mai 1995, Freiburg, 1995.
Beneš, Eduard: *Memoirs*, London, 1954.
Bohlen, Charles: *Witness to History*, New York, 1973.
Bonnet, Georges: *Défense de la Paix*, Genf, 1946.
Brüning, Heinrich: *Memoiren*, Stuttgart, 1970.
– *Briefe und Gespräche* (Claire Nix, Hrsg.), Stuttgart, 1974.
Byrnes, James: *Speaking Frankly*, New York, 1947. *In aller Offenheit*, Frankfurt a. M., 1949.
Campbell, Thomas M. und George Herring (Hrsg.): *The Diaries of Edward Stettinius*, New York, 1975.
Churchill, W. S.: *Reden*, Bd. 1–7, Zürich, 1946–50.
– *The Sinews of Peace*, London, 1948.
– *The Second World War*, Bd. 1–6: *The Gathering Storm; Their Finest Hour; The Grand Alliance; Hinge of Fate; Closing the Ring; Triumph and Tragedy*, Boston, 1963. *Der Zweite Weltkrieg*, Bd. 1–6, Bern, 1948–1952.
– *The War Speeches*, London, 1952.
Ciechanowski, Jan: *Defeat in Victory*, Garden City, 1947.
Clay, Lucius: *Decision in Germany*, New York, 1950. *Entscheidung in Deutschland*, Frankfurt a. M., 1950.
Deutscher, I.: *Stalin, a Political Biography*, London, 1949.
Dilks, David (Hrsg.): *The Diaries of Sir Alexander Cadogan 1938–45*, London, 1971.
Djilas, Milovan: *Conversations with Stalin*, New York, 1962.
Dönitz, Karl: *Zehn Jahre und zwanzig Tage*, Frankfurt, 1967.
Eden, Anthony (Lord Avon): *The Memoirs of Anthony Eden*, Boston, 1960.

Ehrenburg, Ilja: *Memoiren, Menschen – Jahre – Leben*, 3 Bde., München 1962.
Eisenhower, Dwight D.: *Crusade in Europe*, Garden City, 1948. *Kreuzzug in Europa*, Amsterdam, 1948.
Gannon, Robert: *The Cardinal Spellman Story*, insbesondere Ch. 14 ›President Roosevelt‹, New York, 1962.
de Gaulle, Charles: *Mémoires de guerre*, Paris, 1959.
Genscher, Hans Dietrich: *Erinnerungen*, Berlin, 1995.
Gollancz, Victor: *My dear Timothy*, London, 1952.
Hahn, Hugo: *Kämpfer wider Willen*, Metzingen, 1969.
Harriman, W. Averell, and Elie Abel: *Special Envoy to Churchill and Stalin 1941–1946*, New York, 1975.
v. Hassell, Ulrich: *Vom anderen Deutschland, Tagebücher 1938–44*, Zürich, 1947.
Havel, Václav: *Gewissen und Politik. Reden und Ansprachen 1984–1990.* Institut Bohemicum, Beiträge No. 13, München, 1990.
Havel, Václav: *Sommer-Meditationen*, Berlin, 1992.
Hencke, Andor: *Augenzeuge einer Tragödie.* Diplomatenjahre in Prag 1936–1939, München, 1977.
Henlein, Konrad: *Heim ins Reich, Reden aus den Jahren 1937 und 1938*, Reichenberg, 1939.
Hill, Leonidas (Hrsg.): *Die Weizsäcker-Papiere*, Frankfurt/M., 1974.
Hull, Cordell: *The Memoirs*, London, 1948.
Hupka, Herbert: *Unruhiges Gewissen. Ein deutscher Lebenslauf.* München, 1995.
Jaksch, Wenzel, und Edvard Beneš: *Briefe und Dokumente aus dem Londoner Exil* 1939–1943, Köln, 1973.
Kennan, George: *Memoirs 1925–1950*, Boston, 1967. *Memoiren eines Diplomaten*, Stuttgart, 1967.
– *Memoirs 1950–1963*, Boston, 1972. *Memoiren 1950–1963*, Frankfurt, 1973.
Kennedy, John F.: *Public Papers of Presidents: John F. Kennedy*, Washington, 1963.
Kroll, Hans: *Lebenserinnerungen eines Botschafters*, Köln, 1967.
Lane, Arthur Bliss: *I Saw Poland Betrayed, An American Ambassador Reports to the American People*, Indianapolis, 1948.
Lansing, Robert: *The Big Four and Others of the Peace Conference.* Boston, 1929.
Leahy, William: *I was There*, New York, 1950.
Lehndorff, Hans Graf v.: *Ein Bericht aus Ost- und Westpreußen*, Bonn, 1960.
Lipski, Josef: *Diplomat in Berlin, 1933–1939*, New York, 1968.
Masaryk, T. G.: *The Making of a State*, London, 1927.

McClellan, David S.: *Years*, New York, 1976.
Mikolajczyk, Stanislaw: *The Rape of Poland*, New York, 1948.
Mitterrand: De L'Allemagne, De La France. Paris 1996.
Molotow, V. M.: *Problems of Foreign Policy. Speeches and Statements*, Moskau, 1947.
Montgomery, B.: *Memoirs*, London, 1958.
Moran, Lord: *Winston Churchill. The Struggle for Survival 1940–1965*, London, 1966.
Murphy, Robert: Diplomat Among Warriors, Garden City, 1964.
– *Diplomat unter Kriegern*, Berlin, 1965.
Peters, Theofil: In hellen und in dunklen Tagen. Als Arzt in Schlesien 1926–1946, München, 1995.
Roosevelt, Elliot: *As He Saw It*, New York, 1946.
– (Hrsg.): *The Roosevelt Letters*, Bd. 2, 1928–45, London, 1952.
Schukow, Georgi K.: *Erinnerungen und Gedanken*, Stuttgart, 1969.
Schwerin von Krosigk, Lutz Graf: *Es geschah in Deutschland. Menschenbilder unseres Jahrhunderts*, Tübingen, 1951.
Selle, Götz von: *Ostdeutsche Biographien*, Würzburg, 1955.
Sherwood, R. E.: *The White House Papers of Harry L. Hopkins*, London, 1948–49.
– *Roosevelt and Hopkins, An Intimate History*, New York, 1948.
Simon, A. K. (Hrsg.): *Rudolf Lodgman von Auen, Reden und Aufsätze*, München, 1954.
Smith, Jean Edward (Hrsg.): *The Papers of General Lucius D. Clay*, Bloomington, 1974.
Speer, Albert: *Erinnerungen*, Berlin, 1969.
Stalin, Josef: *Über den Großen Vaterländischen Krieg der Sowjetunion*, Berlin, 1951 (2. Auflage).
– *Correspondence with Churchill, Attlee, Roosevelt and Truman*, London, 1958.
Stettinius, E. R.: *Roosevelt and the Russians, The Yalta Conference*, New York, 1949.
Stimson, Henry, and McGeorge Bundy: *On Active Service in Peace and War*, New York, 1947.
Strang, William: *Home and Abroad*, London, 1956.
Stresemann, Gustav: *Vermächtnis. Der Nachlaß*, hrsg. v. Henry Bernhard v. a., 3 Bde., Berlin, 1932/33.
Thatcher, Margaret: *The Downing Street Years*, London, 1993.
Truman, Harry S.: *Memoirs*, New York, Bd. 1–2, 1955.
Weizsäcker, Ernst von: *Erinnerungen*, München, 1950.

American Friends Service Committee: *Report on Conditions in Central Europe, ›Expellees‹*, Philadelphia, 1946.
– *The Problem of 12 Million German Refugees*, Boston, 1949.
– *After Seven Years*, Philadelphia, 1952.
Anderson, Evelyn: *Hammer or Anvil*, London, 1945.
Andrén, Nils, und Karl Birnbaum: *Beyond Détente: Prospects for East-West Cooperation and Security in Europe*, Leyden, 1976.
App, Austin J.: *History's Most Terrifying Peace*, Takoma Park, Md., 1946.
Armstrong, Anne: *Unconditional Surrender: The Impact of the Casablanca Policy upon World War II*, New Brunswick, N. J., 1961.
Basch, Antonin: *The Danube Basin and the German Economic Sphere*, London, 1944.
Bedell Smith, Walter: *Moscow Mission 1946–1949*, London, 1950.
– *Eisenhower's Six Great Decisions*, New York, 1956.
Bialer, Seweryn (Hrsg.): *Stalin and his Generals. Soviet Military Memoirs of World War II*, New York, 1969.
Blum, John Morton: *The Morgenthau Diaries. Years of War 1941–45*, Boston, 1967.
Bohlen, Charles: *The Transformation of American Foreign Policy*, London, 1970.
Bouman, P. J., G. Beijer und J. J. Oudegeest: *The Refugee Problem in Western Germany*, Den Haag, 1950.
Bradley, John: *Czechoslovakia: A Short History*, Edinburgh, 1971.
Brandt, Willy: *A Peace Policy for Europe*, New York, 1969.
Brebner, John: *New England's Outpost*, New York, 1927.
– *The Neutral Yankees of Nova Scotia*, New York, 1937.
Brown, D.: *Bury my Heart at Wounded Knee*, New York, 1970.
Bruegel, J. W.: *Czechoslovakia before Munich*, Cambridge, 1973.
Buehler, Philipp: *The Oder-Neisse Line: A Reappraisal under International Law*, New York, 1990.
Childs, David: *East Germany*, London, 1969.
Clemens, Diane: *Yalta*, New York, 1970.
Committee Against Mass Expulsions: *The Land of the Dead*, New York, 1947.
– *Tragedy of a People*, New York, 1948.
– *Men without the Rights of Man*, New York, 1948.
Conant, James: *Germany and Freedom*, Cambridge, Mass., 1958.
Conquest, Robert (Hrsg.): *Soviet Nationalities Policy in Practice*, London, 1967.
Crawley, A.: *The Spoils of War*, Indianapolis, 1973.

Czapski, Jozef: *What Happened in Katyn*, Newport, 1950.
Dallin, Alexander: *German Rule in Russia, 1941–45*, London, 1949.
Davidson, E.: *The Death and Life of Germany*, New York, 1959.
Deane, J. R.: *The Strange Alliance*, New York, 1947.
Detwiler, Donald: *Germany – A Short History*, London, 1976.
Deutsch, Karl, und Lewis Edinger: *Germany Rejoins the Powers*, Stanford, 1959.
Doughty, Arthur: *The Acadian Exiles*, Toronto, 1916.
Drzewieniecki, W. M.: *The German Polish Frontier*, Polish Western Association of America, Chicago, 1959.
Dulles, Allen: *Germany's Underground*, New York, 1947.
Ehrenburg, Ilja: *Russia at War*, London, 1943.
– *The War 1941–45*, Cleveland, 1964.
Erdely, Eugene: *Germany's First European Protectorate. The Fate of the Czechs and Slovaks*, London, 1941.
Erickson, J.: *The Soviet High Command*, London, 1962.
Essler, F. W.: *Twenty Years of Sudeten German Losses 1918–1938*, Wien, 1938.
Feis, Herbert: *Churchill – Roosevelt – Stalin*, Princeton, 1957.
– *Between War and Peace, The Potsdam Conference*, Princeton, 1960.
Fitzgibbon, Louis: *Unpitied and Unknown*, London, 1975.
Foot, Michael: *Cato*, London, 1940.
Frankel, Henryk: *Poland, The Struggle for Power 1772–1939*, London, 1946.
Frankel, Heinrich: *Help us Germans to beat the Nazis*, London, 1941.
– *The Winning of the Peace*, London, 1942.
Freymond, Jacques: *Western Europe since the War*, New York, 1964.
Fritsch, Ludwig: *The Crime of our Age*, Chicago, 1949.
Gadolin, Axel de: *The Solution of the Karelian Refugee Problem in Finland*, Den Haag, 1952.
Gallup, George: *The Gallup Poll*, Band 1–3, New York, 1972.
Gayre, G. R.: *Teuton and Slav on the Polish Frontier*, London, 1944.
Gerson, Louis: *Woodrow Wilson and the Rebirth of Poland*, New Haven, 1953.
Gimbel, John: *The American Occupation of Germany*, Stanford, 1968.
– *The Origins of the Marshall Plan*, Stanford, 1976.
Gisevius, H. B.: *To the Bitter End*, Boston, 1947.
Göttingen Research Committee: *Eastern Germany*, Würzburg, 1961.
– *Emigration. A Means of Solving the German Problem?*, Göttingen, 1949.
Goldman, Eric: *The Crucial Decade and After: America, 1945–1960*, New York, 1961.
Gollancz, Victor: *Russia and Ourselves*, London, 1941.

– *Shall the Children Live or Die*, London, 1942.
– *Our Threatened Values*, London, 1946.
– *In Darkest Germany*, London, 1947.
Gordon, Sarah: *Hitler, the Germans and the Jewish Question*, Princeton, 1984.
Grau, K. F.: *Silesian Inferno*, Köln, 1970.
Grosser, Alfred: *Germany in Our Time. A Political History of the Postwar Years*, New York, 1971.
Gumkowski, Janusz, und Kazimierz Leszczynski: *Poland under Nazi Occupation*, Warschau, 1961.
Halecki, O.: *The Limits and Divisions of European History*, 1950.
Hankey, Lord: *Politics, Trials and Errors*, London, 1950.
Harriman, Averell: *Peace with Russia?* New York, 1959.
– *America and Russia in a Changing World*, London, 1970.
Herford, T. H.: *The Case of German South Tyrol Against Italy*, London, 1927.
Hermens, Ferdinand: *Potsdam or Peace*, Chicago, 1946.
Hilberg, Raul: *The Destruction of European Jews*, Chicago, 1961.
Holborn, Louise W. (Hrsg.): *War and Peace Aims of the United Nations*, Bd. 1 und 2, Boston 1943 und 1948.
– *Refugees, A Problem of Our Time*, Metuchen, 1975.
Hollingworth, Claire: *The Three Weeks' War in Poland*, London, 1940.
Horstman, Lali: *Nothing for Tears*, London, 1953.
– *We Chose to Stay*, Boston, 1954.
Hutak, J. B.: *With Blood and with Iron, The Lidice Story*, London, 1957.
Hutchison, Graham Seton: *Silesia Revisited 1929*, London, 1929.
Irving, David: *The Destruction of Dresden*, London, 1963.
– *Churchill and Sikorski. A Tragic Alliance*, London, 1969.
Jakobsen, Max: *The Diplomacy of the Winter War, 1939–1940. An Account of the Russo-Finnish War*, Cambridge, Mass., 1961.
Jasper, Karl: *The Question of German Guilt*, New York, 1961.
Jedrzejewicz, Waclaw (Hrsg.): *Poland in the British Parliament*, New York, 1946.
Jong, Luis de: *The German Fifth Column in the Second World War*, New York, 1956.
Jordan, W. M.: *Great Britain, France and the German Problem*, London, 1943.
Jordan, Zbignew: *Oder-Neisse Line*, London, 1952.
Kaiser, Karl: *German Foreign Policy in Transition*, London, 1969.
Kaiser, Karl, and Roger Morgan (Hrsg.): *Britain and West Germany*, London, 1971.
Kaps, Johannes: *The Tragedy of Silesia*, München, 1952.
Kaufman, Theodore N.: *Germany must Perish!*, Newark, N. J., 1941.

Keeling, Ralph: *Gruesome Harvest*, Chicago, 1947.
Kennan, George F.: *American Diplomacy 1900–1950*, Chicago, 1951.
– *From Prague after Munich. Diplomatic Papers 1938–1940*, Princeton, 1968.
– *Russia, the Atom and the West* (The Reith Lectures), London, 1958.
Kirchliche Hilfsstelle: *The Martyrdom of Silesian Priest 1945–1946*, München, 1950.
Koehler, Eve: *Seven Susannahs. Daughters of the Danube*, Milwaukee, 1976.
Kohn, Hans: *Pan-Slavism, its History and Ideology*, Notre Dame, 1953.
Komjathy, Anthony, und Rebecca Stockwell: *German Minorities and the Third Reich*, New York, 1980.
Kopelew, Lew: *No Jail for Thought*, London, 1976.
Kostrzewski, Joseph: *Poland East of the Oder-Neisse*, London, 1961.
Kruszewski, Z. Anthony: *The Oder-Neisse Boundary and Poland's Modernization*. New York, 1972.
Kuehl, Warren: *Seaking World Order*, Nashville, 1969.
Kuhlman, James, and Louis Mensonides: *Changes in European Relations*, Leyden, 1976.
Kulischer, Eugene: *Europe on the Move*, New York, 1948.
Kulski, W. W.: *Germany and Poland*, Syracuse, 1976.
Kurth, K. (Hrsg.): *Documents of Humanity*, New York, 1954.
Ladas, Stephen: *The Exchange of Minorities*, New York, 1932.
Langer, William, and Gleason Everett: *The Challenge to Isolation, 1937–1940*, New York, 1952.
Lattimore, Bertram: *The Assimilation of German Expellees into the West German Polity and Society since 1945*, The Hague, 1974.
v. Lehndorff, Hans: *East Prussian Diary 1945–1947*, London, 1963.
Leonhardt, Hans: *Nazi Conquest of Danzig*, Chicago, 1942.
Lerner, Daniel: *Propaganda in War and Crisis*, New York, 1951.
Liddell-Hart, B. E. (Hrsg.): *The Soviet Army*, London, 1956, insbes. Frank Keating, »The Soviet Army's Behaviour in Victory and Occupation«.
Longfellow, Henry Wadsworth: *Evangeline*, Boston, 1847.
Luza, Radomir: *The Transfer of the Sudeten Germans*, New York, 1964.
Machray, Robert: *The Polish-German Problem,* London, 1941.
– *East-Prussia: Menace to Poland and Peace*, London, 1943.
– *The Problem of Upper Silesia*, London, 1945.
Mackiewicz, Joseph: *The Katyn Wood Murders*, London, 1951.
Mamatey, Victor, and Radomir Luza (Hrsg.): *A History of the Czechoslovak Republic 1918–1948*, Princeton, 1973.
Marzian, Herbert: *The German Frontier Problem*, Göttingen, 1969.
Masaryk, Tomás: *The Slavs among the Nations*, London, 1916.
– *The New Europe: The Slav Standpoint*, London, 1918.

Mayer, A. J.: *The Politics and Diplomacy of Peacemaking*, London, 1968.
Mayer, Herbert: *German Recovery and the Marshall Plan*, Bonn, 1969.
McNeill, W.: *America, Britain & Russia: Their Cooperation and Conflict*, New York, 1953.
Mee, Charles: *Meeting at Potsdam*, New York, 1975.
Meinecke, Friedrich: *The German Catastrophe*, Boston, 1963.
Meyer, Cord: *Mitteleuropa in German Thought and Action 1815–1945*, Den Haag, 1955.
Mikolajczyk, Stanislaw: *The Pattern of Soviet Domination*, London, 1948.
Minority Rights Group: *The Crimean Tartars and Volga Germans*, London, 1973.
Morgan, Roger: *The United States and West Germany 1945–1973*, London, 1974.
Morgenthau, Hans (Hrsg.): *Germany and the Future of Europe*, Chicago, 1951.
Morgenthau, Henry: *Germany is our Problem*, New York, 1945.
Morrow, Jan: *The Peace Settlement in the German Polish Borderlands* London, 1936.
Mosely, Philip E.: *Repatriation of Greeks, Turks and Bulgars after the Greco-Turkish War*, Philadelphia, 1941.
Namier, Lewis: *Facing East*, London, 1947.
Nizer, Louis: *What to do with Germany*, New York, 1944.
Pagel, Karl (Hrsg.): *The German East*, Berlin, 1954.
Paikert, G. C.: *The German Exodus*, Den Haag, 1962.
– *The Danube Swabians*, Den Haag, 1967.
Palmer, Alan: *The Lands Between. A History of East-Central Europe since the Congress of Vienna*, New York, 1970.
Paprocki, S. I. (Hrsg.): *Minority Affairs and Poland*, Warschau, 1935.
Pastusiak, Longin: *United States Policies in Germany, 1945–47*, Warschau, 1967.
– *Division and Unification of Germany in the Diplomacy of the Big Four*, Kattowitz, 1972.
Perman, D.: *The Shaping of the Czechoslovak State*, Leiden, 1962.
Pinson, Koppel S.: *Modern Germany*, New York, 1966.
Planck, Charles R.: *The Changing Status of German Reunification in Western Diplomacy 1955–1966*, Baltimore, 1967.
Plischke, Elmer: *Contemporary Governments of Germany*, Boston, 1961.
Pounds, Norman: *Divided Germany and Berlin*, Princeton, 1962.
– *The Economic Pattern of Modern Germany*, London, 1963.
Price, Harry: *The Marshall Plan and its Meaning*, Ithaca, 1955.
Price, Hoyt, and Carl Schorske: *The Problem of Germany, Council on Foreign Relations*, New York, 1947.

Prittie, Terence: *Germany Divided*, Boston, 1960.
Proudfoot, Malcom J.: *European Refugees*, London, 1957.
Rauschning, Hermann: *The Voice of Destruction*, New York, 1940.
Reitlinger, Gerald: *The Final Solution*, London, 1953.
Remington, Robin Alison: *The Warsaw Pact*, Cambridge, Mass., 1971.
Reves, E.: *The Anatomy of Peace*, New York, 1946.
Rhode, Gotthold, and Wolfgang Wagner: *The Genesis of the Oder-Neisse Line in the Diplomatic Negotiations During World War II. Sources and Documents*, Stuttgart, 1959.
Ripka, H.: *The Future of the Czechoslovak Germans*, London, 1944.
– *Munich: Before and After*, London, 1939.
Roberts, H. L.: *Russia and America*, New York, 1956.
Robinson, Jacob, et al.: *Were the Minorities Treaties a Failure?*, New York, 1943.
Rothfels, Hans: *German Opposition to Hitler*, London, 1961.
Roucek, Joseph: *Central-Eastern Europe, Crucible of World Wars*, New York, 1946.
Rozek, Edward: *Allied Wartime Diplomacy*, New York, 1958.
Ryan, Cornelius: *The Last Battle*, New York, 1966.
Sack, John: *An Eye for an Eye*, New York, 1994.
Schlechtman, J.: *European Population Transfers*, New York, 1946.
Schimitzek, Stanislaw: *Truth or Conjecture – German Civilian War Losses in the East*, Warschau, 1966.
Schlamm, William: *Germany and the East-West Crisis: The Decisive Challenge to American Policy*, New York, 1959.
Schoenberg, Hans: *Germans from the East*, Den Haag, 1970.
Schwarz, Leo: *Refugees in Germany Today*, New York, 1957.
Scott, George: *The Rise and Fall of the League of Nations*, London, 1973.
Seaton, Albert: *The Russo-German War 1941–1945*, London, 1971.
Seton-Watson, Hugh: *Eastern Europe between the Wars*. Cambridge, 1946.
Settel, Arthur (Hrsg.): *This is Germany*, New York, 1950.
Seyda, Marjan: *Poland and Germany and the Post-War Reconstruction of Europe*, New York, 1943.
Sharp, S.: *Poland's White Eagle on a Red Field*, Cambridge, Mass., 1953.
Sharp, Tony: *The Wartime Alliance and the Zonal Division of Germany*, London, 1975.
Siebel Aschenbach: *Lower Silesia from Nazi Germany to Communist Poland*, 1942–49, London 1994.
Simpson, Sir John Hope: *The Refugee Problem*, London, 1939.
Smith, A. D.: *Guilty Germans*, London, 1942.
Smith, Gaddis: *American Diplomacy during the Second World War*, New York, 1965.

Snyder, L. (Hrsg.): *Documents of German History*, New Brunswick, 1958.
Snyder, Louis: *German Nationalism. The Tragedy of a People*, Harrisburg, 1952.
Solzhenitsyn, Alexander: *The Gulag Archipelago*, New York, 1974.
– *One Day in the Life of Ivan Denisovich*, New York, 1963.
Sontag, Raymond J., und J. S. Beddis (Hrsg.): *Nazi-Soviet Relations 1939–1941*, Washington, D. C., 1948.
Speier, Hans: *Divided Berlin. The Anatomy of Soviet Political Blackmail*, New York, 1961.
Springenschmid, Karl: *Our Lost Children*, Janissaries, Milwaukee, 1980.
Strauss, Franz Josef: *The Grand Design – A European Solution to German Reunification*, London, 1965.
Swanstrom, E.: *Pilgrims of the Night. A Study of Expelled Peoples*, New York, 1950.
Szaz, Zoltan: *Germany's Eastern Territories. The Problem of the Oder-Neisse Line*, Chicago, 1960.
Taborsky, Eduard: *The Czechoslovak Cause. An Account of the Problems of International Law in Relation to Czechoslovakia*, London, 1944.
Taborsky, Eduard: *Czechoslovak Democracy at Work*, London, 1945.
– *Beneš and Stalin, Moskau 1943 and 1945*, Springfield, Illinois, 1953–54.
Taylor, A. J. P.: *The Origins of the Second World War*, London, 1961.
– *From Sarajevo to Potsdam*, London, 1966.
Thompson, Laurence: *The Greatest Treason*, New York, 1968.
Thompson, D., E. Meyer and A. Brigge: *Pattern of Peacemaking*, New York, 1945.
Thorwald, Jürgen: *Flight in the Winter*, London, 1953.
Tilford, Roger (Hrsg.): *The Ostpolitik and Political Change in Germany*, Lexingon, Mass., 1975.
Tillman, Seth: *Anglo-American Relations at the Paris Peace Conference of 1919*, Princeton, 1961.
Toland, John: *The Last 100 Days*, New York, 1966.
Toynbee, Arnold: *The World After the Peace Conference*, London, 1926.
Utley, Freda: *The High Cost of Vengeance*, Chicago, 1949.
Vansittard, Lord Robert Gilbert: *Black Record*, London, 1941.
– *Roots of the Trouble*, London, 1942.
– *Bones of Contention*, London, 1943.
– *The Mist Procession*, London, 1958.
Veale, F. J. P.: *Advance to Barbarism*, New York, 1968.
Vernant, Jacques: *The Refugee in the Post-War World*, London, 1953.
Voigt, F. A.: *Documents on the Expulsion of the Sudeten Germans*, München, 1953.
Wagner, Wolfgang: *The Genesis of the Oder-Neisse Line*, Stuttgart, 1957.

Welles, Sumner: *The World of the Four Freedoms*, New York, 1943.
– *Time for Decision*, New York, 1944.
– *Where are We Heading*, New York, 1946.
– *Seven Decisions that Shaped History*, New York, 1951.
Werth, Alexander: *Russia at War 1941–1945*, New York, 1964.
Wheeler-Bennet, John: *Munich. Prologue to Tragedy*, New York, 1948.
– *The Nemesis of Power*, London, 1954.
– and A. Nicholls: *A Semblance of Peace*, London, 1972.
Wilder, J. A.: *The Polish Regained Provinces*, London, 1948.
Wiskemann, Elisabeth: *Czechs and Germans*, New York, 1967.
– *Undeclared War*, London, 1967.
– *Germany's Eastern Neighbours*, London, 1956.
Wittlin, Thaddeus: *Time Stopped at 6:30*, Indianapolis, 1965.
Wolfe, James: *Indivisible Germany*, Den Haag, 1963.
Woodward, L.: *British Foreign Policy in the Second World War* (3 Bde.), London 1970–71.
Zhukov, Marshall (hrsg. von Harrison Salisbury): *Marshall Zhukov's Greatest Battles*, New York, 1969.
Zimmern, Sir Alfred: *The American Road to World Peace*, New York, 1953.
Zink, Harold: *The United States in Germany, 1944–1955*, New York, 1957.

V. Englischsprachige Werke (juristisch)

Andrysek, Oldrich: *Report on the Definition of Minorities*, Netherlands Institute of Human Rights, Utrecht, 1989.
Bagley, T. H.: *General Principles and Problems in the International Protection of Minorities*, Genf, 1950.
Bassiouni, M. Cherif: *Crimes Against Humanity in International Criminal Law*, Dordrecht, 1992.
Baxter, R. R.: ›*Treaties and Custom*‹, *Recueil des Cours de l'Academie de Droit International*, Leiden, 1970.
Bloed, A., und P. von Dijk: *Essays on Human Rights in the Helsinki Process*, Dordrecht, 1985.
Brownlie, Ian: *Principles of Public International Law*, London, 1972.
Cheng, Bin: *General Principles of Law as applied by International Courts and Tribunals*, London, 1953.
Claude, Inis: *National Minorities. An International Problem*, Cambridge, Mass., 1955.
Cukwurah, A.: *The Settlement of Boundary Disputes in Law*, Manchester, 1967.

Ermacora, Felix: *The Protection of Minorities before the United Nations*, Recueil des Cours, vol. 182, Den Haag, 1985.
Friedman, Leon: *The Law of War*, New York, 1972.
Friedmann, Wolfgang: *Allied Military Government of Germany*, London, 1947.
Grahl-Madsen, Atle: *The Status of Refugees in International Law*, Bd. 1, 1966, Bd. 2 Leiden, 1972.
Gruchman, Bohdan, Klafkowski, Alfons: *Polish Western Territories*, Posen, 1959.
Jennings, R. Y.: *The Acquisition of Territory in International Law*, Manchester, 1963.
Klafkowski, Alfons: *The Potsdam Agreement*, Warschau, 1963.
Kokot, Josèf: *The Logic of the Oder-Neisse Frontier*, Posen, 1959.
Lachs, Manfred: *The Polish German Frontier*, Warschau, 1964.
Ladas, S. R.: *The Exchange of Minorities: Bulgaria, Greece and Turkey*, New York, 1932.
Lauterpacht, H.: *International Law and Human Rights*, London, 1950.
Luard, E.: *The International Regulation of Frontier Disputes*, New York, 1970.
– (Hrsg.): *The International Protection of Human Rights*, London, 1967.
Macartney, C. A.: *Refugees. The Work of the League*, London, 1931.
– *National States and National Minorities*, London, 1968.
McNair, Lord Arnold, und A. D. Watts: *Legal Effects of War*, Cambridge, 1966.
Moskowitz, Moses: *The Politics and Dynamics of Human Rights*, New York, 1968.
O'Connell, D. P.: *The Law of State Succession*, London, 1956.
– *International Law*, London, 2. Aufl. 1970.
Oppenheim, L.: *International Law*, London, 7. Aufl. 1955.
Pompe, C. A.: *Aggressive War – An International Crime*, Den Haag, 1953.
Schindler, Dietrich, und Jiri Toman: *The Laws of Armed Conflicts,* Leiden, 1973.
Stone, Julius: *Regional Guarantees of Minority Rights*, New York, 1933.
Thornberry, Patrick: *International Law and the Rights of Minorities*, London, 1991.
Tunkin, G. I.: *Theory of International Law*, London, 1974.
Wambaugh, Sarah: *Plebiscites Since the World War, with a Collection of Official Documents*, Washington 1933.
Wiewiora, B.: *The Polish-German Frontier*, Posen, 2. Aufl. 1964.
Winiewicz, Józef: *The Polish-German Frontier*, London, 1944.
Wolfers, Arnold, *United States Policy Toward Germany*, Yale Institute of International Studies, New Haven, Connecticut, 1947.

Adler, H. G.: *Theresienstadt 1941–1945, Das Antlitz einer Zwangsgemeinschaft*, Tübingen, 1955.
Ahrens, Wilfried (Hrsg.): *Verbrechen an Deutschen*, Huglfing, 1975.
Arbeitsgemeinschaft zur Wahrung sudetendeutscher Interessen: *Dokumente zur Austreibung der Sudetendeutschen*, München, 1951.
Armstrong, Anne: *Bedingungslose Kapitulation. Die teuerste Fehlentscheidung der Neuzeit*, Wien, 1961.
Aurich, Peter: *Der deutsch-polnische September 1939*, München, 1970.
Bachstein, Martin: *Wenzel Jaksch und die sudetendeutsche Sozialdemokratie*, München, 1974.
Bacque, James: *Der geplante Tod*, Berlin, 1990.
Bacque, James: *Verschwiegene Schuld*, Berlin, 1995.
Becker, Rolf: *Niederschlesien 1945. Die Flucht, die Besetzung*, Bad Nauheim, 1965.
Beckhern, Eberhard, und Alexej Dubatgow: *Die Königsberg-Papiere*, München, 1994.
Bekker, Cajus: *Flucht übers Meer*, Oldenburg, 1964.
Benz, Wolfgang (Hrsg.): *Die Vertreibung der Deutschen aus dem Osten*, Frankfurt/Main, 1985.
Bergander, Götz: *Dresden im Luftkrieg*, Wien, 1976.
Betz, Hanna: *Flüchtlings-Schicksal auf dem Lande*, Frankfurt/M., 1949.
Bock, Hans: *Der Weg nach München*, Wolfenbüttel, 1968.
Bohmann, Alfred: *Menschen und Grenzen*, Bd. 1–4, Köln, 1969–75.
– *Die Ausweisung der Sudetendeutschen*, Marburg, 1955.
Böhning, Peter: *Die nationalpolnische Bewegung in Westpreußen, 1815–1871*, Marburg, 1973.
Bojanowski, Martin, und Erich Bosdorf: *Striegau. Schicksale einer schlesischen Stadt*, Schöppenstedt, 1976.
Bosl, Karl (Hrsg.): *Das Jahr 1945 in der Tschechoslowakei*, München, 1971.
– *Gleichgewicht – Revision – Restauration. Die Außenpolitik der Ersten Tschechoslowakischen Republik*, München, 1976.
Brancion, Yves: *Die Oder-Neiße-Linie. Eine Kriegsgrenze*, Stuttgart, 1970.
Brand, Walter: *Die sudetendeutsche Tragödie*, Nürnberg, 1949.
Brandes, Detlef: *Großbritannien und die Exilregierungen Polens, der Tschechoslowakei und Jugoslawiens vom Kriegsausbruch bis zur Konferenz von Teheran*, Berlin, 1985.
– *Großbritannien und seine osteuropäischen Alliierten 1939–1943. Die Regierungen Polens, der Tschechoslowakei und Jugoslawiens im Lon-

doner Exil vom Kriegsausbruch bis zur Konferenz von Teheran, Oldenbourg, 1988.
Brandes, Detlef, und Václav Kural (Hrsg.): *Der Weg in die Katastrophe. Deutsch-tschechoslowakische Beziehungen 1938–1947.* (Veröffentlichungen des Instituts für Kultur und Geschichte der Deutschen im östlichen Europa; Bd. 3, Essen, 1944.
Bräutigam, Otto: *So hat es sich zugetragen*, Würzburg, 1968.
Breyer, Richard: *Das Deutsche Reich und Polen 1932–1937*, Würzburg, 1955.
Breyer, Richard, und Peter Nasarski (Hrsg.): *Erfahrung und Zeugnis der Deutschen aus Polen*, Berlin, 1987.
Broszat, Martin: *Zweihundert Jahre deutsche Polenpolitik*, München, 1963.
– *Nationalsozialistische Polenpolitik 1939–1945*, Stuttgart, 1961.
Brügel, Johann: *Die Aussiedlung der Deutschen aus der Tschechoslowakei*, Stuttgart, 1960.
– *Tschechen und Deutsche 1918–1938*, München, 1967.
– *Tschechen und Deutsche 1939–1946*, München, 1974.
Brunner, Heinz: *Geblieben aber ist das Volk*, Graz, 1955.
Brustat-Naval, Fritz: *Unternehmen Rettung*, Herford, 1970.
Brzezinski, Zbigniew: *Der Sowjetblock, Einheit und Konflikt*, Köln, 1962.
Buhl, Paul: *Troppau von A bis Z*, München, 1973.
Bund der Vertriebenen: *Der wahre Tatbestand*, Bonn, 1960.
Bund der Vertriebenen (Hrsg.): *Verletzungen von Menschenrechten*, Bonn, 1980.
Bund der Vertriebenen (Hrsg.): *Heimat – Freiheit – Menschenrecht*, Bonn, 1976.
Bund der Vertriebenen, Landesverband Baden-Württemberg (Hrsg.): *Drei Jahrzehnte*, Stuttgart, 1975.
Burckhardt, Carl Jakob: *Meine Danziger Mission 1937–1939*, München, 3., überarbeitete Aufl., 1980.
– *Das Kriegswerk des Internationalen Komitees vom Roten Kreuz*, Genf, 1945.
Cleinow, George: *Die Zukunft Polens*, Leipzig, 1908.
Conze, Werner: *Polnische Nation und deutsche Politik im Ersten Weltkrieg*, Köln, 1985.
Czaja, Herbert: *Materialien zu Oder-Neiße-Fragen*, Bonn, 1980.
Dahms, Hellmuth: *Der Zweite Weltkrieg*, Tübingen, 1960.
Dallin, Alexander: *Deutsche Herrschaft in Rußland 1941–1945*, Düsseldorf, 1958.
Dieckert, Kurt, und Horst Grossmann: *Der Kampf um Ostpreußen*, München, 1960.
Eggert, Oskar: *Geschichte Pommerns*, Hamburg, 1974.

Esser, Heinz: *Lamsdorf. Dokumentation über ein polnisches Vernichtungslager*, Bonn, 1971.
Falk, Lucy: *Ich blieb in Königsberg*, München, 1965.
Fechner, Helmuth: *Deutschland und Polen, 1772–1945*, Würzburg, 1964.
Filip, Ota: *Die stillen Toten unterm Klee. Wiedersehen mit Böhmen*, München, 1992.
Fischer, Alexander: *Sowjetische Deutschlandpolitik 1941–1945*, Stuttgart, 1975.
– (Hrsg.): *Teheran, Jalta, Potsdam*, Köln, 1968.
Franzel, E.: *Die Vertreibung Sudetenland 1945–1946*, Bad Nauheim, 1967.
Fredmann, Ernst: *Sie kamen übers Meer*, Köln, 1971.
Frensing, Hans Hermann: *Die Umsiedlung der Gottscheer Deutschen*, München, 1970.
Gause, Fritz: *Deutsch-slawische Schicksalsgemeinschaft*, Kitzingen, 1952.
Gerson, Louis: *Woodrow Wilson und die Wiedergeburt Polens*, Würzburg, 1956.
Glaser, Kurt: *Die Tschechoslowakei*, Frankfurt, 1964.
Göttinger Arbeitskreis: *Die Auswanderung, Ein Mittel zur Lösung der deutschen Frage?*, Göttingen, 1950.
– *Das östliche Deutschland*, Würzburg, 1959.
– *Dokumente der Menschlichkeit*, Würzburg, 1960.
Götz, Wolfgang (Hrsg.): *Die Sudetendeutsche Frage*, Mainz 1974.
Goguel, Rudi (Hrsg.): *Polen, Deutschland und die Oder-Neiße-Grenze*, Berlin 1959.
Golikow, S.: *Die Sowjetarmee im Großen Vaterländischen Krieg*, Berlin, 1954.
Gollancz, Victor: *Unser bedrohtes Erbe*, Zürich, 1947.
– *Stimme aus dem Chaos*, Frankfurt, 1960.
Gordon, Helmut: *Die Beneš-Denkschriften. Die Tschechoslowakei und das Deutsche Reich 1918/19 – Kommentar und Kritik*, Berg, 1990.
Graml, Hermann: *Die Alliierten und die Teilung Deutschlands*, Frankfurt/Main, 1985.
Grass, Günter: *Ein weites Feld*, Göttingen, 1995.
Grau, K. F.: *Schlesisches Inferno*, Stuttgart, 1966.
Graw, Ansgar: *Königsberg. Morgen Luxembourg an der Ostsee*, Assendorf, 1992.
Grimm, Hans: *Volk ohne Raum*, Berlin, 1926.
Grosser, Alfred: *Deutschlandbilanz*, München, 1970.
Grube, Frank, und Gerhard Richter: *Flucht und Vertreibung*, Hamburg, 1980.

Grulich, Rudolf (Hrsg.): *Religions- und Glaubensfreiheit als Menschenrechte. Helsinki – Belgrad – Madrid*, München, 1980.
Guz, Eugeniusz, und Hans Weseloh: *Der Kongreß von Helsinki*, Stuttgart, 1975.
Habel, Fritz Peter: *Dokumente zur Sudetenfrage*. München, 1984.
– *Die Sudetendeutschen*. Studienbuchreihe der Stiftung Ostdeutscher Kulturrat, Band I, München, 1992.
Habsburg, Otto: *Politik für das Jahr 2000, Europa – Großmacht oder Schlachtfeld*, Wien, 1968.
Hacker, Jens: *Sowjetunion und DDR zum Potsdamer Abkommen*, Köln, 1968.
– *Deutsche unter sich. Politik mit dem Grundvertrag*, Stuttgart, 1976.
Hamsik, Dusan, und Juri Prazak: *Eine Bombe für Heydrich*, Berlin, 1964.
Hartenstein, Michael: *Die Oder-Neiße-Linie*, Engelsbach, 1997.
Hecker, Hellmuth: *Die Umsiedlungsverträge des Deutschen Reiches während des Zweiten Weltkrieges*, Hamburg, 1971.
Hehn, Jürgen von: *Die Umsiedlung der baltischen Deutschen*, Marburg, 1982.
Hellmann, Manfred (Hrsg.): *Osteuropa in der historischen Forschung der DDR*, Bd. 1–2, Düsseldorf, 1972.
Henkys, Reinhard: *Deutschland und die östlichen Nachbarn*, Stuttgart, 1966.
Herget, Toni: *Die Deutschen in der Tschechoslowakei seit 1945*, Wien, 1979.
Hilf, Rudolf: *Deutsche und Tschechen*, o.O., 1994.
Hillgruber, Andreas: *Zweierlei Untergang*, Berlin, 1986.
– *Der Zusammenbruch im Osten 1944/45 als Problem der deutschen Nationalgeschichte und der europäischen Geschichte*, Opladen, 1985.
– (Hrsg.): *Probleme des Zweiten Weltkrieges*, Köln, 1967.
Hoensch, Jörg: *Geschichte der Tschechoslowakischen Republik 1918–1978*, Stuttgart, 3. Aufl. 1992.
Hoensch, Jörg, und Dusan Kovak (Hrsg.): *Das Scheitern der Verständigung. Tschechen, Deutsche und Slowaken in der Ersten Republik 1918–1938*, Essen, 1994.
Hofbauer, Josef, und Emil Strauss: *Josef Seliger, ein Lebensbild*, Prag, 1930.
Hoffmann, Joachim: *Stalins Vernichtungskrieg 1941–1945*, München, 1995.
Hossbach, Friedrich: *Die Schlacht um Ostpreußen*, Überlingen, 1951.
Hubatsch, Walter: *Die deutsche Frage*, Würzburg, 1961.
– *Quellen zur Geschichte des Deutschen Ordens*, Göttingen, 1954.
– »Kreuzritterstaat und Hohenzollernmonarchie. Zur Frage der Fort-

dauer des Deutschen Ordens in Preußen«, in: *Deutschland und Europa. Historische Studien zur Völker- und Staatenordnung des Abendlandes.* Festschrift für Hans Rothfels, hrsg. v. Werner Conze, Düsseldorf, 1951.
– *Eckpfeiler Europas. Probleme des Preußenlandes in geschichtlicher Sicht*, Heidelberg, 1953.
– *Wege und Wirkungen ostpreußischer Geschichte*, Leer, 1956.
– »Die Staatsbildung des Deutschen Ordens«, in: *Preußenland und Deutscher Orden. Festschrift für Kurt Forstreuter*, Würzburg, 1958.
– »Das Memelland und das Problem der Minderheiten«, in: *Die deutschen Ostgebiete zur Zeit der Weimarer Republik*, Köln, 1966.
Hupka, Herbert, und Ingeborg Schubbe: *Menschliche Erleichterungen*, Stuttgart, 1974.
Huyn, Hans Graf (Hrsg.): *Ostpolitik im Kreuzverhör*, Stuttgart, 1971.
Ilnytzkyj, Roman: *Deutschland und die Ukraine 1934–45*, München, 1958.
Jacobsen, Hans-Adolf (Hrsg.): *Mißtrauische Nachbarn*, Düsseldorf, 1970.
– *Der Zweite Weltkrieg*, Frankfurt/M., 1965.
– und Mieczsylaw Tomala (Hrsg.): *Wie Polen und Deutsche einander sehen*, Düsseldorf, 1973.
–, Wolfgang Mallmann und Christian Meier (Hrsg.): *Sicherheit und Zusammenarbeit in Europa*, Köln, 1973.
– und Carl-Christoph Schweitzer (Hrsg.): *Bundesrepublik Deutschland – Volksrepublik Polen. Bilanz der Beziehungen*, Frankfurt/Main, 1979.
Jahn, Hans-Edgar: *Pommersche Passion*, Preetz, 1964.
Jahn, Manfred (Hrsg.): *Die Sudetendeutschen in Nordböhmen: Situation nach 1918, Vertreibung in die Sowjetische Besatzungszone und Ankunft in Sachsen 1945/46*, Dresden, 1993.
Jaksch, Wenzel: *Der Weg nach Potsdam*, Stuttgart, 1958.
Jedermann, František: *Verlorene Geschichte: Bilder und Texte aus dem heutigen Sudetenland*, Köln, 1985.
Johannsen, E. K.: *Arme Seelen*, München, 1952.
Jong, Louis de: *Die deutsche Fünfte Kolonne im Zweiten Weltkrieg*, Stuttgart, 1959.
Jung, Rudolf: *Die Tschechen. Tausend Jahre deutsch-tschechischer Kampf*, Berlin, 2. Aufl. 1937.
Kellermann, Volkmar: *Brücken nach Polen*, Stuttgart, 1973.
Kielczewska, Marja, und Andrzei Grodek: *Oder-Neiße, die beste Grenze Polens*, Posen, 1946.
Kittel, Manfred: *Die Legende von der »Zweiten Schuld«*, Berlin, 1993.
Klepetar, Harry: *Seit 1918... Eine Geschichte der Tschechoslowakischen Republik*, Moravska-Ostrava, 1937.
Kopelew, Lew: *Aufbewahren für alle Zeit*, Hamburg, 1976.

Kornrumpf, Martin: *In Bayern angekommen. Die Eingliederung der Vertriebenen*, München, 1979.
Kowalski, Wlodzimierz: *Die UdSSR und die Grenze an der Oder und Lausitzer Neiße*, Warschau, 1965.
Kraus, T., E. Meynen, H. Mortensen, H. Schlenger: *Atlas Östliches Mittel-Europa*, Bielefeld, 1959.
Krekeler, Norbert: *Revisionsanspruch und geheime Ostpolitik der Weimarer Republik*, Stuttgart, 1973.
Krummwiede, Hans-Walter: *20 Jahre Charta der deutschen Heimatvertriebenen*, Leer, 1970.
Lange, Friedrich: *Ostland kehrt heim*, Berlin, 1940.
Lapradelle, Geoffre de: *Verjagt, beraubt, erschlagen*, Wiesbaden, 1961.
Lasch, Otto: *So fiel Königsberg*, München, 1958.
Lass, Edgar: *Die Flucht – Ostpreußen 1944–45*, Bad-Nauheim, 1964.
Lehmann, Albrecht: *Im Fremden ungewollt zuhaus. Flüchtlinge und Vertriebene in Westdeutschland 1945–1990*, München, 1991.
Lehmann, Hans Georg: *Der Oder-Neiße-Konflikt*, München, 1979.
Lemberg, Eugen, und Friedrich Edding (Hrsg.): *Die Vertriebenen in Westdeutschland*, Bd. 1–3, Kiel, 1959.
Lemberg, Eugen und Gotthold Rhode (Hrsg.): *Das deutsch-tschechische Verhältnis*, Stuttgart, 1969.
Liddel-Hart, B. H. (Hrsg.): *Die Rote Armee*, Bonn 1956, besonders Beitrag von U. S. Maj. General Frank A. Keating: »Das Verhalten der Roten Armee im Sieg und während der Besatzungszeit«.
Loeber, Dietrich: *Diktierte Option*, Neumünster, 1974.
Loesch, Freda v.: *Die Deutschen in den osteuropäischen Staaten*, München, 1972.
Loesch, Karl v.: *Staat und Volkstum*, Berlin, 1926.
Lucas-Busemann, Erhard: *So fielen Königsberg und Breslau. Nachdenken über eine Katastrophe ein halbes Jahrhundert danach*, Berlin, 1994.
Lüdde-Neurath, Walter: *Regierung Dönitz*, Göttingen, 1964.
Makiewicz, Josef: *Katyn – ungesühntes Verbrechen*, Zürich, 1949.
Mamatey, Viktor, und Radomir Luza: *Geschichte der tschechoslowakischen Republik 1918–1948*, Wien, 1977.
Mann, Golo: *Deutsche Geschichte des 19. und 20. Jahrhunderts*, Frankfurt/Main, 19. Auflage 1987.
Markert, Werner (Hrsg.): *Osteuropa-Handbuch, Jugoslawien; Polen*, Köln 1954; 1959.
Marquardt-Bigman, Petra: *Amerikanische Geheimdienstanalysen über Deutschland 1942–1949*, München, 1995.
Marzian, Herbert: *Gedanken zu Preußen*, Göttingen, 1967.
– *Annexion und Massenvertreibung. Festschrift für Herbert Kraus*, Würzburg, 1964.

Maschke, Erich: *Der Deutsche Orden*, Jena, 1939.
– *Das Erwachen des Nationalbewußtseins im deutsch-slawischen Grenzraum*, Leipzig, 1933.
Miege, Wolfgang: *Das Dritte Reich und die deutsche Volksgruppe in Rumänien 1933–38*, Bern, 1972.
Mlynarik, Jan-Danubius: *Thesen zur Aussiedlung der Deutschen aus der Tschechoslowakei 1945–1947*, München, 1985.
Mühlen, Heinrich v. z. (Hrsg.): *Bausteine oder Dynamit?*, Bielefeld, 1974.
Müller-Sternberg, Robert: *Deutsche Ostsiedlung – Eine Bilanz für Europa*, Bielefeld, 1971.
Muralt, Leonhard v.: *Der Friede von Versailles und die Gegenwart*, Zürich, 1947.
Murawski, Erich: *Die Eroberung Pommerns durch die Rote Armee*, Boppard, 1969.
Nahm, Peter: *Der kirchliche Mensch in der Vertreibung*, Bonn, 1960.
– *Nach zwei Jahrzehnten: Erlebnisberichte über Flucht, Vertreibung und Eingliederung*, Bonn, 1961.
Nasarski, Peter: *Nachbarn im Osten*, Leer, 1965.
Neitmann, Klaus: *Die Staatsverträge des Deutschen Ordens in Preußen*, Köln, 1986.
Neuhoff, Hans: *Die deutschen Vertriebenen in Zahlen*, Bonn, 1978.
Neuhoff, Hans, und H. G. Parplies: *Die deutsch-polnischen Schulbuchempfehlungen: Zur Nachkriegsgeschichte*, Bonn, 1976.
Nolte, Ernst: *Deutschland und der Kalte Krieg*, München, 1974.
– *Der europäische Bürgerkrieg*, Berlin, 1987.
Osteuropa-Institut: *Oberschlesien und der Genfer Schiedsspruch*, Breslau, 1925.
Pagel, Karl (Hrsg.): *Deutsche Heimat im Osten*, Berlin, 1951.
Paul, Ernst: *Es gibt nicht nur ein Lidice*, München o. J.
Pilichowski, Czeslaw: *Fälschung oder Provokation – die Revanchisten in der Rolle der Ankläger*, Warschau, 1977.
Pius XII.: *Zum Problem der Vertreibung*, Köln, 1953.
Plaschka, Richard, und Karlheinz Mack (Hrsg.): *Die Auflösung des Habsburgerreiches*, München, 1970, besonders der Beitrag von John Bradley, »Die tschechoslowakische Legion und die Haltung der Alliierten zur Auflösung der Habsburgermonarchie«.
Podlasek, Maria: *Die Vertreibung der Deutschen östlich der Oder und Lausitzer Neiße*, Warschau, 1995.
Prinz, Friedrich: *Böhmen und Mähren* (Deutsche Geschichte im Osten Europas, Bd. 2), Berlin, 1993.
– *Geschichte Böhmens 1848–1948*, München, 1995.
– (Hrsg.): *Wenzel Jaksch – Edvard Beneš, Briefe und Dokumente aus dem Londoner Exil*, Köln, 1973.

Rachocki, Janusz: *Volksrepublik Polen/Bundesrepublik Deutschland. Probleme der Normalisierung gegenseitiger Beziehungen,* Posen, 1972.
Raschhofer, Hermann, und Otto Heinrich: *Die Sudetenfrage,* München, 2. erw. Aufl. 1988.
Raupach, Hans, und Peter Quante: *Die Bilanz des deutschen Ostens,* Kitzingen-Main, 1953.
Rauschning, Hermann: *Die Entdeutschung Posens und Westpreußens,* Berlin, 1930.
– *Deutschland zwischen West und Ost,* Stuttgart, 1950.
– *Ist Friede noch möglich?,* Heidelberg, 1953.
Reece, Carroll: *Das Recht auf Deutschlands Osten,* Göttingen, 1957.
Reichenberger, E. J.: *Ostdeutsche Passion,* München, 1948.
– *Fahrt durch besiegtes Land,* Karlsruhe, 1950.
– *Europa in Trümmern,* Graz, 1950.
Reichling, Gerhard: *Deutsche und Polen 1945 bis 1970 im Spiegel der polnischen amtlichen Statistik,* Bonn, 1978.
– *Die deutschen Vertriebenen in Zahlen,* Bonn, 1986.
Rhode, Gotthold: *Die Ostgrenze Polens,* Köln, 1955.
– *Geschichte Polens. Ein Überblick,* Darmstadt, 1966.
– (Hrsg.): *Die Ostgebiete des Deutschen Reiches,* Würzburg, 1955.
– und Wolfgang Wagner: *Quellen zur Entstehung der Oder-Neiße-Linie in den diplomatischen Verhandlungen des Zweiten Weltkrieges,* Stuttgart, 2. Aufl. 1959.
Rimscha, Hans von: *Geschichte Rußlands,* Wiesbaden, 1961.
– *Die Umsiedlung der Deutschbalten aus Lettland im Jahre 1939,* Hannover, 1959.
– (Hrsg.): *Von den baltischen Provinzen zu den baltischen Staaten,* Marburg, 1971.
Ritter, Gerhard: *Carl Goerdeler und die deutsche Widerstandsbewegung,* Stuttgart, 1954.
Rodenberger, Axel: *Der Tod von Dresden,* Frankfurt, 1951.
Roegele, Otto B. (Hrsg.): *Versöhnung oder Haß? Der Schriftwechsel der Bischöfe Polens und Deutschlands und seine Folgen,* Osnabrück, 1966.
Rosen, Hans Freiherr v.: *Bilanz, das deutsche Gut in Posen und Pommerellen,* Rosbach v. d. H., 1972.
Rothfels, Hans: *Bismarck, der Osten und das Reich,* Darmstadt, 1960.
Schenk, Ernst-Günther: *Das menschliche Elend im 20. Jahrhundert,* Herford, 1960.
Schickel, Alfred (Hrsg.): *Aus den Archiven, Funde der Zeitgeschichtlichen Forschungsstelle Ingolstadt 1981 bis 1991,* München, 1993.
Schimitzek, Stanislav: *Vertreibungsverluste? Westdeutsche Zahlenspiele,* Warschau, 1966.

Schlau, Wilfried: *Politik und Bewußtsein*, Köln, 1971, insbes. das 5. Kapitel über die Vertriebenen in Hessen.
Schmidt, Gudrun (Hrsg.): *Der Mensch, der mir geholfen hat*, WDR, Köln, 1995.
Schulz, Eberhard (Hrsg.): *Leistung und Schicksal*, Köln, 1967.
Schulz, Rudolf: *Der deutsche Bauer im Baltikum*, Berlin, 1938.
Schwarz, Ernst: *Sudetendeutsches Schicksal im Laufe der Jahrhunderte*, Augsburg, 1951.
Schwarz, Wolfgang: *Die Flucht und Vertreibung – Oberschlesien*, Bad Nauheim, 1965.
Schweitzer, Albert: *Das Problem des Friedens in der heutigen Welt*, München, 1954.
Seibt, Ferdinand: *Deutschland und die Tschechen*, München, 1974.
Seraphim, Peter Heinz: *Ostwärts der Oder und Neiße*, Hannover, 1949.
Simon, Ellen, und Werner Möhring: *Millionen ohne Heimat*, Frankfurt am Main, 1950.
Smelser, Ronald: *Das Sudetenproblem und das Dritte Reich 1933–1938*, München, 1980.
Solschenizyn, Alexander: *Ostpreußische Nächte*, Darmstadt, 1976.
– *Der Archipel Gulag*, Bd. 1–3, Bern, 1974–77.
Steinert, Marlis: *Die 23 Tage der Regierung Dönitz*, Düsseldorf, 1967.
Stumpp, Karl: *Die Rußland-Deutschen*, Freilassing, 1964.
Sudetendeutsches Archiv: *Odsun. Die Vertreibung der Sudetendeutschen*, München, 1995.
Thorwald, Jürgen: *Es begann an der Weichsel*, Stuttgart, 1950.
Telpuchowski, Boris: *Die Sowjetische Geschichte des Großen Vaterländischen Krieges*, herausgegeben von A. Hillgruber und H. A. Jacobsen, Frankfurt, 1961.
Thurich, Eckart: *Schwierige Nachbarschaften,* Stuttgart, 1990.
Tippelskirch, Kurt v.: *Geschichte des Zweiten Weltkrieges*, Bonn, 1951.
Treue, Wilhelm: *Die deutschen Parteien*, Frankfurt, 1975.
Turnwald, Wilhelm: *Dokumente zur Austreibung der Sudetendeutschen*, München, 1951.
Urban, Rudolf: *Die Sudetendeutschen Gebiete nach 1945.* Frankfurt, 1964.
Utley, Freda: *Kostspielige Rache*, Hamburg, 1950.
Wagner, Ernst (Hrsg.): *Quellen zur Geschichte der Siebenbürger Sachsen*, Wien, 1977.
Wagner, Gerhard (Hrsg.): *Lagevorträge des Oberbefehlshabers der Kriegsmarine vor Hitler*, München, 1972.
Wagner, Ruth, und Hans Stamm: *Die letzten Stunden daheim*, Köln, 1972.
Wagner, Wolfgang: *Die Entstehung der Oder-Neiße-Linie*, Stuttgart, 1953.

Warschauer, Adolf: *Geschichte der Provinz Posen in polnischer Zeit*, Posen, 1914.
Wehler, Hans Ulrich: *Nationalitätenpolitik in Jugoslawien. Die deutsche Minderheit 1918–1978*, Göttingen, 1980.
Weidlein, Johann: *Hintergründe der Vertreibung der Deutschen aus Ungarn*, Schorndorf, 1953.
Werner, Karl: *Fragen der deutschen Ostgrenze, in Karten dargestellt*, Breslau, 1933.
Werth, Alexander: *Rußland im Krieg*, München, 1965.
Wilkens, Hans Jürgen v.: *Die Große Not*, Sarstedt-Hannover, 1957.
Windsor, Philip: *Deutschland gegen Deutschland*, Zürich, 1971.
Wittram, Reinhard: *Geschichte der baltischen Deutschen*, Stuttgart, 1939.
– *Baltische Geschichte*, München, 1954.
Wojciechowski, Marian: *Die polnisch-deutschen Beziehungen 1933–1938*, Leiden, 1971.
Wolffsohn, Michael: *Keine Angst vor Deutschland*, Berlin, 1992.
Wüscht, Johann: *Geschichte der Deutschen in Jugoslawien*, Kehl, 1966.
de Zayas, Alfred M.: *Die Wehrmacht-Untersuchungsstelle*, München, ^{4}1984 u. Berlin 1987.
– *Anmerkungen zur Vertreibung der Deutschen aus dem Osten*, Stuttgart, 3. erw. Aufl. 1993.
Ziemer, Gerhard: *Deutscher Exodus*, Stuttgart, 1973.
Zöllner, Erich: *Geschichte Österreichs*, Wien, 1961.

VII. Deutschsprachige Werke (juristisch)

Arndt, Claus: *Die Verträge von Moskau und Warschau*, Bonn, 1973.
Bierzanek, Remigiusz: *Heimatrecht in polnischer und in deutscher Sicht*, Leer, 1962.
Blumenwitz, Dieter: *Die Grundlagen eines Friedensvertrages in Deutschland. Ein völkerrechtlicher Beitrag zur künftigen Deutschlandpolitik*, Berlin, 1966.
– *Die Darstellung der Grenzen Deutschlands in kartographischen Werken*, Bonn, 1980.
– (Hrsg.): *Flucht und Vertreibung*, Berlin, 1987.
Breyer, R.: »Die Oder-Neiße-Linie bei Stettin«, in *Festschrift für Herbert Kraus, Recht im Dienste der Menschenwürde*, Würzburg, 1964, S. 423 ff.
Cornides, Wilhelm, und Hermann Volle (Hrsg.): *Um den Frieden mit Deutschland*, Oberursel, 1948.
Decker, Günther: *Das Selbstbestimmungsrecht der Nationen*, Göttingen, 1955.

Deuerlein, Ernst: *Potsdam 1945. Ende und Anfang*, Köln, 1970.
–, Alexander Fischer, Eberhard Menzel, Gerhard Wettig: *Potsdam und die deutsche Frage*, Köln, 1970.
du Buy, F. H.: *Das Recht auf die Heimat im historisch-politischen Prozeß*, Euskirchen, 1974.
Epstein, Ludwig: *Studienausgabe der Verfassungsgesetze der tschechoslowakischen Republik*, Reichenberg, 1923.
Ermacora, Felix: *Menschenrechte und Selbstbestimmung – unter Berücksichtigung der Ostdeutschen*, Bonn, 1980.
– *Die sudetendeutschen Fragen. Rechtsgutachten*, Berlin, 1992.
Faust, Fritz: *Das Potsdamer Abkommen und seine völkerrechtliche Bedeutung*, Berlin, 1964.
Frenzke, Dietrich, Jens Hacker und Alexander Uschakow: *Die Feindstaatenartikel und das Problem des Gewaltverzichts der Sowjetunion im Vertrag vom 12. 8. 1970*, Berlin, 1971.
Frowein, J. A.: *Das* de facto-*Regime im Völkerrecht*, Köln, 1968.
Gelberg, Ludwik: *Die Entstehung der Volksrepublik Polen. Die völkerrechtlichen Probleme*, Frankfurt a. M., 1972.
Hacker, Jens: *Sowjetunion und DDR zum Potsdamer Abkommen*, Köln, 1968.
Hecker, Hellmuth: *Die Umsiedlungsverträge des Deutschen Reiches während des Zweiten Weltkrieges*, Hamburg, 1972.
Heidmann, Eberhard: *Potsdamer Abkommen. Ausgewählte Dokumente zur Deutschlandfrage 1943 bis 1949*, Berlin: Staatsverlag der DDR, 4. Aufl. 1970.
Heinze, Kurt, und Karl Schilling: *Die Rechtsprechung der Nürnberger Militärtribunale*, Bonn, 1952.
Ipsen, Knut: »Westliche Kenntnis der polnisch-sowjetischen Forderungen hinsichtlich Stettins vor Potsdam« und »Die Potsdamer Einigung« in *Ostverträge – Berlin-Status*, Veröffentlichungen des Instituts für Internationales Recht an der Universität Kiel, Band 66, 1971.
Israelian, Viktor: *Die Anti-Hitler-Koalition*, Moskau, 1975.
Kempner, Robert: *Das Dritte Reich im Kreuzverhör*, München, 1969.
Kimminich, Otto: *Humanitäres Völkerrecht – humanitäre Aktion*, München, 1972.
– *Menschenrechte, Versagen und Hoffnung*, München, 1973.
– *Das Münchener Abkommen in der tschechoslowakischen wissenschaftlichen Literatur*, München, 1968.
– *Der Moskauer Vertrag vom 12. August 1970. Eine völkerrechtliche Analyse*, Hamburg, 1972.
– *Das Recht auf die Heimat*, Bonn, 1980.
Klafkowski, Alfons: *Die Rechtsgrundlage der Oder-Neiße-Linie auf Grund von Jalta und Potsdam*, Posen, 1947.

Klein, Eckart: *Bundesverfassungsgericht und Ostverträge*, Bonn, 1978.
Kloss, Heinz (Hrsg.): *Beiträge zu einem System des Selbstbestimmungsrechts*, Völkerrechtliche Abhandlungen, Band 2, Wien, 1970.
Kraus, Herbert: *Massenaustreibung und Völkermord*, Kitzingen, 1953.
– *Die Oder-Neiße-Linie, eine völkerrechtliche Studie*, Köln, 1954.
– *Der völkerrechtliche Status der deutschen Ostgebiete innerhalb der Reichsgrenzen nach dem Stande vom 31. 12. 1937*, Göttingen, 1966.
Kraus, Herbert, und Karl Kurth: *Deutschlands Ostproblem*, Würzburg, 1958.
Krülle, Sigrid: *Die völkerrechtlichen Aspekte des Oder-Neiße-Problems*, Berlin, 1970.
Kunz, Josef: *Die völkerrechtliche Option*, Breslau, Bd. 1, 1925; Bd. 2, 1928.
Lachs, M.: *Die Westgrenze Polens*, Warschau, 1967.
Laun, Rudolf: *Das Recht auf die Heimat*, Hannover, 1951.
Maurach, Reinhart: *Handbuch der Sowjetverfassung*, München, 1955.
Meissner, Boris (Hrsg.): *Die deutsche Ostpolitik, 1961–1970. Kontinuität und Wandel. Dokumentation*, Köln, 1970.
Menzel, Eberhard: »Das Annexionsverbot des modernen Völkerrechts« in *Das östliche Deutschland*, Würzburg, 1959.
Meyer-Lindenberg, Hermann: *Deutschlands Grenzen. Die politische Meinung*, Köln, 1962.
Mosler, Hermann, und Karl Doehring: *Die Beendigung des Kriegszustandes mit Deutschland nach dem Zweiten Weltkrieg*, Köln, 1963.
Münch, Ingo v., Thomas Oppermann und Rolf Stödter: *Finis Germaniae? Zur Lage Deutschlands nach den Ostverträgen und Helsinki*, Frankfurt a. M., 1977.
Nawratil, Heinz: *Vertreibungsverbrechen an Deutschen – Tatbestand, Motive, Bewältigung*, München, 1982.
Parplies, Hans Günther: *Deutschland nach den Verträgen*, Hamburg, 1975.
Pictet, Jean: *Die Grundsätze des humanitären Völkerrechts*, Genf, 1968.
Pieper, Helmut: *Die Minderheitenfrage und das Deutsche Reich, 1919–1934*, Hamburg, 1974.
Quist, Rolf: *Ostpolitik, Völkerrecht und Grundgesetz*, Starnberg, 1972.
Rabl, Kurt: *Das Selbstbestimmungsrecht der Völker*, Köln, 1973.
– *Das Recht auf die Heimat*, 4 Bde., München, 1960.
Raschhofer, Hermann: *Die Sudetenfrage: Ihre völkerrechtliche Entwicklung vom Ersten Weltkrieg bis zur Gegenwart*, München, 1953.
– *Selbstbestimmungsrecht und Völkerbund*, Köln, 1969.
– *Völkerbund und Münchener Abkommen*, München, 1976.
Rauchning, Dietrich (Hrsg.): *Die Gesamtverfassung Deutschlands*, Frankfurt, 1962.

– (Hrsg.): *Verträge und andere Akten zur Rechtsstellung Deutschlands*, München, 1975.
Schätzel, Walter, und Theodor Veiter: *Handbuch des internationalen Flüchtlingsrechts*, Wien, 1959.
Scheuner, J., und B. Lindemann (Hrsg.): *Die Vereinten Nationen und die Mitarbeit der Bundesrepublik Deutschland*, München, 1973.
Schmid, Karin: *Das Münchener Abkommen*, Düsseldorf, 1973.
Schulz-Schaeffer, Helmut: *Die Ostverträge von 1970 und das Grundgesetz. Die Treuhänderschaft der Bundesrepublik Deutschland für das Selbstbestimmungsrecht der Deutschen*, Hamburg, 1972.
Seidl-Hohenveldern, Ignaz: »Das Münchener Abkommen im Lichte des Prager Vertrages von 1973«, in: *Recht im Dienst des Friedens, Festschrift für Eberhard Menzel*, Berlin, 1975.
Simma, Bruno, Michael Steiner und Martin Kriele: *Menschenrechte für Deutsche in Osteuropa – ihre völkerrechtliche Durchsetzung*, Bonn, 1980.
– *Völkerrecht*, Köln, 2. Aufl. 1969.
Stedingk, Ivonne v.: *Die Organisation des Flüchtlingswesens in Österreich seit dem Zweiten Weltkrieg*, Wien, 1970.
Stöder, Rolf; *Deutschlands Rechtslage*, Hamburg, 1948.
Streit, G.: *Der Lausanner Vertrag und der griechisch-türkische Bevölkerungsaustausch*, Berlin, 1929.
Thomas, Fritz: *Das Recht der Vertriebenen*, Dortmund, 1950.
Truhart, H. v.: *Völkerbund und Minderheiten-Petitionen*, Wien, 1931.
Tunkin, Gregorij: *Das Völkerrecht der Gegenwart*, Berlin, 1963.
Urbaneck, Kurt: *Das Heimkehrrecht der deutschen Ausgetriebenen: ein Anspruch des positiven Völkerrechts*, Dortmund, 1959.
Veiter, Theodor (Hrsg.): *System eines internationalen Volksgruppenrechts*, Wien, 1970.
Veiter, Theodor, und Friedrich Klein (Hrsg.): *Die Menschenrechte*, Wien, 1966.
Verdross, Alfred: *Völkerrecht*, Bd. 1–3, Wien, 5. Aufl. 1964.
Warderholt, J. P.: *Das Minderheitenrecht in Oberschlesien. Die Stellungnahmen des Präsidenten der Gemischten Kommission in der Zeit von Juni 1922 bis Juni 1929*, Berlin, 1930.
Wiewiora, Boleslaw: *Die Anerkennung territorialer Erwerbungen im Völkerrecht*, Posen, 1961. Übersetzt von dem Göttinger Arbeitskreis, Göttingen, 1962.
Zayas, Alfred de: »Massenumsiedlungen und das Völkerrecht«, in *Abhandlungen zu Flüchtlingsfragen* (Hrsg. Th. Veiter), Bd. 10, Wien, 1975.
– *Die Wehrmacht-Untersuchungsstelle*, München, 1979.
Zieger, Gottfried: *Die Atlantic Charta*, Hannover, 1963.

– *Alliierte Kriegskonferenzen 1941–43*, Hannover, 1964.
– *Die Teheran-Konferenz*, Hannover, 1967.
– *Der Warschauer Pakt*, Hannover, 1974.
– *Das Treffen vornehmlich ostdeutscher Historiker in Tübingen 1977*, Bonn, 1978.

VIII. Französische Literatur

Academie de Droit International: *Recueil des Cours*, 1923, Bd. 1; 1927, Bd. 3; 1928, Bd. 4; 1957, Bd. 2, Den Haag.
Annuaire de l'Institut de Droit International, Bd. 44, 1952; Bd. 46, 1956, Genf.
Anders, Wladislaw: *Katyn*, Paris, 1949.
Aron, Raymond: *Paix et Guerre entre les Nations*, Paris, 1962.
Beaubrevil, Pierre: *La Cinquième Partage de la Pologne*, Bordeaux, 1968.
Carzou, Jean Marie: *Un genocide exemplaire. Arménie 1915*, Paris, 1975.
Conte, Arthur: *Yalta ou le partage du Monde*, Paris, 1964.
Dami, Aldo: *Refaire l'histoire*, Paris, 1973.
George, Bernard: *Les Russes arrivent*, Paris, 1966.
George, Pierre: *Le Problème allemand en Tchécoslovaquie (1919–1946)*, Paris, 1947.
d'Harcourt, R.: *Visage de l'Allemagne actuelle*, Paris, 1949.
Institut National de la statistique et des études économiques: *Les transferts internationaux de populations*, Paris, 1946.
La Pradelle, Paul de: *La Frontière*, Paris, 1928.
La Pradelle, Raymond de Geouffre de: *Le Problème de la Silésie et le Droit*, Paris, 1958.
Laun, Rudolf: »Le Droit des peuples à disposer d'eux-mêmes«, *Annuaire de l'Associations des Auditeurs de l'Académie de Droit International de la Haye*, Den Haag, 1958.
Lengereau, Marc: »La notion de ›Recht auf die Heimat‹ dans le pensée allemande contemporaine« in *Revue d'Allemagne*, Paris (1971), S. 490–523.
Menudier, Henri: *L'Allemagne selon Willy Brandt*, Paris, 1976.
Miroslav, Ivanov: *L'Attentat contre Heydrich*, Paris, 1972.
Meyer, Michel: *L'Allemagne inachevée*, Paris, 1976.
Mordal, Jacques: *La Guerre a commencé en Pologne*, Paris, 1968.
Noel, Léon: *L'aggression allemande contre la Pologne*, Paris, 1946.
Pange, Jean de: »Les Populations expulsées de l'Allemagne Orientale«, *Revue des Deux Mondes*, Paris, Juni 1952.

Pictet, Jean: *La Convention de Genève Relative à la Protection des Personnes Civiles en Temps de Guerre*, Genf, 1958.
– *Les Principes du Droit international humanitaire*, Genf, 1966.
Pinon, René: »Le Destin de la Pologne«, *Revue des Deux Mondes*, Paris, September 1952.
Skubiszewski, K.: »Le transfert de la population allemande, était-il conforme au droit international?«, in: *Cahiers Pologne-Allemagne*, 1959, S. 42ff.
Suy, E.: *Les actes juridiques unilatéraux en droit international public*, Paris, 1962.
Visscher, Charles de: *Problèmes de Confins en droit international public*, Paris, 1969.
– *Les Effectivités du Droit International Public*, Paris, 1967.
Wambaugh, Sarah: »La Pratique des Plébiscites Internationaux« in *Recueil des Cours*, Academie de Droit International, 1927, Bd. III, S. 149–258.

IX. Artikel und Beiträge

Adenauer, Konrad: »Germany and Europe« in *Foreign Affairs*, Bd. 31, 1953, S. 361–366.
Annabring, Matthias: »Das ungarländische Deutschtum« in *Südoststimmen*, März 1952, S. 1–80.
Antwortnote Großbritanniens vom 12. 8. 1960 auf die Note der polnischen Regierung vom 20. 7. 1960, in *Europa-Archiv* 15 (1960), S. 320f.
Arzinger, Rudolf: »Das Potsdamer Abkommen und die europäische Sicherheit«, in *Deutsche Außenpolitik*, 1965, S. 883–900.
Barandon, Paul: »Völkerbund« in Strupp-Schlochauer, *Wörterbuch des Völkerrechts*, Band 3, S. 597ff.
Barraclough, G.: »Une voix dans le désert«, in *Cahiers Pologne-Allemagne*, Paris, Nr. 3, 1963.
Barth, G.: »Geschichte eines Dokuments, das nie existierte. Zum 10. Jahrestage der Verkündung der Atlantik-Charta«, in *Neues Abendland*, Bd. 6 (1951), S. 448ff.
Baxter, Richard: »Perspective. The evolving laws of armed conflicts«, in *Military Law Review*, Bd. 60 (1973), S. 99ff.
Beneš, Edvard: »The Organization of Postwar Europe« in *Foreign Affairs*, Bd. 20, S. 226ff. (1942).
– »Czechoslovakia Plans for Peace«, in *Foreign Affairs*, Bd. 23 (1944), S. 26ff.
– in *The Annals*, März 1944, S. 166ff.
– »The New Order in Europe« in *Nineteenth Century*, Bd. 130 (1941), S. 150ff..

Blumenwitz, Dieter: »Die territorialen Folgen des Zweiten Weltkriegs für Deutschland«, in: *Archiv des Völkerrechts*, Bd. 23, S. 1 ff.
Bohmann, Alfred: »Die Bevölkerung der Oder-Neiße-Gebiete«, in: *Außenpolitik* 10 (1959), S. 438–443.
– »Polens Drang nach Westen«, in: *Außenpolitik* 11 (1960), S. 92–104.
Borntraeger, Ekkehard: »Grenzen und Selbstbestimmungsrecht«, *Zeitschrift für Politik*, Vol. 39, März 1992, S. 49–71.
Bowman, Isaiah: »The Strategy of Territorial Decisions«, *Foreign Affairs*, 1946, Band 24, S. 177–194.
Brandes, Detlef: »Eine verspätete tschechische Alternative zum Münchner ›Diktat‹«. *Vierteljahreshefte für Zeitgeschichte*, Heft 2, 1994, S. 221 bis 242.
Braun, J. von: »Germany's Eastern Border and Mass Expulsions«, *American Journal of International Law*, 1964, Band 58, S. 749.
Brown, Philip: »Self-Determination in Central Europe«, *American Journal of International Law*, 1920, Band 14, S. 235–239, Zitat auf S. 237.
Brügel, Johann Wolfgang: »Die Aussiedlung der Deutschen aus der Tschechoslowakei«, *Vierteljahresheft für Zeitgeschichte*, 1960, S. 134–164.
– »Teheran, Jalta und Potsdam aus sowjetischer Sicht«, in: *Europa-Archiv*, 1966, S. 803–810.
Bülck, Hartwig: »Bevölkerungsaustausch«, »Vertreibung«, »Zwangsverschickung«, in Strupp-Schlochauer, *Wörterbuch des Völkerrechts*, I, S. 201–204, III, S. 556–562, III, S. 894 ff.
Bundy, McGeorge: »November 1952: Imperatives of Foreign Policy« in *Foreign Affairs*, Bd. 31, 1952, S. 1.
Czaplinski, Wladyslaw: »The New Polish-German Treaties and the Changing Political Structure of Europe«, in: *American Journal of International Law*, Vol. 86, S. 163–173 (1992).
Danubius Bratislava: »Thesen zur Aussiedlung der Deutschen aus der Tschechoslowakei«, in: *Deutschland Archiv*, 1979, S. 712–727.
»Die völkerrechtliche Stellung Deutschlands nach seiner bedingungslosen Kapitulation«, in: *Europa-Archiv*, I (1946), S. 209.
Fried, John: »Transfer of Civilian Manpower from Occupied Territory«, *American Journal of International Law*, 1946, Band 40, S. 327 ff.
Fontaine, André: »Potsdam: A French View«, in *International Affairs*, Band 46, 1970, S. 466–474.
Frowein, Jochen Abr.: »Germany Reunited«, in *Zeitschrift für ausländisches öffentliches Recht und Völkerrecht*, Vol. 51 (1991), S. 333–348.
– »The Reunification of Germany«, in *American Journal of International Law*, Vol. 86, S. 152–163 (1992).
Gabert, Volkmar: »Die Emigration der sudetendeutschen Sozialdemokraten« in: *Odsun. Die Vertreibung der Sudetendeutschen*, München, 1995, S. 35–58.

Gawron, Witold: »Die deutsch-polnischen Beziehungen in der Perspektive einer dauerhaften Verständigung«, in: Bund der Vertriebenen (Hrsg.): *Die deutsch-polnischen Beziehungen heute und morgen*, Bonn, 1993.

Gelberg, Ludwik: »Die Umsiedlung der deutschen Bevölkerung nach dem gegenwärtigen Völkerrecht«, in: *Osteuropa-Recht*, 1968, S. 86 bis 108.

Giegerich, Thomas: »The European Dimension of German Reunification: East Germany's Integration into the European Communities«, in: *Zeitschrift für ausländisches öffentliches Recht und Völkerrecht*, Vol. 51 (1991), S. 384 ff.

Gornig, Gilbert: »Der Zwei-plus-vier-Vertrag unter besonderer Berücksichtigung grenzbezogener Regelungen«, in: *Recht in Ost und West*, April 1991, S. 97–106.

Gralla, Giselher: »Rechtsfragen der Umsiedlung in polnischer Sicht«, *Jahrbuch für Ostrecht*, 1961, S. 249–263.

Große-Jütte, Annemarie: »Die Region Kaliningrad / Königsberg: Chance oder Gefahrenherd im Ostseeraum?«, in: *Aus Politik und Zeitgeschichte*, B 18–19/94, 6. Mai 1994, S. 32–45.

Hacker, Jens: »Zur Interpretation des Potsdamer Abkommens«, in *Deutschland-Archiv*, 1968, S. 135–140.

Hahn, Walter F.: »West Germany's Ostpolitik: The Grand Design of Egon Bahr«, *ORBIS*, Bd. XVI, Winter, 1973, Nr. 4, S. 859.

Hallstein, Walter: »Germany's Dual Aim: Unity and Integration« in *Foreign Affairs*, Bd. 31, 1952, S. 58–66.

Heydte, F. A. v. d.: »Potsdamer Abkommen«, in: Strupp-Schlochauer, *Wörterbuch des Völkerrechts*, Band 2, 1961, S. 786 ff.

Hubatsch, Walther: »Flüchtlingstransporte aus dem Osten über See. Die letzten Geleitaufgaben der deutschen Kriegsmarine 1945«, in: *Ostdeutsche Wissenschaft.* Jahrbuch des Ostdeutschen Kulturrates. Bd. 9, 1962, S. 1–24.

– »Die Rückkehr des Memelgebietes 1939«, in: *Deutsche Studien*. Vierteljahreshefte für vergleichende Gegenwartskunde. H. 27, 1969, S. 256 bis 264.

– »Das Herzogtum Preußen – Umrisse einer Landesgeschichte«, in: *Blätter für deutsche Landesgeschichte*, Jg. 108, 1972, S. 56–68.

Hübl, Milan: »Glossen zu den Danubius-Thesen über die Aussiedlung der Deutschen«, in: *Deutschland Archiv*, 1979, S. 727–735.

Imhoff, Christoph von: »Ein Dialog zwischen Deutschen und Polen«, in: *Außenpolitik* 17 (1966), S. 100–109.

»Jahrbuch des Kuratoriums Geistige Freiheit«, *Samisdat*, Bern.

Jaksch, Wenzel: »Westeuropa – Ostdeutschland – Gesamteuropa«, in: *Außenpolitik* 8 (1957), S. 487–502.

Jasinski, Janusy: »Zur polnisch-deutschen Verständigung«, in *Forum für Kultur und Politik*, Heft 10, Oktober 1994, herausgegeben von der Kulturstiftung der deutschen Vertriebenen, S. 41–48.

Kelsen, Hans: »The International Legal Status of Germany to be Established immediately upon Termination of War«, *American Journal of International Law*, Bd. 38, 1944, S. 689 ff.

– »The Legal Status of Germany according to the Declaration of Berlin«, *American Journal of International Law*, Bd. 39, 1945, S. 518 ff.

Kennan, George: »America and the Russian Future«, in *Foreign Affairs*, 1951, S. 351 ff.

Kertesz, Stephen: The Expulsion of the Germans from Hungary, in *The Review of Politics*, Bd. XV, 1953, S. 179–208.

Kielwein, Gerhard: »Massenaustreibung und Völkermord«, in *Staatslexikon*, Bd. V (1960), Sp. 607–610.

Kimminich, Otto: »Das Vertreibungsverbot in der völkerrechtlichen Entwicklung«, in: Blumenwitz, Dieter (Hrsg.): *Flucht und Vertreibung*, 1987, S. 95 ff.

Kokot, J.: »The Economic Aspects of the Resettlement of German Population after the Second World War«, *Polish Western Affairs*, 1964, Bd. V, S. 92 ff.

Kowalewski, Jerzy: »Die polnische Haltung gegenüber der Bundesrepublik Deutschland«, in: *Europa-Archiv* 13 (1958), S. 10567.

Kraus, Helmut: »Staatsethische Betrachtungen zum Ringen um die deutschen Ostgebiete«, in: *Jahrbuch der Albertus Universität zu Königsberg*, Bd. XI, 1961.

Kucera, Jaroslav: »Die Vertreibung. Die Debatte um die Aussiedlung der deutschen Bevölkerung in der Tschechoslowakei und ihre politische Bedeutung«, *Österreichische Zeitschrift für Geschichtswissenschaft*, Heft 2, 1992, S. 238–248.

Kuhn, Heinrich: »Die Vertreibung der Deutschen aus der Tschechoslowakei und ihre Folgen«, in: *Schicksalsjahre der Tschechoslowakei 1945–1948*, hrsg. v. Nikolaus Lobkowicz und Friedrich Prinz, München, 1981, S. 45–63.

Kunz, Josef: »Völkerrecht« in: Strupp-Schlochauer, *Wörterbuch des Völkerrechts*, Band 3, S. 611 ff.

– »Natural-Law Thinking in the Modern Science of International Law«, in *American Journal of International Law*, Band 55, S. 951 ff.

Kural, Václav: »Deutsche Besatzung und tschechische Reaktion 1939 bis 1945. Ein Beitrag zur Vorgeschichte der Aussiedlung«, in: *Integration oder Ausgrenzung. Deutsche und Tschechen 1890–1945*, hrsg. v. Detlef Brandes, Jan Kren und Václav Kural, Bremen 1986, S. 66–104.

Labuda, G.: »A Historiographic Analysis of the German Drang nach Osten«. *Polish Western Affairs*, 1964, Bd. V, Nr. 2, S. 221–265.

Lachs, Manfred: »Le développement et les fonctions des traités multilatéraux«, *Recueil des Cours*, Academie de Droit International, Den Haag, 1957, Bd. 2, S. 233 et seq.
Lipski, Jan Józef: »Zwei Vaterländer – zwei Patriotismen«, in *Kontinent* (Ullstein) 22, S. 3–48, 1981. Übersetzt aus dem Polnischen in der polnischen Exilzeitschrift *Kultura*, Nr. 409–10/1981.
Littmann, M.: »The Bible of Pan-Slawism«, *The Nineteenth Century and After*, Dezember 1945, S. 261 ff.
McCloy, John, Vorwort zu Henry L. Roberts: *Russia and America*, New York, 1956, S. VII–XXXI.
Mertineit, Walter: »Die deutsch-polnische Schulbuchkommission und ihre Empfehlungen zur Zeitgeschichte«, in *Geschichte in Wissenschaft und Unterricht*, 1976, S. 329 ff.
Meyer, H. C.: »Der ›Drang nach Osten‹ in den Jahren 1860–1914«, *Welt als Geschichte*, 17 (1957), S. 6 ff.
Mosley, Ph.: »The Occupation of Germany«, *Foreign Affairs*, 1949–50, Bd. 28, S. 595.
– »Dismemberment of Germany – The Allied Negotiations from Yalta to Potsdam«, *Foreign Affairs*, Vol. 28, April 1950, S. 487–498.
Münch, Fritz: »Entscheidungen nationaler Gerichte in völkerrechtlichen Fragen«, *Zeitschrift für Öffentliches Recht und Völkerrecht* (1961), S. 511–575.
Münch, Ingo v.: »Verselbständigung von Staatsteilen«, in: Strupp-Schlochauer, *Wörterbuch des Völkerrechts*, Bd. 3, Berlin 1962, S. 523 bis 527.
Nürnberger, Richard: »Zwei deutsche Nationen?«, *Politik*, 1966, S. 23–31.
Oellers-Frahm, Karin: »Das Statut des Internationalen Strafgerichtshofs zur Verfolgung von Kriegsverbrechen im ehemaligen Jugoslawien«, *Zeitschrift für ausländisches öffentliches Recht und Völkerrecht* 54, 1994, S. 416–445.
– »Die Einsetzung des ›Internationalen Tribunals über Kriegsverbrechen im ehemaligen Jugoslawien‹ durch den Sicherheitsrat«, in: U. Beyerlin (Hrsg.), *Recht zwischen Umbruch und Bewahrung*. Festschrift für Rudolf Bernhardt, 1995, S. 722–751.
Oeter, Stefan: »German Unification and State Succession«, *Zeitschrift für ausländisches öffentliches Recht und Völkerrecht*, Vol. 51 (1991), S. 349–383.
Oppermann, Thomas: »Zwei deutsche Staaten oder Sezession der DDR aus dem deutschen Staatsverband?«, *Archiv des öffentlichen Rechts*, 196, S. 313 ff. – »Die Gewaltverzichtsposition der BRD«, *Außenpolitik*, 1970, S. 453–469.
Ostrowski, Stanislaw: »Speech Delivered at the Unveiling Ceremony of

the Katyn Memorial«, *Polish Affairs*, London, Nr. 98, Dezember 1976, S. 6.
Pinto, R.: »Les thèses ›juridiques‹ du cercle de Göttingen sur la frontière polono-allemande«, *Cahiers Pologne-Allemagne*, Paris, Nr. 4, 1963.
Piotrowicz, Ryszard: »The Polish-German Frontier in International Law«, in: *British Yearbook of International Law* 63, 1992, S. 367–414.
Prinz, Friedrich: Jaksch und Beneš im Londoner Exil und die Frage der Aussiedlung der Sudetendeutschen, *Bohemia*, Bd. 15, 1974, S. 256 bis 284.
Prokesova, Nina: »Nasledky Mnichovske Dohody pro Ostravskou Prumyslovou Oblast«, *Slezsky Sbornik*, 1969, S. 1–30.
Rabl, Kurt: »Die völkerrechtliche Unzulässigkeit von Zwangsumsiedlungen«, in: *Heimatrecht in polnischer und deutscher Sicht*, hrsg. v. Niedersächs. Ministerium für Vertriebene, Leer/Ostfr. 1962, S. 39–62.
Rhode, Gotthold: »Die Völkerwanderung des zwanzigsten Jahrhunderts, Zwangsumsiedlung als Mittel der Machtpolitik«, in: *Deutsche Ostkunde*, 1976, S. 49 ff.
Rothfels, Hans: »Frontier and Mass Migrations in Eastern-Central Europe«, *Review of Politics*, 1946, S. 59 ff.
– »Der Vertrag von Versailles und der deutsche Osten«, *Berliner Monatshefte*, Bd. 12, 1934, S. 3–24.
– »Geschichtliche Betrachtungen zum Problem der Wiedervereinigung«, *Zeitgeschichtliche Betrachtungen*, Göttingen 1959, S. 236 ff.
Schaumann, W.: »Anerkennung«, in: Strupp-Schlochauer, *Wörterbuch des Völkerrechts*, Bd. 1, 1960, S. 47–56.
Schätzel, W.: »Die Annexion im Völkerrecht«, in: *Archiv des Völkerrechts*, Bd. 2, S. 1–28, 1950.
Schechtmann, J. B.: »The Option Clause in the Reich's Treaties on the Transfer of Population«, *American Journal of International Law*, Bd. 38, S. 356–374 (1944).
– »Postwar Population Transfers«, in: *The Review of Politics*, Bd. XV, S. 151 ff.
– »The Polish-Soviet Exchange of Population«, *Journal of Central European Affairs*, Bd. IX, Oktober 1949.
Schieder, Theodor: »Die Vertreibung der Deutschen aus dem Osten als wissenschaftliches Problem«, *Vierteljahreshefte für Zeitgeschichte*, Bd. 8 (1960), S. 1–16.
Schmidt-Jortzig, Edzard: »Die rechtliche Fixiertheit der staatlichen Selbstdarstellung der Bundesrepublik Deutschland«, *Deutsches Verwaltungsblatt*, 15. Januar 1975, S. 65 ff.
Schwebel, Stephen M.: »What Weight to Conquest«, Comment 64, *American Journal of International Law*, 344, 1970.

Skubiszewski, Krysztof: »Poland's Western Frontier and the 1970 Treaties«, *American Journal of International Law*, 1973, Band 67, S. 23.
– Vortrag, gehalten im Harvard International Law Club am 13. April 1964, *Polish Western Affairs*, 1964, Bd. V, Nr. 2, S. 311–331.
St. Oswald, Lord: »A pledge to the living future, Address at the Unveiling of the Katyn Memorial«, *Polish Affairs*, London, Nr. 98, Dezember 1976, S. 8 ff.
Steiger, H.: »Verträge mit der DDR ohne ›Anerkennung‹«, *Zeitschrift für Rechtspolitik*, 1969, S. 121–124.
Steinz, Rudolf: »Zum Vertreibungsverbot aus völkerrechtlicher Sicht«, in: *Odsun. Die Vertreibung der Sudetendeutschen*, München, 1995.
Taborsky, Edward: »Benes and the Sowjets«, *Foreign Affairs*, 1949, Bd. 27, S. 302–314.
Toynbee, Arnold: »A Turning Point in History«, *Foreign Affairs*, 1939, Bd. 17, S. 305 ff.
Tomuschat, Christian: Ein Internationaler Strafgerichtshof als Element einer Weltfriedensordnung. *Europa-Archiv*, Nr. 39, 1994, S. 61 ff.
Triffterer, Otto: »Universeller Menschenrechtsschutz durch das Völkerstrafrecht? Von Nürnberg zum Internationalen ›Jugoslawien-Tribunal‹ in Den Haag«, *Politische Studien*, Sonderheft 1/1995, S. 32 ff.
Uschakow, Alexander: »Das Erbe Stalins in den deutsch-polnischen Beziehungen«, in: *Internationales Recht und Diplomatie*, Köln, Verlag Wissenschaft und Politik.
Völker, Eberhard: »Sinn und Gefahr der deutsch-polnischen Schulbuchempfehlungen«, in: *Deutsche Ostkunde*, 1976, S. 60 ff.
Voigt, F. A.: »Eastern Germany«, *The Nineteenth Century and After*, März 1946, S. 97–101.
– »Orderly and humane«, *The Nineteenth Century and After*, Nov. 1945.
– »Dark Places«, *The Nineteenth Century and After*, Febr. 1946, S. 52 ff.
Wachenheim, Hedwig: »Hitler's Transfer of Population in Eastern Europe«, in: *Foreign Affairs*, Bd. 20, 1942, S. 705–718.
Wagner, Wolfgang: »Deutschlands östlicher Nachbar. Elisabeth Wiskemann und die Oder-Neiße-Frage«, *Außenpolitik* 8 (1957), S. 94–1/2.
Wiewiora, Boleslaw: »Territorial Changes after the Second World War«, *Polish Western Affairs*, Bd. V, 1964, S. 21.
Wiskemann, Elisabeth: »Czechs and Germans after Munich«, *Foreign Affairs*, Bd. 17, 1939, S. 291 ff.
Wolfe, James H.: »Woodrow Wilson und das Selbstbestimmungsrecht«, *Bohemia*, Jahrbuch des Collegium Carolinum, Bd. 8, 1967, München. S. 217–226.
– »West Germany and Czechoslovakia: The Struggle for Reconciliation«, *Orbis*, 1970, S. 154–179.

– »International Law and Diplomatic Bargaining: A Commentary on the Sudeten German Question«, *Bohemia*, 1973, S. 372 ff.
– »Roosevelt und die Sudetenfrage«, *Bohemia*, Bd. 9, 1968, München, S. 197–207.
Wright, Herberg: »Poland at Yalta and Dumbarton Oaks«, *American Journal of International Law*, Bd. 39, 1945, S. 295–308.
Wyssozki, W.: »Das Potsdamer Abkommen und die Gegenwart«, in: *Sowjetunion heute*, 1970, S. 24 f.
Zayas, Alfred de: »International Law and Mass Population Transfers«, in: *Harvard International Law Journal*, Bd. 16, S. 207–258, 1975.
– »The Legality of Mass Population Transfers: The German Experience«, in: *East Eurpean Quarterly*, Bd. XII, 1978, S. 1–23, 143–160.
– »Vertriebene«, in: Werner Weidenfeld (Hrgs.), *Handwörterbuch zur Deutschen Einheit*, Frankfurt, 1992, S. 732–741.
– »The Illegality of Mass Population Transfers and the relevance of emerging international norms in the Palestine Context«, in: *Palestine Yearbook of International Law*, Vol. 6 (1991–92), S. 17–55.
– »Der Nürnberger Prozeß vor dem internationalen Militärtribunal (1945–1946)«, in: Alexander Demandt (Hrsg.), *Macht und Recht. Große Prozesse in der Geschichte.* München 1990, S. 249–270.
– »The International Judicial Protection of Minority Rights«, in: C. Brölmann, R. Lefeber und M. Zieck (Hrsg.), *Peoples and Minorities in International Law*, Amsterdam, 1993, S. 253–287.
– »The Right to the Homeland, Ethnic Cleansing, and the International Criminal Tribunal«, in: *Criminal Law Forum*, Vol. 6/2, 1995, S. 257–315.
– »Das Recht auf die Heimat, ethnische Säuberungen und das Internationale Kriegsverbrechertribunal für das ehemalige Jugoslawien«, in: *Archiv des Völkerrechts,* Bd. 35, Heft 1, 1997, S. 29–72.
– Stichworte »Curzon Line«, »European Recovery Program«, »Forced Resettlement«, »Population Expulsion and Transfer«, »United Nations Relief and Rehabilitation Administration« usw. in R. Bernhardt (Hrsg.): *Encyclopedia of Public International Law*, Amsterdam, 1990.
Zitelmann, Rainer: »Wiedervereinigung und der deutsche Selbsthaß«, in: Werner Weidenfeld (Hrsg.): *Deutschland, eine Nation – doppelte Geschichte*, Köln, 1993.
Zuleeg, M.: »Die Oder-Neiße-Grenze aus der völkerrechtlichen Sicht von heute«, *Zeitschrift für Rechtspolitik*, 1969, S. 226–231.

X. Zeitungsartikel

Broszat, Martin: »Zur Kritik der Publizistik des antisemitischen Rechtsextremismus«, in: *Aus Politik und Zeitgeschichte*, Beilage 19/76 zur Zeitung *Das Parlament*.

Churchill, Rhona: in *Daily Mail*, 6. August 1945.

Le Courrier, Genève, 7. November 1944, Nr. 306, S. 1.

Daily Express, 18. Juni 1945.

Dönhoff, Marion Gräfin: Leitartikel in *Die Zeit* am 6. Februar 1976, S. 3, über den russischen Dissidenten Lew Kopelew.

– »Mord bleibt Mord«, in *Die Zeit*, 17. März 1977.

Duff, Sheila Grant: in *Manchester Guardian*, 26. Oktober 1945.

Economist, Leitartikel, 11. August 1945, »The German Settlement«, S. 177 ff.

Ehrenburg, Ilja: verschiedene Artikel in *Krasnaja Swesda*, 13. August 1942, 27. September, 15. und 24. Oktober 1944, 28. Januar 1945; *Prawda*, 7. August, 17. und 30. Dezember 1944.

Frankfurter Allgemeine Zeitung, »Warschauer Zeitungen bezichtigen Bonn der Provokation«, 11. März 1977.

Gedye, G. E. R.: in *Daily Herald*, 9. Oktober 1945.

Manchester Guardian, 5. Juni 1945.

MacCormac, John: »Czechs, Poles Plan a German Exodus«, *New York Times*, 10. August 1944.

McCormick, Anne O'Hare: in der *New York Times*, 4. Februar und 23. Oktober 1946.

Monitor-Dienst: »Verbrechen von apokalyptischem Ausmaß«, 21. März 1977, Interview mit Prof. Czeslaw Pilichowski am 17. 3. 1977 in Radio Warschau.

Nacken, Angela: »1 167 000 vergessene Polen. Von der in der Sowjetunion lebenden Minderheit darf im Heimatland nicht gesprochen werden«, *Frankfurter Allgemeine Zeitung*, 3. Februar 1979, S. 12.

Neue Zürcher Zeitung, 23. August 1945, »Problem für die nächste Konferenz der Außenminister – Die Massenvertreibung der Deutschen«.

New York Times, Leserbrief, 15. August 1945.

New York Times, Leserbrief, 26. August 1945.

Rothfels, Hans: »Vor zehn Jahren wurde Deutschland geteilt«, in: *Das Parlament*, Nr. 31 vom 3. August 1955.

Russell, Lord Bertrand: Leserbrief an die *Times*; London, 23. Oktober 1945.

Solschenizyn, Alexander: »Words of Warning to America«, Rede vor dem amerikanischen Gewerkschaftsverband AFL-CIO am 30. Juni 1975 in Washington, *U. S. News and World Report*, 14. Juli 1975, S. 44 ff.

Time Magazine: 13. August, 22. Oktober, 5. November 1945.

Times, London, 21. Dezember 1945, »The Battle of the Winter«.
Times, 26. Oktober 1945, Parlamentsbericht, Seite 1, Spalten 1–3: »Tragedy Ahead: Sir A. Salter on Need for Action«.
Toynbee, Arnold: »Czechoslovakia's German Problem«, *The Economist*, 10. Juli 1937, S. 71–74.

XI. Dissertationen

Arndt, Michael: »Völkerrechtliche und staatsrechtliche Bedeutung der Berliner Erklärung vom 5. Juni 1945«, Göttingen, 1970.
Binzberger, Peter: »Die Ausweisung der Volksdeutschen aus dem Donau-Karpaten-Raum«, Tübingen, 1952.
Bötzer, Brigitte: »Das Vertriebenenproblem in der Münchener Tagespresse, 1945–1953«, München, 1957.
Braunmühl, Gerold von: »Austreibungsverbot und Rücksiedlungsanspruch im geltenden Völkerrecht«, Mainz, 1962.
Brown, MacAlister: »Expulsion of German Minorities from Eastern Europe: The Decision at Potsdam and its Background, Harvard, 1953.
du Buy, F. H. E. W.: »Das Recht auf die Heimat, Realität oder Fiktion?«, Juristische Fakultät, Universität Utrecht, 1975.
Fischer, Diether: »Die Aussichten für die Positivierung eines Menschenrechts auf die Heimat«, Würzburg 1966.
Fukas, Dieter: »Gibt es im positiven Völkerrecht eine Norm des Inhalts, daß der Mensch in der Heimat leben und nicht aus ihr vertrieben werden darf?«, Erlangen, 1960.
Gawenda, Jerzy: »Le Plébiscite en droit international«, Fribourg, Schweiz, 1946.
Habel, Fritz Peter: »Historische, politische und soziale Voraussetzungen des Zusammentreffens zwischen Bayern und Sudetendeutschen nach 1945«, München, 1966.
Heyl, F. W.: »Die Tätigkeit des Internationalen Gerichtshofs unter besonderer Berücksichtigung der deutschen Minderheitenfrage«, Würzburg, 1930.
Hilf, Rudolf: »Die Presse der Sudetendeutschen nach 1945 und ihre Stellungnahme zum Schicksal der vertriebenen Volksgruppe«, München, 1951.
Jessen, Jacob: »Rechtsfragen der deutschen Umsiedlung nach dem 2. Weltkrieg«, Kiel, 1951.
Lengereau, Marc: »Le Droit à la Heimat«, Grenoble, 1970.
Lutter, Harald: »Oder-Neiße-Friedensgrenze. Zum Verständnis völkerrechtlicher Fragen in der sog. DDR«, Mainz, 1966.

Meyer, Gerd: Die sowjetische Deutschland-Politik im Jahre 1952, Tübingen, 1970.
Oberkesch, Valentin: »Völkerrechtliche Betrachtungen zum Problem der deutschen Heimatvertriebenen«, Graz, 1952.
Schmidt, Manfred: »The East German Landsmannschaften in the German Federal Republic. Their Organization and Influence«, Ann Arbor: University of Michigan, 1959.
Smelser, Ronald: »Volkstumspolitik and the Formulation of Nazi Foreign Policy. The Sudeten Problem, 1933–1938«, University of Wisconsin, 1970.
Strauss, Harold: »The Division and Dismemberment of Germany«, Genf, 1952.
Tichy, Karl: »Die Massenausweisung nach dem 2. Weltkrieg und das öffentliche Recht«, Tübingen, 1949.
Wetz, Wolfgang: »Selbstbestimmungsrecht der Völker und völkerrechtlicher Schutz nationaler Minderheiten in den Friedensverträgen von Versailles und St.-Germain-en-Laye«, Universität Freiburg, 1929.

XII. Quellen aus privater Hand

a) Unterredungen (Protokolle im Besitz des Verfassers)

Oldrich Andrysek, Wien
Kurt Böhme, Deutsches Rotes Kreuz, Bonn
Major Borczyk, London
Ortwin Buchbender, Köln
Sir Victor Cavendish-Bentinck, London
Dr. Adam Ciolkosz, London †
Sir Geoffrey Harrison, Horsham, England
Dr. Roland Hoffmann, München
Dr. Johannes Hopf, Bundesarchiv Koblenz †
Dr. Zdzislaw Jagodzinski, London
George F. Kennan, Princeton, New Jersey
Prof. Józef Kokot, Schlesisches Institut, Oppeln †
Theodor Kosak, Kirchlicher Suchdienst, München
Prof. Walter Mertineit, Deutsche UNESCO-Kommission, Flensburg
Prof. Ján Mlynarik (Danubius), Prag
Erich Möller, Deutsches Rotes Kreuz, Hamburg
Robert D. Murphy, New York †
Bischof Johann Neuhäusler, München †
James Riddleberger, Washington †
Prof. Hans Rothfels, Tübingen †

David Small, Office of the Legal Adviser to the State Department, Washington D. C.
Dr. phil. Josef Suchy, Heidelberg
Dr. Jiri Toman, Institut Henry Dunant, Genf
Dr. iur. Walter Vorbach, Heidelberg
Regisseur Roman Wionczek, Warschau

Ehemalige belgische und französische Kriegsgefangene:
Arthur Keppenne, Pierre Pirotte, Charles Boyen, Clodomir Richard, A. Boissy, M. Minet u. a.

Deutsche militärische und politische Führer:
Admiral Adalbert v. Blanc, Kiel †
General Erich Dethleffsen, München †
Großadmiral Karl Dönitz, Aumühle †
Admiral Konrad Engelhardt, Lüneburg †
Dr. Hasso von Etzdorf, Eichtling
Korvettenkapitän Hugo Heydel, Hamburg
Generalleutnant Hans Hinrichs, Koblenz
General Friedrich Hossbach, Göttingen †
Oberstleutnant Bruno Kerwin, Lengerich
General Ernst König, Göttingen †
Kapitän zur See Hans Meckel, Hamburg
Kapitän zur See Victor Oehrn, Bad Godesberg
General Udo Ritgen, München
Graf Lutz Schwerin von Krosigk, Essen †
Albert Speer, Heidelberg †
General Hans Teusen, Bonn
Admiral Gerhard Wagner, Wuppertal
Dr. Ernst Woermann, Heidelberg

Vertriebene und Vertriebenenfunktionäre (über 300 Gespräche):
Dr. Ekkehart Biehler, Bonn
Joachim Freiherr von Braun, Göttingen †
Paul Buhl, Göttingen
Graf Carl Elimar zu Eulenburg, Göttingen†
Werner Haack, Bonn
Franz Hamm, Bad Godesberg
Wilhelm Hoffmann, Hamburg
Graf Hans von Lehndorff, Bonn †
Dr. Gottlieb Leibbrandt, Kitchener, Kanada
Markus Leuschner, Bonn
Margarethe Lissack, Berlin

Joachim und Freda von Loesch, Bonn
Michael Miess, St. Augustin
Friedrich Karl Milthaler, Hamburg
Hans-Günther Parplies, Bonn
Dr. Detlev Queisner und Frau, Göttingen
Conrad v. Randow, Bonn
Hans Freiherr von Rosen, Rossbach v. d. Höhe
Dr. Karl Stumpp, Stuttgart †
Walter Stratmann, Bonn
Alfred Theisen, Bonn
Gotthard v. Witzendorff-Rehdiger, Soest †
Hildegard Zechiel, Göttingen

Mitglieder des Deutschen Bundestages:
Bundesminister a. D. Dr. Erich Mende
Bundesminister a. D. Dr. Hans-Joachim von Merkatz †
Bundesminister a. D. Dr. Theodor Oberländer
Bundesminister a. D. Heinrich Windelen
Dr. Walter Becher, Wilfried Böhm, Dr. Philipp v. Bismarck, Dr. Herbert Czaja, Dr. Ottfried Hennig, Dr. Herbert Hupka, Dr. Hans Edgar Jahn, Hartmut Koschyk, Kurt Mattick, Dr. Alois Mertes †, Helmut Sauer, Erika Steinbach, Fritz Wittmann

b) Schriftliche Auskünfte

The Polish Institute and Sikorski Museum, London
Sir Denis Allen, London
Konrad Badenheuer, München
James Baque, Toronto
Sir Frederic Bennett, M. P., London
Paul Boytinck, Lewisburg
Eugene Davidson, Chicago
Sir Patrick Dean, London
Ota Filip, Grafenaschau
Reinhard Gehlen, Berg bei Starnberg †
Dr. Fritz Peter Habel, Grafing
W. Averell Harriman, Washington †
Georges Hautecler, Brüssel
Toni Herget, Marburg
Emil Herminghaus, Krefeld
Rolf Klunker, Weener
Eve Koehler, Milwaukee

Paul Laillet, Thierville
Anders Lundgren, Bergisch Gladbach
Dr. Hjalmar Mae, Graz
John McCloy, New York †
Pierre Meslier, Paris
Dr. Heinrich v. zur Mühlen, Bonn
Dr. jur. Heinz Nawratil, Friedberg
Franz Olbert, München
Sir Frank Roberts, London
Dr. Alfred Schickel, Ingolstadt
Else Seethaler, Ludwigsburg
Hans von Spaeth-Meyken, Molsberg
Lord William Strang, London
Frau Marianne Stumpenhorst, Neubeckum
Susanna Tschurtz, Chicago
Dr. Aurel Varannai, Budapest

Register

Verzeichnis der Karten

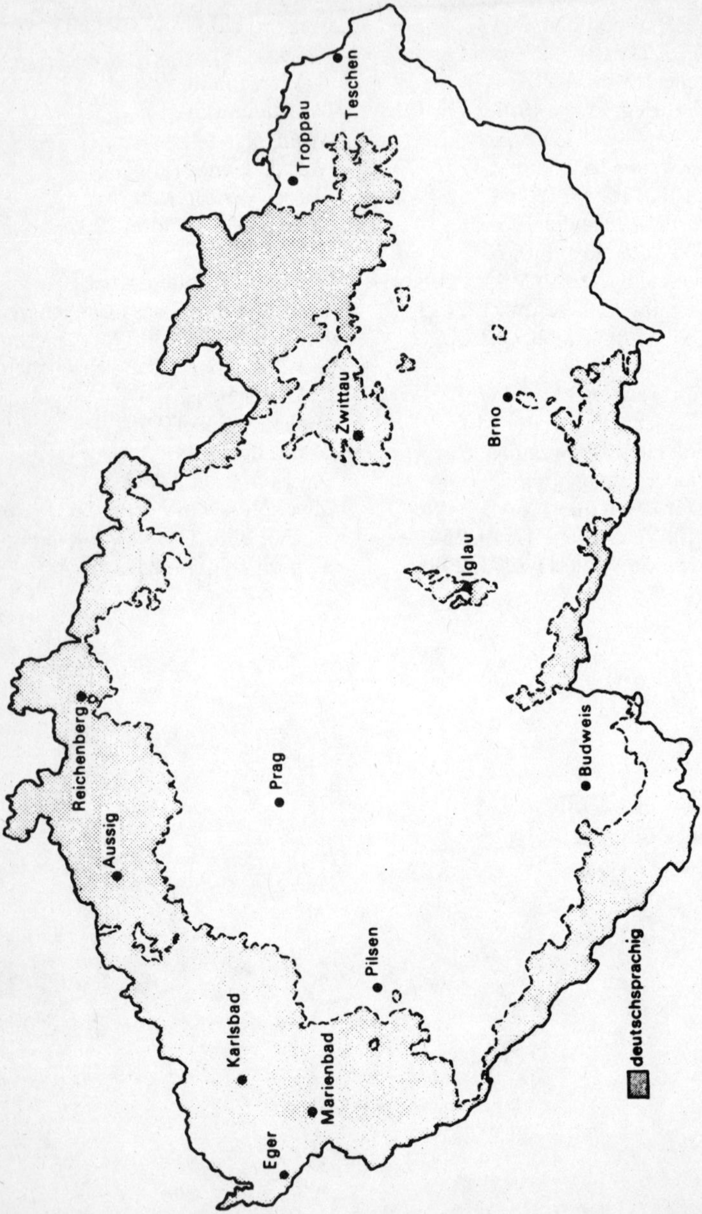

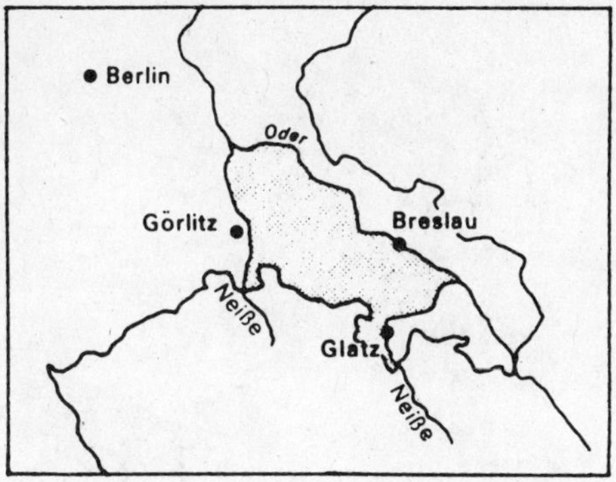

2. Schlesien zwischen Görlitzer und Glatzer Neiße.

3. Offizielle Landkarte der amerikanischen Delegation bei der Konferenz von Jalta. *(s. nächste Seite)*

1. Die deutschen Sprachgebiete nach der *tschechoslowakischen* Volkszählung vom 1. Dezember 1930. Ganz korrekt war diese tschechische Karte nicht, zumal Troppau und die nächste Umgebung sowie das Hultschiner Ländchen deutschsprachig waren. Zu bemerken ist, daß die Karte den Stand nach 12 Jahren tschechischem Zuzug gibt. In dieser Zeit entstanden durch eine gezielte Siedlungspolitik kleinere tschechische Mehrheiten in früher reindeutschen Gebieten. Ein Vergleich mit Bevölkerungskarten von 1910 bzw. 1918 empfiehlt sich.

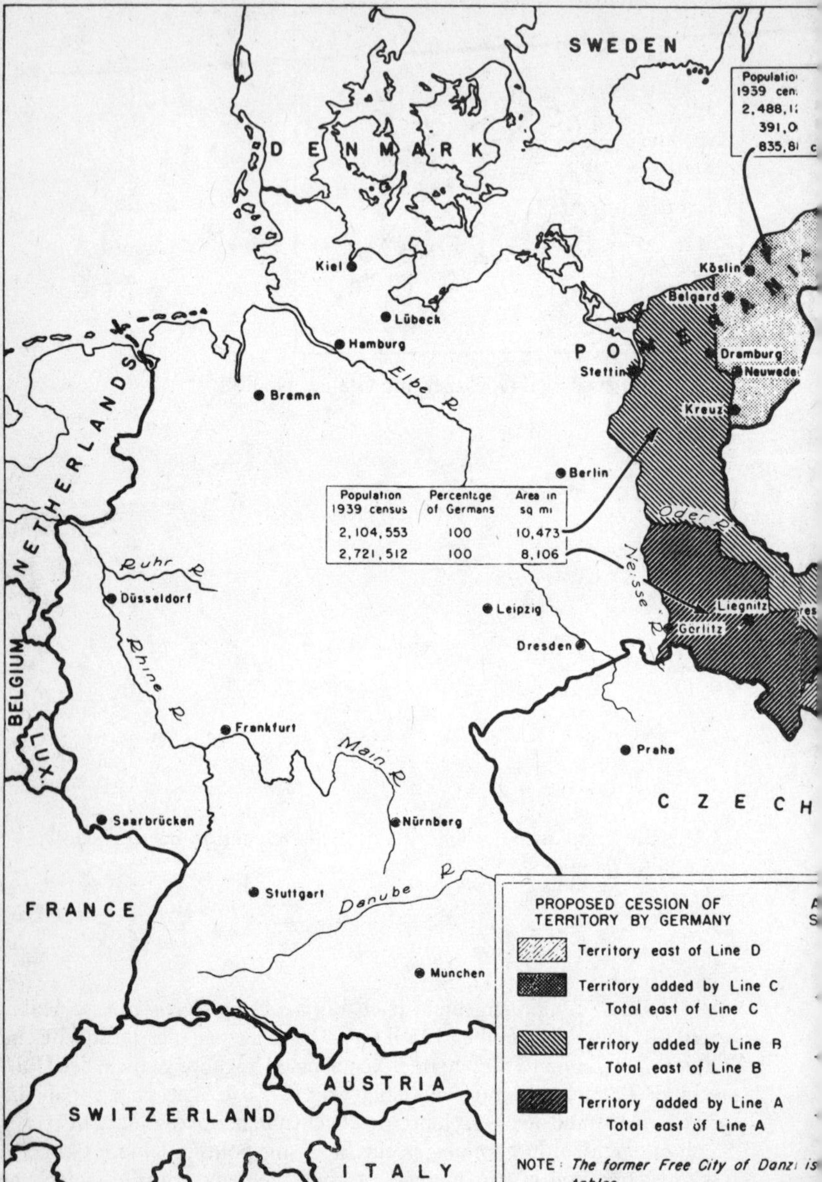

Drawn in the Department of State, Division of Geography and Cartography, January 10, 1945 1570-E

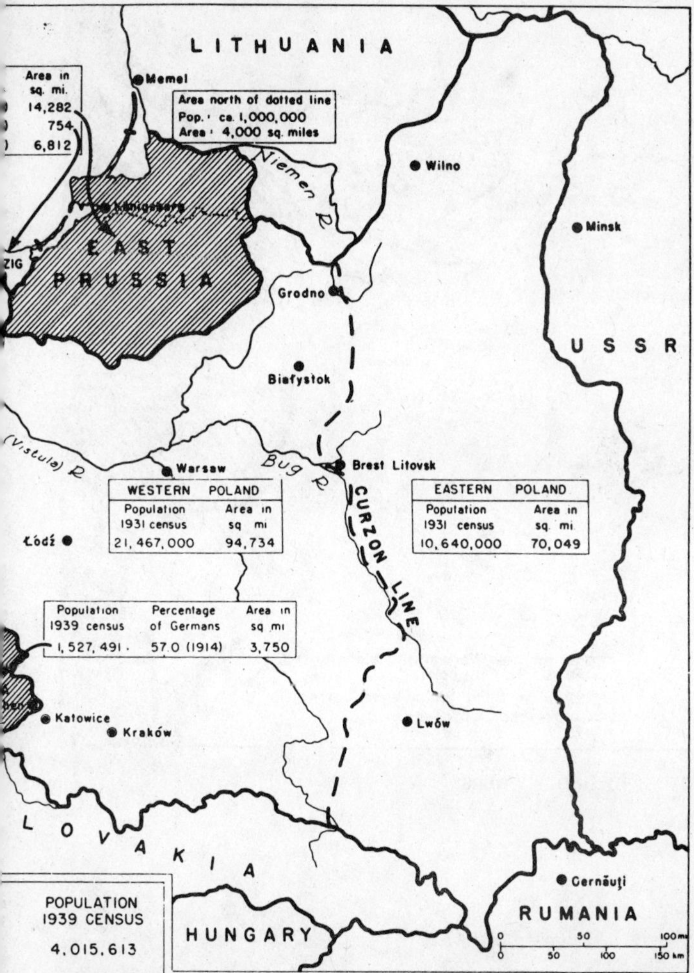

POPULATION 1939 CENSUS
4,015,613
835,884
4,851,497
2,104,553
6,956,050
2,721,512
9,677,562

ded in the above

PROPOSED ANNEXATIONS BY POLAND	AREA IN SQ. MILES (Cumulative	POPULATION 1939 CENSUS Totals)
East of Line D	14,766	3,406,613
East of Line C	21,578	4,242,497
East of Line B	32,051	6,347,050
East of Line A	40,157	9,068,562

NOTE: *Tables include Danzig and exclude East Prussia north of dotted line (probable minimum annexation by USSR).*

ORIGINAL CLASSIFICATION "SECRET". GERMAN SERIES, MAP 68.

4. Die »Westverschiebung« Polens.

José Ayala-Lasso
Hochkommissar für Menschenrechte der Vereinten Nationen

Grußbotschaft

Über Menschenrechte und Demokratie ist in dieser historischen Paulskirche oft gesprochen worden. Das ist gut so, denn es gilt, unser Bekenntnis zur *dignitas humana* immer wieder und an jedem Ort aufs Neue zu beteuern.

Fünfzig Jahre nach dem Ende des Zweiten Weltkrieges sehen wir, daß neue Kriege und gravierende Menschenrechtsverletzungen in der ganzen Welt Opfer fordern, Flüchtlingsströme auslösen, Menschen entrechten und sie zu Heimatlosen machen.

Vor fünfzig Jahren wurden die Vereinten Nationen mit dem Ziel gegründet, den Weltfrieden und die internationale Sicherheit zu wahren und für die Förderung und den Schutz der Menschenrechte zu sorgen. Die Organisation hat vieles geleistet, viele Erfolge errungen, aber auch viele Enttäuschungen hinnehmen müssen. Die Organisation und ich selber als Hochkommissar für Menschenrechte werden alles menschenmögliche tun, um unserer Aufgabe gerecht zu werden.

In den letzten fünfzig Jahren wurden u.a. die Allgemeine Erklärung der Menschenrechte, der Pakt über bürgerliche und politische Rechte, der Pakt über wirtschaftliche, soziale und kulturelle Rechte, die Konvention für die Eliminierung der Rassendiskriminierung und die Konvention gegen die Folter von der Generalversammlung verkündet. Im Hinblick darauf ist es uns klar, daß ethnische Säuberungen, Vertreibungen und Bevölkerungsumsiedlungen viele dieser fundamentalen Menschenrechte verletzen.

Das Recht, aus der angestammten Heimat nicht vertrieben zu werden, ist ein fundamentales Menschenrecht. Die Unterkommission für Diskriminierungsverhütung und Schutz der Minderheiten beschäftigt sich z. Zt. mit der Frage der menschenrechtlichen Aspekte von Bevölkerungsumsiedlungen. Der jüngste Bericht von Sonderberichterstatter Awn Shawkat Al-Khasawneh stellt die (E/CN.4/Sub.2/1994/18) Völkerrechtswidrigkeit von Vertreibungen fest.

Auch die UNO-Völkerrechtskommission beschäftigt sich mit dieser wichtigen Frage. In Artikel 21 des *Draft Code of Crimes against the Peace and Security of Mankind* wird die Vertreibung von Menschen aus ihrer angestammten Heimat als besonders gravierende Menschenrechtsverletzung bzw. als internationales Verbrechen bezeichnet. Im Artikel 22 des Kodex werden Vertreibungen und Kollektivstrafen gegen die Zivilbevölkerung unter den besonders schweren Kriegsverbrechen genannt.

Das jüngste Bekenntnis der UNO zum Recht auf die Heimat lieferte am 26. August 1994 die Unterkommission in ihrer Resolution 1994/24, welche das Recht jedes Menschen, in Frieden in seinem eigenen Heim, auf seinem eigenen Grund und Boden und in seinem eigenen Land zu leben, bekräftigt. Außerdem unterstreicht die Resolution das Recht von Flüchtlingen und Vertriebenen, in Sicherheit und Würde in ihr Herkunftsland zurückzukehren.

Ich bin der Auffassung, daß, hätten die Staaten seit dem Ende des Zweiten Weltkrieges mehr über die Implikationen der Flucht, der Vertreibung und der Umsiedlung der Deutschen, nachgedacht, die heutigen demographischen Katastrophen, die vor allem als ethnische Säuberungen bezeichnet werden, vielleicht nicht in dem Ausmaß vorgekommen wären.

In diesem Zusammenhang möchte ich noch auf die Charta der deutschen Heimatvertriebenen zu sprechen kommen. Es ist gut, daß Menschen, die Unrecht gelitten haben, bereit sind, den Teufelskreis von Rache und Vergeltung zu brechen und sich auf friedlichen Wegen für die Anerkennung des Rechtes auf die Heimat und für den Wiederaufbau und die Integration Europas zu arbeiten. Eines Tages wird dieses Opfer besser gewürdigt werden.

Es besteht kein Zweifel darüber, daß unter der nationalsozialistischen Besatzung den Völkern Ost- und Zentraleuropas unermeßliches und unvergeßliches Unrecht zugefügt worden ist. Sie hatten daher einen legitimen Anspruch auf Reparation bzw. Wiedergutmachung. Jedoch dürfen legitime Anspruche nicht durch die Verhängung von Kollektivstrafen auf der Grundlage allgemeiner Diskriminierung und ohne die genaue Untersuchung persönlicher Schuld verwirklicht werden. In den Nürnberger und Tokioter Prozessen wurde das unerläßliche Prinzip persönlicher Haftung für Verbrechen wohlweislich angewandt. Es lohnt sich, die Nürnberger Protokolle und das Nürnberger Urteil in vielerlei Hinsicht noch einmal zu lesen.

Uns geht es vor allem um die allgemeine Anerkennung der Menschenrechte, die auf dem Prinzip der Gleichheit der Menschen beruht. Aller Opfer von Krieg und Gewaltherrschaft ist mit Ehrfurcht zu gedenken, denn jedes einzelne Menschenleben ist wichtig. Es gilt, sich stets für die *dignitas humana* einzusetzen.

Quelle: D. Blumenwitz (Hrsg.): »50 Jahre Flucht, Deportation, Vertreibung«, Dokumentation der Gedenkstunde in der Paulskirche zu Frankfurt am Main am 28. Mai 1995, Bonn, 1995, S. 4–5.
Englischer Text im INTERNET. World Wide Web. Human Rights Home Page of the United Nations / High Commissioner for Human Rights.
WWW.UNHCHR.CH